网络侵权中的通知规则研究

WANGLUO QINQUAN ZHONG DE TONGZHI GUIZE YANJIU

徐　伟◎著

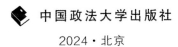

中国政法大学出版社

2024·北京

图书　在版编目（ＣＩＰ）数据

网络侵权中的通知规则研究 / 徐伟著. -- 北京 : 中国政法大学出版社，2024. 6.
ISBN 978-7-5764-1558-2

Ⅰ. D923.04

中国国家版本馆 CIP 数据核字第 2024U0U474 号

出 版 者	中国政法大学出版社	
地　　址	北京市海淀区西土城路 25 号	
邮寄地址	北京 100088 信箱 8034 分箱　邮编 100088	
网　　址	http://www.cuplpress.com (网络实名：中国政法大学出版社)	
电　　话	010-58908285(总编室) 58908433（编辑部）58908334(邮购部)	
承　　印	固安华明印业有限公司	
开　　本	720mm×960mm　1/16	
印　　张	18.25	
字　　数	300 千字	
版　　次	2024 年 6 月第 1 版	
印　　次	2024 年 6 月第 1 次印刷	
定　　价	85.00 元	

上海政法学院学术著作编审委员会

总　序

　　四秩芳华，似锦繁花。幸蒙改革开放的春风，上海政法学院与时代同进步，与法治同发展。如今，这所佘山北麓的高等政法学府正以稳健铿锵的步伐在新时代新征程上砥砺奋进。建校 40 年来，学校始终坚持"立足政法、服务上海、面向全国、放眼世界"的办学理念，秉承"刻苦求实、开拓创新"的校训精神，走"以需育特、以特促强"的创新发展之路，努力培养德法兼修、全面发展，具有宽厚基础、实践能力、创新思维和全球视野的高素质复合型应用型人才。四十载初心如磐，奋楫笃行，上海政法学院在中国特色社会主义法治建设的征程中书写了浓墨重彩的一笔。

　　上政之四十载，是蓬勃发展之四十载。全体上政人同心同德，上下协力，实现了办学规模、办学层次和办学水平的飞跃。步入新时代，实现新突破，上政始终以敢于争先的勇气奋力向前，学校不仅是全国为数不多获批教育部、司法部法律硕士（涉外律师）培养项目和法律硕士（国际仲裁）培养项目的高校之一；法学学科亦在"2022 软科中国最好学科排名"中跻身全国前列（前 9%）；监狱学、社区矫正专业更是在"2023 软科中国大学专业排名"中获评 A+，位居全国第一。

　　上政之四十载，是立德树人之四十载。四十年春风化雨、桃李芬芳。莘莘学子在上政校园勤学苦读，修身博识，尽显青春风采。走出上政校门，他们用出色的表现展示上政形象，和千千万万普通劳动者一起，绘就了社会主义现代化国家建设新征程上的绚丽风景。须臾之间，日积月累，学校的办学成效赢得了上政学子的认同。根据 2023 软科中国大学生满意度调查结果，在本科生关注前 20 的项目上，上政 9 次上榜，位居全国同类高校首位。

　　上政之四十载，是胸怀家国之四十载。学校始终坚持以服务国家和社会需要为己任，锐意进取，勇担使命。我们不会忘记，2013 年 9 月 13 日，习近平主席在上海合作组织比什凯克峰会上宣布，"中方将在上海政法学院设立中国–上海合作组织国际司法交流合作培训基地，愿意利用这一平台为其他成员国培训司法人才。"十余年间，学校依托中国–上合基地，推动上合组织国家司法、执法和人文交流，为服务国家安全和外交战略、维护地区和平稳定作出上政贡献，为推进国家治理体系和治理能力现代化提供上政智慧。

历经四十载开拓奋进，学校学科门类从单一性向多元化发展，形成了以法学为主干，多学科协调发展之学科体系，学科布局日益完善，学科交叉日趋合理。历史坚定信仰，岁月见证初心。建校四十周年系列丛书的出版，不仅是上政教师展现其学术风采、阐述其学术思想的集体亮相，更是彰显上政四十年发展历程的学术标识。

著名教育家梅贻琦先生曾言，"所谓大学者，有大师之谓也，非谓有大楼之谓也。"在过去的四十年里，一代代上政人勤学不辍、笃行不息，传递教书育人、著书立说的接力棒。讲台上，他们是传道授业解惑的师者；书桌前，他们是理论研究创新的学者。《礼记·大学》曰："古之欲明明德于天下者，先治其国"。本系列丛书充分体现了上政学人想国家之所想的高度责任心与使命感，体现了上政学人把自己植根于国家、把事业做到人民心中、把论文写在祖国大地上的学术品格。激扬文字间，不同的观点和理论如繁星、似皓月，各自独立，又相互辉映，形成了一幅波澜壮阔的学术画卷。

吾辈之源，无悠长之水；校园之草，亦仅绿数十载。然四十载青葱岁月光阴荏苒。其间，上政人品尝过成功的甘甜，也品味过挫折的苦涩。展望未来，如何把握历史机遇，实现新的跨越，将上海政法学院建成具有鲜明政法特色的一流应用型大学，为国家的法治建设和繁荣富强作出新的贡献，是所有上政人努力的目标和方向。

四十年，上政人竖起了一方里程碑。未来的事业，依然任重道远。今天，借建校四十周年之际，将著书立说作为上政一个阶段之学术结晶，是为了激励上政学人在学术追求上续写新的篇章，亦是为了激励全体上政人为学校的发展事业共创新的辉煌。

党委书记　葛卫华教授

校　　长　刘晓红教授

2024 年 1 月 16 日

目 录 / CONTENTS

我国网络侵权的规范体系

对网络侵权中通知规则的研究不能脱离对网络侵权规范体系的整体关照，故本章将对我国网络侵权规范的历史变迁和最新发展作简要梳理。

一、我国法中网络侵权规范的历史变迁

我国的网络技术应用与普及始于 20 世纪末，典型表现为一些早期影响较大的网络公司都成立于 2000 年前后，如网易公司成立于 1997 年，新浪公司、搜狐公司成立于 1998 年，百度公司成立于 2000 年等。第一批与网络相关的立法制定于 2000 年前后，如 2000 年 12 月公布的《全国人民代表大会常务委员会关于维护互联网安全的决定》是我国首个专门针对网络问题的法律，但主要规定的是刑事责任。

就网络引发的侵权问题，最高人民法院在 2000 年底通过的《最高人民法院关于审理涉及计算机网络著作权纠纷案件适用法律若干问题的解释》是我国第一个系统针对网络中的民事侵权问题做出规定的规范性文件，成为我国首个专门涉网络侵权问题的"裁判依据"。该解释第 5 条规定了通知规则和知道规则的雏形，即"提供内容服务的网络服务提供者，明知网络用户通过网络实施侵犯他人著作权的行为，或者经著作权人提出确有证据的警告，但仍不采取移除侵权内容等措施以消除侵权后果的，人民法院应当根据民法通则第一百三十条的规定，追究其与该网络用户的共同侵权责任。"这一规定的特点在于，其试图通过运用传统的共同侵权理论来应对新兴的网络侵权现象。该解释奠定了我国应对网络侵权这一新问题的基调，对我国后续相关立法和司法实践都产生了深远的影响。此外，尽管该司法解释适用的权利类型是著

作权，但在司法实践中，该解释所确立的规则，也同样被广泛适用于人身权益中。

2001 年 10 月，《中华人民共和国著作权法》（以下简称《著作权法》）作了首次大修，大大丰富了著作权所包含的人身权和财产权内容。其中，为回应网络中的著作权保护问题，立法首次确立了一项新的权利，即"信息网络传播权"。而在此之前，法院为了保护著作权人的正当权益，往往采取类推适用《著作权法》第 45 条第 5 项"专有使用权"的规定予以保护。[1] 2006 年 5 月，国务院根据 2001 年《著作权法》第 58 条的授权，颁布了《信息网络传播权保护条例》，对信息网络传播权的内涵、权利行使规则等，作出了细致的规定。尽管该条例只适用于信息网络传播权，但司法实践多将《信息网络传播权保护条例》中的规则类推适用于其他权利类型，[2] 故《信息网络传播权保护条例》成为法院审理网络侵权案件的重要法源。就具体规则而言，《信息网络传播权保护条例》在细分网络服务提供者类型的前提下，详细规定了通知规则（包括合格通知应包含的内容、法律后果等）、反通知规则，并简要提及了知道规则（第 23 条）。就规制思路而言，《信息网络传播权保护条例》并没有延续 2000 年《最高人民法院关于审理涉及计算机网络著作权纠纷案件适用法律若干问题的解释》的思路，从传统侵权理论资源中寻找应对网络侵权的方案，而是主要参考了美国 1998 年颁布的《数字千年版权法》（Digital Millennium Copyright Act，DMCA）第二章"在线版权侵权责任限制"（Limitations on liability relating to material online）的规定。无论是将网络服务提供者区分为提供信息存储空间服务、搜索或链接服务、网络自动接入或自动传输服务、自动存储服务四类，抑或采用免责条款的表述来规定通知规则（《信息网络传

---

　　〔1〕 比如，在"张承志诉世纪互联通讯技术有限公司侵犯著作权纠纷案"中，法院认为："立法者在立法时，只能列举常见的使用方式，不可能穷尽所有的作品使用方式。作品在国际互联网上传播，虽然与出版、发行、公开表演、播放等传播方式有不同之处，但本质上都是使社会公众了解作品内容的手段。因此，不能因传播方式不同而影响著作权人应有的合法权益。"据此，法院根据《著作权法》第 45 条第 5 项作出判决，参见《最高人民法院公报》2000 年第 1 期。类似案件参见"王蒙诉世纪互联通讯技术有限公司侵犯著作权纠纷案"，北京市第一中级人民法院（1999）一中知终字第 185 号民事判决书。

　　〔2〕 比如王菲诉海南天涯在线网络科技有限公司名誉权、隐私权纠纷案，法院认为天涯公司对网站内容的监管义务应是在自行发现或受害人投诉后及时将涉嫌侵权的信息删除或修改。这一思路与通知规则和知道规则相似。参见北京市朝阳区人民法院（2008）朝民初字第 29277 号民事判决书。

播权保护条例》第22条等），都展现出明显的美国《数字千年版权法》痕迹。可以说，《信息网络传播权保护条例》中的网络侵权制度，并不是我国法律体系下生发出的结果，而是比较法借鉴的产物。

不同于《信息网络传播权保护条例》，2009年颁布的《中华人民共和国侵权责任法》（以下简称《侵权责任法》）则主要依循了我国侵权法的基础理论和脉络，创设了契合于我国法律体系的网络侵权制度。该法第36条以归责条款的方式规定了网络服务提供者承担侵权责任的条件。第36条共分3款，第1款是对网络侵权的一般性规定，第2款是对通知规则的规定，第3款是知道规则的规定。本条确立的关键规则是，若网络服务提供者存在过错，则应与网络用户承担连带责任。无论是通知规则（第36条第2款）还是知道规则（第36条第3款），都是判断网络服务提供者是否有过错的方式。据此，尽管都被称为通知规则，2006年《信息网络传播权保护条例》和《侵权责任法》中所规定的通知规则却有着截然不同的体系定位。[1]《侵权责任法》的不足之处在于，该法对网络侵权制度的规定失之抽象，许多细节并未予以明确，这引发了学界在《侵权责任法》通过后的一两年中，兴起了如何解释和适用第36条的研究热潮。

在《侵权责任法》通过后，最高人民法院以此为契机，以《侵权责任法》所确立的侵权规则为指引，开始着手清理和统一侵权领域的相关规则。就网络侵权而言，2012年12月最高人民法院发布了《最高人民法院关于审理侵害信息网络传播权民事纠纷案件适用法律若干问题的规定》，该规定取代了最高人民法院之前颁布的已实施十余年的《最高人民法院关于审理涉及计算机网络著作权纠纷案件适用法律若干问题的解释》，展示了最高人民法院试图回应互联网产业的最新发展状况，全面"更新"网络著作权侵权规则的目标。[2]就具体内容而言，该规定主要侧重于对知道规则的解释，即何种情况下网络服务提供者可被认定为"应知"侵权内容存在。对网络侵权中的另一重要规则——

---

〔1〕 司法实践中将二者区别对待，比如《北京市高级人民法院关于涉及网络知识产权案件的审理指南》第11条前两款规定："侵权责任法第三十六条属于侵权责任构成要件条款。信息网络传播权保护条例第二十条、第二十一条、第二十二条、第二十三条属于网络服务提供者侵权损害赔偿责任免责条款。"

〔2〕 参见《最高人民法院知识产权庭负责人就〈最高人民法院关于审理侵害信息网络传播权民事纠纷案件适用法律若干问题的规定〉答记者问》，载人民网 http://www.people.com.cn/24hour/n/2012/1226/c25408-20025476.html，最后访问日期：2024年5月31日。

通知规则，该规定着墨不多。这或许是因为《信息网络传播权保护条例》中对通知规则已经作了比较详细的规定，故最高人民法院并不希望做过多重复。因此，将最高人民法院的这个规定和国务院的《信息网络传播权保护条例》相结合，基本可以比较全面地了解我国对于网络著作权侵权的规范。

2014 年 8 月，最高人民法院又发布了《最高人民法院关于审理利用信息网络侵害人身权益民事纠纷案件适用法律若干问题的规定》。与之前最高人民法院发布的各种司法解释不同，该规定是最高人民法院发布的首个专门针对网络中人身权益侵害的司法解释。在该司法解释颁布之前，网络中的人身权益侵权，一般采用较为概括的《侵权责任法》等一般性规则，或者事实上"类推适用"关于网络著作权（信息网络传播权）侵权的相关规则。但这些规定或者失之过于抽象而易产生分歧，或者令人产生著作权（信息网络传播权）与人身权益能否等同对待的困惑。此次最高人民法院颁布该规定，在一定程度上回答了过去长期"悬而未决"的问题。此外，根据最高人民法院新闻发言人的说法："针对互联网发展过程中出现的法律适用问题，最高人民法院制定了《最高人民法院关于审理侵害信息网络传播权民事纠纷案件适用法律若干问题的规定》，联合最高人民检察院制定了《最高人民法院、最高人民检察院关于办理利用信息网络实施诽谤等刑事案件适用法律若干问题的解释》，连同今天发布的司法解释，共同形成了有关互联网法律问题的裁判规则体系，对于规范网络行为、建立良好的网络秩序，具有重要的意义。"[1] 可见，最高人民法院认为，在先后明确了网络中的著作权侵权规则、人身权益侵权规则后，有关网络侵权的民事规则体系已基本形成。

除了上述针对网络侵权的一般性立法和司法解释外，我国还在一些特别法中针对网络侵权作出了特别规定。比如，2013 年 10 月修正的《中华人民共和国消费者权益保护法》（以下简称《消费者权益保护法》），有多处修正是针对网络购物引发的新问题。其中，该法第 44 条是新增的专门针对网络购物中网络交易平台提供者责任的规定。该规定与《侵权责任法》的规定既有相似之处（如第 44 条第 2 款规定的知道规则），也有不同之处（如第 44 条第 1

---

[1] 最高人民法院新闻发言人孙军工：《最高人民法院关于〈最高人民法院关于审理利用信息网络侵害人身权益民事纠纷案件适用法律若干问题的规定〉的新闻发布稿》，载中国法院网 https：//www.chinacourt.org/chat/chat/2014/10/id/37984.shtml，最后访问日期：2024 年 5 月 31日。

款规定的网络交易平台提供者和销售者/服务者间的不真正连带责任）。类似的，2015 年 4 月修正的《中华人民共和国食品安全法》（以下简称《食品安全法》）中，在第 131 条第 2 款也针对网络食品交易第三方平台提供者的侵权责任作了专门规定。从该规定的具体内容来看，可以认为其基本采纳了《消费者权益保护法》中关于网络交易平台提供者的侵权规则，但在网络食品交易第三方平台提供者所承担的"审查许可证"等具体义务及违反相关义务的责任方面，则与《消费者权益保护法》的规则又并不完全相同。相较而言，网络食品交易第三方平台提供者承担了更重的审查义务和侵权责任。总体而言，《消费者权益保护法》《食品安全法》等法律中确实也确立了一些《侵权责任法》及相关司法解释所未曾涉及的网络侵权规则。

2018 年颁布的《中华人民共和国电子商务法》（以下简称《电子商务法》）第 41 条至第 45 条规定了电商领域的网络侵权规则。与《侵权责任法》相比，《电子商务法》中对通知规则和知道规则的规定更为详细。同时，该法中还增加了反通知规则、错误通知人的责任规则，尤其是恶意通知人的加倍赔偿责任，这些都是《侵权责任法》所未明确的规则。这些规则（尤其是恶意通知人的惩罚性赔偿规则）反映了通知规则在电商领域的"特殊性"。

《中华人民共和国民法典》（以下简称《民法典》）于 2020 年 5 月通过。虽然该法中的侵权责任部分多数延续了《侵权责任法》的内容，但关于网络侵权的规则，则从《侵权责任法》的一个条文扩展为四个条文。该法第 1194 条至 1197 条对网络侵权作出了规定。其中，第 1194 条是对网络用户或网络服务提供者单独实施侵权行为的过错责任规则；第 1195 条规定了通知规则；第 1196 条规定了反通知规则；第 1197 条规定了知道规则。整体而言，这四条规定既继承了我国传统法上已行之多年的网络侵权制度，又对传统制度作了更新。具体而言，《民法典》第 1194 条基本沿袭了《侵权责任法》第 36 条第 1 款的规定；[1]第 1195 条至第 1197 条则与《侵权责任法》中的规则存在诸多不同。

将《民法典》中的网络侵权制度与《电子商务法》相比较可发现，二者

---

〔1〕 唯一的差别在于，《民法典》第 1194 条中增加了第 2 句"法律另有规定的，依照其规定。"本句为其他单行法中对网络侵权作出特别规定预留了空间，但本句并未提供实质性的网络侵权规则。

在具体规则上比较接近。但不应据此认为《民法典》中的网络侵权制度主要参考了《电子商务法》，因为从两部法律的立法过程来看，二者事实上存在相互协调的过程，且主要是《电子商务法》参考了《民法典》草案的规定。

2016 年 12 月，《中华人民共和国电子商务法（草案）》发布，该草案在网络侵权制度行文表达上，与后来通过的《电子商务法》有显著差别。[1]在具体规则上，也存在诸多不同。比如草案只规定了"明知"，而未采用"知道或应当知道"；同时草案对反通知也没有规定 15 日的等待期。2017 年 10 月的《民法典侵权责任编（室内稿）》第 31 条至第 33 条规定了网络侵权制度，其表达方式与目前通过的《民法典》表达已基本一致。同时在具体制度上该室内稿已采用了"知道或者应当知道"来表达知道规则。随后于 2017 年 11 月发布的《中华人民共和国电子商务法（草案二次审议稿）》对最初的草案作了较大改动，修改后的二次审议稿与《民法典侵权责任编（室内稿）》的表达和规则都开始接近，比如将"明知"修改为"知道或者应当知道"。但至今为止，无论是哪份草案，反通知的法律后果都是"及时终止所采取的措施"，而未出现 15 日的等待期。2018 年 3 月的《民法典侵权责任编（委内稿）》首次出现了 15 日等待期。随后发布的《中华人民共和国电子商务法（草案三次审议稿）》则仍然延续了传统的反通知后及时终止所采取的措施的规则。直至最终审议通过时，才改为了 15 日等待期。至于《民法典》，则直至 2019 年 12 月发布的《中华人民共和国民法典（草案四审稿）》［以下简称《民法典（草案）》］中，才将原来的"15 日"改为了"合理期限"。可见，尽管《电子商务法》颁布早于《民法典》，且《电子商务法》与《民法典》中的网络侵权制度相似，但此种相似更多的是《电子商务法》在起草过程中参考了《民法典》草案的规定，而非相反。

在《民法典》颁布后，最高人民法院根据该法中的规定，于 2020 年 12

---

〔1〕 该草案第 53 条第 2 分句规定："电子商务第三方平台明知平台内电子商务经营者侵犯知识产权的，应当依法采取删除、屏蔽、断开链接、终止交易和服务等必要措施。"第 54 条前两款规定："电子商务第三方平台接到知识产权权利人发出的平台内经营者实施知识产权侵权行为通知的，应当及时将该通知转送平台内经营者，并依法采取必要措施。知识产权权利人因通知错误给平台内经营者造成损失的，依法承担民事责任。平台内经营者接到转送的通知后，向电子商务第三方平台提交声明保证不存在侵权行为的，电子商务第三方平台应当及时终止所采取的措施，将该经营者的声明转送发出通知的知识产权权利人，并告知该权利人可以向有关行政部门投诉或者向人民法院起诉。"草案的这一表达方式显然不同于最终通过的版本。

月颁布了修正后的《最高人民法院关于审理侵害信息网络传播权民事纠纷案件适用法律若干问题的规定》和《最高人民法院关于审理利用信息网络侵害人身权益民事纠纷案件适用法律若干问题的规定》。这次修改主要是根据《民法典》的规定调整了这两个司法解释中的相关条文和表述，以便与《民法典》保持一致。在实质内容方面，则未出现新的变化。

除了上述规定外，我国网络侵权的法律规范，在2020年还受到了另一个因素的重大影响，即中美两国于2020年1月15日签订的《中华人民共和国政府和美利坚合众国政府经济贸易协议》（以下简称《中美经贸协议》）。《中美经贸协议》就双边经贸关系作了广泛的约定。作为协议第一章的"知识产权"问题是双边关切的重点之一。《中美经贸协议》第一章（知识产权）第五节（电子商务平台上的盗版与假冒）对我国网络侵权制度提出了一系列要求。该节第1.13条"打击网络侵权"约定："一、中国应提供执法程序，使得权利人能够针对网络环境下的侵权行为采取有效、迅速的行动，包括有效的通知及下架制度，以应对侵权。二、中国应：（一）要求迅速下架；（二）免除善意提交错误下架通知的责任；（三）将权利人收到反通知后提出司法或行政投诉的期限延长至20个工作日；（四）通过要求通知和反通知提交相关信息，以及对恶意提交通知和反通知进行处罚，以确保下架通知和反通知的有效性。三、美国确认，美国现行执法程序允许权利人采取行动，应对网络环境下的侵权。"

在《中美经贸协议》签订后，最高人民法院在2020年先后发布了《最高人民法院关于全面加强知识产权司法保护的意见》《最高人民法院关于审理涉电子商务平台知识产权民事案件的指导意见》（以下简称《电子商务指导意见》）、《最高人民法院关于涉网络知识产权侵权纠纷几个法律适用问题的批复》（以下简称《网络知识产权批复》）等，这些文件出台的指向之一，便是落实《中美经贸协议》中的承诺。

2020年4月发布的《最高人民法院关于全面加强知识产权司法保护的意见》广泛地涉及了我国知识产权司法保护的多个方面。总体而言，该意见侧重于政策宣示，实质性的规则供给并不多，但也并非完全没有。比如，其中的第6点（完善电商平台侵权认定规则）提及要"妥善审理网络侵犯知识产权纠纷和恶意投诉不正当竞争纠纷，既要依法免除错误下架通知善意提交者的责任，督促和引导电子商务平台积极履行法定义务，促进电子商务的健康发展，又要追究滥用权利、恶意投诉等行为人的法律责任，合理平衡各方利益。"这是我国国内法中首次提及"免除错误下架通知善意提交者的责任"。这很可能是为了履行《中美经贸协议》第 1.13 条的要求。

2020 年 9 月最高人民法院发布的《电子商务指导意见》对我国电商领域的知识产权侵权问题作出了一系列回应。总体而言，该指导意见对《电子商务法》第 42 条至第 45 条的诸多规定作出了更细致的规则。同时，也回应了司法实践中发展出的一些新做法，比如该指导意见第 9 条规定了电商平台内经营者可以向法院申请"反向行为保全"来立即恢复其商品链接。从这些内容来看，这一文件更多的是最高人民法院规划内的文件，并未受到《中美经贸协议》的明显影响。事实上，在 2019 年 12 月，浙江省高级人民法院民三庭便发布过《浙江省高级人民法院民三庭涉电商平台知识产权案件审理指南》（以下简称《涉电商平台知识产权案件审理指南》）。最高人民法院该指导意见中的不少内容，参考了该审理指南。

同样在 2020 年 9 月公布的《网络知识产权批复》则有着明显的"回应"《中美经贸协议》的痕迹。比如，该批复第 3 条规定，"在依法转送的不存在侵权行为的声明到达知识产权权利人后的合理期限内，网络服务提供者、电子商务平台经营者未收到权利人已经投诉或者提起诉讼通知的，应当及时终止所采取的删除、屏蔽、断开链接等下架措施。因办理公证、认证手续等权利人无法控制的特殊情况导致的延迟，不计入上述期限，但该期限最长不超过 20 个工作日。"这显然是在回应《中美经贸协议》第 1.13 条要求的"将权利人收到反通知后提出司法或行政投诉的期限延长至 20 个工作日"。此外，该批复第 5 条规定："知识产权权利人发出的通知内容与客观事实不符，但其在诉讼中主张该通知系善意提交并请求免责，且能够举证证明的，人民法院依法审查属实后应当予以支持。"这同样是在回应《中美经贸协议》第 1.13 条"免除善意提交错误下架通知的责任"的要求。

综上，我国的网络侵权法律规范体系，形成了以《民法典》为一般性规范，以《消费者权益保护法》《食品安全法》《电子商务法》等为针对特殊主体的特别规范，以国务院的《信息网络传播权保护条例》为针对特别权利类型的特别规范，以及以最高人民法院关于侵害信息网络传播权和利用网络侵害人身权益的两个司法解释为规则细化的规范体系后，网络侵权法律规范体系已趋于成熟和稳定。

那么，在涉及网络服务提供者侵权责任纠纷时，这四类规范的适用关系如何呢？对此，说明如下。

首先，鉴于《民法典》和《电子商务法》都是新近的立法，且二者规定的网络侵权规则并无实质差别，故二者的适用关系可根据权利类型和适用情形做区分：对电子商务情境下的知识产权侵权，适用《电子商务法》，其他情形则适用《民法典》。同样，《消费者权益保护法》《食品安全法》等中的网络侵权条款，也应在其规范的特别领域优先于《民法典》而适用。

其次，最高人民法院发布的司法解释，多是以《民法典》等相关法律为依据而作出的解释，与相关法律并无明显冲突，故可在法律并未明确规定的问题上适用司法解释的规定。

最后，至于《信息网络传播权保护条例》，其中的网络侵权规则部分，不应再适用，理由在于：其一，相较于《信息网络传播权保护条例》中的网络侵权规则，《民法典》中相关规则已作了较大幅度的改变。比如，典型的变化是将反通知的法律后果从《信息网络传播权保护条例》的"立即恢复"改为"合理期限"后未收到通知才能恢复。此外，通知的法律后果也从《信息网络传播权保护条例》的删除、断开链接改为内涵更加丰富的"必要措施"。[1]其二，《信息网络传播权保护条例》制定于 2006 年，距今已十余年。[2]信息网络领域的发展日新月异，《信息网络传播权保护条例》中的部分规则已有些不合时宜。事实上，实践中的不少操作早已不再遵循《信息网络传播权保护条例》的规定。比如，《信息网络传播权保护条例》第 14 条要求合格通知包含的内容应包括权利人地址、侵权内容的网络地址，但实践中鲜有企业将权利人地址作为合格通知的必备材料，同时法院也早已不再将权利人地址和侵权内容网络地址的缺失作为否定通知效力的理由。[3]基于上述考虑，当《信息网络传播权保护条例》与《民法典》等法律就同一事项出现不一致时，应

---

〔1〕 指导案例 83 号裁判要点 2 第 1 句指出："侵权责任法的三十六条第二款所规定的网络服务提供者接到通知后所应采取的必要措施包括但并不限于删除、屏蔽、断开链接。"

〔2〕《信息网络传播权保护条例》于 2013 年做过一次修订，但只是就第 18 条和第 19 条中的罚款金额作了修订，其他条款并无变化。

〔3〕 司法实践中就通知是否必须包含侵权内容网络地址等，曾存在分歧，最终最高人民法院"倾向性态度也是折衷的，即不一定必须符合《信息网络传播权保护条例》有关规定的全部事项要求，只要达到准确定位的要求就可以"。就此过程的详细介绍，参见孔祥俊：《网络著作权保护法律理念与裁判方法》，中国法制出版社 2015 年版，第 116-120 页。

优先适用《民法典》等法律，不应再适用《信息网络传播权保护条例》。同时，也建议国务院对《信息网络传播权保护条例》内容尽快作出修订，以避免可能出现的法律适用上的混乱局面。

二、我国网络侵权理论研究的历史变迁

本部分将从立法沿革和学界研究两个层面回顾我国网络侵权的发展变迁，由此观察网络侵权规则所因应的现实难题，以及规范和理论上的重点所在。

我国学界关于网络侵权的整体研究情况，可通过图 1 得到大致的了解。

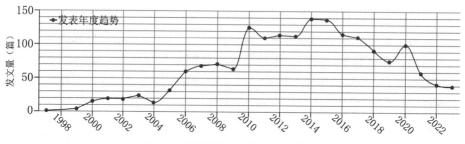

图 1   "网络侵权"发表年度趋势

来源：中国知网（检索时间：2023 年 2 月 22 日）

从上图可看到，首先，学者对网络侵权的研究开始于 2000 年前后，这与我国网络技术的应用普及基本同时，表明学界一开始便注意到了网络对社会生活可能带来的影响，并展开了持续性的"跟踪研究"。其次，学界对网络侵权的研究在 2010 年前一直处于稳步上升的状态，并在 2010 年开始持续处于研究的高位。2018 年后，关注度有所下降。这或许可反映两点：一是网络中的侵权现象层出不穷，不时会出现新的侵权现象，引发社会关注和研究，比如人肉搜索、百度文库、P2P（peer to peer，点对点）技术、大数据等，都曾引发了广泛关注，也催生了大量研究，导致对网络侵权的研究曾长时间处于高位。二是无论是从"网络侵权"的发表年度趋势，还是从"网络服务提供者侵权责任"的发表年度趋势来看，2010 年之后都出现了一股研究的热潮，这很可能是因为 2009 年 12 月我国通过了《侵权责任法》，并在该法中专条规定了"网络侵权"，故在《侵权责任法》通过后，学界出现了一个网络侵权研究高潮。同理，在 2020 年《民法典》通过后，学界也出现了一波网络侵权

研究的热潮，只是不如 2010 年的持久。

上述是我国网络侵权研究的总体状况。从具体的网络侵权研究主题来看，根据中国知网收录的历年网络侵权和网络服务提供者侵权相关论文，结合网络技术发展过程、网络产业商业模式的变化、引发普遍关注的网络侵权标志性事件，以及我国法院审理的网络侵权案件类型，下文试图对我国网络侵权研究主题的变迁过程做基本描绘。

根据侵害的权利客体不同，网络侵权可主要分为侵害知识产权和侵害人身权益两类。其中，知识产权侵权中，最主要的情形是侵害著作权（信息网络传播权）；人身权益侵权中，最主要的是隐私、肖像和名誉侵害等，当然也包括日渐引发关注的个人信息侵害问题。相较而言，在个人信息引发广泛关注前，学界对网络著作权侵权的关注度和成果量，远高于对人身权益侵害的关注和研究。

在网络侵权领域，著作权学者最早体验到了"春江水暖"，这或许是因为最早发生的几起网络侵权案件，都是网络著作权侵权。比如，1999 年发生的著名作家王蒙诉世纪互联通讯技术有限公司侵权著作权纠纷案，便是王蒙起诉被告侵犯了其作品《坚硬的稀粥》的著作权。尽管当时我国立法尚未确立"信息网络传播权"，被告也抗辩称"我国法律对在国际互联网上传播他人作品是否需要取得作品著作权人的同意，怎样向著作权人支付作品使用费用等问题都没有任何规定……因此，我们不知道在网上刊载原告作品还需征得原告的同意"。但法院认为："鉴于国际互联网是近几年新兴的一种传播媒介，因此，作品在网络上的使用是制定著作权法时所不可能预见的。虽然我国著作权法未明确规定网络上作品的使用问题，但并不意味着对在网络上使用他人作品的行为不进行规范。"[1] 基于此，法院判决被告构成侵权。作为中国作家协会副主席，王蒙诉讼案受到了广泛的关注，法院判决对原告（著作权人）的支持无疑具有很强的示范意义。同时，该案及之后的类似案件，也提示了我国当时立法上对网络领域规范的不足，引发了学界的讨论，也促使了之后最高人民法院关于"计算机网络著作权纠纷案件"司法解释的出台和2001 年《著作权法》的修正。

---

[1] 参见北京市海淀区人民法院（1999）海知初字第 57 号民事判决书；北京市第一中级人民法院（1999）一中知终字第 185 号民事判决书。

2000 年最高人民法院发布了《最高人民法院关于审理涉及计算机网络著作权纠纷案件适用法律若干问题的解释》，该解释首次对我国网络著作权侵权问题作了较详细的回应，初步确立了我国处理网络侵权问题的通知规则和知道规则等。但该解释的出台并未减少学界对网络侵权问题的研究，相反，网络著作权侵权问题在之后的 2003 年左右出现了一股研究热潮。这段时间最引人注目的，是所谓"间接侵权"理论的提出和讨论。由于网络侵权中，直接上传侵权内容的网络用户往往身份难以确定，故权利人多选择提供网络平台的网络服务提供者作为被告，由此也引发了网络服务提供者何以要承担侵权责任的疑问。就此问题，虽然《最高人民法院关于审理涉及计算机网络著作权纠纷案件适用法律若干问题的解释》中采取的是"共同侵权"理论，即网络用户和网络服务提供者构成了共同侵权，应承担连带责任，但学界（尤其是知识产权法学界）在借鉴美国版权法理论的基础上，提出了一种不同的替代理论——间接侵权理论。该理论认为，网络侵权中，网络用户是直接侵权人，而网络服务提供者是间接侵权人，间接侵权有一套独立于直接侵权的构成要件理论，在满足该构成要件的情况下，可以课予间接侵权人侵权责任。[1] 在知识产权法学界的努力下，间接侵权理论风靡一时，获得了越来越多的拥趸，具有了一定的"话语权"。尽管我国立法至今并未明确接纳间接侵权的概念术语（仍采取的是传统的共同侵权术语），但在法院审判实践和学者言说（包括官方人士发言）中，间接侵权理论已日益渗透。当前，间接侵权和共同侵权这两套话语体系，仍处于"剪不断理还乱"的胶着状态，共同影响着我国网络侵权的理论逻辑和纠纷解决。

在网络侵权早期，学界对网络服务提供者侵权责任的分析，多使用的是共同侵权（其实主要指的是帮助侵权）和间接侵权理论。但在 2004 年前后，教唆侵权、引诱侵权的概念逐渐进入人们的视野。这一变化与美国 Grokster 案的审判密切相关。Grokster 案是网络侵权历史上的一个重要案件，该案的诉讼从 2003 年持续到 2005 年，历经三审，最终由美国最高法院作出判决，不仅引发了美国学界，也引起了中国学界的广泛关注。对美国而言，Grokster 案的意义在于，最高法院对 20 世纪 80 年代索尼案中确立的"实质性非侵权用途"

---

〔1〕 间接侵权理论的力倡者之一，是知识产权法学界的王迁教授，其发表了大量关于间接侵权的论著。

作了某种程度的"澄清"，并提出了所谓"引诱侵权"理论。但对中国而言，该案引发学界关注的更主要的原因可能是，该案涉及了网络侵权中的一项"新技术"——P2P 技术。[1]P2P 技术是一种无中心服务器、依靠用户群（peers）交换信息的互联网体系，其设计初衷在于减少以往网络传输中的节点，以降低数据丢失的风险。但该技术应用于商业后，立即成了著作权侵权的"利器"，用户可以自由上传受著作权保护的作品与他人"分享"，也可获得他人分享的作品。从早期的"先驱"Napster，到"后继者"Grokster，技术与商业"创新者"与著作权人围绕法律展开了一场长期的拉锯战。战争的最后，以 Napster 的被收购和 Grokster 的关闭为结局，这也意味着任由用户上传作品的 P2P 商业模式在法律上被判了"死刑"。而法律作出此判断的依据，便是美国最高法院提出的引诱侵权理论。

　　在美国，引诱侵权理论的提出，本是为了突破索尼案确立的"实质性非侵权用途"规则的限制。但在中国，由于共同侵权中教唆侵权理论的存在，在网络服务提供者对网络用户的侵权行为存在教唆（引诱）时，对其课以责任似乎并不存在理论上的困难。因此，我国学界在 2004 年前后对 P2P 技术和引诱侵权理论的关注，与其说是为了应对我国网络侵权的新情况，不如说是在亦步亦趋地跟随美国的"话语"。事实上，我国涉及 P2P 软件的首例案件，直到 2005 年才出现，2006 年 12 月才判决。从法院判决书和审判法官事后发表的论文来看，法官主要的考量在于是否要课予 P2P 软件提供者侵权责任（法官花了大量篇幅论述通过 P2P 软件形成的数据库的特点，以及权利人直接起诉用户获得救济在程序上的困难）。一旦法官确信了应当课予 P2P 软件提供者侵权责任，适用何种理论论证该责任便显得"不费吹灰之力"，传统的共同侵权（帮助/教唆侵权）足矣![2]或许是因为司法审判实践对 P2P 理论需求

---

　　[1]　当下人们谈论起 P2P 时，多指的是互联网金融中的一种网络借贷模式。但在 21 世纪前十年，P2P 曾是点对点数据传输技术的简称。在 2013 年互联网金融开始兴起时，笔者听到 P2P 时，脑海中总是冒出点对点技术，但现在已经默认将 P2P 理解为指代网络借贷。约十年光景，同样的名称却已被不同的涵义所取代，不禁让人感叹互联网技术和商业模式的快速变迁，转眼间"新人"已成"明日黄花"。

　　[2]　参见"上海步升音乐文化传播有限公司诉北京飞行网音乐软件开发有限公司等侵犯录音制作者权纠纷案"，北京市第二中级人民法院（2005）二中民初字第 13739 号民事判决书。该案审判法官之一针对该案所写的评析，参见冯刚：《P2P 软件经营者的侵权责任问题——全国首例涉及 P2P 的侵权纠纷案评析》，载《知识产权》2008 年第 3 期。

的不足，来势汹汹的 P2P 侵权和引诱侵权理论，在 2009 年的研究高峰过后，便渐渐淡出人们的视线。2013 年以来，P2P 一词的涵义更是日渐被网络借贷所取代。当然，P2P 理论研究的淡出，也可能是因为 P2P 商业模式早已在美国被判"死刑"，我国的 P2P 后继者，虽在著作权保护相对宽松的环境下尚能靠侵权"发家"，但却不能靠此"致富"，一旦有幸发家成功，便要开始谋求转型，故此类侵权纠纷并未长期持续。

与 P2P 软件侵权相伴随的另一个问题，是关于搜索链接，尤其是深度链接是否构成侵权的讨论。其实，有学者认为，我国并不存在美国意义上的 P2P 侵权案件，我国所谓的 P2P 案件其实是搜索链接侵权，尤其是深度链接侵权案。[1]深度链接与普通链接的差异在于，深度链接中设链网站将被链网站的内容嵌入自己的网页中，用户在点击该链接后，其他网站的被链内容自动调取到设链网站，但设链网站的其他内容并不发生变化，即用户并不离开设链网站便可直接获得被链网站的内容。深度链接和普遍链接的典型例证，是百度早期的音乐搜索服务和网页搜索服务的差别。在音乐搜索中，尽管音乐作品来自第三方网站（非百度自身网站），但用户点击音乐作品试听时，并不会自动跳转到第三方网站，而是仍然停留在百度自身页面。相反，在网页搜索中，用户点击搜索结果时，会跳转到第三方网站。搜索链接服务在 2006 年百度音乐搜索侵权案和 2007 年雅虎音乐搜索侵权案判决后，一度引发了学界就此问题的讨论高潮。两案案情相似，都是著作权人对提供音乐作品搜索的百度公司和雅虎公司提起著作权侵权诉讼，但百度案中法院认为原告无法证明百度明知故其无需承担侵权责任，雅虎案中法院认为被告应知侵权存在故需承担侵权责任。[2]搜索链接引发的理论问题主要在于：网络服务提供者是否侵害了信息网络传播权？网络服务提供者是否知道侵权的存在并应积极采取措施？前者涉及所谓"服务器标准"与"用户感知标准"之争；后者涉及"应知"的认定与"红旗原则"问题。

---

〔1〕 参见何笃丰：《我国不存在真正意义上的 P2P 软件侵权案》，载《电子知识产权》2009 年第 5 期。

〔2〕 参见七大唱片公司诉百度公司音乐搜索服务著作权侵权案［北京市第一中级人民法院 (2005) 一中民初字第 7965、7978、8474、8478、8488、8995、10170 号民事判决书］、十一大唱片公司诉雅虎公司音乐搜索服务著作权侵权案［北京市第二中级人民法院 (2007) 二中民初字第 02621-02631 号民事判决书］。

2005 年，博客开始进入大众的视野，并呈星火燎原之势。尽管博客早已出现，但在中国一直不瘟不火，直到 2004 年"木子美事件"等出现后，博客才开始引发人们的关注，影响较大的新浪博客、网易博客、搜狐博客等，都成立于 2005 年至 2006 年间。博客流行对法学研究带来的影响，不仅是对博客侵权的关注，更重要的是，网络中的人格权侵权开始受到学界认真对待，这在一定程度上改变了过去网络侵权言必称"著作权"的现象。[1]其实，网络中人格权侵权并非始于博客，在更早的 BBS 流行时，人格权侵权便已被提出，只不过探讨者寥寥。在博客出现后，由于其传播范围更广，影响更大，并出现了一些引发公众关注的事件，才引起了学界的些许关注。2008 年初的"艳照门事件"和之后的"北飞的候鸟案"[2]进一步点燃了人们对网络中人格权侵权、人肉搜索、个人信息保护等问题的探讨。在随后的 2009 年至 2011 年，人肉搜索、隐私权保护等人格权问题，始终是学界研究的热点。学界探讨的问题，主要集中于：一是言论自由和隐私保护间的冲突，以及隐私权的边界；二是受害人的救济难题，以及随之提出的实施网络实名制等强化网络用户责任的讨论，因为人肉搜索往往是网络中网民多人的自发行为，在因果关系的认定和责任的追究上都存在困难；三是网络服务提供者的责任问题，包括在人格权侵权中如何适用通知规则、如何判断应知等。

2006 年 10 月 Youtube 被谷歌以 16.5 亿美元的天价收购。这一事件对国内商界的影响在于，视频网站所蕴含的巨大商业价值被业界普遍认可，并引发国内视频网站的爆发式发展。2006 年也因此被业界公认为是我国网络视频发展的元年。之后，视频网站进入了一段不惜一切"跑马圈地"的"群雄混战"阶段，而竞争中最大的受害者之一，或许是影音作品的著作权人。为了吸引用户和培养用户黏性，多数视频网站在发展初期都采取了放任甚至鼓励用户上传盗版影音的做法。由此带来的，是著作权人在媒体上对视频网站的口诛笔伐和在法院中的频繁诉讼，同时也出现了许多各大视频网站相互之间的诉讼。在此背景下，2009 年至 2010 年间，学界就视频网站侵权问题发表了诸多论著。这些研究的焦点，集中在视频网站在何种情况下可以适用"通知"

---

〔1〕　其实，学界对网络侵权的关注，至今仍主要集中于著作权侵权问题。网络中的个人信息保护，或许是网络人身权益侵权领域不多的一个"增长点"。

〔2〕　参见北京市朝阳区人民法院（2008）朝民初字第 29276 号民事判决书。

规则。[1]当然，在涉及通知规则的适用时，研究者也常会同时涉及该规则与"应知"规则（红旗原则）的关系问题。

2010 年以来，网络侵权问题始终吸引着学界的许多注意力，相关研究成果也较过去明显增多。这一现象的产生，首先要归因于 2009 年底我国《侵权责任法》的通过。《侵权责任法》第 36 条对网络侵权作出了专条规定，引发了学界的广泛讨论。多数学者采取的是解释论的视角，对第 36 条的理解和适用展开了研究。当然，也不乏有学者对第 36 条的规定提出疑问，乃至全盘否定。[2]学界争议的焦点，主要集中在以下几个方面：一是网络侵权的界定，以及其是否属于一种独立的侵权类型。这个问题其实老生常谈，只不过因为《侵权责任法》的专条规定而又被人们提出。二是第 36 条第 2 款通知规则的理解问题，包括通知规则的性质、合格的通知需符合哪些条件、不合格通知的后果、反通知问题等。三是第 36 条第 3 款"知道"二字的理解问题，就此，学界甚至到了一种言人人殊的状态，对其理解众说纷纭。同时，由于"知道"问题又涉及网络服务提供者的"注意义务"问题，故相关讨论变得更为复杂与多样。四是第 36 条第 2 款与第 3 款的关系问题，即二者是并列关系、一般与特殊的关系，抑或包含与被包含的关系。五是连带责任问题，包括应理解为一般连带责任还是不真正连带责任、网络服务提供者与网络用户承担连带责任的理论基础、扩大的损害部分如何理解等。六是第 36 条与《信息网络传播权保护条例》等相关规定间的关系问题，包括不同立法间是否存在冲突，等等。在对《侵权责任法》第 36 条规定的解释论研究告一段落后，学界对网络侵权问题的研究逐渐趋于稳定，并尝试对网络侵权规则做体系性的构建。这体现在学界开始对网络侵权（主要是网络服务提供者侵权责任）构成要件和法律后果的分析，比如网络服务提供者过错的认定、网络服务提供者必要措施的判断、必要措施是否及时的判断等。

当然，2010 年以后的研究，不仅仅受到《侵权责任法》的影响，同时也延续了学界研究与社会热点、新技术发展密切相关的特点。2009 年底，百度推出了"百度文库"服务，供用户在平台上传和分享文档。基于百度强大的

---

〔1〕 学界也常称为"避风港"规则，尽管笔者认为"避风港"的称呼是对该制度的误解和误导，详见本书第二部分的论述。

〔2〕 参见邓社民：《网络服务提供者侵权责任限制问题探析》，载《甘肃政法学院学报》2011 年第 3 期。

影响力，百度文库上的文档数量快速增加，但其中不乏未经作者许可上传的侵权作品。这引起了作者群体的强烈不满。2011 年 3 月 15 日（消费者权益保护日），贾平凹、韩寒等 50 位作家公开发布《中国作家声讨百度书》，指责百度文库"偷走了我们的作品，偷走了我们的权利，偷走了我们的财物"。两天后，中国音像协会唱片工作委员会也公开声援文学界维权的呼吁和行动。在舆论压力下，百度承诺 3 天内彻底删除百度文库内未获授权的作品，对伤害作家感情表示歉意，并推出版权合作平台，试图实现"正版化"的转型。百度文库事件引起了学界的关注，这种关注更多地来自新闻传播界，当然法学界也有所参与。在法学界，对百度文库的反思主要集中在：通知规则和知道规则的适用问题。这其实与网络视频侵权的探讨相似，只不过对象从视频变成了文字。

2011 年前后，另一引发人们普遍关注的新领域，是玩"微博"的全民热潮。新浪、网易、腾讯、搜狐等大型门户网站都加入了微博大战的行列。大量的名人被各大网站邀请开设微博，各路名人也以微博为平台，为自己聚集人气。同时，无数"草根"也在这个"人人都有麦克风"的时代，发生了从默默无闻到一夜成名的转变。微博由于其"分享简短实时信息"的定位，故并未引发新商业与著作权间的严重冲突（这种冲突在网络技术发展历程中始终处于主流地位）。但尽管针对微博著作权侵权的诉讼较少，学界就微博著作权问题仍有不少关注，比如短短不足 140 字符的微博文字是否能享有著作权、微博著作权的归属、微博转发行为的定性等。此外，微博的移动互联网和信息快速传播特性，也引发了学界对网络言论自由及其界限、网络实名制、自媒体对法律的影响等问题的探讨。

作为一项新技术，云计算于 2010 年开始逐渐进入公众视野。但云计算除了在发展早期激发了人们的好奇之心外，之后的发展似乎一直不瘟不火，并未引发社会的广泛关注。尽管如此，学界对云计算的研究依然投入了不少热情。相关研究主要涉及两个方面：一是关于云计算引发的知识产权（并非限于著作权）风险问题；二是云计算导致的个人信息/隐私风险问题。与云计算不同，但常被人们混淆的另一项技术——大数据，也在 2012 年从技术圈进入公众圈，并成为一大热点。在大数据中，人们最先关注到的，是大数据所引发的个人信息保护问题，因为传统法律所采取的"告知-同意"规则在大数据时代难以为继，新的规制方式亟待探索。之后，2014 年欧盟最高法院对谷歌案判决中被解读出的"被遗忘权",也被学界与大数据相结合而加以探讨。无论是云计算的研究,抑或大数据的研究,都面临的一个问题是,此类新技术在司法实践中引发的诉讼纠纷并不多见。尽管在理论上我们可以判断其确实重要,但诉讼案件的缺失使得学界的研讨在有些时候显得"焦点模糊"。

其实,自《侵权责任法》颁布后,学界关于网络侵权的研究已不再如过去般与新型技术和商业模式关联密切,而是更多地基于立法规定、司法案例和侵权法原理展开探讨。这主要体现在:一是对网络侵权规则适用于著作权以外的其他权利类型的探讨。与过去网络侵权规则多针对著作权侵权不同,《侵权责任法》首次对网络侵权作出了适用于所有权利类型的一般性规定,故《侵权责任法》通过后引发的另一个现象是,学界开始关注网络侵权规则在专利权、商标权等领域的适用问题。这一研究上的变化也可能源于将通知规则适用于专利权等领域所带来的实践混乱和困扰。对此,有学者直言通知规则不应适用于专利领域。[1]也有不少学者试图通过调适的方式来实现通知规则等传统网络侵权规则在专利权等领域的适用。[2]二是针对新型网络侵权案件而引发的针对新型网络服务提供者侵权责任的研究,比如阿里云案[3]、微信小程序案[4]、直播极限活动中主播伤亡案[5]等,都引发了云存储服务提供者、小程序平台提供者、直播服务提供者如何适用传统网络侵权规则的研究,尤其是网络服务提供者过错如何认定及应采取何种必要措施的探讨。

在新类型网络侵权案件逐渐出现,司法裁判对传统"经典"网络侵权规则一改再改的情况下,学界也逐渐出现了系统反思传统网络侵权规则,尤其是通知规则的现象。此种反思主要体现在:一是比较中美网络侵权规则的差

---

〔1〕 参见王迁:《论"通知与移除"规则对专利领域的适用性——兼评〈专利法修订草案(送审稿)〉第 63 条第 2 款》,载《知识产权》2016 年第 3 期。

〔2〕 参见何琼、吕璐:《"通知—删除"规则在专利领域的适用困境——兼论〈侵权责任法〉第 36 条的弥补与完善》,载《电子知识产权》2016 年第 5 期。另见詹映:《"通知-移除"规则在专利领域的适用性分析》,载《法商研究》2017 年第 6 期。

〔3〕 参见北京乐动卓越科技有限公司与阿里云计算有限公司侵害作品信息网络传播权纠纷案,北京知识产权法院(2017)京 73 民终 1194 号民事判决书。

〔4〕 参见杭州刀豆网络科技有限公司诉长沙百赞网络科技有限公司、深圳市腾讯计算机系统有限公司侵害作品信息网络传播权纠纷案,杭州互联网法院(2018)浙 0192 民初 7184 号民事判决书。

〔5〕 参见何小飞诉北京密境和风科技有限公司网络侵权责任纠纷案,北京市第四中级人民法院(2019)京 04 民终 139 号民事判决书。

异，尤其是移植于美国的"避风港"规则如何在中国土壤中变异和本土化。这一反思也体现在对通知规则、知道规则在我国制度背景下的体系定位的反思〔1〕。二是对通知规则本身设计的"优化"，比如强调应从"通知删除"修正为"通知加采取必要措施"规则〔2〕（这主要源于网络服务提供者难以审查专利侵权投诉而对必要措施作出的变更）。再如强调在算法时代，算法自动化推送引发的网络服务提供者过错认定的变化等。〔3〕

在 2020 年《民法典》颁布后，与《侵权责任法》颁布后类似，学界围绕《民法典》第 1194 条至第 1197 条所规定的网络侵权规则再次展开了对网络侵权规则以解释论为主的研究。此种研究主要有三类：一是强调以《民法典》为契机，重新定位和理解网络侵权规则，将其制度逻辑彻底纳入传统侵权法原理中，而非借鉴英美的间接侵权理论等与我国既有制度背景并不完全契合的理论框架。〔4〕二是比较《民法典》之前的网络侵权规则和《民法典》中网络侵权规则的差异，以及《民法典》《电子商务法》等法律中网络侵权规则的适用关系。〔5〕三是对《民法典》中网络侵权规则具体解释适用的研究。〔6〕

上述是从技术和商业模式角度对我国网络侵权研究状况做的梳理。从这个变迁过程可以看到以下一些规律：（1）新技术的出现并不会立即导致学界对该技术造成的影响的研究，只有在该项技术进入商用，引发社会公众关注后，才会导致学界在某段时期对该技术相关问题的集中研究。（2）与立法变迁相似，学界对网络侵权的研究，也主要集中于对通知规则和知道规则的探讨。当然，通知规则和知道规则只是学界研究的中心，围绕这个中心，学界的研究还涉及

---

〔1〕　参见朱冬：《网络服务提供者间接侵权责任的移植与变异》，载《中外法学》2019 年第 5 期。另见朱开鑫：《网络著作权间接侵权规则的制度重构》，载《法学家》2019 年第 6 期。

〔2〕　参见孔祥俊：《"互联网条款"对于新类型网络服务的适用问题——从"通知删除"到"通知加采取必要措施"》，载《政法论丛》2020 年第 1 期。

〔3〕　参见李洋：《算法时代的网络侵权救济规则：反思与重构——以"通知+取下"规则的类型化为中心》，载《南京社会科学》2020 年第 2 期。另见何炼红：《论算法时代网络著作权侵权中的通知规则》，载《法商研究》2021 年第 4 期。

〔4〕　参见薛军：《民法典网络侵权条款研究：以法解释论框架的重构为中心》，载《比较法研究》2020 年第 4 期。

〔5〕　参见徐伟：《〈民法典〉中网络侵权制度的新发展》，载《法治研究》2020 年第 4 期。

〔6〕　参见程啸：《论我国〈民法典〉网络侵权责任中的通知规则》，载《武汉大学学报（哲学社会科学版）》2020 年第 6 期。另见徐伟：《网络侵权中错误通知人的归责原则——兼论〈民法典〉第 1195 条第 3 款的适用》，载《法学》2022 年第 6 期。

网络服务提供者侵权责任的理论基础（如有学者提出网络服务提供者的安全保障义务）、新技术对传统权利体系的影响、技术措施的界定及其适用情形，以及针对网络用户侵权的网络实名制、三振出局规则等。（3）对网络侵权规则的体系定位会全面影响对网络侵权规则的理解和适用。对此，学界主要存在依据共同侵权理论（多为民法学者）和依据间接侵权理论（多为知识产权法学者）两种思考路径。相应的，对网络侵权规则的解释也呈现出明显的差别。

三、《民法典》中确立的网络侵权基本规则

尽管我国在一系列立法、行政法规和司法解释中规定了网络侵权规则，但就网络服务提供者侵权责任问题而言，最基础性也是最主要的法源依据无疑是《民法典》。《民法典》中的网络侵权规则主要包括三方面：通知规则（第1195条）、反通知规则（第1196条）[1]和知道规则（第1197条）。而《民法典》中的网络侵权规则与之前的相关规定相比，发生了诸多变化。故有必要对《民法典》中确立的网络侵权规则作一概览性介绍，以便把握我国当前网络侵权规则的基本面貌。

（一）通知规则的更新

《民法典》第1195条规定了通知规则。[2]相较于《侵权责任法》，载《民法典》中的通知规则主要作了以下调整：其一，明确了合格通知的要件；其二，提出了转通知义务；其三，规定了必要措施的考量因素；其四，增加了错误通知的侵权责任。

1. 合格通知的要件

《民法典》第1195条第1款第2句规定："通知应当包括构成侵权的初步

---

〔1〕 传统上一般将反通知作为通知规则的组成部分之一。鉴于我国《民法典》对通知和反通知分两条分别作了规定，且最高人民法院曾认为在人身权益领域并不适用反通知（即通知规则中未必必然包含反通知），故本书将反通知规则独立于通知规则加以分析。

〔2〕 我国理论和实务界对通知规则存在多种表述，包括通知移除、通知删除、通知下架、通知取下、避风港、通知必要措施等。鉴于我国自《侵权责任法》颁布以来立法上已统一采用"必要措施"表达网络服务提供者收到合格通知后的义务，而必要措施的涵义广泛，并不限于删除、屏蔽、断开链接，还包括转通知等，故移除、下架等词已无法准确表达该规则。通知必要措施是较准确的表述，但该表述不免繁琐。为简洁起见，本书采通知规则的表述。该表述也与网络侵权制度中的"知道规则"等在表达上对应。

证据及权利人的真实身份信息。"本条规定了合格通知需满足的要件。《侵权责任法》中并未提及通知的要件，《信息网络传播权保护条例》和 2014 年《最高人民法院关于审理利用信息网络侵害人身权益民事纠纷案件适用法律若干问题的规定》中虽然规定了通知的要件，但与《民法典》的规定不尽相同。故有必要澄清何为本法所称的"构成侵权的初步证据"及"权利人的真实身份信息"。

关于"权利人的真实身份信息"，传统上一般也有此要求，比如《信息网络传播权保护条例》第 14 条、2014 年《最高人民法院关于审理利用信息网络侵害人身权益民事纠纷案件适用法律若干问题的规定》第 5 条等。故这一要件在解释上与传统理解无异，主要指权利人（及其代理人）的身份资料和联系方式。

关于"构成侵权的初步证据"的涵义，我国法上出现过多次变化。《信息网络传播权保护条例》第 14 条第 2 句规定了通知应包含的内容，其中将"构成侵权的初步证明材料""权利人的姓名（名称）、联系方式和地址"与"要求删除或者断开链接的侵权作品、表演、录音录像制品的名称和网络地址"并列，这表明"初步证明材料"有别于权利人姓名和侵权内容信息。这一思路在 2014 年《最高人民法院关于审理利用信息网络侵害人身权益民事纠纷案件适用法律若干问题的规定》中得以延续。该规定第 5 条将"通知人要求删除相关信息的理由""通知人的姓名（名称）和联系方式"与"要求采取必要措施的网络地址或者足以准确定位侵权内容的相关信息"相并列。

然而，2017 年发布的"指导案例 83 号"则对"初步证据"做了不同理解。该案裁判要点 1 提出："网络用户利用网络服务实施侵权行为，被侵权人依据侵权责任法向网络服务提供者所发出的要求其采取必要措施的通知，包含被侵权人身份情况、权属凭证、侵权人网络地址、侵权事实初步证据等内容的，即属有效通知。"可见，该要点将"初步证据与身份情况""权属凭证"与"侵权人网络地址"相并列。当然，虽然本要点系对《侵权责任法》中"通知"一词的解释，但其主要适用于专利权等知识产权领域（该案系发明专利纠纷），因为"权属凭证"一般不宜作为人身权益投诉的要求之一。

2018 年的《电子商务法》则对"初步证据"的涵义又作了更"剧烈"的调整。根据该法第 42 条第 1 款第 2 句，"通知应当包括构成侵权的初步证据"。换言之，初步证据被用于指代通知中的所有材料。当然，本条也可作另一种理解，即本条只是强调初步证据在通知中的必要性和重要性，并非指通知的所有材料都被纳入初步证据的涵义下。但从官方释义书来看，其采取的是前一理解，即"第四十二条第一款规定的知识产权人通知至少应当包括身份证明、知识产权权属证明、侵权初步证据、要求平台实施的措施、通知真实性的保证等内容。"〔1〕这一理解也被后来的最高人民法院所认可。根据《电子商务指导意见》第5条，"知识产权权利人依据电子商务法第四十二条的规定，向电子商务平台经营者发出的通知一般包括：知识产权权利证明及权利人的真实身份信息；能够实现准确定位的被诉侵权商品或者服务信息；构成侵权的初步证据；通知真实性的书面保证等。通知应当采取书面形式。"

《民法典》制定过程中，2017年的室内稿曾规定"通知应当包括构成侵权的初步证据"，但之后历次草案都将"真实身份信息"与"初步证据"并列，直至最终通过。就此变化而言，可认为第1195条中对身份信息和初步证据的规定，并非只是要强调这两项要件，而是要以此涵盖完整的合格通知要件。

综上，我国法上在不同语境下使用了不同的"初步证据"涵义：其一，最广义的界定，指合格通知需包含的所有内容。《电子商务法》采此界定。其二，将初步证据和身份信息并列，初步证据涵盖了除投诉人身份信息以外的所有材料。《民法典》采此理解。其三，将初步证据与身份信息、定位侵权内容的信息并列。《信息网络传播权保护条例》和《最高人民法院关于审理利用信息网络侵害人身权益民事纠纷案件适用法律若干问题的规定》采此方式。〔2〕其四，将权属凭证从初步证据的涵义中进一步剥离出去，使初步证据与身份信息、权属凭证、侵权网络地址并列。指导案例83号采此方式。

尽管我国法律上对初步证据的涵义有不同界定，但司法实践中对通知应包含的内容要求基本一致，即合格通知应包含权利人的身份信息、构成侵权的初步证明材料（包括权属凭证和侵权成立的证据）、足以定位侵权内容的信

---

〔1〕 全国人大财经委员会电子商务法起草组编著：《中华人民共和国电子商务法条文释义》，法律出版社2018年版，第129页。

〔2〕 在《民法典》实施后，最高人民法院已经删除了2014年《最高人民法院关于审理利用信息网络侵害人身权益民事纠纷案件适用法律若干问题的规定》第5条关于合格通知要件的规定。

息等。[1]

据此,《民法典》中的"构成侵权的初步证据",应理解为包含了权属凭证(主要针对知识产权情形)、证明侵权成立的初步证明材料、足以定位侵权内容的信息。

2. 转通知义务

根据《民法典》第 1195 条第 2 款前半句的规定,网络服务提供者接到通知后,不仅要采取必要措施,还要"及时将该通知转送相关网络用户"。相较于《侵权责任法》第 36 条第 2 款,"转通知义务"系新增规定。

转通知义务系为保护被投诉的网络用户,以便其了解通知内容,避免受到错误投诉的影响。《信息网络传播权保护条例》第 15 条首次确立了信息网络传播权领域的转通知义务。然而,《侵权责任法》却并未对转通知义务作出明确规定。这引发了关于转通知是否是网络服务提供者义务之一的争论。

在知识产权领域,转通知义务并无明显分歧。鉴于《信息网络传播权保护条例》明确规定了转通知义务,而信息网络传播权与专利权、商标权等均属于知识产权,故在《信息网络传播权保护条例》通过后,实践中对知识产权多认可转通知义务。[2]2018 年的《电子商务法》第 42 条第 2 款最终明确了电商领域所有知识产权投诉都应适用转通知义务。

然而,人身权益领域是否适用转通知则存在分歧。《侵权责任法》并未明确提及转通知义务,这为否定转通知义务的主张提供了解释上的空间和依据。否定论的有力主张,系 2014 年《最高人民法院关于审理利用信息网络侵害人身权益民事纠纷案件适用法律若干问题的规定》。该规定第 7 条第 2 款规定:"被采取删除、屏蔽、断开链接等措施的网络用户,请求网络服务提供者提供通知内容的,人民法院应予支持。"官方释义书中认为:"本司法解释未采用知识产权领域通行的赋予网络服务提供者一般性通知义务的做法,主要原因

---

[1]　参见北京市高级人民法院《关于涉及网络知识产权案件的审理指南》第 22 条、浙江省高级人民法院民三庭《涉电商平台知识产权案件审理指南》第 8 条。

[2]　比如,北京市高级人民法院《关于涉及网络知识产权案件的审理指南》第 24 条规定:"平台服务商在采取必要措施后,应当在合理期限内将采取措施的情况明确告知网络卖家。超过合理期限,且平台服务商存在过错,导致网络卖家产生损失的,应当承担赔偿责任。"本条系针对网络商标权。

在于，在社交媒体高度发达、海量信息即时产生、网络匿名性仍然普遍存在的背景下，这种通知义务会造成网络服务提供者的过重负担。"[1]

据此，在《民法典》第 1195 条第 2 款明确规定转通知义务后，面临的问题是：对本款的解释是否需要作目的性限缩，将人身权益排除出去。对此问题的回答，取决于最高人民法院所提出的否定人身权益领域适用转通知的理由是否仍然成立。本书认为，最高人民法院的理由自始便难以成立，理由如下。

其一，从最高人民法院的说明来看，其否定转通知的主要理由在于转通知义务会造成网络服务提供者负担过重。但最高人民法院未明确说明的是，所谓"过重"的衡量标准为何？对网络服务提供者提出转通知的义务无疑会给其造成负担，但显然不能因此而直接得出网络服务提供者的负担"过重"。有力的反证是，知识产权领域法律明确规定了转通知义务，这表明立法者并不认为转通知义务对网络服务提供者而言过重，或者即便过重，立法者仍然认为网络服务提供者应承受这一负担。故不应仅以转通知增加了网络服务提供者的负担便得出负担"过重"的结论。

其二，最高人民法院"过重负担"的结论，似乎是基于"社交媒体高度发达、海量信息即时产生、网络匿名性仍然普遍存在"的考量。换言之，最高人民法院认为，海量信息等会导致网络服务提供者收到海量通知，进而要履行大量转通知义务，同时其又无法有效联系到网络用户，故导致其负担较重。但这一推论难以成立。从实践来看，网络服务提供者收到的知识产权合格通知要远远多于人身权益合格通知。这可以从法院审理的知识产权网络侵权案件数量远远高于人身权益得到一定程度的验证。既然知识产权领域的转通知并不会有负担过重的问题，人身权益自然更不会如此。

其三，需注意的是，即便网络服务提供者收到了大量通知，并不意味着其负有大量转通知义务，因为网络服务提供者只对合格通知负有此义务。对一般性的"举报"内容违法的投诉，则无需转通知。实践中，部分网络服务提供者会在浏览页面提供"举报"等按键来收集和了解网站内容，但这种大众化的举报对举报人并未提出严格要求，比如往往无需提供身份信息、侵权

---

[1] 最高人民法院民事审判第一庭编著：《最高人民法院利用网络侵害人身权益司法解释理解与适用》，人民法院出版社 2014 年版。

理由的说明等。网络服务提供者收到此种举报时，无需转通知。

其四，网络匿名性问题导致负担加重的理由也难以成立。在 2014 年《最高人民法院关于审理利用信息网络侵害人身权益民事纠纷案件适用法律若干问题的规定》发布时，我国网络实名制确实尚未明确。但自 2015 年《互联网用户账号名称管理规定》实施后，我国正式确定了网络实名制。故当前已不再有因匿名性而导致无法转通知的障碍。事实上，即便是在匿名环境下，也未必可成为否定转通知义务的理由。在知识产权领域，过去也存在匿名性问题。根据《信息网络传播权保护条例》第 15 条，"服务对象网络地址不明、无法转送的，应当将通知书的内容同时在信息网络上公告。"故不应以匿名性否定转通知义务。

综上，最高人民法院的意见已不合时宜。在《民法典》明确规定了转通知义务后，在人身权益领域也应确立转通知义务。

3. 必要措施的考量因素

《民法典》第 1195 条除了与《侵权责任法》一样列举了"删除、屏蔽、断开链接等必要措施"外，还规定网络服务提供者应"根据构成侵权的初步证据和服务类型采取必要措施"。这是我国在法律层面首次明确提出必要措施的考量因素。

以必要措施，而非删除、屏蔽、断开链接等下架措施，作为网络服务提供者收到通知后负有的义务，是我国通知制度特色之一。[1]在《侵权责任法》之前，我国是以移除（2000 年《最高人民法院关于审理涉及计算机网络著作权纠纷案件适用法律若干问题的解释》第 5 条）、删除、断开链接（《信息网络传播权保护条例》第 15 条）作为网络服务提供者的义务。《侵权责任法》首次确立了"必要措施"义务。然而，尽管《侵权责任法》采取了"必要措施"的表述，但长期以来我国多将必要措施理解为删除等能直接阻止侵权行为、避免损害扩大的措施。比如最高人民法院释义书中认为，"必要措施，是指足以防止侵权行为的继续和侵害后果的扩大并且不会给网络服务提供者造成不成比例的损害的措施，包括删除、屏蔽、断开链接、暂时中止对该网络用户提供服务等。"但指导案例 83 号打破了这一理解。该案裁判要点 2

---

[1]　美国版权领域的通知规则中只提及了移除（remove）和断开链接（disable access to），并未提及其他措施。See 17 U.S.C. § 512（c）（1）（C）.

提出："侵权责任法第三十六条第二款所规定的网络服务提供者接到通知后所应采取的必要措施包括但并不限于删除、屏蔽、断开链接。"具体而言，在该案中，法院否定了删除等义务在本案中的适用，而是将"转通知"作为了必要措施之一。

在指导案例 83 号发布后，法院对"必要措施"的理解便日益脱离传统束缚，不再局限于删除等可直接避免损害扩大的措施，而是呈现出越来越多样化的趋势。[1]由于不同措施对当事人而言影响甚巨，故问题在于，如何判断网络服务提供者应当采取何种必要措施？《民法典》中提及了两类因素：构成侵权的初步证据和服务类型。这一判断必要措施的思路与过去不尽相同。

在指导案例 83 号裁判要点 2 中曾提及"'必要措施'应遵循审慎、合理的原则，根据所侵害权利的性质、侵权的具体情形和技术条件等来加以综合确定。"与之有所不同的是，浙江省高级人民法院民三庭的《涉电商平台知识产权案件审理指南》第 15 条第 1 款规定："人民法院应当根据'比例原则'判断电商平台经营者是否采取了合理的必要措施，具体考量因素包括但不限于：（1）侵权的可能性；（2）侵权的严重程度；（3）对被通知人利益造成的影响；（4）电商平台的技术条件。"在《民法典》明确将初步证据和服务类型作为影响必要措施的因素后，需重新思考如何将各种因素体系化，以符合《民法典》的规定。

构成侵权的初步证据何以影响必要措施？从各种因素的相互关系来看，初步证据对必要措施的影响至少有以下几个方面。

（1）初步证据影响对侵权成立可能性大小的判断，进而影响必要措施。比如，提供法院裁判文书或行政机关的决定书可用于证明侵权成立，提供投诉人的单方侵权声明或给出丰富细节的侵权对比表也可能满足初步证据的要求。但对前者，网络服务提供者应及时采取删除等措施；对后者，则可能被允许采取删除以外的相对"缓和"的措施，或者对措施的及时性要求有所降

---

　　[1]　当然，绝大多数情况下，网络服务提供者在收到合格通知后，仍应采取删除等能直接避免损害扩大的措施，仅在少数案件中法院认定网络服务提供者无需采取此类措施。另外，仍有判决认为必要措施应能实现"定位清除"效果，即应局限于删除等措施，这一观点的典型是微信小程序案，参见杭州刀豆网络科技有限公司诉长沙百赞网络科技有限公司、深圳市腾讯计算机系统有限公司侵害作品信息网络传播权纠纷案，杭州互联网法院（2018）浙 0192 民初 7184 号民事判决书。

低，比如允许网络服务提供者在网络用户没有在一定期限内提交反通知后才采取删除等措施。

（2）同样的初步证据，在不同权利类型中证明力也可能有所不同。比如，对影音等著作权侵权而言，投诉人的单方侵权声明一般便能满足初步证明侵权的要求；但对专利权投诉而言，单纯的侵权声明往往并不充分，投诉人可能还需提供侵权对比表等。[1]因此，对单纯的侵权声明，在著作权侵权投诉中网络服务提供者可能需要及时采取删除措施，但在专利侵权投诉中则未必需采取删除措施。

（3）初步证据的证明力强度还要与潜在的被投诉人利益影响相权衡。比如，在"双11"等大促期间，对缺少法院裁判文书等"强有力"证据的投诉，网络服务提供者采取冻结被通知人账户或者要求其提供保证金的方式，而非直接删除相关内容，也可能被法院认可。比如，《涉电商平台知识产权案件审理指南》第14条将"冻结被通知人账户或者要求其提供保证金"列为了必要措施之一。[2]

（4）若初步证据表明网络用户存在重复侵权，则可能导致比删除措施更严厉的必要措施。我国将比较法上的对重复侵权人所应采取的措施，也纳入了必要措施的涵义中。在比较法上，常要求网络服务提供者对重复侵权人采取措施，这方面的典型是三振出局规则，即对实施了侵权行为的网络用户，在向其提出警告达到一定次数后，网络服务提供者将在一段时期内停止或终止向该用户提供服务。[3]美国通知规则中，网络服务提供者获得免责保护的前提之一也是"服务提供者已经采取且合理实施了在妥当情况下终止对重复侵权的网络用户和账户权利人提供服务的政策，并提醒了网络用户和账户权

---

　　〔1〕　尽管指导案例83号认为在专利侵权中侵权对比表并非合格通知必备的内容之一，但这一规则并未得到后续司法实践的支持。比如浙江省高级人民法院民三庭的《涉电商平台知识产权案件审理指南》第11条便明确允许电商平台经营者将侵权比对说明作为专利投诉的要求之一。2020年发布的《电子商务指导意见》第7条第2款也规定"声明涉及专利权的，电子商务平台经营者可以要求平台内经营者提交技术特征或者设计特征对比的说明等材料。"

　　〔2〕　根据浙江省高级人民法院的调研报告，认可冻结账户等措施的理由之一正是过于严厉的必要措施"可能造成被投诉人重大利益损失"。参见浙江省高级人民法院联合课题组：《关于电商领域知识产权法律责任的调研报告》，载《人民司法（应用）》2020年第7期。

　　〔3〕　采纳了三振出局规则的国家有法国、英国、韩国等。对此介绍，详见徐伟：《网络侵权治理的中国经验及完善建议》，载《社会科学战线》2016年第6期。

利人该政策"。[1]我国立法中目前并未承认三振出局规则，也未如美国般在网络服务提供者适用通知规则的前提条件中提出对重复侵权人采取措施的要求。[2]在此背景下，我国将对重复侵权人的要求，纳入了"必要措施"概念下。[3]换言之，对于重复侵权人，网络服务提供者在收到投诉或在知道侵权后，除了要删除相关内容外，还要采取其他进一步的必要措施，比如降低信用评级、限制发布信息等。[4]

服务类型何以影响必要措施？从目前相关规定和判决来看，服务类型对必要措施的影响主要有两个方面：（1）不同服务类型下网络服务提供者对相关内容在技术上的控制能力不同，进而导致必要措施不同。比如网络自动接入服务、自动传输服务、自动存储服务提供者，由于网络服务提供者既难以审查相关内容，[5]也难以有效区分内容而只针对侵权内容采取"定位清除"措施，[6]故不适用通知规则。即便其收到权利人的通知，也无需采取必要措施。当然，从比较法来看，自动接入或传输服务提供者并非总是不负有任何义务，其典型义务是对重复侵权人采取降低网速、暂停乃至终止账户的措施。[7]我国虽将对重复侵权人的措施纳入必要措施涵义下，但实践中对网络自动接入或传输服务提供者则并没有提出此类要求。[8]（2）不同服务类型下

---

　　[1]　See 17 U. S. C. § 512 (i) (1) (A).

　　[2]　我国《信息网络传播权保护条例》第 22 条是类似于美国《数字千年版权法》512 (i) 规定了网络服务提供者适用通知规则前提条件的条文，但该条未提及重复侵权问题。

　　[3]　就此的典型案例参见衣念公司诉淘宝公司、杜国发侵害商标权纠纷案，载《中华人民共和国最高人民法院公报》2012 年第 1 期。

　　[4]　此处可能出现的争议之一是，网络服务提供者系基于通知规则还是基于知道规则而应采取必要措施。但无论基于何者，并不影响本书此处关于必要措施的分析。

　　[5]　参见张建华主编：《信息网络传播权保护条例释义》，中国法制出版社 2006 年版，第 76 页。

　　[6]　必要措施应实现"定位清除"效果是微信小程序案中法院的见解。参见刀豆网络科技有限公司诉腾讯计算机系统有限公司等侵害作品信息网络传播权纠纷案，杭州互联网法院 (2018) 浙 0192 民初 7184 号民事判决书。

　　[7]　在美国，该义务来自美国《数字千年版权法》，即 17 U. S. C. § 512 (i) (1) (A)。该条要求网络服务提供者对重复侵权人采取措施。实践中网络服务提供者往往实施终止账户等政策。比如美国电信服务商 AT&TCox 的用户政策，See AT&T Acceptable Use Policy，https://www. att. com/legal/terms. aup. html，最后访问日期：2020 年 6 月 1 日。

　　[8]　比较法上网络接入或传输服务提供者还承担的另一项典型义务是屏蔽特定的侵权网站，比如主要用于分享盗版内容的网站。但该义务多由法院判决作出，而非权利人通知后的法律后果，典型案例参见 Twentieth Century Fox Film Corp. v. British Telecommunications Plc.，[2011] EWHC 1981 (Ch) (July 28 2011).

网络服务提供者对相关内容在法律义务和行业伦理上的要求不同。比如，对于云服务器租赁服务提供者，其无权审查用户存储于服务器上的资料。在阿里云案中，法院指出："按照相关国家标准和行业伦理，云服务器租赁服务提供者负有极为严格的安全保护义务、保密义务和隐私保护义务，不允许其接触用户存储的信息内容，遑论对内容进行核实、处理、删除。"〔1〕在此情形下，"即便接到有效通知，阿里云公司亦非必须采取'关停服务器'或'强行删除服务器内全部数据'的措施"，"将权利人的投诉通知转送给相关云服务器的承租人是更为合理的免责条件"。〔2〕

　　最后，值得一提的是，作为必要措施的转通知义务与上文提及的网络服务提供者收到通知后的转通知义务，系完全不同的义务来源，尽管二者在行为表现上相同。根据指导案例83号和阿里云案，在一定情况下，网络服务提供者可采取转通知作为必要措施。此时的转通知，系基于保护权利人利益的考量。在转通知后，"被投诉人对于其或生产、或销售的商品是否侵权，以及是否应主动自行停止被投诉行为，自会作出相应的判断及应对。"〔3〕换言之，转通知体现了网络服务提供者"警示"侵权人的意图，从而在一定程度上有利于防止损害后果扩大。〔4〕而上文提及的收到通知后的转通知义务，系基于保护网络用户，避免其受错误通知影响的考量。因此，在《民法典》第1195条第2款中，包含了两种规范目的截然相反的转通知义务。一种是该款明确提及的"将该通知转送相关网络用户"的义务，另一种是包含于"必要措施"涵义下的转通知义务。对这两种义务，应予分辨。在《民法典》通过后，有学者基于第1195条第2款的规定认为，转通知不再是必要措施之一。〔5〕事实上，这一观点在《电子商务法》通过后便已存在（《电子商务法》第42条第2款与

---

　　〔1〕　北京乐动卓越科技有限公司与阿里云计算有限公司侵害作品信息网络传播权纠纷案，北京知识产权法院（2017）京73民终1194号民事判决书。

　　〔2〕　北京乐动卓越科技有限公司与阿里云计算有限公司侵害作品信息网络传播权纠纷案，北京知识产权法院（2017）京73民终1194号民事判决书。本案中法院否定删除等作为必要措施的另一理由是"'关停服务器'或'强行删除服务器内全部数据'的严厉程度远超过'删除、屏蔽、断开链接'"。

　　〔3〕　参见指导案例83号。

　　〔4〕　参见北京乐动卓越科技有限公司与阿里云计算有限公司侵害作品信息网络传播权纠纷案，北京知识产权法院（2017）京73民终1194号民事判决书。

　　〔5〕　参见姚志伟：《〈民法典〉网络侵权条款评释》，载微信公众号"网络法实务圈"，2020年6月6日。

《民法典》第 1195 条第 2 款的规定相似）。[1] 然而，这一主张成立的前提之一是，只存在一种性质的转通知义务。但转通知事实上存在两类。故不应根据《民法典》第 1195 条第 2 款将转通知（以保护网络用户为规范目的）和必要措施并列而否定必要措施中包含了转通知（以保护权利人为规范目的）这一措施类型。

4. 错误通知的责任

尽管《民法典》第 1195 条在通知规则的表述上用了"权利人"一词，但鉴于通知规则的运作过程中并没有法院对所涉内容是否侵权的判断，故错误通知在所难免。问题在于，错误通知的风险应由谁来承担？

《信息网络传播权保护条例》第 24 条规定了权利人在错误通知时的责任，即"因权利人的通知导致网络服务提供者错误删除作品、表演、录音录像制品的，或者错误断开与作品、表演、录音录像制品的链接，给服务对象造成损失的，权利人应当承担赔偿责任。"然而，《侵权责任法》及之后 2012 年《最高人民法院关于审理侵害信息网络传播权民事纠纷案件适用法律若干问题的规定》和 2014 年《最高人民法院关于审理利用信息网络侵害人身权益民事纠纷案件适用法律若干问题的规定》都没有涉及错误通知。但实践的发展表明，错误通知乃至恶意通知问题逐渐演变为了通知规则运作中不可忽视的副作用。[2]《电子商务法》第 42 条第 3 款首次在立法上明确确立了电商环境下错误通知者的责任，该款规定："因通知错误造成平台内经营者损害的，依法承担民事责任。恶意发出错误通知，造成平台内经营者损失的，加倍承担赔偿责任。"《民法典》第 1195 条第 3 款在一般意义上明确规定了错误通知者的侵权责任，弥补了《侵权责任法》上的这一空缺。

相较于之前的立法（尤其是《电子商务法》），《民法典》中的错误通知

---

[1] 浙江省高级人民法院的调研报告中认为，"此后出台的电子商务法将流程明确表述为平台接到通知后，'应当及时采取必要措施，并将该通知转送平台内经营者'。必要措施和转通知被作为两个独立的动作进行规定，这就使得法院丧失了解释的空间，电子商务法中的转通知不能再被理解为属于必要措施，否则就会架空法律的流程规定，不符合法律解释的基本原则。"浙江省高级人民法院联合课题组：《关于电商领域知识产权法律责任的调研报告》，载《人民司法（应用）》2020 年第 7 期。

[2] 阿里巴巴平台治理部在 2017 年公布的数据中称，恶意投诉总量已占到其知识产权投诉总量的 24%。参见浙江省高级人民法院联合课题组：《关于电商领域知识产权法律责任的调研报告》，载《人民司法（应用）》2020 年第 7 期。

规定存在以下差别。

第一，《民法典》为网络服务提供者向错误通知人求偿提供了请求权基础。在《民法典》之前，尽管《信息网络传播权保护条例》和《电子商务法》都规定了错误通知者的责任，但该责任的权利主体都只限于受此影响的网络用户，而并不包含网络服务提供者。[1]然而，不应否认的是，错误通知，尤其是"产业化"的恶意通知，同时也增加了网络服务提供者的运营成本，降低了平台的"营商环境"，平台损失确实存在。从实践来看，也出现了网络服务提供者起诉恶意通知人、主张赔偿的案件，典型如淘宝诉网卫案。[2]《民法典一审稿》[3]延续了传统做法，只规定了网络用户向错误通知人的请求权，但二审稿开始加入了网络服务提供者作为权利主体，值得肯定。[4]

第二，明确了此类责任系侵权责任。《信息网络传播权保护条例》中只提及了"赔偿责任"，《电子商务法》中则用了"民事责任"的模糊表述。《民法典》首次明确规定此种责任为"侵权责任"。问题在于，此时侵害的是权利还是合法利益？举例而言，投诉人明知自己没有正当事由，却投诉平台上的卖家侵害了其商标权。此时若卖家被下架了相关商品，其被侵害的不应是商标权，[5]也不应是企业经营权或营业权。[6]同理，以侵害人身权益为由投诉相关内容，侵害的也并非相关人身权益本身。据此，一般而言投诉人因错误/

---

〔1〕 《信息网络传播权保护条例》未赋予网络服务提供者对错误通知人的请求权并非遗漏，而是有意为之。在《信息网络传播权保护条例》制定过程中，曾讨论过是否赋予其请求权，当时基于网络服务提供者是传播的中间环节，有责任维护权利人的利益，有义务删除或断开链接涉嫌侵权的内容等考量，否定了其请求权。参见张建华主编：《信息网络传播权保护条例释义》，中国法制出版社 2006 年版，第 90 页。

〔2〕 参见浙江淘宝网络有限公司与杭州网卫科技有限公司等不正当竞争纠纷案，北京知识产权法院（2019）京 73 民终 2992 号民事判决书。鉴于当时立法并未明确赋予网络服务提供者对恶意投诉人的请求权基础，本案原告采不正当竞争纠纷为诉由。

〔3〕 参见 https://www.pkulaw.com/protocol/24e5d40923a8fd859119f3599b035a0fbdfb.html？way＝listView.

〔4〕 引发广泛关注的淘宝诉网卫案发生于 2017 年 2 月，但之后通过的《电子商务法》却未确认电商平台对恶意投诉人的请求权，无疑令人遗憾。

〔5〕 网络上侵害商标权一般表现为在网站、网页以及域名上不当使用他人注册商标，进行侵权产品或服务的广告宣传、许诺销售或销售，以及通过网络交易平台进行的网上销售行为等。参见梅术文：《网络知识产权法：制度体系与原理规范》，知识产权出版社 2016 年版，第 226 页。

〔6〕 我国法上的企业经营权主要是为了与企业所有权相分离的概念，企业营业权则未被立法所认可。相关分析参见钱宇丹、徐卫东：《论我国中小企业的营业权制度》，载《当代法学》2014 年第 4 期。

恶意通知侵害的并非权利，而是正当利益。

第三，《民法典》中并未区分错误通知和恶意通知。《电子商务法》区分错误通知和恶意通知，并对恶意通知者设置了惩罚性赔偿责任。这或许是基于现实中通知规则已成为电商领域打击竞争对手或获取不当利益的手段之一。[1]

《民法典》未规定恶意通知，或许一方面是因为电商以外的其他领域（主要是人身权益领域）恶意通知相对而言并没有那么严重，而电商领域的恶意通知则发展成了一种获利的"产业"，另一方面则是《民法典》对惩罚性赔偿持更加审慎的态度。

值得注意的是，相较于 2019 年 12 月公布的《民法典（草案）》，最终通过的《民法典》在错误通知规则的最后增加了"法律另有规定的，依照其规定"。这一规定或许是因《中美经贸协议》而作出的调整。《中美经贸协议》第 1.13 条"打击网络侵权"之一要求中国提供有效的通知及下架制度以应对侵权。第 1.13 条之二规定中国应"免除善意提交错误下架通知的责任"。鉴于我国需要履行《中美经贸协议》中的承诺，甚至将《中美经贸协议》中的这一要求转化为国内法，故问题在于，《民法典》第 1195 条第 3 款在解释时是否要作目的性限缩，将本款所称的"错误通知"仅限于通知人非善意的情形？抑或因本款增加了"法律另有规定的，依照其规定"，故本条的解释无需作限缩？对此，需考量以下几个方面。

首先，《中美经贸协议》中的要求并不对《民法典》的解释产生直接影响。《中美经贸协议》要求免除善意通知者的责任，系规定在第一章"知识产权"下的第五节"电子商务平台上的盗版与假冒"标题下，故该要求只适用于电子商务情境下的知识产权投诉。我国与此直接相关的条文，系《电子商务法》第 42 条。换言之，为了《中美经贸协议》中的这一要求，我国只需在《电子商务法》第 42 条第 3 款关于错误通知的规则中，加入对善意通知者的

---

〔1〕 比如，有"职业投诉人"在几年内集中申请了 100 多个商标，并将其 QQ 自动留言设置为"付费撤诉，5 万元起，替人做事，不喜勿喷，喷者立即拉黑。需要可以留言，上线后会一一答复"。其通过投诉后付费撤诉或高价转让注册商标等途径获利。参见拜耳消费者关爱控股有限责任公司等诉李庆等知识产权权属纠纷案，杭州市余杭区人民法院（2017）浙 0110 民初 18624 号民事判决书。

免责条款即可。[1]《民法典》中的错误通知规则系一般性规则,适用于所有
权利类型,故严格而言无需与《中美经贸协议》中的要求保持一致。

其次,尽管我国只需在《电子商务法》中回应《中美经贸协议》的这一
要求即可,但基于我国长期以来试图在网络侵权领域建立起一般性规则的传
统,故不排除对《民法典》也作出免除善意通知人责任的解释。不同于美国
在不同权利类型中设置不同网络侵权规则的做法,[2]我国则习惯于建立统一
的网络侵权规则。典型的体现是,我国将《信息网络传播权保护条例》规定
的适用于信息网络传播权的通知规则,通过《侵权责任法》扩展适用于所有
权利类型中。创设一体适用的网络侵权规则是我国的思维习惯。据此,若在
知识产权领域因《中美经贸协议》的要求而创设了免除善意通知者责任的规
则,我国也存在较大的将此规则适用于所有权利类型的可能性。

再次,就比较法而言,美国《数字千年版权法》确实免除了善意通知人
的责任。根据美国《数字千年版权法》512(f)"不实陈述"(misrepresenta-
tions)的规定,"任何主体,在本条规定的情境中,就(1)内容或行为系侵
权或(2)被移除或断开链接的内容或行为系错误或误认,知道却做出实质性
不实陈述(knowingly materially misrepresent),应对造成的所有损害承担责
任。"可见,美国规定了知道却仍然做出实质性不实陈述的通知人需就造成的
损害承担责任。若作反面解释,则不知道不实陈述的通知人无需承担责任。
我国在制定2006年《信息网络传播权保护条例》时着重参考了美国《数字千
年版权法》第512条的规定,但并没有采纳512(f)的规定,相反而是规定
了错误通知人需对网络用户承担赔偿责任(《信息网络传播权保护条例》第
24条)。考虑到我国《信息网络传播权保护条例》深受美国《数字千年版权
法》第512条的影响,《信息网络传播权保护条例》未借鉴美国《数字千年版

---

[1] 我国甚至无需对《电子商务法》第42条第3款作出文字上的修改,只需在解释上排
除善意通知者即可,尽管此种解释有悖于立法初衷。目前来看,最高人民法院已经开始了解释上
的调整。比如,《网络知识产权批复》第5条规定:"知识产权权利人发出的通知内容与客观事
实不符,但其在诉讼中主张该通知系善意提交并请求免责,且能够举证证明的,人民法院依法审
查属实后应当予以支持。"

[2] 以通知规则为例,美国在版权领域以成文法(17 U.S.C. § 512)的方式作了规定,
在商标权领域以判例法(Tiffany案为典型)方式确立了类似于版权中的通知规则,在专利权领
域则至今未认可通知规则,在人身权益领域则以成文法(47 U.S.C. § 230)的方式明确否定了
通知规则。

权法》512（f）的规定，似可以在一定程度上解读为我国在当时便选择了对免除善意通知人责任问题持保留态度。

最后，就应然意义而言，是否应免除善意错误通知者的责任？根据我国侵权责任法一般原理，行为人过失亦足以满足侵权构成中的过错要件，故善意者仍可能因过失而构成侵权。但错误通知的特殊之处又在于，其侵害的往往并非权利，而是正当利益。而侵害正当利益的侵权构成往往以行为人故意，而非过失为要件。[1]据此，亦可主张仅在投诉人故意时才需承担侵权责任，过失（善意）时无需承担责任，即免除善意者的责任亦可与侵权一般原理兼容。当然，基于不实陈述而产生的经济损失，在比较法上也承认过失可以满足构成要件。[2]

综上，《民法典》若欲不悖于《中美经贸协议》中的要求，有多种解释途径：其一，通过"法律另有规定的，依照其规定"，将此问题留待其他法律（主要是《电子商务法》）解决。其二，对第1195条第3款错误通知责任作目的性限缩解释，免除善意通知人的责任。同时，对何为"善意"作较为严格的解释，以缓解解释结论与字面文义上的差距。当然，善意的解释还需考虑美国对其《数字千年版权法》512（f）中的"知道却做出实质性不实陈述"的理解。[3]最终采何种解释，取决于我国是否决定免除电商知识产权情境以外的善意通知人的责任。

（二）反通知规则的确立

反通知规则指被采取了必要措施的网络用户可向网络服务提供者提交符合一定条件的反通知，从而可能终止被采取的措施的规则。尽管《信息网络传播权保护条例》规定了反通知规则，但《侵权责任法》中并没有直接规定反通知规则。[4]《民法典》不仅确立了反通知规则，且该制度与《信息网络

---

〔1〕 参见王泽鉴：《侵权行为》，北京大学出版社2009年版，第268~270页。

〔2〕 参见李昊：《对民法典侵权责任编的审视与建言》，载《法治研究》2018年第5期。

〔3〕 事实上，美国在如何解释《数字千年版权法》512（f）问题上也并无定论。典型案例系Lenz案，该案中原被告和两审法院提出了至少四种善意的判断标准。See Lenz v. Universal Music Corp., 815 F. 3d 1145, 1150 (9th Cir. 2016).

〔4〕 部分学者主张《侵权责任法》第36条第2款应解释为背后包含了反通知规则，参见杨立新、李佳伦：《论网络侵权责任中的反通知及效果》，载《法律科学（西北政法大学学报）》2012年第2期。

传播权保护条例》中的规定有着显著差别。

我国的反通知规则最早出现于 2006 年《信息网络传播权保护条例》。根据《信息网络传播权保护条例》第 16 条和第 17 条的规定，服务对象认为其内容未侵犯他人权利的，可以向网络服务提供者提交书面说明。网络服务提供者接到说明后，应当立即恢复被删除的内容，同时将说明转送权利人。这是我国长期以来采取的做法。

《民法典》制定过程中，最初的室内稿参考了《信息网络传播权保护条例》的规定，但之后的委内稿便"改弦更张"，创设了 15 日等待期，即网络服务提供者在将反通知声明转送投诉人后，若在 15 日内未收到投诉人已经向有关主管部门投诉或者向人民法院起诉的通知，才应当及时终止所采取的措施。委内稿的这一规定一直延续了下来，直到《民法典（草案）》征求意见时将 15 日改为了"合理期限"。

关于反通知规则的解释，需注意以下几个方面。

1. 反通知规则的适用范围

尽管《侵权责任法》未明确提及反通知规则，但实践中多认可知识产权领域可适用反通知规则。有疑问的是，人身权益领域是否适用？在《侵权责任法》通过初期，法工委释义书中曾持肯定意见，其指出："在本法起草过程中，有的意见提出，将'通知与取下'程序适用于侵犯人格权领域，赋予被侵权人不经法院审理，直接发出侵权通知，要求网络服务提供者采取删除、屏蔽、断开链接等措施的权利，可能会危及到言论自由，妨碍正常的网络监督。我们认为，……如果发布信息的人认为其发布的信息没有侵犯他人合法权益，可以援引'反通知'程序，要求网络服务提供者恢复。"[1]然而，四年后最高人民法院便明确否定了反通知规则在人身权益领域的适用。针对 2014 年的《最高人民法院关于审理利用信息网络侵害人身权益民事纠纷案件适用法律若干问题的规定》，最高人民法院释义书中认为"本司法解释未采纳知识产权领域的反通知程序，主要基于如下原因：首先，反通知程序不符合人身权益保护即时性的要求。在知识产权领域，侵权行为造成的后果主要是财产权益的损失，大多可以通过赔偿损失来弥补。但是，在名誉权、隐私权

---

[1]　王胜明主编：《中华人民共和国侵权责任法解读》，中国法制出版社 2010 年版，第 183 页。

等人身权益领域，网络用户反通知后网络服务提供者恢复相关信息这种程序，恰恰会造成难以弥补的损害后果。其次，不采纳反通知程序并不会置网络用户的权利于不顾，被采纳措施的网络用户仍有维护自己权益的途径。最后，从实践来看，反通知程序在实践中发生的几率很小。"[1]据此，对《民法典》规定的反通知制度，是否要做目的性限缩，将人身权益排除出反通知制度的适用范围？

这取决于最高人民法院否定反通知的上述理由是否仍然成立。本书认为，恐难再成立。其一，认为知识产权领域造成的财产损失大多可通过赔偿来弥补，而可弥补的权益在保护时不必强调"即时性"，以及侵害人身权益会造成难以弥补的损害，这些判断似乎都过于武断。事实上，侵害知识产权的财产损失常常难以准确计算，比如爆款商品因投诉而被下架时，不仅造成销售损失，也同时影响了店铺排名和流量等其他对店铺而言有财产利益且重要的事项，这些损失显然难以准确衡量。[2]此外，我国还存在广受诟病的知识产权侵权赔偿金不足问题。[3]如果认为不易计算的知识产权损害可通过赔偿来弥补，则同理似乎也可得出人身权益损害也可通过赔偿来弥补。其二，我国修改了反通知的法律后果，从原来的网络服务提供者立即恢复相关内容，改为了合理期限后投诉人未采取诉讼等措施才恢复。故最高人民法院释义书中担心的恢复相关内容将给权利人造成难以弥补损害的后果，事实上可由权利人积极主张权利来避免。其三，释义书中所说的在反通知之外网络用户还享有其他救济途径，以及实践中反通知发生概率很小，不应作为否定网络用户享有反通知权利的理由，因为法律为主体提供的救济途径越多样，越有利于对主体予以保护。至于主体是否行使，在有多种选择时选择行使何种权利，不应成为否定赋权的理由。

因此，《民法典》中的反通知制度则不应作目的性限缩解释。在人身权益领域也应适用反通知制度。

---

[1] 最高人民法院民事审判第一庭编著：《最高人民法院利用网络侵害人身权益司法解释理解与适用》，人民法院出版社2014年版，第125页。

[2] 《涉电商平台知识产权案件审理指南》第31条规定"被通知人因错误通知或恶意通知受到的实际损失包括利润损失、商誉损失以及恢复成本等。"显然这些损失都不易计算。

[3] 参见曹新明：《我国知识产权侵权损害赔偿计算标准新设计》，载《现代法学》2019年第1期。

2. 反通知的要件

《民法典》第 1196 条第 1 款规定反通知"声明应当包括不存在侵权行为的初步证据及网络用户的真实身份信息"。在《民法典（草案）》中，对反通知的规定曾只提及了"初步证据"，在最终审议通过时才加上了"网络用户的真实身份信息"，这一变化值得肯定，理由在于：网络服务提供者提供反通知的网络用户的身份信息，系第 1196 条的应有之义。根据第 1196 条，投诉人收到反通知后，若欲避免对网络用户所采取的措施被终止，需在合理期限内向有关部门投诉或向法院起诉。为确定诉讼对象和管辖法院等，网络用户的身份信息必不可少。据此，网络服务提供者应当掌握反通知用户的身份信息，并在必要时向投诉人提供。[1]

当然，鉴于实践中商业模式的多样性，有时网络服务提供者在网络用户提交反通知前，便已经掌握了网络用户的身份信息，此时若网络服务提供者并未要求网络用户在反通知中提供身份信息，亦应予以认可。比如，在电商领域，电商平台多已经掌握了平台内经营者的真实身份信息。

3. 合理期限的判断

在网络用户发送反通知后，网络服务提供者在终止所采取的措施前，应为投诉人提供反应的"合理期限"。这一规定一改过去的收到反通知后立即恢复相关内容的做法。问题在于：为何要做此修改？

从规范目的来看，本修改显然是为了强化对权利人的保护，避免权利人因网络用户的反通知而继续遭受侵害。同时，也应意识到该规则带来的副作用：因错误通知或恶意通知而不当遭受措施的网络用户，将因此而遭受更长时间的损害。这一损害虽然较之过去的规则可能只是延长了 15 日（《电子商务法》第 43 条第 2 款），但在某些特殊时期，比如"双 11"等大促期间，损害也可能非常可观。[2]因此，合理期限的加入，可以视为立法者在权衡利弊后最终作出的价值选择，即相较于部分网络用户因无法立即终止相关措施遭

---

〔1〕　从比较法来看，美国反通知要件中也要求网络用户提供其身份信息，包括姓名、地址和电话。See 17 U. S. C. § 512（g）（3）（D）.

〔2〕　实践中为了缓解这一问题，可能通过对"必要措施"作多样化解释来实现。比如，对大促期间的投诉，电商平台允许被投诉的平台内经营者提供担保或允许冻结其账户来避免被投诉的商品被下架。《涉电商平台知识产权案件审理指南》第 14 条允许"冻结被通知人账户或者要求其提供保证金"作为必要措施。

受的损害，权利人因网络服务提供者收到反通知而立即终止所采取的措施所遭受的损害可能更为常见和突出。

进一步的问题是，实务中如何确定合理期限？合理期限首次出现于《民法典（草案）》，在此之前，草案中使用的都是"十五日"的表述。此外，与《民法典》第 1196 条规则相似的《电子商务法》第 43 条第 2 款规定的也是 15 日。据此，可作如下解释：（1）对知识产权投诉而言，应适用《电子商务法》的规定，合理期限为 15 日；（2）对知识产权以外的其他权益而言（主要是人身权益），合理期限可根据情况予以确定，不受 15 日的拘束。

确定合理期限的考量因素时，应充分考虑合理期限规则的规范目的，权衡比较期限长短对权利人和网络用户双方利益的影响。具体而言，可包括：（1）通知和反通知的详细程度及侵权可能性大小。侵权可能性越大，合理期限越应从宽（给予投诉人更长期限）。反之，若网络用户在反通知中提供了行政机关文书或法院裁判文书以表明其行为合法，则合理期限应从严。（2）错误采取措施对当事人而言利益影响的大小。若终止措施对投诉人利益影响较大，比如侵权现象较严重，合理期限应从宽，以减少对权利人可能造成的潜在损害；反之，若对网络用户利益影响较大，合理期限应从严。比如，对于时效性较强的内容，若网络用户提供了合格的反通知，一般应尽快予以恢复。（3）合理期限是否会因权利类型而有所差别？在知识产权的合理期限定为 15日后，人身权益是否要确定一个固定的合理期限？从合理期限的规范目的和上述提及的考量因素来看，一般而言，人身权益情境下的合理期限应比知识产权情境下更长些，理由在于：其一，相较于知识产权纠纷中权利人多为企业且有专职人员处理，人身权益纠纷的受害人更多的是自然人，在向有关部门投诉或起诉方面可能耗费更多时间。其二，人身权益的损害边际随着时间流逝往往呈递减趋势，因为公众对某一事件的关注热度往往会快速下降。故更长的等待期有助于当事人自行"消化"相关纠纷，避免过多纠纷进入诉讼等。据此，似乎可考虑一般而言给予人身权益的权利人一个月左右的期限。（4）上述这些因素都并非决定性因素，需根据具体情况来综合判断。民法典草案中曾规定的 15 日期限可作为标杆，并允许网络服务提供者在实践中根据情况做相应的合理调整。

最后，值得一提的是，《中美经贸协议》第 1.13 条之二第 3 项要求中国："将权利人收到反通知后提出司法或行政投诉的期限延长至 20 个工作日"。这显然是针对我国《电子商务法》所规定的 15 日提出的要求。相较而言，《中美经贸协议》的要求并不是只增加了 5 日，而是增加了 10 日左右，因为计算日期的方式从"日"变为了"工作日"。存在疑问的是，所谓"工作日"究竟应以哪一方主体为准，即以权利人、网络用户抑或网络服务提供者的工作日为准？从便于实践操作的角度而言，以网络服务提供者的工作日为准是较为妥当的选择。〔1〕为了履行《中美经贸协议》的要求，我国需要尽快将《电子商务法》所规定的 15 日修改为 20 个工作日。〔2〕至于《民法典》，则无需作文字修改。只是在理解"合理期限"时，可能需要将标杆从 15 日移至 20 个工作日。

（三）知道规则的完善

《民法典》第 1197 条规定了知道规则。与《侵权责任法》第 36 条第 3 款相比，《民法典》只作了一处修改：将原来的"知道"改为了"知道或者应当知道"。这一修改更多的是在《民法典》层面确认了实践中已行之多年的做法，而非实质上改变了过去的规则。

纵观我国对网络服务提供者过错要件的要求可发现，我国对网络服务提供者的要求呈现出日趋严格的趋势。早期，或许是基于发展新兴产业的考量，我国只在网络服务提供者明知时才课以责任。比如在 2000 年原《最高人民法院关于审理涉及计算机网络著作权纠纷案件适用法律若干问题的解释》第 5 条中，提供内容服务的网络服务提供者在明知网络用户通过网络实施侵犯他人著作权的行为，但仍不采取移除侵权内容等措施以消除侵权后果的，才与网络用户承担共同侵权责任。但 2006 年的《信息网络传播权保护条例》则作出了转变，《信息网络传播权保护条例》第 23 条规定，网络服务提供者为服务对象提供搜索或者链接服务，明知或者应知所链接的作品、表演、录音录

---

〔1〕　从规范目的来看，合理期限系为强化对权利人的保护，故以投诉人的工作日为准更符合规范目的。但这会导致实践操作上的困难，因为当事人间（尤其涉及跨境时）的节假日不同，以投诉人为准会导致实践运作成本大大提高。

〔2〕　目前，最高人民法院采取了一种变通的做法。根据《网络知识产权批复》第 3 条规定："在依法转送的不存在侵权行为的声明到达知识产权权利人后的合理期限内，网络服务提供者、电子商务平台经营者未收到权利人已经投诉或者提起诉讼通知的，应当及时终止所采取的删除、屏蔽、断开链接等下架措施。因办理公证、认证手续等权利人无法控制的特殊情况导致的延迟，不计入上述期限，但该期限最长不超过 20 个工作日。"

像制品侵权的，应当承担共同侵权责任。尽管上述两个文件所规范的都只是部分网络服务提供者且仅针对著作权，但对其他网络侵权情形也同样有参照价值。

在《侵权责任法》制定过程中，对网络服务提供者过错采何种要求曾出现很大分歧。《中华人民共和国侵权责任法（草案）》（二次审议稿）首次出现了网络侵权条款，其规定网络服务提供者明知网络用户利用其网络服务实施侵权行为，未采取必要措施的，与该网络用户承担连带责任。但三审稿中将"明知"改为了"知道"。四审稿又将"知道"改为"知道或者应当知道"。最终通过的《侵权责任法》又改为了"知道"。可见立法者在这一问题上摇摆不定。

在《侵权责任法》颁布后，如何解释第36条第3款的"知道"一词，再次引发了争议。最高人民法院的释义书中曾基于上述立法变迁认为，既然立法者将四审稿的"知道或者应当知道"改为了"知道"，意味着"知道"并不包括"应当知道"。[1]而法工委的释义书中则认为"'知道'可以包括'明知'和'应知'两种主观状态。"[2]之后的司法实践则采取了"知道"包括"应当知道"的见解。[3]最高人民法院很快也不再采释义书中的立场。在2012年发布的《最高人民法院关于审理侵害信息网络传播权民事纠纷案件适用法律若干问题的规定》第8条第1款中，明确规定"网络服务提供者的过错包括对于网络用户侵害信息网络传播权行为的明知或者应知"。同时在第9条中规定了"人民法院应当根据网络用户侵害信息网络传播权的具体事实是否明显，综合考虑以下因素，认定网络服务提供者是否构成应知"。然而，2014年发布的《最高人民法院关于审理利用信息网络侵害人身权益民事纠纷案件适用法律若干问题的规定》中，最高人民法院的态度又有了新的发展。该规定并未明确提及《侵权责任法》第36条第3款的"知道"包括"应当

---

〔1〕 最高人民法院侵权责任法研究小组编著：《〈中华人民共和国侵权责任法〉条文理解与适用》，人民法院出版社2010年版，第265～266页。

〔2〕 王胜明主编：《中华人民共和国侵权责任法解读》，中国法制出版社2010年版，第185页。

〔3〕 比如庄则栋、佐佐木敦子诉上海隐志网络科技有限公司侵害作品信息网络传播权纠纷案，上海市第一中级人民法院（2011）沪一中民五（知）终字第33号民事判决书。本案被评为上海2011年知识产权十大案件之十、最高人民法院"2011年中国法院知识产权司法保护50件典型案例"之十三。

知道"，而是在第9条规定了"人民法院依据侵权责任法第三十六条第三款认定网络服务提供者是否'知道'"时应当综合考虑的因素。换言之，《最高人民法院关于审理利用信息网络侵害人身权益民事纠纷案件适用法律若干问题的规定》中并未强调"应当知道"。就此，最高人民法院释义书中在回顾了过往关于"应当知道"的争论后提出，《侵权责任法》中的"知道"可区分为"已知"和"推定知道"两类判断标准。其中，"推定知道"系判断"应当知道"的标准。〔1〕这与过去最高人民法院区分"推定知道"和"应当知道"的观念有所不同。〔2〕

此次《民法典》起草过程中，从最初的室内稿开始，便采取的是"知道或者应当知道"的表述，直至最终审议通过。此外，在《民法典》之前已实施的《电子商务法》第45条也采取了"知道或者应当知道"的规定。故可认为，在网络服务提供者过错的判断上，立法者虽然在侵权责任法制定时曾有犹豫，但现在则已有定见。

总结而言，《民法典》对网络侵权制度作出的基础性规定，广泛涉及了网络侵权中的主要规则，包括通知规则、反通知规则、知道规则等。这些规则既融合了我国传统民事侵权理论，又在一定程度上回应了现实中的关切。其中的部分规则，比如合理期限的判断、应当知道的认定等，要如何具体适用，仍有待将来实践的不断探索和积累。未来需根据实践中的新发展而不断为民法典中的网络侵权制度注入新的内涵，使其能历久弥新。

---

〔1〕　参见最高人民法院民事审判第一庭编著：《最高人民法院利用网络侵害人身权益司法解释理解与适用》，人民法院出版社2014年版，第133~139页。在此之前，笔者也曾撰文主张知道解释为明知和推定知道。详见徐伟：《网络服务提供者"知道"认定新诠——兼驳网络服务提供者"应知"论》，载《法律科学（西北政法大学学报）》2014年第2期。

〔2〕　最高人民法院释义书中曾认为"应当知道"表明行为人负有注意义务，而"推定知道"中行为人并不负有注意义务。参见最高人民法院侵权责任法研究小组编著：《〈中华人民共和国侵权责任法〉条文理解与适用》，人民法院出版社2010年版，第265~266页。

通知规则的体系定位

通知规则是我国应对网络侵权而创设的最重要的民事法律制度之一。然而，目前我国无论是在立法、司法实践，还是在理论界，对通知规则本身的涵义、性质、功能、立法目标等基础性问题尚存在普遍的认识上的混乱，乃至误解。这导致了尽管该规则在我国立法中存在已长达二十四年之久，[1]但对这一规则的理解与适用却仍然存在诸多争议，司法实践中就此规则的判决也远未达成一致，[2]甚至连这一制度的称呼都尚未形成共识。[3]为正确理解我国的通知规则，本书试图解决其中的一个核心问题，即通知规则在网络服务提供者侵权责任认定中的性质问题。事实上，对通知规则性质的准确把握是拨开围绕该制度的诸多争议的突破口，并可据此一以贯之地纠正和统一对通知规则概念内涵、制度功能、立法目标等问题的认识。

为此，本书拟通过对我国当前两种相互排斥，但却又同时并存的"通说"的展示，表明我国在通知规则法律性质问题上的混乱认识。并通过追

---

〔1〕 在我国法律文件中，通知规则最早规定于 2000 年颁布的《最高人民法院关于审理涉及计算机网络著作权纠纷案件适用法律若干问题的解释》中。2009 年通过的《侵权责任法》第 36 条第 2 款首次从基本法的层面对该规则作出了规定。需强调的是，我国不同法律文件中对通知规则的规定并不完全相同。

〔2〕 实践中判决不一的典型表现是雅虎音乐搜索案和百度音乐搜索案间的"同案不同判"。参见七大唱片公司诉百度公司音乐搜索服务著作权侵权案［北京市第一中级人民法院（2005）一中民初字第 7965、7978、8474、8478、8488、8995、10170 号民事判决书］、十一大唱片公司诉雅虎公司音乐搜索服务著作权侵权案［北京市第二中级人民法院（2007）二中民初字第 02621~02631 号民事判决书］。

〔3〕 通知规则在我国亦被称为通知移除制度、通知删除制度、通知取下规则、"避风港"规则、提示规则等。

本溯源的方式，详细阐明我国对通知规则产生混乱认识的原因和通知规则正确定性的应然选择。进而对重新定性后的通知规则所带来的理论上的相关影响和实践中的指导价值给予说明，以期能推动通知规则在我国发挥其应有的作用。

一、我国通知规则的法律性质：两种矛盾的通说

在当前我国学界，存在两种并存的通说，第一种是通知规则是网络服务提供者的免责条款，第二种是网络服务提供者的侵权责任采过错责任原则。这两种通说看似相互并行、互不干涉，但事实上，这两种通说在理论体系上是相互排斥、不可并存的两种理论。

（一）通说之一：通知规则是网络服务提供者的免责条款

我国通行观点认为，通知规则是网络服务提供者的免责条款。这一观点在我国立法、司法和理论界都普遍存在。

在立法上，我国现行的一些法律文件中都将通知规则作为网络服务提供者的免责条款加以规定。《信息网络传播权保护条例》便是典型。详言之，《信息网络传播权保护条例》对通知规则采取的条文表述是：网络服务提供者在满足通知移除条件时，不承担赔偿责任。[1]据原国务院法制办负责人就所作的解释称："条例借鉴一些国家的有效做法，对网络服务提供者提供服务规定了四种免除赔偿责任的情形：一是……四是网络服务提供者提供搜索、链接服务的，在接到权利人通知书后立即断开与侵权作品的链接，不承担赔偿责任。"[2]法制办负责人将通知规则列为网络服务提供者免除赔偿责任的情形，表明其认为通知规则是免责条款。可见，《信息网络传播权保护条例》是以免责条款的思路来设计通知规则。法律文件中更直接体现通知规则是免责条款的规定是《北京市高级人民法院关于网络著作权纠纷案件若干问题的指

---

〔1〕　比如《信息网络传播权保护条例》第 22 条规定："网络服务提供者为服务对象提供信息存储空间，供服务对象通过信息网络向公众提供作品、表演、录音录像制品，并具备下列条件的，不承担赔偿责任：……（五）在接到权利人的通知书后，根据本条例规定删除权利人认为侵权的作品、表演、录音录像制品。"

〔2〕　《国务院法制办负责人就〈信息网络传播权保护条例〉有关问题答中国政府网记者问》，载 https://www.pkulaw.com/lawexplanation/e438e222f59cbcdb20f1fdfc29d7fa0fbdfb.html？way = textRightFblx，最后访问日期：2023 年 8 月 13 日。

导意见（一）（试行）》（以下简称《北京高院意见》）。该《北京高院意见》的一个部分便直接以"网络技术、设备服务提供者的免责条件"作为标题。该标题项下的十个条文便是根据将《信息网络传播权保护条例》第20条至第23条[1]解读为免责条款的思路来详细说明相关规则的。如该《北京高院意见》第23条规定："网络服务提供者主张其符合《信息网络传播权保护条例》规定的免责条件的，应对所依据的相关事实负举证责任。"

在司法实践中，法院普遍将通知规则认定为网络服务提供者的免责条款。比如，在"乐视网公司诉时越公司侵犯著作权纠纷案"中，法院认为："时越公司具有主观过错，其并非可以免除赔偿责任的提供存储空间、搜索、链接服务的网络服务提供者。时越公司的行为客观上帮助和促进了公众用户通过悠视网及UUSee网络电视软件在选定的时间、选定的地点获得《我》剧，且未经乐视网公司许可，侵犯了乐视网公司对《我》剧享有的信息网络传播权，时越公司应当承担相应的侵权责任。"[2]由该判决可看到，法院认为提供存储空间、搜索、链接服务的网络服务提供者享有一定条件下免责的权利，该条件的典型便是满足了通知规则的要求。事实上，上述《北京高院意见》将《信息网络传播权保护条例》中的相关规定解读为免责条款的现象便足以表明，通知规则被认定为免责条款是当前我国法院判决中的主流观点。

在学界，不少学者认为，通知规则是网络服务提供者的免责条款。比如，有学者认为："'通知与取下'程序主要是为了有条件地豁免网络服务提供者对网络用户的直接侵权行为所应承担的间接侵权责任。"[3]有学者直接指出："网络服务商避风港的法律性质为免责条款，而不是归责条款。""避风港作为免责条款的法律性质，不是对网络服务商版权责任的最终确定，而仅仅是为网络服务商提供了新的抗辩理由。"[4]也有学者在解释《侵权责任法》第36条第2款的规定时说："这一款规定应当重点强调它的免责功能，而非归责功

---

[1] 《信息网络传播权保护条例》第20条至第23条规定的是提供网络自动接入、自动传输、系统缓存、信息存储空间、搜索、链接服务的网络服务提供者不承担赔偿责任的条件。

[2] 北京市海淀区人民法院（2011）海民初字5943号民事判决书。

[3] 王胜明主编：《中华人民共和国侵权责任法释义》，法律出版社2010年版，第193页。

[4] 刘家瑞：《论我国网络服务商的避风港规则——兼评"十一大唱片公司诉雅虎案"》，载《知识产权》2009年第2期。

能。"〔1〕

(二) 通说之二：网络服务提供者侵权责任采过错责任原则

依据我国《民法典》第 1165 条第 1 款的规定，我国侵权责任一般采取的是过错责任原则。无过错责任、公平责任、过错推定责任的适用，都需要立法的明确规定方可。因此，我国对网络服务提供者侵权责任所采取的归责原则取决于立法是否对其作出了特别规定。

根据《民法典》第 1194 条第 1 句的规定："网络用户、网络服务提供者利用网络侵害他人民事权益的，应当承担侵权责任。"有学者据此认为，我国就网络侵权采取的是无过错责任原则。"如何判断民事立法中一项法律条款是否为无过错责任条款，通常是依据法律条款中有没有行为人主观要件要求加以确定的。""凡条文明示'过错'要件者，为'过错责任'；条文未言及'过错'要件者，为'无过错责任'。"由于第 1194 条第 1 句条文表述中的"'利用'一词并不能排除行为人不知是侵权信息的情况，不应理解为必定是'过错'的体现。基于这样的认识，第 36 条第 1 款应该是无过错责任。"〔2〕

应当承认的是，从立法技术来看，《民法典》第 1194 条第 1 句对网络侵权采取的确实是无过错责任原则。因为在《民法典》中，过错责任、过错推定责任和无过错责任分别对应着不同的立法表述，过错责任的表述一般为：行为人有过错的，应当承担侵权责任，如《民法典》第 1203 条对销售者产品责任的规定。过错推定责任的表述一般为：行为人造成损害的，应当承担侵权责任，但能证明自己没有过错的除外，如《民法典》第 1201 条对教育机构侵权责任的规定；或者表述为：造成损害的，推定某主体存在过错，如《民法典》第 1222 条对医疗机构侵权责任的规定。无过错责任的表述一般为：行为人造成损害的，应当承担侵权责任，如《民法典》第 1229 条对环境污染责任的规定。将《民法典》第 1194 条第 1 句对网络侵权责任的立法表述与上述三种侵权归责原则的立法表述方式加以比照可发现，该款对网络侵权责任的

---

〔1〕　鲁春雅：《网络服务提供者侵权责任的类型化解读》，载《政治与法律》2011 年第 4 期。

〔2〕　刘晓海：《〈侵权责任法〉"互联网专条"对网络服务提供者侵犯著作权责任的影响》，载《知识产权》2011 年第 9 期。作者是基于《侵权责任法》第 36 条第 1 款作的分析，因该款内容与《民法典》第 1194 条第 1 句完全相同，故该观点在《民法典》时代仍可能存在。

规定采取的是无过错责任原则的表述方式。

然而，对《民法典》第 1194 条第 1 句所作的此种"咬文嚼字"的法律解释未必就能真正把握立法原意，实现立法目标。《民法典》第 1194 条第 1 句所表达的无过错责任原则是立法表述上的瑕疵，是立法时的一个失误，而并非立法者有意为之。因为无论是从官方的说明、学者的解释，抑或条文的体系性理解来看，第 1194 条第 1 句网络侵权的立法规定都应解释为过错责任原则。

从官方说明来看，反映了我国《侵权责任法》立法过程中各方意见的《侵权责任法立法背景与观点全集》一书中并未提及就网络侵权采无过错责任原则的任何说明，〔1〕而如果立法就此采取的是无过错责任原则，理应会在立法过程中引起争论。王胜明先生主编的书中对《侵权责任法》第 36 条第 1 款解释为："本条第一款只对网络用户、网络服务提供者侵犯他人民事权益应当承担侵权责任作出了原则性规定。对于网络用户、网络服务提供者的行为是否构成侵权行为，是否应当承担侵权责任，还需要根据本法第六条以及著作权法的有关规定来判断。"〔2〕而《侵权责任法》第 6 条正是对过错责任原则所作的一般性规定。最高人民法院相关人员编写的书中也认为该款采取的是过错责任原则。〔3〕类似的，《民法典》立法过程中，亦未见官方强调网络侵权采无过错责任。

从学者解释来看，学界普遍认为，我国就网络侵权采取的是过错责任原则。王利明先生认为："我国《侵权责任法》第 36 条虽然没有明确规定采用过错责任，但是从条文的解释来看，可知其采用的是过错责任。根据《侵权责任法》第 36 条第 1 款……该条在文字上没有出现'过错'，似乎是采严格责任，但实际上第 36 条第 1 款要结合第 6 条第 1 款来适用，过错责任属于一般原则，只要法律没有例外规定的，就都应适用该原则。因此不能说，该条采纳了严格责任。"〔4〕张新宝、任鸿雁也认为："在网络侵权行为中，网络服

〔1〕 参见全国人大常委会法制工作委员会民法室编：《侵权责任法立法背景与观点全集》，法律出版社 2010 年版，涉及网络侵权的相关部分。

〔2〕 王胜明主编：《中华人民共和国侵权责任法释义》，法律出版社 2010 年版，第 190 页。

〔3〕 最高人民法院侵权责任法研究小组编著：《〈中华人民共和国侵权责任法〉条文理解与适用》，人民法院出版社 2010 年版，第 263~264 页。

〔4〕 王利明：《侵权责任法研究》（下卷），中国人民大学出版社 2011 年版，第 121 页。

务提供者承担的是过错责任，即只有网络服务提供者存在过错的时候才承担侵权责任。"〔1〕同时，张新宝先生从法理、技术、利益平衡以及比较法的角度对之所以网络侵权应采过错责任原则作出了详细论证。杨立新先生也认为，《侵权责任法》第 36 条第 1 款所规定的网络服务提供者和网络用户的 "这两种侵权责任都是过错责任。"〔2〕吴汉东先生亦认为："过错是网络服务提供者承担责任的基础。"〔3〕可见，学界普遍认为，我国对网络侵权采取的是过错责任原则。

从条文的体系性理解来看，对《民法典》第 1194 条第 1 句采过错责任原则的解读也可通过第 1194 条至第 1197 条间的体系解释得出。依据第 1195 条第 2 款后半句 "未及时采取必要措施的，对损害的扩大部分与该网络用户承担连带责任"，为什么网络服务提供者在责任的承担上要区分收到侵权之前和之后呢？合理的解释只能是，在收到侵权通知之前，网络服务提供者并不知道侵权的存在，主观没有过错，故此时其不构成侵权，不承担责任。如果将网络服务提供者的归责原则理解为无过错责任原则，认为其在收到通知前就已经构成侵权，便很难解释为何网络服务提供者在收到侵权通知后未及时移除侵权内容的，却只是对收到通知后的侵权后果承担责任，即网络服务提供者不承担在收到通知之前的侵权责任难以在网络服务提供者采无过错责任原则的情况下得到解释。

事实上，我国司法实践中也一直对网络服务提供者侵权责任采过错责任原则。比如，《北京高院意见》第 1 条便明确表示："网络服务提供者构成对信息网络传播权的侵犯、承担侵权的民事责任，应具备违法行为、损害后果、违法行为与损害后果具有因果关系和过错四个要件。"《浙江省高级人民法院民事审判第三庭关于审理网络著作权侵权纠纷案件的若干解答意见》第 27 条也规定："具有主观过错，是提供信息存储空间、链接和搜索等服务的网络服务提供者承担侵权责任的前提。"同样，在司法判决中，认定网络服务提供者是否存在主观过错一直是法院判决其承担侵权责任前需重点加以论证的内容。

---

〔1〕 张新宝、任鸿雁：《互联网上的侵权责任：〈侵权责任法〉第 36 条解读》，载《中国人民大学学报》2010 年第 4 期。

〔2〕 杨立新：《〈侵权责任法〉规定的网络侵权责任的理解与解释》，载《国家检察官学院学报》2010 年第 2 期。

〔3〕 吴汉东：《论网络服务提供者的著作权侵权责任》，载《中国法学》2011 年第 2 期。

比如，在"环球唱片公司与阿里巴巴公司侵犯著作权纠纷上诉案"中，法院认为："具有过错是网络服务提供者承担侵权责任的条件。……阿里巴巴公司怠于尽到注意义务、放任涉案侵权结果的发生的状态是显而易见的。应当认定阿里巴巴公司主观上具有过错。"[1]

综上可见，尽管《民法典》第 1194 条第 1 句存在立法表述上的瑕疵，但我国就网络服务提供者侵权责任采过错责任原则当确定无疑。正如王利明先生所说："我国历来在互联网纠纷中采用过错责任，所以采用过错责任也是对我国司法实践工作的总结。"[2]

与网络服务提供者过错责任原则密切相关的，是网络服务提供者对网络用户上传的内容不负有一般性审查义务的共识。这也是我国立法中与理论界历来的一贯认识。比如《中华人民共和国著作权法（修改草案第二稿）》第69 条第 1 款曾规定："网络服务提供者为网络用户提供存储、搜索或者链接等单纯网络技术服务时，不承担与著作权或者相关权有关的审查义务。"此款规定在《中华人民共和国著作权法（修改草案第一稿）》公开征求意见时受到了音乐界的一定批评，但在第二稿中此款规定并没有受到影响。可见，我国立法者对网络服务提供者不负有一般性审查义务的态度是明确的。[3]

在学界，网络服务提供者不负有一般性审查义务也是学者共识。如杨立新先生指出："网络服务提供者对网络用户利用网络发布信息，法律没有规定网络服务提供者负有事先审查义务。如果强令网络服务提供者负有事先审查义务，就会违反互联网运行的客观规律性，不符合客观实际情况，也不符合《侵权责任法》第 36 条规定，是违反法律的。对此，学界和专家有共识。"[4]张新宝先生也认为："实际上，世界各国对于网络服务提供者是否等同于传统的出版者地位方面达成一致的意见，即由于互联网行业的特点，网络服务提供者面对海量的信息无法做到事先审查。从技术上虽然可以采取一些过滤手段，但是难以做到全面的审查。因此，网络服务提供者不等同于传统出版者的地

---

[1] 北京市高级人民法院（2007）高民终字第 1190 号民事判决书。

[2] 王利明：《侵权责任法研究》（下卷），中国人民大学出版社 2011 年版，第 122 页。

[3] 规定网络服务提供者不负有一般性审查义务的其他法律文件还有：《北京高院意见》第 17 条、《浙江省高级人民法院民事审判第三庭关于审理网络著作权侵权纠纷案件的若干解答意见》第 29 条规定，等等。

[4] 杨立新：《〈侵权责任法〉规定的网络侵权责任的理解与解释》，载《国家检察官学院学报》2010 年第 2 期。

位，也不可能承担普遍审查义务。"〔1〕

可见，由于互联网信息的海量性导致网络服务提供者对其用户上传的内容事先做一一审查有悖于互联网的及时、高效、共享和去中心化等特点，故包括我国在内的各国立法都选择了不对网络服务提供者课以一般性审查义务。

（三）两种通说相互冲突

上述两种通说在同一法律体系和理论逻辑中是相互排斥、不可并存的。两者间的冲突可用图表示如下：

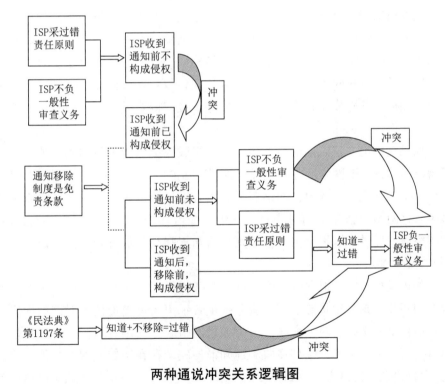

两种通说冲突关系逻辑图

说明：实线表示"且"的关系，虚线表示"或"的关系，⟹ 表示推导的关系，ISP指网络服务提供者。

---

〔1〕 张新宝、任鸿雁：《互联网上的侵权责任：〈侵权责任法〉第36条解读》，载《中国人民大学学报》2010年第4期。

对上图，说明如下。

由于网络服务提供者对其网站中非自己上传的内容并不负有一般性审查义务，故除非网络服务提供者主动参与、教唆了网络用户上传侵权内容，否则，网络服务提供者在收到权利人的侵权通知前，不应认为其主观上知道了侵权内容的存在，即其主观上并不存在过错。同时，根据网络服务提供者侵权责任采过错责任原则，网络服务提供者构成侵权责任需满足其主观存在过错的要件。因此，结合网络服务提供者不负有一般性审查义务和其侵权责任采过错责任原则这两个前提，可得出：网络服务提供者在收到侵权通知前并未构成侵权。

根据通知规则是网络服务提供者免责条款这一前提，可得出两种可能的推论：一是网络服务提供者在收到侵权通知前就已经构成了侵权，在收到侵权通知并及时移除了侵权内容后，其已经构成的侵权责任得到了免除。二是网络服务提供者在收到侵权通知前并未构成侵权；在收到侵权通知，但尚未及时移除前，其构成了侵权；在及时移除了侵权内容后，网络服务提供者的侵权责任得到了免除。

如果是推论一，该推论与上述根据网络服务提供者采过错责任原则[1]所得出的结论，即网络服务提供者在收到通知前并未构成侵权，直接相矛盾。根据逻辑推理规则可得出，网络服务提供者采过错责任原则与通知规则是免责条款这两个命题无法同时为真，其中一个为真便意味着另一个必然为假，即网络服务提供者承担过错责任原则与通知规则是免责条款这两种通说不能同时并存。

如果是推论二，根据该推论"网络服务提供者在收到通知前并未构成侵权"可得出，该推论排除了网络服务提供者承担无过错责任和对网站内容负有一般性审查义务这两个命题。因为如果网络服务提供者承担无过错责任或负有一般性审查义务，则其在收到通知前便完全存在构成侵权的可能。换言之，"网络服务提供者在收到通知前并未构成侵权"这一推论承认了网络服务提供者承担过错责任原则和不负有一般性审查义务这两个命题。

根据该推论的第二点，网络服务提供者"在收到侵权通知，但尚未及时移除前，其构成了侵权"，并结合该推论承认网络服务提供者承担过错责任原

---

〔1〕 为简化表述，此处以"网络服务提供者采过错责任原则"指代"网络服务提供者采过错责任原则，且网络服务提供者不负有一般性审查义务"。

则这一命题，可得出，网络服务提供者"知道"了侵权内容的存在等同于网络服务提供者主观上存在"过错"，即"知道=过错"。这一结论与我国《民法典》第 1197 条的已有规定直接矛盾。第 1197 条规定："网络服务提供者知道或者应当知道网络用户利用其网络服务侵害他人民事权益，未采取必要措施的，与该网络用户承担连带责任。"由该款规定可看到，网络服务提供者知道侵权存在并不足以认定其主观过错，知道后未移除的，才构成主观过错，即"知道+未移除=过错"。可见，推论的第二点与《民法典》第 1197 条的已有规定相冲突。

即便承认依推论第二点所得出的"知道=过错"这一结论，可据此推论：如果网络服务提供者一旦知道了侵权存在便立即等同于其主观上存在了过错，那便意味着网络服务提供者在知道侵权存在前便应避免侵权的发生，由此可得出，网络服务提供者对其网站中的内容应负有一般性审查义务。显然，这一结论与该推论之前所承认的前提，即网络服务提供者不负有一般性审查义务相矛盾。可见，根据推论二内部间的逻辑关系，该推论本身便难以成立。

综上可见，通知规则是免责条款的通说与网络服务提供者侵权责任采过错责任原则的通说间存在冲突，两者无法同时并存。

二、通知规则追本溯源：中美法律体系中的不同定性

为什么两种在理论逻辑上不可并存的命题会在我国同一时期内并存为"通说"且长期存在呢？相较而言，网络服务提供者侵权责任采过错责任原则是更加需要坚持的通说。[1]因此，对上述两矛盾命题的破解出路，应如何认识通知规则的法律性质问题，即为何我国会出现"通知规则是免责条款"这一通说？通知规则正确的定性应是什么？由于我国在通知规则的创设上受到美国《数字千年版权法》的很大影响，[2]故为彻底把握通知规则的法律性质，需对立法上通知规则的创设渊源及在我国立法上的确立过程加以全面考察。

（一）美国《数字千年版权法》中通知规则的法律性质

在互联网产生之前，依据美国传统理论，版权[3]侵权分为直接侵权责

---

〔1〕　就此判断的详细论证，参见下文"我国通知规则性质的应然选择"部分的论述。

〔2〕　对此判断的证据，详见下文"我国对美国通知规则的借鉴"部分的论述。

〔3〕　本书中"版权"与"著作权"二者为同义语，只是为沿袭用语习惯，一般在谈及美国时用"版权"一词，在涉及我国时用"著作权"一词。

任（direct liability）和第三人侵权责任（third-party liability）。版权直接侵权采取的是严格责任（strict liability），即只要存在侵权事实，无论行为人的主观意图为何，都需对此承担侵权责任。[1]第三人侵权责任包括促成责任（contributory liability）、替代责任（vicarious liability）等，其认定依据相应的构成要件来进行。

在互联网产生之初，法院选择了依据直接侵权，即严格责任来认定网络服务提供者的侵权责任，这方面的典型判例是 1993 年的 Frena 案。该案中，被告 Frena 是 BBS 网站 Techs Warehouse 的经营者，被告网站的用户未经原告授权擅自上传了原告出版物上的图片，并将图片中原配有的文字材料删去，代之以被告的文字、广告及地址。尽管被告辩称自己并未上传侵权内容，但法院仍判决被告侵权，并认为："认定构成版权侵权无须侵权之意图，主观上的故意或实际知晓并不是构成侵权的一个要件，即使是无过错的侵权人也应对其行为承担法律责任。有无过错只是影响法院判决的法定赔偿金数额。"[2]

然而，由于互联网的去中心化等特点，网络服务提供者往往难以对海量的用户上传的内容作出一一审查，故采直接侵权（严格责任）来认定网络服务提供者的侵权责任受到了互联网行业的激烈批评，但严格责任受到了内容产业界的强烈支持。双方的争执最终引发了是否应对网络服务提供者版权侵权采严格责任的广泛讨论。[3]这一讨论的集中体现表现在美国 1995 年发布的《知识产权与国家信息基础设施》（Intellectual Property and the National Information Infrastructure，以下简称白皮书）。白皮书在列举了双方的观点后认为，网络服务提供者与传统的图书、唱片、报刊、杂志等销售者相似，应对其网站中的内容承担严格责任，没有必要为其设置特殊的规则，给予特别的待遇[4]。然而，白皮书对网络服务提供者侵权责任所持的此种严格态度引来了诸多批评，尤其是互联网产业界的强烈反对。事实上，白皮书颁布后的第一个涉及

---

〔1〕 See 17 U. S. C. 501.

〔2〕 Playboy Enterprise, Inc. v. Frena, 839 F. Supp. 1552 (M. D. Fla. 1993).

〔3〕 See I. Trotter Hardy, *The Proper Legal Regime for "Cyberspace"*, 55 University of Pittsburgh Law Review, Vol. 55, 1994, pp. 993–1055.

〔4〕 See Bruce A. Lehman (Chair), *Intellectual Property and the National Information Infrastructure: The Report of the Working Group on Intellectual Property Rights*, United States Information Infrastructure Task Force, 1995, p. 116.

网络服务提供者版权侵权责任的 Netcom 案，法院便没有采纳白皮书的观点，而是认为网络服务提供者无需为其用户的侵权行为承担责任。[1]因此，白皮书的发布并没有使适用于网络服务提供者的法律规则明晰化和更具可预期性，相反，它导致内容产业界与互联网产业界的冲突更加白热化，故新的立法依然迫在眉睫。

那么，立法究竟应如何规范网络中的版权侵权呢？当时美国司法实践中法院的观点对美国之后的立法产生了重要的影响。从美国的司法实践来看，对网络服务提供者侵权责任的认定逐渐从开始的直接侵权承担严格责任转变为依据第三人侵权来认定其侵权责任。[2]随着美国司法中依据第三人侵权责任来认定网络服务提供者责任的实践经验日益被多数法院所认同，美国最终于 1998 年通过了《数字千年版权法》。该法第二部分"在线版权侵权责任的限制"对四类网络服务提供者的侵权责任作出了限制性规定。其采取的限制途径之一便是规定了通知规则（notice-and-takedown regime），其采取的方式是：在不改变传统规则的条件下给予网络服务提供者最低限度的保护。详言之，通知规则并未否定和改变网络服务提供者对版权直接侵权承担严格责任、版权第三人侵权承担促成责任、替代责任等传统规则。但是，如果网络服务提供者满足了《数字千年版权法》规定的通知规则条件，则确定地不承担版权侵权赔偿责任。[3]

从《数字千年版权法》中关于通知规则的规定来看，在美国通知规则是以网络服务提供者承担严格责任为预设前提而设计的。根据《数字千年版权法》512（c）和 512（d）的规定，信息存储服务提供者（information residing）和信息定位服务提供者（information location tools）不承担赔偿责任的主要条件是：（1）不实际知晓侵权内容的存在、无法从侵权现象中意识到侵权的存在、在知晓或意识到后，立即移除了相关内容；（2）在网络服务提供者有权利和能

---

〔1〕　See Religious Technology Center v. Netcom On-line Communication Services, Inc., 907F. Supp. 1361（N. D. Cal. 1995）.

〔2〕　在 2004 年 Grokster 案之后，美国司法实践中又发展出了"引诱侵权责任"（inducement liability）来认定网络服务提供者的侵权责任。当然，这已经是美国制定《数字千年版权法》之后的事了。See Metro-Goldwyn-Mayer Studious, Inc. v. Grokster, Ltd., 380 F. 3d 1154（9th Cir. 2004）.

〔3〕　事实上，内容产业界与互联网产业界双方均有着强大的影响力，这使得对任何传统规则的改变都变得寸步难行，因为任何有利于一方的新规则都很可能引起另一方的强烈反对。2011 年的 SOPA（Stop Online Piracy Act）从提出到被搁置的过程便典型地体现了双方间的较量。

力控制侵权行为的情况下，未从侵权行为中直接获得经济利益；（3）在收到符合条件的侵权通知后，立即移除相应内容。从这些条件来看，通知规则的适用事实上已经排除了网络服务提供者构成第三人侵权责任的可能。因为在第三人侵权责任的构成中，促成责任构成的关键要件是行为人知晓侵权的存在，替代责任构成的关键要件是行为人对侵权有控制能力且从侵权中直接获得经济利益。由于当时美国版权侵权分为直接侵权责任和第三人侵权责任，故排除了构成第三人侵权可能的网络服务提供者只能是适用直接侵权责任。因此，通知规则是以网络服务提供者适用直接侵权责任（承担严格责任）为预设前提而设计的。换言之，在版权侵权采严格责任时，通知规则才存在适用的空间。这一结论也可从美国非采严格责任的侵权领域不适用通知规则来得到证实。比如在美国名誉侵权采过错责任原则，而依据美国《通信规范法》（Communications Decency Act）的规定，名誉侵权便不适用通知规则。[1]

总结而言，在互联网产生之初，美国理论界和实务界对如何认定网络服务提供者行为的性质和如何课予其责任认识不一，判决也不同，这给互联网产业界发展和创新带来了不确定性法律风险。为给予网络产业界稳定预期和最低限度的保障，《数字千年版权法》创设了通知规则。通知规则适用的条件表明，其只适用于严格责任的情形中，即在网络服务提供者因严格责任构成侵权后，所给予的责任豁免。故在美国通知规则对网络服务提供者而言是免责条款。[2]

（二）我国对美国通知规则的借鉴

我国的通知规则主要借鉴了美国《数字千年版权法》中关于通知规则的相关规定，这从以下几个方面得到了反映。

第一，从条文表述来看，我国关于通知规则的立法条文与美国《数字千年版权法》的相关规定存在很大的相似性。在我国立法文件中，2006年颁布的《信息网络传播权保护条例》被认为是对通知规则作了最典型、全面的规

---

〔1〕 名誉侵权方面的典型判例是 Blumenthal v. Drudge and AOL 名誉侵权案，See 992 F. Supp. 44 (D. D. C. 1998).

〔2〕 将《数字千年版权法》中的通知规则解读为免责条款也是美国学界普遍的看法，参见美国知识产权权威学者 Lemley 的解读。See Mark A. Lemley, "Rationalizing Internet Safe Harbors", *Journal on Telecommunications & High Technology Law*, Vol. 6, 2007, pp. 101-120.

定。而《信息网络传播权保护条例》所规定的通知规则条款与美国《数字千年版权法》的相关规定如出一辙。举例而言，我国也将网络服务提供者分为信息存储空间服务提供者、搜索或链接服务提供者、网络自动接入或自动传输服务提供者、自动存储服务提供者四类。在通知规则的条文表达上，我国采取的也是网络服务提供者在满足一定条件下不承担责任的用语逻辑。而在不承担责任的条件设置上，两国所设置的关键条件也基本相同。比如，根据《信息网络传播权保护条例》第 22 条的规定，我国信息存储服务提供者"不承担赔偿责任"的条件是：标示网络服务提供者的信息、未对内容做出改变、不知道也没有合理理由应当知道内容侵权、未因侵权内容直接获得经济利益、收到通知后删除了相关内容。这些条件与美国《数字千年版权法》512（c）的规定基本相同。可见，我国《信息网络传播权保护条例》对通知规则的规定受到了美国《数字千年版权法》的深刻影响。

第二，从文献资源来看，国内学界关于通知规则的研究采用的基本全是美国的相关文献，且主要是美国《数字千年版权法》的相关规定及其评论。事实上，国内学界在研究通知规则时"言必称美国"的现象在笔者阅读文献的过程中能非常明显地感受到。

第三，从官方说明来看，我国《信息网络传播权保护条例》中关于通知规则的规定主要借鉴自美国相关立法。根据原国务院法制办负责人就 2006 年《信息网络传播权保护条例》答记者问中的说明："侵犯信息网络传播权的纠纷往往涉及金额很小，在现实中缺乏通过行政或者司法程序解决的必要性。为此，《条例》参考国际通行做法，建立了处理侵权纠纷的'通知与删除'简便程序。"[1]可以合理推测，此处所谓的参考国际通行做法主要指的是美国的立法，因为从国内就通知规则问题所掌握的国外文献资源来看，绝大多数文献都来自美国的相关立法和司法判决。而且我国《信息网络传播权保护条例》将网络服务提供者分为四类的做法也不符合欧盟《电子商务指令》（2000/31/EC）中将网络服务提供者分为三类的立法选择。同时，我国多数学者也认为，我国通知规则借鉴自美国。如张新宝先生认为："《侵权责任法》第 36 条所确认的通知规则是借鉴了美国 1998 年《数字千年版权法》中的

---

〔1〕《国务院法制办负责人就〈信息网络传播权保护条例〉有关问题答中国政府网记者问》，载 https://www.gov.cn/zwhd/2006-05/29/content_294127.htm，最后访问日期：2023 年 8 月 13 日。

'通知与取下'程序。"[1]

基于我国在创设和解读通知规则时,对美国相关立法资源和理论学说的严重依赖,可合理推论,此种依赖导致了我国立法对通知规则的条文规定,以及学界对通知规则的解读也都受到了美国立法和学界的引导,乃至"误导"。在美国,由于其在设计《数字千年版权法》中通知规则的适用情形时,是以网络服务提供者承担直接侵权责任(严格责任)为预设前提,故通知规则在其立法体系中的定位自然是作为网络服务提供者的免责条款而存在,即在网络服务提供者依严格责任构成版权侵权后,免除其赔偿责任。也正因此,通知规则在美国被广泛地称为"避风港"条款。我国在设计《信息网络传播权保护条例》中的通知规则时,基本原样照搬了美国《数字千年版权法》中的通知下架条款。同样,学界也基本依循着美国学界对其通知规则的解释逻辑来解释着我国的通知规则。但是,这一照搬美国立法与理论的通知规则不可避免地与我国传统的立法和一般理论出现了衔接上的困难乃至冲突,因为我国的著作权侵权责任归责原则与美国截然相反。这也导致了我国立法和理论往往在相互矛盾中阐述着与通知规则相关的各种问题,为我国立法和学界对通知规则出现诸多分歧埋下了诱因。

(三)我国通知规则性质的应然选择

通过对通知规则的产生渊源和在我国立法上的创设过程的考察可发现,我国的通知规则主要借鉴自美国《数字千年版权法》中的相关规定,我国学界对通知规则的研究也在很大程度上受到了美国学界对该制度研究话语的影响。然而,由于我国的法律体系与美国法律体系间存在差异,尤其是就侵权责任归责原则上的截然不同,导致了我国通知规则的法律性质与美国将有所不同。详言之,在美国被定性为免责条款的通知规则,在我国应定性为归责条款,理由如下。

第一,就理论体系而言,为了保持理论体系内部的一致性、无矛盾性,应当对两种相互排斥的理论命题中的一方作出修正。在网络服务提供者归责原则采过错责任原则与通知规则定性为免责条款间发生冲突时,我国妥当的

---

[1] 张新宝、任鸿雁:《互联网上的侵权责任:〈侵权责任法〉第36条解读》,载《中国人民大学学报》2010年第4期。

选择应是修正通知规则作为免责条款的定性，而非修正网络服务提供者侵权责任的过错责任原则。因为依据近代法治的基本理念，过错责任原则是私法秉持的三大基本原则之一，除非有足够充分且正当的理由，民事主体侵权责任的构成应坚持过错责任原则。而目前国内学界提出网络服务提供者侵权责任应摒弃过错责任原则而改采无过错责任原则的学者屈指可数，〔1〕其所提出的网络服务提供者应采无过错责任原则的理由也非常有限，难谓足够充分且正当。因此，修正通知规则的法律性质更符合法治的基本理念。

第二，就制度成本而言，修正通知规则的制度成本要远远小于改变网络服务提供者归责原则的制度成本。若修正网络服务提供者侵权责任的归责原则，将产生一系列重要的连锁反应。在理论层面，我国已有的许多研究都将作废，比如当前学界对网络服务提供者过错的认定的研究。同样，2000 年《最高人民法院关于审理侵害信息网络传播权民事纠纷案件适用法律若干问题的规定》所围绕的核心问题便是如何认定网络服务提供者的主观过错。改变网络服务提供者的归责原则将意味着这些工作都将推倒重来。此外，对网络服务提供者采无过错责任原则还将产生正当性论证难题、体系性融合问题等。在实践层面，改变网络服务提供者的归责原则意味着我国当前法院的判决思维和判决逻辑都需作出完全相反的调整，由此带来的适应成本及可能出现的认识混乱都需认真对待。此外，"由严格责任向过错责任的转化，已经成为了一种全球性的趋势，已经有越来越多以严格责任为原则的国家，对网络服务提供者特别适用过错责任。"〔2〕故我国若弃过错责任原则而改采无过错责任原则，〔3〕也将带来国际交流上的困难，且与国际趋势背道而驰。反之，若修正通知规则的法律性质，尽管也会产生相关制度成本，但相较而言其理论成本和实践成本都要小很多，所产生的连锁反应也少很多。

第三，就理论逻辑而言，通知规则的体系性定位应是归责条款。在认定侵权责任时，首先应考虑侵权责任的构成，只有在责任构成之后，才存在责

---

〔1〕　参见刘晓海：《〈侵权责任法〉"互联网专条"对网络服务提供者侵犯著作权责任的影响》，载《知识产权》2011 年第 9 期。

〔2〕　参见薛虹：《网络时代的知识产权法》，法律出版社 2000 年版，第 221 页。

〔3〕　需说明的是，无过错责任与严格责任是否等同不无疑问。有学者认为，二者并不相同，参见彭诚信、罗萧：《英美侵权法中严格责任的源起及实践应用》，载《社会科学战线》2009 年第 3 期。也有学者认为，二者内涵基本一致，参见刘海安：《过错对无过错责任范围的影响——基于侵权法的思考》，法律出版社 2012 年版，第 53~60 页。本书出于论述便利将二者等同使用。

任的免除问题。在承认网络服务提供者侵权责任采过错责任原则的前提下，其责任构成需满足加害行为、损害后果、因果关系和主观过错四要件。由于网络服务提供者不负有一般性审查义务，故其在收到通知前，一般不宜认定其知道侵权的存在，即其主观不存在过错。因此，通知规则妥当的定位应作为认定网络服务提供者主观过错的判断方式。详言之，通过通知规则，可判断网络服务提供者是否知道了网站中侵权内容的存在，且对该侵权后果是否存在故意追求或放任扩大的主观过错。据此，通知规则在网络服务提供者侵权责任体系中的妥当定位应是：通知规则是认定网络服务提供者是否存在主观过错，进而判断网络服务提供者是否构成侵权的方式，即通知规则的体系性定位应是归责条款。

为什么我国立法和理论在普遍认同过错责任原则的同时，又普遍认为通知规则是免责条款呢？本书认为，这是我国立法借鉴上的一个失误。我国当代的法治建设主要通过借鉴西方法律制度来试图快速实现。尽管我们都清楚法律制度移植和借鉴应结合本国国情，应根据本国法律传统做出适当的调整，而不能简单地原样照搬，然而在具体的制度借鉴过程中，我们又难免落入照搬照抄和忽略本国国情的陷阱。我国通知规则出现借鉴上的失误，可能主要与两个方面相关。

一方面，我国互联网的快速发展导致对立法规范的迫切需求。与计算机芯片领域的摩尔定律[1]相似，互联网以惊人的速度快速发展，网络的即时性使得网络问题的出现总是伴随着广泛的影响后果。而网络的无界性使得我国对网络的规范又更多地受到了来自国际社会的要求和压力。故对网络领域法律规制的急迫性使得我们往往缺乏更多的观察、思考和论证的时间准备，便不得不对网络问题给出法律上的回应。[2]

另一方面，借鉴资源的单一也可能遮蔽了我们开阔视野的机会。目前国内对网络侵权的研究基本可用"言必称美国"来概括。事实上，甚至直到今

---

〔1〕 摩尔定律由英特尔创始人之一戈登·摩尔（Gordon Moore）提出来，其内容为：当价格不变时，积体电路上可容纳的电晶体数目，约每隔24个月（1975年摩尔将24个月更改为18个月）便会增加一倍，性能也将提升一倍。换言之，每一美元所能买到的电脑性能，将每隔18个月翻两倍以上。这一定律揭示了信息技术进步的惊人速度。

〔2〕 事实上，这一现象不仅发生在我国，美国亦然。比如，美国为回应网络侵权问题而发布了"白皮书"，其中关于网络服务提供者侵权责任的观点很快便被历史所否定。而美国《数字千年版权法》中关于网络服务提供者责任限制的规定自颁布伊始至今，质疑之声从未中断过。

天，我国学界对德国、法国等大陆法系国家和除美国外的英美法系国家（比如英国）的相关立法和理论都知之甚少。在谈论网络侵权问题时，这些国家的做法或者毫无涉及，或者只是礼貌性地提及，没有深入的了解和研究。有着相似法律背景的一些国家的做法，无疑对我国网络侵权立法会有很好的启发。[1]事实上，我国对美国法的学习，也主要只是美国的《数字千年版权法》等个别立法。对于美国的其他相关立法，比如《通信规范法》对网络侵权的处理方式，以及美国学界对通知规则弊端的分析、批评乃至废除的声音，[2]却都视而不见，俨然通知规则在美国是一个被人们普遍认同和接受的相当成熟的制度一般。显然，这些都在一定程度上阻碍了我们对我国通知规则作出反思。

三、我国通知规则重新定性的体系效应

将通知规则的法律性质从网络服务提供者的免责条款转变为归责条款，这绝不只是在文字上将过去的理解做一种反面的表达，而将带来深刻的体系效应。[3]为详细说明这一系列影响，本书拟从通知规则定性为归责条款后所带来的理论体系强制和实践指导价值两方面加以说明。

（一）我国通知规则重新定性的理论影响

对一项法律制度而言，该制度的立法目标、适用范围、正当性基础等问题，是该制度最根本，也是最重要的理论内容。对通知规则在我国法律体系

─────────

〔1〕 在此，笔者呼吁掌握德语、法语等语言的我国学者能更多地关注这些国家对网络的相关立法规定和司法实践，并将其介绍至我国。

〔2〕 比如美国知识产权权威学者 Lemley 主张，由于目前的通知规则效果不佳，有时给予网络服务提供者过度的保护，有时又保护不足，故其建议对通知规则进行重构。See Mark A. Lemley, "Rationalizing Internet Safe Harbors", *Journal on Telecommunications & High Technology Law*, Vol. 6, 2017, pp. 101-120. 也有美国学者通过对 876 个通知移除样本的实证分析，发现通知规则造成了"恶意通知"、"寒蝉效应"（Chilling effects）等一系列负面影响。See Jennifer M. Urban and Laura Quilter, "Efficient Process or 'Chilling Effects'? Takedown Notices under Section 512 of the Digital Millennium Copyright Act", *Santa Clara Computer and High Technology Law Journal*, Vol. 22, No. 4, 2006, pp. 621-693.

〔3〕 "体系效应"一词借用自王轶先生的论著，其意指某一制度的立法选择在运用民法的言说方式对特定社会经济交往关系作出描述和反映之后，就会在逻辑上限定民法上一系列制度的具体设计或表述。参见王轶：《物权变动论》，中国人民大学出版社 2001 年版，第 6~7 页。相较而言，本书在更广泛意义上使用"体系效应"一词，包含了某一制度的立法选择在逻辑上所带来的理论、实践等各方面的影响。

中的准确定性，正是解开上述这些重要理论问题的一把钥匙。将通知规则的性质从免责条款转变为归责条款，需对通知规则的立法目标、适用范围等基本理论问题作出一系列的重新梳理。

第一，正确认识通知规则的立法目标。不同定性下的通知规则承担着不同的立法目标。在美国通知规则被定性为网络服务提供者的免责条款，这体现出该制度的立法目标在于保护网络服务提供者免受过重的责任风险，故通知规则也被普遍称为"避风港"规则。而我国将通知规则定性为归责条款，这意味着通知规则在理论体系上是为了能够对网络服务提供者课以责任提供理论和规范上的依据，因为依传统过错责任理论，难以直接认定网络服务提供者的侵权责任。故我国通知规则的立法目标应调整为给予权利人更好的保护，而不是给予网络服务提供者充分保障。

第二，重新调整通知规则的适用范围。通知规则只能适用于网络用户利用网络服务实施侵权的情形，还是也可适用于网络服务提供者自己直接实施侵权行为的情形？如果将通知规则作为免责条款，作为对网络服务提供者的一种最低限度的保护，那么通知规则便不应适用于网络服务提供者自己直接实施侵权行为的情形。否则，便背离了该制度的立法初衷，给予了网络服务提供者过多的保护。然而，将通知规则性质转变为归责条款后，通知规则应可适用于网络服务提供者自己上传侵权内容的场合，因为通知规则的创设目标便是为课予网络服务提供者责任提供理论和规范依据，故通知规则亦可作为认定网络服务提供者自己侵权责任的补充和强化。换言之，在网络服务提供者自己直接实施侵权行为的场合，权利人既可选择采取通知规则来要求停止侵权，也可直接向网络服务提供者提起诉讼，而并非只能提起诉讼。

第三，准确认定"及时移除"的法律意义。在我国，在收到侵权通知后，及时移除相关内容对网络服务提供者而言是一项法定义务，必须履行。换言之，网络服务提供者对是否移除相关内容并不享有自由裁量权，即便其认为通知所涉的内容并未构成侵权，如属于合理使用等。因为根据《民法典》第1195条第2款规定的理论逻辑，"及时移除"是认定网络服务提供者是否构成加害行为和推定其是否存在主观过错的重要因素，若未及时移除，随之而来的法律后果便是侵权责任的承担。故网络服务提供者未及时移除便意味着其违反了法定的注意义务。这与通知规则的立法目标，即为权利人追究网络服务提供者责任提供法律和理论上的依据是相一致的。那么，如果通知所涉的内容确实属于合理使用，但网络服务提供者却又负有必须移除的法定义务，此种情况应如何解决呢？这是我国通知规则面临的"特有"难题。[1]

与我国不同，美国通知规则便不存在这一难题。在美国，网络服务提供者收到通知后是否选择移除相关内容对其而言是一种权利，因为作为免责条款的通知规则，其目标在于给予网络服务提供者最低限度的保障，故网络服务提供者可以选择放弃此种保障，而使自己的行为受传统一般侵权规则调整。这也正是《数字千年版权法》512（1）所强调的："服务提供者的行为未满足本条规定的责任限制条件的，不应据此对服务提供者抗辩事由做出相反的认定，即否认服务提供者根据本标题或其他规定所享有的不构成侵权的抗辩事由。"事实上，在美国这样的强调言论自由的文化环境中，移除若被规定为是网络服务提供者的义务，将很难被公众接受。[2]

从及时移除的法律意义角度来看，美国2008年度《特别301报告》（2008 Special 301 Report）中提出我国网络服务提供者在收到权利人的通知后应履行及时移除义务是符合我国立法逻辑的。我国有学者以美国通知规则中网络服务提供者并不负有及时移除义务来反驳美国，[3]此种反驳方式和逻辑都并不具有说服力，同时也漠视了我国与美国在通知规则性质上的本质差别。[4]若要真正有效应对美国，必须从根本上解释清楚，在我国网络服务提供者移除义务的来源是什么，即其正当性基础何在，并依其正当性基础来重塑通知规

---

〔1〕 也正因此，我国学界对移除是否属于网络服务提供者必须履行的义务尚存在认识上的犹豫不决。比如，王利明先生一方面认为，删除、屏蔽、断开链接"这些措施都是法定的义务"，"受害人一旦通知，网络服务提供者就应当采取措施"。另一方面又认为，"原《侵权责任法》赋予受害人享有通知的权利，并不意味着受害人就可以决定某种行为是否构成侵权，一旦其发生通知，网络服务提供者就必须采取措施。"对于是否侵权，"网络服务提供者应当自行审查"。参见王利明：《侵权责任法研究》（下卷），中国人民大学出版社2011年版，第132～136页。就理论逻辑而言，这两种观点是不可同时并存的，因为法律中并不存在一种当事人可"自行裁量"是否履行的"法定义务"。

〔2〕 至今，在美国学界关于通知规则讨论最多的仍然是该制度对言论自由的潜在威胁及解决对策。

〔3〕 参见王迁：《荒谬的逻辑 无理的要求——评2008年度美国〈特别301报告〉要求我国政府对网络服务商施加的"强制移除义务"》，载《中国版权》2008年第3期。

〔4〕 必须说明的是，笔者此处只是同意：依据我国的法律体系和理论逻辑，及时移除是网络服务提供者必须履行的法定义务。笔者完全不同意美国依据其301条款来对我国提出此项要求。301条款只是美国的国内法，只对美国本国有效，绝对不能据此对我国提出相关要求，笔者并不认同此种"治外法权"的存在！

则的构成条件等立法设计。

第四，需解决通知规则在我国的正当性基础问题。由于及时移除在我国是网络服务提供者收到通知后的一项法定义务，而"通知人"[1]与网络服务提供者属于平等的民事主体，故通知规则给我国带来的理论问题是：作为平等主体一方的通知人为何能够在未经法院审理判决的情况下，便有权对平等的另一方提出强制性的移除要求？从权利性质来看，通知人的此种通知的权利属于民法上的形成权，而民法中对一方形成权的赋予是作为例外而存在的，此种赋予需要足够充分且正当的理由。那么，通知人的此种形成权的正当性基础是什么呢？我国学界似乎至今尚未有学者对此问题给出明确回应。

事实上，对这一问题的认识不清已经造成了立法上的混乱。比如，在2000年《最高人民法院关于审理涉及计算机网络著作权纠纷案件适用法律若干问题的解释》中，发送通知者在第4条被称为"著作权人"，但在其指控侵权不实的情况下，第8条又称该人为"提出警告的人"。立法中的这两种表述是相互矛盾的。因为如果通知移除的人是正当的著作权人，其又怎会在之后沦为因通知不实而承担赔偿责任的"提出警告的人"？如果通知移除的人可能是通知不实的"提出警告的人"，为何其又"有权"在通知中要求网络服务提供者必须履行移除义务？立法在通知人身份问题上的此种来回变卦无论对网络服务提供者还是对上传内容的网络用户而言都是不严谨的，也难以令其信服。因此，网络服务提供者为何在收到所谓的"权利人"的通知后负有移除相关内容的义务是我国通知规则中一个基础性和关键性的理论问题，也是我国将通知规则定位为归责条款后所必须解决的理论问题。[2]而在美国，由于移除是网络服务提供者的权利，可自由选择，故不存在我国的上述理论问题。

（二）我国通知规则重新定性的实践应用

将通知规则重新定性为归责条款，将意味着我国已有的相关立法规定应依据归责条款的思路重新加以解读，甚至某些立法规定需作出相应的修改。

---

[1] 需强调的是，本书此处使用的是"通知人"一词，而非"权利人"，笔者认为，这两个词的法律意义截然不同。依据近代法治的基本理念，在未经法院判决确认前，任何一方所声称和主张的权利都是属于"待定"状态，无法直接对另一方产生强制性约束力。据此，向网络服务提供者发送通知主张自己"权利"受到侵害的人，也只是"可能"的权利人，而非必然。故将此时的权利主张者称为"权利人"有悖于法治基本理念，使用"通知人"较为妥当。

[2] 这一问题的详细论证参见本书第四章第一节。

就我国相关立法完善和已有立法规定的解释等问题，详述如下。

第一，在立法中贯彻以归责条款的思路来设计与通知规则相关的条款。为了解决因通知规则定性错误而造成的立法上的不当，尤其是《信息网络传播权保护条例》以免责条款的思路来设计通知规则的瑕疵，最彻底的方式修改该条例相关条文，避免以免责条款的思路设计通知规则。

第二，修正已有立法文件中就通知规则规定的一些矛盾冲突现象。我国对通知规则的误解导致了我国相关立法间频频出现不一致乃至冲突。此种冲突不仅发生于不同立法文件之间，甚至同一立法文件内部也发生了前后冲突。前者的典型如《信息网络传播权保护条例》与《民法典》间的冲突。详言之，《信息网络传播权保护条例》以免责条款的方式对网络服务提供者的侵权责任作出了规范，即网络服务提供者在满足一定条件下，不承担赔偿责任。而《民法典》则以归责条款的方式对网络服务提供者的侵权责任作出了规定，即网络服务提供者在一定条件下，与网络用户承担连带责任。后者的典型是《北京高院意见》的规定。根据《北京高院意见》第1条规定："网络服务提供者构成对信息网络传播权的侵犯、承担侵权的民事责任，应具备违法行为、损害后果、违法行为与损害后果具有因果关系和过错四个要件。"同时结合第16条规定："判断提供信息存储空间、搜索、链接、P2P（点对点）等服务的网络服务提供者有无过错，应审查网络服务提供者对其行为的不良后果是否知道或者有合理理由知道。"由此可推论，网络服务提供者在收到侵权通知前，一般不宜认定为其知道侵权存在，即不存在过错，进而不构成侵权责任。但同时，《北京高院意见》第22条规定："《信息网络传播权保护条例》第二十条、第二十一条、第二十二条、第二十三条针对提供自动接入、自动传输、系统缓存、信息存储空间、搜索、链接服务的网络服务提供者所规定的免责条件仅指免除损害赔偿的责任。"即《北京高院意见》认为通知规则是网络服务提供者的免责条款，这意味着网络服务提供者在收到通知前就已经构成侵权。可见，《北京高院意见》的条文间存在相互冲突。对上述这些立法文件中的冲突，应依据将通知规则定性为归责条款的思路对相关条文作出修正。

第三，在已有立法修改前，当前在解读和适用《信息网络传播权保护条例》等相关立法时，应将通知规则解释为归责条款，而不应再将其解释为免责条款。对此，国内已有学者在做此努力，其采取的方式是：通过将《信息网络传播权保护条例》中的免责条款解释为是对归责条款的"反面表述"，从而将通知移除的立法规定纳入侵权归责理论体系中。[1]这种尝试无疑是对我国现行立法规定做"变通"处理的有益途径之一，但其只可作为解决我国当前立法矛盾的权宜之计，而不能作为长久之选。因为此种变通方式会导致一些理论上的困难。首先，该解释违背了《信息网络传播权保护条例》相关规定的文义逻辑。其次，如果勉强绕开用语上的困难，径直将该条认定为判断网络服务提供者侵权责任的"归责条款"，又会出现该条规定的归责要件与一般侵权归责要件间的不一致。举例而言，如果将《信息网络传播权保护条例》第 22 条解释为网络服务提供者构成侵权责任的条件，那可能意味着网络服务提供者只有符合了《信息网络传播权保护条例》规定的所有条件才需要承担责任。而该条规定的条件包含了"明确标示该信息存储空间是为服务对象所提供，并公开网络服务提供者的名称、联系人、网络地址"。那便意味着网络服务提供者如果未公开其名称、联系人、网络地址，便不构成侵权责任，即便其符合了《信息网络传播权保护条例》规定的其他所有条件。显然，此种解释结果是荒唐的。因此，对《信息网络传播权保护条例》等已有立法所作的变通解释只能在一定程度上解决，而无法完全解决立法不当问题。

第四，准确理解与适用《民法典》第 1195 条和第 1197 条。就这两条间的关系，目前通行观点认为，第 1197 条规定是对第 1195 条规定的"击破"和"例外"。由于将第 1195 条所规定的通知规则误解为是免责条款，故学界多将该款规定视为立法对网络服务提供者的一种保护。与之相反，第 1197 条规定则被定位为是为避免网络服务提供者滥用第 1195 条的保护，而排除第 1195 条规定的保护制度的一种"例外"，是对第 1195 条所赋予的网络服务提供者保护制度的一种"击破"。[2]

然而，对通知规则重新定性后，两个条文间的关系也应作出调整。第 1195 条的立法目标不再是为网络服务提供者提供一种法律保护，而在于为课予网络服务提供者侵权责任提供理论支持和制度依据。其与第 1197 条的立法目标，即保护权利人的合法权益是一致的。因此，第 1197 条不应再视为是对

---

[1] 参见王迁：《〈信息网络传播权保护条例〉中"避风港"规则的效力》，载《法学》2010 年第 6 期。

[2] 参见张新宝、任鸿雁：《互联网上的侵权责任：〈侵权责任法〉第 36 条解读》，载《中国人民大学学报》2010 年第 4 期。与之相似的观点参见王利明：《侵权责任研究》（下卷），中国人民大学出版社 2011 年版，第 139~140 页。

第 1195 条规定的一种例外。相反，从逻辑关系来看，第 1195 条规定成了第 1197 条规定的一种具体化。第 1197 条规定的是网络服务提供者知道侵权存在而未采取措施的，需承担侵权责任。第 1195 条规定的是网络服务提供者未遵守通知规则的，需承担侵权责任。而网络服务提供者未遵守通知规则，本身便是体现其知道侵权的一种表现。在生活世界中，我们难以否认，有无发送侵权"通知"是判断网络服务提供者是否"知道"侵权存在的一种方式，这是人们自然而顺畅的逻辑思维。而在法律将生活世界的逻辑转化为法律世界的逻辑时，除非有充分且必要的理由，否则应尽可能维持生活世界的逻辑关系。因此，在法律上，通知规则也应是网络服务提供者知道侵权存在的一种具体表现。故第 1195 条与第 1197 条间应是包容关系，后者包容前者，前者是后者具体化后的一种表现。换言之，第 1195 条所规定的发送侵权通知是判断第 1197 条规定的"知道"要件的一种具体方式。

第五，应避免使用"避风港"这种易于引起误导的称呼。我国学界习惯于以"避风港"来指代通知规则，社会媒体也往往以"避风港"来报道和宣传该制度。我国"避风港"的称呼沿袭自美国，在美国，由于通知规则是在版权侵权采严格责任的情况下，给予网络服务提供者最低限度的责任豁免，故美国学界普遍将该制度称为"避风港"自然合适。然而，我国通知规则的功能在于为课予网络服务提供者侵权责任提供法律依据，其在我国立法体系中是作为归责条款，而非免责条款存在，故在我国将通知规则称为"避风港"显然不妥。"避风港"这样的称呼既会给学界，也会给社会公众准确理解通知规则带来误导，故在我国应避免将通知规则称为"避风港"。

对通知规则加以重新定性后，其所产生的理论影响和实践运用是全面而深刻的，需要我们对过去秉持通知规则是免责条款这一预设前提下所作出的理论研究和实践运用方式作出全面的反思和必要的修正。本节以我国在网络服务提供者侵权责任构成上采过错责任原则和网络服务提供者对网站内容并不负有一般性审查义务这两个命题为推论所依靠的起点，得出通知规则在我国立法体系中应当定性为归责条款，而非免责条款。以此为突破口，本节试着梳理了通知规则的立法目标、正当性基础等基本理论问题，并对通知规则的立法规定、司法适用提出了相关建议。

需说明的是，本书将通知规则定性为网络服务提供者的归责条款并非意在加重网络服务提供者的责任或者加强对权利人的保护。本书将通知规则重新定性为网络服务提供者的归责条款并不意味着对网络服务提供者的责任加重了，因为网络服务提供者获得了"过错责任原则"这一更为强大的自我保护"盾牌"。同时，将通知规则定性为归责条款也不意味着对权利人的保护减弱了，因为权利人获得了一种新的追究网络服务提供者侵权责任的途径，即通过通知规则。事实上，本书意在秉持私法过错责任原则这一基本理念的基础上，根据逻辑的演绎，对通知规则在我国法律体系中的性质给出合乎理论逻辑的定位。从而为澄清我国立法、司法与学界就通知规则的理解、适用中的混乱现象提供可能的解决出路。

此外，本节的论证旨在提醒以下两个问题：

其一，通知规则的性质问题是对该制度进行有效交流、讨论的前提性问题。我国立法中对通知规则的规定相互冲突、司法实践判决不一以及学界就通知规则争议不休的根本原因，在于立法者与学界在设计与解释通知规则时，往往在网络服务提供者侵权责任采过错责任原则和通知规则性质为免责条款这两个预设前提间来回变换。故解释的结果常常相互矛盾。因此，唯有明确对通知规则法律定性这一前提性问题的理解，唯有就通知规则性质这一前提性问题达成共识，学界就通知规则的讨论才可能是有效的，就通知规则的争议才可能达成共识。

其二，对通知规则的研究含有大量"中国问题"的成分，需中国学界自己给出回答。我国通知规则与美国通知规则存在本质的不同，两者"形似而神异"。因此，对通知规则的研究不应完全跟随美国亦步亦趋，也不应被美国就该制度所探讨的话题和用语所左右，更不能将美国通知规则研究的理论逻辑直接应用于我国。本书并非排斥对美国研究成果的借鉴，而是意在说明，我国在借鉴时应对两国就该制度上的差异保持足够的注意。在借鉴美国时，我们需要做的，正如王轶先生所说："任何一个从本地的实际需要出发进行民事法律继受的国家和地区，在进行法律继受的过程中以及完成法律继受之后，运用体系化的思考方式对将要继受的或者已经继受的法律原则和法律制度进行整理和协调，以保持法律原则与法律原则之间、法律制度与法律制度之间、法律原则与法律制度之间、域外经验与本土资源之间的和谐关系，乃是民法得以成为社会交往中具有权威性的说服工具的重要一环。"[1]显然，在通知

──────────

[1] 王轶：《物权变动论》，中国人民大学出版社 2001 年版，第 6 页。

规则问题上，我们现在做得并不理想。

　　在中国特色社会主义法律体系建成之后，法律内部间的体系一致、相互关联及功能协调等成了摆在中国法学界的一个愈发突出的问题，法学研究也迎来了一个更加强调"中国问题"的时代，乃至"中国未来民法的独特性在一定程度上正与此有关"[1]。通知规则便是一个借鉴自美国，但却因两国归责原则的前提不同，其面临着如何融入我国法律体系难题的典型制度。对这一问题的解决既体现了我国立法者的社会管理和创新能力，也体现了我国法学界发现和解决真正"中国问题"的能力。

---

　[1]　王轶：《物权变动论》，中国人民大学出版社 2001 年版，第 6 页。

通知规则中合格通知的认定

通知规则中的合格通知问题一直未引起学界的关注，合格通知问题往往只是学者探讨通知规则问题时可能提及的其中一个小问题而已。然而，与之形成鲜明对比的是，在司法实践中，原告（权利人/通知人）是否曾向被告（网络服务提供者）发送过"合格"的通知往往成为诉讼中争议的焦点之一[1]，也被法院认为是"审判实践中的难点"。[2]事实上，"合格通知"的规则设计并非只是通知规则中简单的程序性一环而已，而是体现了网络侵权制度设计中不同价值间的冲突与协调、通知规则的体系定位、不同权利类型在救济上的差异等。本书试图展示"合格通知"问题的复杂性，并在检讨现行混乱的"合格通知"规则的基础上，为该规则在实践中的有效运作提供建议。

一、莫衷一是的合格通知规则

本部分将考察并展示我国立法和实务在"合格通知"问题上的莫衷一是。在此之前，需说明一前提性问题：是否存在统一的合格通知规则？换言之，在讨论合格通知时，是否应区分不同的权利类型（尤其是区分知识产权和人身权益）而分别予以分析？

从立法来看，我国对合格通知的规定分为三种：著作权、知识产权和所有权利。在2009年《侵权责任法》通过前，我国立法只将通知规则适用于著

---

[1] 比如，指导案例83号嘉易烤公司与天猫公司等侵害发明专利权纠纷案，双方主要的争议焦点正是原告嘉易烤公司向被告天猫公司提交的通知是否合格。

[2] 最高人民法院民事审判第一庭编著：《最高人民法院利用网络侵害人身权益司法解释理解与适用》，人民法院出版社2014年版，第35页。

作权（信息网络传播权）。《侵权责任法》第 36 条第 2 款首次将通知规则"一体适用"于所有权利类型。这一做法也被《民法典》所采纳。此外，2018 年的《电子商务法》则将通知规则适用于知识产权领域。从这些法律中关于"合格通知"的规定来看，确实存在一些表述上的差别。正如最高人民法院法官所言："由于不同侵权行为的表现形态、侵害的权利类型和构成要件存在差异，决定了不同侵权行为的外在彰显程度不同，侵权事实的明显程度也就有了差异；相应地，被侵权人也应当注意选择不同的内容和形式的通知。"〔1〕事实上，合格通知的差异不仅可能体现在知识产权与人身权益之间，即便在知识产权内部，不同权利类型的合格通知规则或许也会有所不同，比如有法官主张，知识产权几大权利类型的边界范围、侵权可能性的判断难度以及平衡多方利益的侧重点均存在差异，一刀切地适用通知规则，会导致具体实践效果出现异化，由此产生合格通知的标准界定不清、具体规则的适用思路不明、各方的利益规制出现失衡等问题，故应针对不同的权利类型设定差异化的合格通知标准。〔2〕

尽管如此，本书仍将在一般意义上探讨合格通知问题，主要考虑如下：首先，不同于美国在网络知识产权和人格权领域侵权责任的差别对待，〔3〕我国通知规则在不同权利类型中，有着相同的体系定位和理论逻辑。据此，在我国法律背景下概括出一般性的合格通知规则，确有可能。其次，我国立法已经采取了对合格通知规则一体适用的立法模式，这体现在《侵权责任法》第 36 条第 2 款和现在的《民法典》第 1195 条第 1 款中。以现行法为基础，展开解释论分析，是探讨合格通知问题更可取的路径。最后，我国在合格通知问题上的诸多争议，可纳入合格通知一般理论框架下解读，而这也正是理论所能做的贡献之一。

（一）我国合格通知的立法规定

我国关于合格通知的规定，最早可追溯至 2000 年的《最高人民法院关于

---

〔1〕　最高人民法院侵权责任法研究小组编著：《〈中华人民共和国侵权责任法〉条文理解与适用》，人民法院出版社 2010 年版，第 266 页。

〔2〕　参见浙江省宁波市中级人民法院课题组：《"通知-删除"规则的区别适用》，载《人民司法（应用）》2018 年第 4 期。

〔3〕　美国的差别主要体现在《数字千年版权法》和《通信规范法》在网络服务提供者侵权责任问题上的不同规定。

审理涉及计算机网络著作权纠纷案件适用法律若干问题的解释》。该解释第 7 条第 1 款规定："著作权人发现侵权信息向网络服务提供者提出警告或者索要侵权行为人网络注册资料时，不能出示身份证明、著作权权属证明及侵权情况证明的，视为未提出警告或者未提出索要请求。"〔1〕从该解释来看，通知人〔2〕的身份证明、权属证明和侵权情况证明是合格通知的必要要件。

2006 年 7 月实施的《信息网络传播权保护条例》是我国首个较为详细地规定了合格通知要件的规范性文件。根据《信息网络传播权保护条例》第 14 条："通知书应当包含下列内容：（一）权利人的姓名（名称）、联系方式和地址；（二）要求删除或者断开链接的侵权作品、表演、录音录像制品的名称和网络地址；（三）构成侵权的初步证明材料。"这一规定对实践产生了重要影响，网络服务提供者常以此为"范本"设置网站的版权投诉规则。同时也在"事实上"成了商标权等其他知识产权领域合格通知的标准。〔3〕据此，权利人的姓名等身份信息、作品名称和网络地址，以及构成侵权的初步证明材料成为合格通知的必要条件。

2009 年颁布的《侵权责任法》第 36 条首次对网络侵权作了一般性规定，但该条第 2 款只规定了被侵权人有权通知网络服务提供者采取必要措施，并没有提及"通知"的要件有哪些。对这一留白有两种不同的解释：一是采立法"宜粗不宜细"的理念，对通知要件这样的"细节问题"，交由行政法规或司法解释等予以规定；〔4〕二是认为不同权利类型受侵害时，合格通知的要件有所不同，不宜做一体性规定。

《侵权责任法》颁布后，最高人民法院先后发布了《最高人民法院关于审理侵害信息网络传播权民事纠纷案件适用法律若干问题的规定》和《最高人

---

〔1〕 该解释虽经 2004 年和 2006 年两次修改，但这一规定并未发生变化，即便 2006 年的修改发生在《信息网络传播权保护条例》实施后。

〔2〕 本书一般用"通知人"而非"权利人"来表达通知规则中的发送通知者，因为通知者未必是权利人（错误通知和恶意通知在实践中多有存在，尤其是在电子商务领域）。用通知人的表述，有助于提醒我们在设计通知规则时，更全面地考量各方利益，而不是理所当然地将通知人作为权利人对待。

〔3〕 比如，《北京市高级人民法院关于涉及网络知识产权案件的审理指南》第 22 条规定的商标权通知条件，便主要参考了《信息网络传播权保护条例》的规定。

〔4〕 参见王胜明主编：《中华人民共和国侵权责任法释义》，法律出版社 2013 年版，第 214 页。

民法院关于审理利用信息网络侵害人身权益民事纠纷案件适用法律若干问题的规定》，从而形成了对网络侵权的全面规范。其中，2012 年的《最高人民法院关于审理侵害信息网络传播权民事纠纷案件适用法律若干问题的规定》中并未直接提及涉信息网络传播权的合格通知要件，这似乎意味着在合格通知的要件问题上，最高人民法院延续了《信息网络传播权保护条例》第 14 条的做法。但事实并非如此。根据最高人民法院孔祥俊先生的介绍，"《最高人民法院关于审理侵害信息网络传播权民事纠纷案件适用法律若干问题的规定》起草过程中，曾拟对于合格通知的条件作出明确规定，倾向性态度也是折衷的，即不一定必须符合《信息网络传播权保护条例》有关规定的全部事项要求，只要达到准确定位的要求就可以了。但是，考量到不论如何规定都有具体把握问题，不可能确切，指导性有限，故最终未设专条规定。"此外，孔祥俊先生认为，《最高人民法院关于审理侵害信息网络传播权民事纠纷案件适用法律若干问题的规定》第 14 条 "'通知的准确程度'的提法，表明了采取的是足够准确标准，也即是一种灵活折衷的思路"。[1]最高人民法院的这一选择固然有其考量，但在司法解释中"不表态"的做法也可能导致实践中的认识混乱，即部分人士依然遵循《信息网络传播权保护条例》的规则，而部分则转向"灵活折衷"。

与《最高人民法院关于审理侵害信息网络传播权民事纠纷案件适用法律若干问题的规定》不同，最高人民法院随后在 2014 年颁布的《最高人民法院关于审理利用信息网络侵害人身权益民事纠纷案件适用法律若干问题的规定》第 5 条关于人身权益领域合格通知条件的规定中，则又使用了"足以准确定位侵权内容的相关信息"这一"不可能确切，指导性有限"的表述，该条规定："依据侵权责任法第三十六条第二款的规定，被侵权人以书面形式或者网络服务提供者公示的方式向网络服务提供者发出的通知，包含下列内容的，人民法院应当认定有效：（一）通知人的姓名（名称）和联系方式；（二）要求采取必要措施的网络地址或者足以准确定位侵权内容的相关信息；（三）通知人要求删除相关信息的理由。被侵权人发送的通知未满足上述条件，网络

---

〔1〕 孔祥俊：《网络著作权保护法律理念与裁判方法》，中国法制出版社 2015 年版，第 120 页。第 14 条的规定是："人民法院认定网络服务提供者采取的删除、屏蔽、断开链接等必要措施是否及时，应当根据权利人提交通知的形式，通知的准确程度，采取措施的难易程度，网络服务的性质，所涉作品、表演、录音录像制品的类型、知名度、数量等因素综合判断。"

服务提供者主张免除责任的，人民法院应予支持。"

最高人民法院的"摇摆"做法，或许一定程度上导致了地方高院的分歧。比如，山东省高院仍然遵循《信息网络传播权保护条例》的规则。2011年的《山东省高级人民法院关于审理网络著作权侵权纠纷案件的指导意见（试行）》第34条第1项规定："通知书应当符合《信息网络传播权保护条例》第14条所规定的条件，即通知书中应当包含权利人的姓名（名称）、联系方式和地址、要求删除或者断开链接的侵权作品、表演、录音录像制品的名称和网络地址以及构成侵权的初步证明材料。"[1]然而，北京高院和浙江高院则不再严格遵循《信息网络传播权保护条例》的要求。2018年发布的《北京市高级人民法院侵害著作权案件审理指南》第9.21条第2段规定："权利人提交的通知未包含被诉侵权的作品、表演、录音录像制品的网络地址，但网络服务提供者根据该通知提供的信息对被诉侵权的作品、表演、录音录像制品能够足以准确定位的，可以认定权利人发出了通知。"[2]这意味着，《信息网络传播权保护条例》中规定的合格通知要件是否应继续遵循，不同地区的法院存在不同认识。

除上述变化外，一些地方司法文件还对通知的要件做了其他一些修改。比如2016年的《北京市高级人民法院关于涉及网络知识产权案件的审理指南》第22条规定："权利人通知平台服务商采取删除、屏蔽、断开链接等必要措施阻止网络卖家侵害其商标权的，应以书面形式或者平台服务商公示的方式向平台服务商发出通知。前款通知的内容应当能够使平台服务商确定被控侵权的具体情况且有理由相信存在侵害商标权的可能性较大。通知应包含以下内容：（1）权利人的姓名、有效联系方式等具体情况；（2）能够准确

---

[1] 需说明的是，山东省高院的这一《意见》（2011年）早于《最高人民法院关于审理侵害信息网络传播权民事纠纷案件适用法律若干问题的规定》（2012年）。但似乎并无迹象表明山东省高院在合格通知要件问题上会因最高人民法院《规定》的发布而调整，尤其是在最高人民法院的《规定》并未直接规定合格通知要件的情况下。

[2] 类似意见参见2009年发布的《浙江省高级人民法院民事审判第三庭关于审理网络著作权侵权纠纷案件的若干解答意见》第28条，该条规定："……权利人提供的通知符合《信息网络传播权保护条例》第十四条所规定的条件，而网络服务提供者仍然对侵权内容提供服务的，可认定其明知。即使权利人提供的通知不充分，但根据通知所包含的信息足以准确定位侵权内容，网络服务提供者仍然不采取措施而继续提供服务的，也可认定其明知。"该规定表明，早在《最高人民法院关于审理侵害信息网络传播权民事纠纷案件适用法律若干问题的规定》发布前，部分地区法院已不再严格遵循《信息网络传播权保护条例》中的合格通知要件规则。

位被控侵权内容的相关信息；（3）商标权权属证明及所主张的侵权事实；
(4) 权利人对通知内容真实性负责的声明。"本条规定虽然适用于商标权领
域，但其所反映的法院在合格通知上的态度，在实践中对信息网络传播权也
可能产生影响。本条规定体现的重要变化有：其一，在列举认定合格通知的
具体因素（如权利人的姓名）外，法院同时提出了合格通知的实质判断标准，
即通知的内容应当能够使平台服务商确定被控侵权的具体情况且有理由相信
存在侵害商标权的可能性较大；其二，"对通知内容真实性负责的声明"被
列为通知的要件之一。尽管《信息网络传播权保护条例》第 14 条也提及
"权利人应当对通知书的真实性负责"，但该要求并未被列为"通知书应当包
含的内容"之一。[1]但该指南的这一规定似乎意味着合格通知的要件又多了
一项。

　　2018 年颁布的《电子商务法》是继《侵权责任法》后又一次在法律层面
对通知要件作了规定。该法第 42 条第 1 款规定："知识产权权利人认为其知
识产权受到侵害的，有权通知电子商务平台经营者采取删除、屏蔽、断开链
接、终止交易和服务等必要措施。通知应当包括构成侵权的初步证据。"可
见，本款对合格通知只提及了一项要件，即"构成侵权的初步证据"。这是否
意味着其他要件并非必要要件？抑或对信息网络传播权而言，应根据《信息
网络传播权保护条例》的规定，将身份信息等作为必要要件，商标权和专利
权等则不必作为必要要件？这样的解释显然不妥，因为专利和商标侵权的判
断难度往往高于著作权，故其要件应更严格，而非更宽松。[2]故对《电子商

────────────

〔1〕　一般并不将"对通知内容真实性负责的声明"作为合格通知的要件。证据之一是
《山东省高级人民法院关于审理网络著作权侵权纠纷案件的指导意见（试行）》第 34 条第 1 项
的规定。

〔2〕　在指导案例 83 号"威海嘉易烤生活家电有限公司诉永康市金仕德工贸有限公司、浙
江天猫网络有限公司侵害发明专利权纠纷案"中，法院便表达了这一想法。同时，这也可从
《专利法》的修法过程看出。比如，2015 年发布的《中华人民共和国专利法修订草案（送审
稿）》第 63 条第 2 款第 1 句规定："专利权人或者利害关系人有证据证明网络用户利用网络服务
侵犯其专利权或者假冒专利的，可以通知网络服务提供者采取前款所述必要措施予以制止。"而
2019 年发布的《中华人民共和国专利法（修正案草案）》第 71 条第 1 句则将涉通知的规定调整
为"专利权人或者利害关系人可以依据人民法院生效的判决书、裁定书、调解书，或者管理专
利工作的部门作出的责令停止侵权的决定，通知网络服务提供者采取删除、屏蔽、断开侵权产品
链接等必要措施。"可见，涉专利权的通知要严于著作权。当然，最终通过的《专利法》并没有
增加这一条，但理由并不是本条规定不妥，而是"有的常委委员和地方、部门提出，电子商务法

务法》中的"初步证据"一词，应采广义解释。

对《电子商务法》中"初步证据"的解释，主要有以下三个文件。其一，指导案例 83 号。该案的裁判要点 1 提到，"网络用户利用网络服务实施侵权行为，被侵权人依据侵权责任法向网络服务提供者所发出的要求其采取必要措施的通知，包含被侵权人身份情况、权属凭证、侵权人网络地址、侵权事实初步证据等内容的，即属有效通知。网络服务提供者自行设定的投诉规则，不得影响权利人依法维护其自身合法权利。"其二，2019 年 12 月浙江省高级人民法院民三庭发布的《涉电商平台知识产权案件审理指南》第 8 条规定："知识产权权利人发出的'通知'应当包括以下几方面内容：（1）知识产权权利人（及委托代理人）的身份资料和联系方式等；（2）能够准确定位涉嫌侵权产品、服务或内容的信息或网址；（3）构成侵权的初步证据，包括权属证据和侵权成立的证据。"其三，2020 年的《电子商务指导意见》第 5 条规定："知识产权权利人依据电子商务法第四十二条的规定，向电子商务平台经营者发出的通知一般包括：知识产权权利证明及权利人的真实身份信息；能够实现准确定位的被诉侵权商品或者服务信息；构成侵权的初步证据；通知真实性的书面保证等。通知应当采取书面形式。通知涉及专利权的，电子商务平台经营者可以要求知识产权权利人提交技术特征或者设计特征对比的说明、实用新型或者外观设计专利权评价报告等材料。"由上述三份关于《电子商务法》中"初步证据"的解释可看到，即便在法院内，就合格通知仍存在诸多分歧。

2020 年颁布的《民法典》也规定了合格通知的要件。该法第 1195 条第 1 款规定："通知应当包括构成侵权的初步证据及权利人的真实身份信息。"可见，这一规定与《电子商务法》又有所不同。

综上，我国立法上对合格通知要件的部分规定可总结如下。

（接上页）对网络知识产权侵权通知删除规则和相关各方的责任作了详尽的规定，民法典侵权责任编对此也有规定，网络专利侵权处理，可以直接适用上述相关规定，专利法不必再作规定。"参见江必新：《全国人民代表大会宪法和法律委员会关于〈中华人民共和国专利法修正案（草案）〉修改情况的汇报——2020 年 6 月 28 日在第十三届全国人民代表大会常务委员会第二十次会议上》，载《中华人民共和国全国人民代表大会常务委员会公报》2020 年第 5 期。

表 1 涉通知要件的规范性文件

规范名称	发布日期	相关条文	适用范围	合格通知的条件
最高人民法院关于审理涉及计算机网络著作权纠纷案件适用法律若干问题的解释（已失效）	2000.12.19	第 7 条	著作权	身份证明；著作权权属证明；侵权情况证明
信息网络传播权保护条例（已被修改）	2006.05.18	第 14 条	信息网络传播权（著作权）	姓名（名称）、联系方式和地址；作品等的名称和网络地址；构成侵权的初步证明材料
侵权责任法（已失效）	2009.12.26	第 36 条	各类权利	未明确规定
山东省高级人民法院关于审理网络著作权侵权纠纷案件的指导意见（试行）	2011.01.06	第 34 条第 1 项	著作权	同《信息网网络传播权保护条例》第 14 条
最高人民法院关于审理利用信息网络侵害人身权益民事纠纷案件适用法律若干问题的规定（已被修改）	2014.08.21	第 5 条	人身权益	姓名（名称）、联系方式；网络地址或足以准确定位侵权内容的信息；要求删除的理由
北京市高级人民法院关于涉及网络知识产权案件的审理指南	2016.04.13	第 22 条第 2 款	商标权	姓名、有效联系方式等具体情况；能够准确定位被控侵权内容的信息；权属证明及所主张的侵权事实；真实性负责声明
指导案例 83 号	2017.03.06	裁判要点 1	各类权利	身份情况；权属凭证；网络地址；侵权事实初步证据

规范名称	发布日期	相关条文	适用范围	合格通知的条件
北京市高级人民法院侵害著作权案件审理指南	2018.04.20	第9.21条	著作权	同《信息网络传播权保护条例》第14条，但不要求必须包含网络地址，能够足以准确定位即可
电子商务法	2018.08.31	第42条第1款第2句	知识产权	构成侵权的初步证据
浙江省高级人民法院民三庭涉电商知识产权案件审理指南	2019.12.23	第8条	知识产权	身份资料、联系方式；能够准确定位涉嫌侵权内容的信息或网址；初步证据（权属证据和侵权成立的证据）
民法典	2020.05.28	第1195条第1款第2句	各类权利	构成侵权的初步证据；权利人的真实身份信息
最高人民法院关于审理涉电子商务知识产权民事案件指导意见	2020.09.10	第5条第1款	知识产权	知识产权权利证明、身份信息；能够准确定位的商品或服务信息；构成侵权的初步证据；通知真实性的书面保证；书面形式

（二）我国合格通知的实务状况

我国合格通知要件在立法上的莫衷一是也反映在了司法实践和企业实务上。就司法实践而言，根据孔祥俊先生的观察，对合格通知的判断，主要的特点是"灵活性"。"司法实践中在合格通知的把握上仍然有一定的灵活性。" "有观点认为，未满足该条（指《信息网络传播权保护条例》第14条）规定的通知将无法使网络服务提供者明确知晓哪些具体服务对象提供的内容构成侵权，从而无法证明网络服务提供者主观上为明知。"但"很多法院并未机械地适用《信息网络传播权保护条例》第14条中规定的条件，而以侵权通知中的信息是否足以使网络服务提供者对服务对象提供的侵权内容准确定位为依据确定通知的证明效力。亦即，即便侵权通知形式上不完全符合《信息网络传播权保护条例》第 14 条的要求，但如果可以达到对服务对象提供的内容的准确定位，亦足以证明网络服务提供者明确知晓哪些服务对象提供的内容构成侵权，并在服务对象提供的内容构成直接侵权的情况下，认定其主观上为明知。"[1]可见，这种灵活性主要表现在不满足（至少形式上不满足）法律规定要件的通知最终被法院认定为有效。

对法院而言，或许会自豪于其在把握合格通知问题上的灵活性，而非机械适用。但这种灵活性对接受通知的网络服务提供者而言，却是个"灾难"，因为这种灵活性将在一定程度上导致网络服务提供者无所适从，并增加企业的审查（运营）负担。[2]如果说"避风港制度有两大基本功能：即免责功能和确定性功能。……避风港制度在于界定清晰的责任边界，增强网络服务提供者的经营活动安全性。"[3]那么合格通知上的"灵活性"将严重减损该制度提供的"确定性"保障，违背了该制度的规范初衷。另外，这种灵活性也可能伤及公共利益，因为如果网络服务提供者面临未满足要求的通知也可能被法院认定合格的风险时，可能会倾向于"宁可错删，不可漏删"的处理方式。

此外，就企业实务而言，实践中企业对通知的要求，也存在诸多不一致。比如，根据哔哩哔哩的侵权申诉要求，侵权申诉中应包括权利人和代理人的姓名/名称、手机号、邮箱、要求删除或断开链接内容的准确名称和确切网络地址、构成侵权的初步证明材料、保证声明。[4]而同样是提供视频服务的优酷网，对通知的要求是必须提供权利人和代理人的机构姓名/名称、有效证件、联系人、电话、涉及内容说明及要求、涉及内容的视频标题及网页地址、保证声明。[5]两相比较可发现，二者在通知的要求上存在异同。在相同方

---

〔1〕　孔祥俊：《网络著作权保护法律理念与裁判方法》，中国法制出版社 2015 年版，第 117~118 页。

〔2〕　考虑到当前技术的发展使得网络服务提供者在审查通知上越来越多地依赖于自动化的计算机技术而非人工审查，模糊的合格通知标准将增加企业的审查难度和成本。

〔3〕　孔祥俊：《网络著作权保护法律理念与裁判方法》，中国法制出版社 2015 年版，第 104 页。

〔4〕　详见哔哩哔哩的申诉页面，载 https://www.bilibili.com/v/copyright/intro/，最后访问日期：2024 年 6 月 17 日。

〔5〕　详见优酷网的侵权投诉页面，载 https://terms.alicdn.com/legal-agreement/terms/suit_bu1_unification/suit_bu1_unification201910091716_30362.html?spm=a2ha1.12675304.app.5~5！3~5~5~DL！4~DD！3~A，最后访问日期：2024 年 6 月 17 日。

面，比如哔哩哔哩和优酷的投诉材料栏目中都提及了联系地址，但都并未将其作为"必填项"，这与2006年的《信息网络传播权保护条例》的要求不一致。在不同方面，比如哔哩哔哩将电子邮箱作为必填项，但优酷则将其作为选填项。同时，优酷要求"申请书需由权利人或其合法授权人亲笔签名，若为单位则需加盖单位公章"，但在我国立法中并无此要求。

综上，我国在合格通知条件问题上呈现出的画面是：纷繁的立法、灵活的司法和多样的实践。这不仅有损我国法治权威，同时也不利于通知规则的有效运作及其规范目的的实现。为此，本书将从合格通知的必要要件和这些要件的具体认定因素两个方面，试图澄清合格通知的"应然选择"，以缓解当前的混乱状态，实现合格通知的有效适用。

（三）合格通知规则混乱的原因

我国在合格通知规则上莫衷一是，固然与我国相关规定时间跨度大，对此问题的认识不断发展有关，但除此外的另一重要原因在于：我国始终未能有意识地区分合格通知的构成要件和具体认定因素。为有效判断通知合格与否，需明确区分两个不同的方面：一是合格通知的构成要件，二是合格通知的具体认定因素。前者指判断合格通知所应具备的概括性要件，比如"通知人的身份信息""足以准确定位侵权内容的信息"。后者指认定合格通知构成要件时可采取的具体操作因素，比如"通知人的身份信息"这一要件可通过通知人的姓名、企业名称、联系电话等因素来判断。"足以准确定位侵权内容的信息"这一要件可通过网络地址、涉嫌侵权作品的名称等因素来判断。

从我国实践来看，我国常将若干能发挥相似作用的具体认定因素都作为必须满足的构成要件对待。比如，有企业同时要求通知人提供姓名、身份证或护照复印件（对自然人）、单位登记证明复印件（对单位）、通信地址、电话号码、传真和电子邮件。[1]这些认定因素都起到了类似的作用：确认通知人身份或联系上通知人。但就通知规则的原理而言，并没有必要要求通知人事无巨细地提供诸多身份信息来确认其身份。不区分构成要件和认定因素，导致了实践中"误把因素当要件"，从而引发了制度实施上的混乱。

此外，从比较法经验来看，美国的《数字千年版权法》作为通知规则的

---

[1] 参见百度权利保护声明，载 https://www.baidu.com/duty/right.html，最后访问日期：2024年6月18日。

"发源地"，在合格通知的判断上便是有意识地区分了构成要件和具体认定因素。根据美国《数字千年版权法》512（c）（3）的规定，合格通知需满足的要求中，除了通知人签名、书面形式和将通知提交给服务提供者的代理人这三项没有转圜的余地外，其他要求都采取了构成要件或"构成要件+具体认定因素"的方式，即构成要件"实质上"（substantially）被满足即可，具体认定因素则"并无定法"。比如关于通知人身份信息，512（c）（3）（A）（iv）的表述是，通知中应提供"合理要求的足以让服务提供者联系到投诉人的信息，比如地址、电话号码，如果可以的话，也可是电子邮件地址。"再如，关于侵权内容，512（c）（3）（A）（iii）的表述是："指出要求被移除或屏蔽的那些正遭受侵权的或是侵权对象的内容，并提供合理要求的足以让服务提供者找到前述内容的信息。"之所以如此，美国司法委员会（Senate Judiciary Committee）的解释是："委员会希望当事人将遵从通知条款中的功能性要求（functional requirements）——比如提供充分的信息以便（网络服务提供者）指定的代理人或提交通知的投诉方可有效地被联系到——从而确保本条前面规定的通知移除程序可有效运作。"[1]

　　与美国做法形成对比的是，我国法律常常"执其一端"，或者详细列举认定因素，或者仅提供抽象的构成要件。前者的典型是《信息网络传播权保护条例》第14条。后者的典型是《电子商务法》第42条。两种方式各有利弊。具体认定因素的优势在于明确具体，便于操作，但弊端是过于僵化，难以应对复杂现实的需要。比如，《信息网络传播权保护条例》第14条规定，通知书应当包含的内容之一是权利人的地址。若实务中权利人提供的通知中满足了所有其他内容，但独缺地址，网络服务提供者能否据此而拒绝采取措施？从我国实务来看，网络服务提供者此时仍负有采取措施的义务。换言之，法院为了缓解具体列举的僵化而对合格通知的认定采取了"灵活折衷"的方式，但这也导致了规则的不确定性。概括性构成要件的优势在于可灵活应对现实的复杂性，且为企业根据自身商业模式等而自行决定具体因素提供了选择的空间，但其弊端在于，实践中企业可能对合格通知提出过多或过少的要求，从而破坏通知规则在当事人间试图建立的艰难平衡。

　　从我国实证法中合格通知的规定来看，总体而言，我国正从过去的侧重

_____

〔1〕　Senate Report No. 105-190, p. 47 (1998).

"具体认定因素"转向更侧重"构成要件"的转变。但我国学界目前尚未完成理论上的体系化构建。因此,下文将试图在构成要件和具体认定因素二分的基础上,对合格通知的规则展开分析。

二、合格通知的构成要件

我国实证法中提及的合格通知构成要件一般包括:权利人的真实身份信息、构成侵权的初步证据、足以准确定位侵权内容的信息。但是,《民法典》第 1195 条只提及了前两者,并未提及"足以准确定位侵权内容的信息"这一要件。从官方释义来看,其将"定位信息"这一要件纳入了"初步证据"要件中讨论,[1]故似可理解为,《民法典》的规定并非否定了"定位信息"这一要件。为此,下文将分别讨论身份信息和初步证据要件,且在初步证据要件下对定位信息也展开讨论,并在之后讨论"真实性承诺"等其他一些可能的要件。

(一)通知人的真实身份信息

1. 真实身份信息必要的理论基础

所谓通知人的真实身份信息,严格而言,指通知人的姓名、名称及相关证据,并不包含联系方式。比如,江西省高院 2011 年发布的《关于审理网络侵权纠纷案件适用法律若干问题的指导意见(试行)》第 20 条前段规定:"被侵权人在通知网络服务提供者采取相关措施时应当提交自己的真实身份信息和联系方式或者其授权的代理人的真实身份信息和联系方式。"学界梅夏英、刘明也认为,通知应包含准确的身份信息及有效的联系方式。[2]然而,《民法典》第 1195 条对真实身份信息采广义理解,包括了身份信息(狭义)和联系方式。这一立法选择虽然更模糊,但也并无不可,因为在通知规则中身份信息(狭义)和联系方式密不可分,缺失了联系方式的身份信息不足以实现规范目的,故法律上应对二者采相同的规则。据此,本书对身份信息采广义理解。

身份信息作为合格通知的要件之一,是长期以来的普遍做法,也是学界

---

[1] 参见黄薇主编:《中华人民共和国民法典侵权责任编解读》,中国法制出版社 2020 年版,第 124 页。

[2] 参见梅夏英、刘明:《网络侵权中通知规则的适用标准及效果解释》,载《烟台大学学报(哲学社会科学版)》2013 年第 3 期。

共识。然而，在有些情况中，身份信息是否必要仍不免生疑。比如，若通知人提供了侵权内容的网络地址，且给出了侵权"确凿"的理由（比如公权机关出具的认定侵权的文书[1]），或者通知所涉内容侵权"显而易见"（比如正在上映热播电影的"枪版"影片、投诉所涉内容存在侮辱性表达等），但并没有提供通知人身份信息，此时网络服务提供者是否负有移除义务？这是否是一个合格的通知？

根据我国目前的价值选择，此时网络服务提供者也应负有移除义务。这一价值选择可从"知道规则"中得到证实。《民法典》第 1197 条规定了知道规则，网络服务提供者知道或应当知道侵权时，负有采取必要措施的义务。根据审判经验，应当知道的情形包括将热播影视作品等置于首页或者其他主要页面等能够为网络服务提供者明显感知的位置的，对热播影视作品等的主题、内容主动进行选择、编辑、整理、推荐，或者为其设立专门的排行榜等（参见《最高人民法院关于审理侵害信息网络传播权民事纠纷案件适用法律若干问题的规定》第 12 条）。从法律解释的价值均衡角度而言，既然在应知的情境下网络服务提供者负有移除义务，那么在通知表明内容构成侵权的可能性较大时，即便通知未提供身份信息，网络服务提供者也应采取删除等必要措施。[2]在此逻辑下，更进一步，不仅在通知人未提供身份信息，甚至当通知人明显不是权利人或利害关系人（比如影片的粉丝[3]）时，网络服务提供者也应采取删除等措施。

既然网络服务提供者在上述情境下负有采取必要措施的义务，是否意味着在侵权"确凿"时，通知人的身份信息无需作为合格通知的必要要件？对

---

〔1〕　相关文书可以是司法机关生效的判决书、裁定书、调解书，或者行政机关作出的决定等。比如，2019 年 1 月发布的《中华人民共和国专利法修正案（草案）》第 71 条第 1 句规定："专利权人或者利害关系人可以依据人民法院生效的判决书、裁定书、调解书，或者管理专利工作的部门作出的责令停止侵权的决定，通知网络服务提供者采取删除、屏蔽、断开侵权产品链接等必要措施。"

〔2〕　这一推论暗含的前提之一是，通知规则和知道规则存在类似的规范目的：用于判断网络服务提供者是否知道侵权存在，进而承担侵权责任。对通知规则作此规范目的的定位，在我国基本成立，但在该制度的起源地美国并不成立。

〔3〕　实践中，有的网络服务提供者除了提供投诉侵权的正式渠道外，还会在页面中提供"快捷"的用户"投诉"途径，即用户只需通过简单的点击便可投诉该内容，无需提交任何其他信息。比如，在优酷网站的视频页面中，有"举报"栏，该栏目下有"违法违规、暴恐、血腥暴力、色情低俗、垃圾信息、未成年人有害"，投诉者只需勾选提交即可，无需提供个人身份等信息。

此问题的回答，取决于我国网络侵权制度应做何种体系化选择。在我国，网络服务提供者采取必要措施的义务来源至少有三：其一，是来自公法上的义务，比如，根据《互联网信息服务管理办法》第15条和第16条，互联网信息服务提供者发现其网站存在明显的侮辱、诽谤等侵害他人合法权益的内容时，应当立即停止传输；[1] 其二，是来自通知规则，即合格的通知导致网络服务提供者负有采取必要措施的义务；其三，是来自知道规则，即因侵权内容明显等原因，网络服务提供者知道或应当知道侵权存在，从而需采取措施。据此，问题在于：在侵权"确凿"但身份信息缺失时，网络服务提供者的移除义务是源于上述哪项制度而产生？对此，分析如下。

首先，该义务不应来源于公法上的义务。尽管公法中也对网络服务提供者提出了审查侵害他人合法权益内容的义务，但该义务是基于公共利益而非个体利益的考虑，且违反此类义务的后果应是承担公法上的责任，[2] 而非私法上的责任。[3] 而合格通知问题所涉及的，是判断网络服务提供者的过错与否，进而是否承担侵权责任问题。

其次，该义务可能来自知道规则，即虽然未包含身份信息的通知并不是合格通知，但该通知可能"触发"知道规则而产生网络服务提供者"知道"侵权的法律后果，因为可以将此时的网络服务提供者认定为明知或应知。[4]

最后，也可考虑将身份信息从合格通知的必要要件中排除出去，即在初

---

〔1〕 参见《互联网信息服务管理办法》（2011年修订）第15条："互联网信息服务提供者不得制作、复制、发布、传播含有下列内容的信息：（一）反对宪法所确定的基本原则的；（二）危害国家安全，泄露国家秘密，颠覆国家政权，破坏国家统一的；（三）损害国家荣誉和利益的；（四）煽动民族仇恨、民族歧视，破坏民族团结的；（五）破坏国家宗教政策，宣扬邪教和封建迷信的；（六）散布谣言，扰乱社会秩序，破坏社会稳定的；（七）散布淫秽、色情、赌博、暴力、凶杀、恐怖或者教唆犯罪的；（八）侮辱或者诽谤他人，侵害他人合法权益的；（九）含有法律、行政法规禁止的其他内容的。"第16条："互联网信息服务提供者发现其网站传输的信息明显属于本办法第十五条所列内容之一的，应当立即停止传输，保存有关记录，并向国家有关机关报告。"

〔2〕 比如，《互联网信息服务管理办法》（2011年修订）第20条规定，互联网信息服务提供者违反该法第15条规定的义务时，需承担行政处罚、停业整顿直至吊销经营许可证的责任。

〔3〕 尽管实务中有法院将公法上规定的义务作为判断网络服务提供者是否尽到注意义务的依据，但就理论而言，公法义务不应直接作为私法责任的义务来源。相关论述参见苏永钦：《以公法规范控制私法契约——两岸转介条款的比较与操作建议》，载《人大法律评论》2010年第1期。与网络侵权相结合的分析，参见姚志伟：《公法阴影下的避风港——以网络服务提供者的审查义务为中心》，载《环球法律评论》2018年第1期。

〔4〕 就此详见下文"不合格通知的法律后果"部分的探讨。

步证据表明侵权"确凿"时，可对身份信息不作要求。比如，孔祥俊先生在探讨合格通知时认为，通知"如果可以达到对服务对象提供的内容的准确定位，亦足以证明网络服务提供者明确知晓哪些服务对象提供的内容构成侵权"，便构成合格的通知。[1]换言之，网络服务提供者是否知晓了侵权内容，是判断通知合格与否的关键，通知人的身份信息则并非关键所在。[2]

可见，仅就逻辑推演而言，通知规则和知道规则都能实现要求网络服务提供者采取措施的目标。故问题在于，应如何设计通知规则和知道规则间的分工，此时究竟以通知规则（合格通知）抑或以知道规则来课予网络服务提供者移除义务更佳?[3]本书认为，将身份信息作为合格通知要件，是更可取的选择，理由如下。

其一，就规范目的而言，身份信息在通知规则中发挥着追究错误通知人责任的功能，这一功能无法由其他要件替代，故通知人的身份信息不可或缺。关于身份信息的规范目的，主要有三。一是为了实现网络服务提供者、网络用户与通知人间的有效沟通，比如采取措施后告知通知人，或告知反通知信息。"法律设立通知规则的主要目的之一，在于使网络服务提供者能够迅速掌握通知内容并对被控侵权之行为进行处理。换言之，权利通知不应仅是权利人向网络服务提供者提出相关要求的单行线，更应成为网络服务提供者与权利人就侵权行为进行交流的双向管道。"[4]"没有真实身份信息和有效联系方式，网络服务提供者无法与其取得联系，也无法发送网络用户声明不存在侵权行为的通知。"[5]二是在通知错误时，实现对通知人责任的追究。"姓名或

---

[1]　参见孔祥俊:《网络著作权保护法律理念与裁判方法》，中国法制出版社 2015 年版，第 117~118 页。

[2]　当然，另一种可能的解读是，孔祥俊先生可能是将身份信息纳入"内容构成侵权"要件中，作为判断内容侵权与否的因素之一。若作此理解，意味着身份信息的功能定位是:用于证明内容侵权。一旦有其他证据表明内容侵权很可能成立，则身份信息将不再必要。可见，这一解读仍意味着身份信息并非必要要件。

[3]　严格而言，知道规则中包含了通知规则，即合格的通知是认定网络服务提供者明知的方式之一。换言之，《民法典》第 1197 条和第 1195 条之间是包含关系，而非并列关系。但本书此处所称的知道规则，指通知以外的情形。若非如此，此处的探讨无从展开。

[4]　梅夏英、刘明:《网络侵权中通知规则的适用标准及效果解释》，载《烟台大学学报（哲学社会科学版）》2013 年第 3 期。

[5]　黄薇主编:《中华人民共和国民法典侵权责任编解读》，中国法制出版社 2020 年版，第 124 页。

者名称应当真实可靠，以便采取必要措施之后，告知通知者，同时一旦出现错误，网络服务提供者能够找到能够承担责任的人。"[1]身份信息的提供"有助于权利人以更加审慎的态度对待权利通知，并为追究权利人因发送错误通知所应承担的责任提供必要保障。"[2]三是用于证明侵权成立，即通知人系所涉内容的权利人，且未授权用户在网络上提供该内容。[3]

就上述三项目的，当侵权可由裁判文书等表明"确凿"时，第三项目的已无需通过身份信息来证明；同时，若通知人选择放弃被告知反通知等信息，法律上似无必要要求通知人必须被告知，因为被告知反通知信息是通知人的权利而非义务，故上述第一项目的也无法证成身份信息应作为必要要件。但上述第二项目的，无法通过其他信息来替代，因为即便通知中声称侵权"确凿"，但这仍可能出现通知错误。比如，通知中包含了法院裁判文书，但该文书可能是伪造的。[4]易言之，身份信息之所以（在所有通知情形中都）必要，是基于当发生通知错误时可追究通知人责任的考量。当然，这并不否定身份信息也能发挥促进沟通或证明侵权等功能。

其二，若不将身份信息作为通知的必要要件，将人为制造一些问题。若以侵权"确凿"为由而否定身份信息的必要性，则必然需回答如何认定侵权"确凿"与否，而这存在模糊性。公权机关的文书虽具有权威性，但会面临造假的风险；侵害人格权的投诉虽然可通过被投诉内容本身来判断，但某一内容是否构成侮辱、诽谤，发布该内容的用户是否存在抗辩事由（比如是经相关主体同意而发布），都可能出现争议。[5]此外，将合格通知区分为需要身份信息和无需身份信息两类，增加了实践操作的复杂性，既可能给当事人造

---

[1] 最高人民法院民事审判第一庭编著：《最高人民法院利用网络侵害人身权益司法解释理解与适用》，人民法院出版社2014年版，第96页。

[2] 梅夏英、刘明：《网络侵权中通知规则的适用标准及效果解释》，载《烟台大学学报（哲学社会科学版）》2013年第3期。

[3] 这是笔者与法官交流时，部分法官的想法。前文孔祥俊先生将网络服务提供者是否知晓了侵权内容作为判断通知合格与否的关键，或许也在一定程度上体现了这一想法。

[4] 伪造法院判决书向平台投诉，在实践中已多有发生。典型案件参见浙江淘宝网络有限公司与北京微海联合电子商务有限公司网络侵权责任纠纷案，北京互联网法院（2019）京0491民初1601号民事判决书。

[5] 有些情形中，侵权"确凿"不会有争议，比如被投诉的内容明显是电影院偷拍的"枪版"电影，或用户明显表明是侵权内容（比如网页中自认是盗版书）。此时，若投诉人未提供身份信息，虽不构成合格通知，但可通过知道规则来对网络服务提供者课以采取必要措施的义务。

成困惑，也易于引发通知人与网络服务提供者间的争议。

综上，通知人的真实身份信息，应作为合格通知的必要要件之一。

2. 通知人可以不是权利人

上述讨论只证明了通知人需提供身份信息，另一相关但并不相同的问题是：通知人是否必须是权利人或权利人授权的主体？换言之，权利人以外的主体，能否通过发送通知来要求网络服务提供者对涉嫌侵权的内容采取措施？比如，普通用户能否出于公益心而投诉网站中存在的盗版影片、粉丝能否投诉网站中涉嫌侵害其"偶像"名誉权的内容，等等。从我国实证法的表述来看，答案是否定的，因为我国要求通知人是"权利人"。[1] 在学界，亦不乏学者采此观点。比如，王利明先生认为，"如果不是受害人通知侵权行为人，而是其他人通知侵权行为人，则能否作为侵权行为的认定依据？《侵权责任法》第 36 条对此并未作出规定。笔者认为，从通知规则确立的目的考量，其就是要适当限制网络服务提供者的责任，因此，在解释上应当采严格解释，而不能任意扩张。如果任何人都可以'通知'，则网络服务提供者的义务过重，不利于网络事业的发展。更何况，网络侵权大多是名誉、隐私等人格权的侵害，既然受害人不通知，表明受害人能够容忍此种损害，法律也没有必要再给受害人提供保护。"[2]

但这一解释存在诸多问题。首先，将通知规则的立法目的理解为是"适当限制网络服务提供者的责任"，这一理解在美国成立，但在我国并不成立。在我国，鉴于网络服务提供者的侵权责任采过错责任原则，故通知规则并非限制了网络服务提供者的责任，而是为课予网络服务提供者责任提供了途径之一，因为合格的通知可用于证明网络服务提供者存在"过错"。[3] 基于此，在合格通知的解释上采严格解释，自然难以成立。其次，任何人都可以通知，未必意味着网络服务提供者的义务会更重，因为通知中除了需提供通知人身份信息外，还需提供构成侵权的初步证据，该证据中往往需提供涉嫌侵权内

---

〔1〕 无论是《民法典》《电子商务法》等法律、最高人民法院出台的各类司法解释，还是国务院《信息网络传播权保护条例》，基本都采用了"权利人"/"知识产权人"的表述。《侵权责任法》中采"被侵权人"的表述，但《民法典》中已改采"权利人"。

〔2〕 王利明：《侵权责任法研究》（下卷），中国人民大学出版社 2011 年版，第 131 页。

〔3〕 就中美通知规则的差异，参见徐伟：《通知移除制度的重新定性及其体系效应》，载《现代法学》2013 年第 1 期。

容的网络地址。由于侵权内容的网络地址是唯一的，故若网络服务提供者在收到一项通知而对该内容采取了删除等措施后，后续同类通知将不会再产生，因为通知中的"构成侵权的初步证据"这一要件无法得到满足。最后，在受害人未通知时，"法律也没有必要再给受害人提供保护"这一判断与我国立法者的价值选择不符。我国立法确立了"知道规则"，该规则已明确反映了立法者的价值选择，即便权利人未投诉，网络服务提供者在知道或应当知道侵权内容时，仍负有采取措施的义务。可见，不应以受害人未通知而推论受害人放弃了权利的行使。综上可见，主张通知人必须是权利人本人的上述理由，均难以成立。

事实上，从实务来看，有判决似乎并不在意通知人是不是本人。比如，在雷小吉诉汇百伦公司案中，被告网站的注册用户发表了名为"人肉这贱人"的帖子，其中文字内容极具侮辱性，并配上了原告生活照片一张。原告随后委托律师向被告邮寄了删帖通知，但被告仅对帖子中照片做了马赛克处理，并未删帖。一审法院以被告采取的措施"显然不足以保护雷小吉的合法权益"为由判决其构成侵权。被告上诉后，二审法院进一步指出："上诉人获知该低俗、下流、侵犯他人权利的网帖存在就应当立即予以删除，其称不能明确是否是本人通知、不能确定律师是否接受委托等都不能成为其拒不立即处理的理由。"[1]可见，法院认为，当通知已足以表明所涉内容构成侵权时，通知人是否为权利人或其授权的主体，并不影响网络服务提供者负有的采取必要措施的义务。唯本案中法院并未明确指出，网络服务提供者的义务来源是通知规则抑或知道规则，因为一审判决中法院同时援引了《侵权责任法》第36条第2款和第3款，二审法院亦未对此予以明确。但无论本案中法院的本意为何，本案表明，确实有法院可能会在侵权明显时，对通知人是否为本人或其授权主体并不在意。

实务中也有法院认为，网络服务提供者在知道有害信息后，便应采取删除等措施，至于是权利人抑或其他人发送的通知，在所不问。比如在"QQ相约自杀案"中，原告之子范某与被告张涛通过QQ联络并相约烧炭自杀，张涛在自杀过程中放弃，而范某则最终身亡。关于腾讯是否要就此承担侵权责任，一审法院认为："《全国人民代表大会常务委员会关于维护互联网安全的

―――――――――

〔1〕 雷小吉与重庆汇百伦科技发展有限公司网络侵权责任纠纷案，重庆市第五中级人民法院（2015）渝五中法民终字第03251号民事判决书。

决定》第七条规定：'从事互联网业务的单位要依法开展活动，发现互联网上出现违法犯罪行为和有害信息时，要采取措施，停止传输有害信息，并及时向有关机关报告。'但被告腾讯公司一直未采取措施停止传输'相约自杀'这一可能危害他人生命健康身体权的信息，长期放任违法行为和有害信息的存在，不履行监控、事后处理的法定义务，对死亡事件发生也有过错，应承担10%的赔偿责任。"二审法院否定了一审法院的上述判断，认为："腾讯公司并无事先主动审查、监管 QQ 群聊信息的法定义务，其只承担事后被动审查、监管 QQ 群聊信息的义务，即腾讯公司负有在接到相关权利人通知或确知侵权事实存在的情况下采取必要处置措施的义务。……本案中腾讯公司……没有接到任何人要求其删除、屏蔽或者断开链接相关有害信息的通知，因此，其主观上并没有过错。"[1]尽管两审法院在腾讯的责任认定上判断不同，但其分歧主要在于腾讯是否知道有害信息的存在。两审的共识是：如果腾讯知道"有害信息"的存在，便负有采取删除等必要措施的义务。鉴于本案涉及的是"有害信息"，一审法院认为，腾讯只要发现此类信息便应采取措施，无需权利人通知；二审法院认为，腾讯知道有害信息的方式，可以是"任何人"提供的通知，而并不限于"权利人"，若这一判断成立，则针对有害信息（有害信息常常也同时是侵权信息）的通知，便无需在意通知人是否是权利人/被侵权人。

实务中的上述判决都强调了对侵权/有害信息"人人得而诛之"的特点，因此，即便通知人并非权利人，并不影响网络服务提供者收到通知后负有采取措施的义务。有疑问的是，此时网络服务提供者的义务系来自通知规则抑或知道规则？相较而言，以通知规则解释是更佳方案，理由在于：（1）正如上文所言，身份信息在通知规则中的规范目的有三：沟通网络服务提供者、网络用户和通知人，追究错误通知人的责任，证明侵权成立。从这三项规范目的来看，通知人是否为权利人，并不影响这些规范目的的实现。详言之，通知人是否是权利人，并不影响网络服务提供者、网络用户和通知人间沟通功能的发挥；只要通知中包含了通知人（未必是权利人）的真实身份信息，便可追究错误通知人的责任；只要有其他证据足以表明所涉内容构成侵权，权利人信息不必是证明侵权成立的必备条件。可见，通知规则的规范目的表明，

---

〔1〕 门路、范黄河与张涛、腾讯计算机系统有限公司生命权、健康权、身体权纠纷案，浙江省丽水市中级人民法院（2011）浙丽民终字第 40 号民事判决书。

通知人身份信息，而非权利人身份信息，才是合格通知的必要要件。（2）若将网络服务提供者的义务解释为源于知道规则，将意味着其是基于自身的判断，而非通知人的投诉，而对所涉内容采取了措施。那么，一旦因措施有误而需追究责任时，受害的网络用户将不易得到救济。一方面，网络用户可能会因用户协议等约定而难以向网络服务提供者主张赔偿；另一方面，网络用户也不易向通知人主张赔偿，因为网络服务提供者采取措施并非源于通知规则。可见，如果认同当通知中有初步证据表明侵权成立时，即便通知人并非权利人，网络服务提供者也应采取措施这一价值选择，那么，将该现象纳入通知规则的逻辑下，将通知人不限于权利人，应是更好的制度安排。

在证成了通知人不以权利人为限后，下一个面临的问题是：这一判断是否有法律依据？因我国《民法典》第 1195 条等实证法中用的都是"权利人"的表述，故问题在于：权利人一词能包含权利人（狭义）以外的其他主体吗？这取决于如何解释《民法典》第 1195 条等条款中的"权利人"一词。第 1195 条在两处使用了"权利人"一词：一是第 1 款关于通知的规定，二是第 3 款关于错误通知的规定。从第 3 款的规定来看，此处的"权利人"不宜作狭义理解。第 3 款第 1 句规定："权利人因错误通知造成网络用户或者网络服务提供者损害的，应当承担侵权责任。"从规范目的来看，这一规定是为了应对通知所声称的事实与客观事实不一致时，对遭受损害的网络用户和网络服务提供者给予救济。错误通知发生的情形，不仅限于权利人（狭义）误以为自己的权利受到了侵害（比如认为自己著作权受侵害，但其实用户构成合理使用，或误认为自己名誉受侵害，其实用户的言论并无不当），也包括并无权利的主体自称为权利人（比如提交伪造、变造的材料来主张权利）。后者，而非前者，或许是实践中更多出现的情形，也是第 1195 条第 3 款所主要规制的对象。据此，第 3 款中的"权利人"，应作广义解释，不仅限于确有权利的主体，也包括并无权利却自称有权的主体。概言之，此处的"权利人"应理解为"通知人"。[1]

这一理解也可从最高人民法院的相关规定中得到佐证。比如，2014 年的

---

[1] 我国立法对通知规则中通知主体的表述一直存在以"权利人"指代"通知人"的误区。这一误区导致了法律表述上的诸多前后不一。比如，2000 年《最高人民法院关于审理涉及计算机网络著作权纠纷案件适用法律若干问题的解释》第 4 条对通知的规定是"经著作权人提出确有证据的警告"，同时第 8 条对通知不实的规定是"人民法院应当判令由提出警告的人承担赔偿责任"。

《最高人民法院关于审理利用信息网络侵害人身权益民事纠纷案件适用法律若干问题的规定》第 5 条中，最高人民法院混合使用了"通知人"和"被侵权人"的表述，且二者涵义相同。之所以采"通知人"而非统一用"被侵权人"的表述，或许是因为最高人民法院意识到了实践中通知人未必是被侵权人（狭义）。同时，该规定第 8 条第 1 款规定："因通知人的通知导致网络服务提供者错误采取删除、屏蔽、断开链接等措施，被采取措施的网络用户请求通知人承担侵权责任的，人民法院应予支持。"[1]最高人民法院在此处用"通知人"而非"被侵权人"的表述，更能准确表达错误通知时的责任主体。可见，最高人民法院确实有将"被侵权人"（《民法典》中修改为"权利人"）理解为"通知人"的现象。

综上，尽管合格通知以提供真实身份信息为必要，但这并不意味着通知人必须是自身权益受侵害的主体。只要通知中提供了构成侵权的初步证据，则无需限制通知人的范围。

总结而言，通知人的真实身份信息是合格通知的必要要件之一，因为追究错误通知人责任这一功能必须通过该要件才能实现。若通知人未提供身份信息，则不是合格通知，但这并不意味着网络服务提供者必然不负有任何义务，因为其仍可能因知道规则而被课以责任。这体现了通知规则和知道规则在系统上的分工。若通知人提供了身份信息，则无论该通知人是否为权益受侵害的权利人，并不影响对通知合格与否的判断。《民法典》第 1195 条中的"权利人"，应作广义理解。

（二）构成侵权的初步证据

《民法典》第 1195 条第 1 款第 2 句将"构成侵权的初步证据"作为通知的要件之一。就此要件，需明确的问题至少有二：一是"构成侵权的初步证据"的涵义；二是为何该要件必要。

1. "构成侵权的初步证据"的涵义

何为"构成侵权的初步证据"，我国法上出现过多次变化。2006 年《信息网络传播权保护条例》第 14 条第 2 句规定了通知应包含的内容，其中将"构成侵权的初步证明材料"与"权利人的姓名（名称）、联系方式和地址"

---

[1]《民法典》通过后，最高人民法院在 2020 年修订该司法解释时，删除了 2014 年规定中的第 8 条。

"要求删除或者断开链接的侵权作品、表演、录音录像制品的名称和网络地址"并列，这表明"初步证明材料"有别于权利人姓名和侵权内容信息。这一思路在 2014 年的《最高人民法院关于审理利用信息网络侵害人身权益民事纠纷案件适用法律若干问题的规定》中得以延续。该规定第 5 条将"通知人要求删除相关信息的理由"与"通知人的姓名（名称）和联系方式""要求采取必要措施的网络地址或者足以准确定位侵权内容的相关信息"相并列。[1]

然而，2017 年发布的指导案例 83 号则又对"初步证据"做了不同理解。该案裁判要点 1 提出："网络用户利用网络服务实施侵权行为，被侵权人依据侵权责任法向网络服务提供者所发出的要求其采取必要措施的通知，包含被侵权人身份情况、权属凭证、侵权人网络地址、侵权事实初步证据等内容的，即属有效通知。"可见，该要点将"初步证据"与"身份情况""权属凭证""侵权人网络地址"相并列。当然，虽然本要点系对《侵权责任法》中"通知"一词的解释，但其主要适用于专利权等知识产权领域（该案系发明专利纠纷），因为"权属凭证"一般不宜作为人身权益投诉的要求之一。

2018 年的《电子商务法》则对初步证据的涵义又作了更"剧烈"的调整。根据该法第 42 条第 1 款第 2 句，"通知应当包括构成侵权的初步证据"。换言之，初步证据被用于指代通知中的所有材料。从官方释义书来看，其采取的便是这一理解，即"第四十二条第一款规定的知识产权人通知至少应当包括身份证明、知识产权权属证明、侵权初步证据、要求平台实施的措施、通知真实性的保证等内容。"[2]当然，本条也可能作另一理解，即本条只是强调初步证据在通知中的必要性和重要性，并非指通知的所有材料都被纳入初步证据的涵义下。比如，《电子商务指导意见》第 5 条第 1 款第 1 句规定："知识产权权利人依据电子商务法第四十二条的规定，向电子商务平台经营者发出的通知一般包括：知识产权权利证明及权利人的真实身份信息；能够实现准确定位的被诉侵权商品或者服务信息；构成侵权的初步证据；通知真实

---

[1] 第 5 条规定在 2020 年修订该司法解释时被删除。

[2] 全国人大财经委员会电子商务法起草组编著：《中华人民共和国电子商务法条文释义》，法律出版社 2018 年版，第 129 页。该书编委会包括了全国人大财经委原副主任委员吕祖善先生等，可在一定程度上认为，该书意见有一定权威性。

性的书面保证等。"最高人民法院的这一指导意见在解释《电子商务法》第42条时，不仅提了"初步证据"，还提及了"真实身份信息"等《电子商务法》中未提及的要件，似可认为，最高人民法院将第42条中提及的"初步证据"理解为是对合格通知要件的不完全列举。

《民法典》制定过程中，2017年的室内稿曾规定"通知应当包括构成侵权的初步证据"，但之后历次草案都加入了"真实身份信息"与"初步证据"并列，直至最终通过。就此变化而言，似可认为第1195条中对身份信息和初步证据的规定，并非只是要强调这两项要件，而是要以此涵盖完整的合格通知要件。

综上，我国法律在不同语境下使用了不同的"初步证据"涵义。其一，最广义的界定，指合格通知需包含的所有内容。《电子商务法》官方释义书中采此界定。其二，将初步证据和身份信息并列，初步证据涵盖了除投诉人身份信息以外的所有材料。《民法典》采此理解。其三，将初步证据与身份信息、定位侵权内容的信息并列。《信息网络传播权保护条例》和《最高人民法院关于审理利用信息网络侵害人身权益民事纠纷案件适用法律若干问题的规定》采此方式。其四，将权属凭证从初步证据的涵义中进一步剥离出去，使初步证据与身份信息、权属凭证、侵权网络地址并列。指导案例83号采此方式。

尽管我国法律对初步证据的涵义有不同界定，但司法实践中对通知应包含的内容要求基本一致，即合格通知应包含通知人的真实身份信息、构成侵权的初步证明材料（在知识产权投诉中往往包括权属凭证和侵权成立的材料）、足以定位侵权内容的信息等。[1]同时，基于《民法典》第1195条将通知内容二分为身份信息和初步证据的立法选择，本书将"初步证据"理解为除真实身份信息以外的其他内容，即包括了权属凭证（主要针对知识产权情形）、证明侵权成立的初步证明材料、足以定位侵权内容的信息。[2]

2. 为何构成侵权的初步证据是必要要件

理论与实务普遍认为，"初步证据"是必要要件，但鲜有文献认真对待的是，为何初步证据必要。在多数文献中，初步证据的必要性似乎是显而易见

---

〔1〕　参见北京高院《关于涉及网络知识产权案件的审理指南》第22条、浙江省高院《涉电商平台知识产权案件审理指南》第8条。

〔2〕　"初步证据"作为我国合格通知规则中的核心概念之一，在不同法律中竟有不同涵义，且对此做法未见任何正当性说明，就立法科学性而言，这无疑令人深感遗憾。

的。该必要性或许体现在，初步证据有助于避免通知人滥用，乃至恶意发送错误通知。同时，可平衡通知人与上传内容的网络用户间的利益。但这些理由都是从"初步证据"的实践效果层面所做的分析，但并没有回答初步证据在通知规则中的体系定位。

就理论定位而言，初步证据之所以必要，在于其正当化了网络服务提供者的移除义务。长期以来，通知规则都面临着正当性难题，因为根据法学一般原理，任何人向对方提出侵权主张，都只是该当事人的请求而已，在法院判决之前，法律并不允许主张者直接处分对方权益。[1]正因此，王利明先生主张："《侵权责任法》赋予受害人享有通知的权利，并不意味着受害人就可以决定某种行为是否构成侵权，一旦其发生通知，网络服务提供者就必须采取措施。"[2]然而，根据通知规则的理论逻辑，网络服务提供者在收到合格的通知时，便负有移除的义务，[3]否则将可能承担侵权责任。因此，有不少学者认为，"'通知-删除'程序的设计使得权利人的通知具备了类似于行政命令和法院裁决的法定执行力。"[4]"'通知-删除'规则事实上赋予了通知类似于诉前禁令的效力。……要求既无权力亦无能力的普通民事主体作出侵权与否的判断，相当于赋予电商平台准裁判者角色。……'通知-删除'规则的构成要件比诉前禁令宽松得多、但两者所起的效果大致等同。"[5]问题在于，一份合格的通知何以具备如此强大的效力？网络服务提供者为何在收到合格通知后（而非法院裁判后）便负有采取必要措施的义务？

"构成侵权的初步证据"正是回答上述难题的关键所在，即通知所涉内容构成侵权的证据正当化了网络服务提供者负有的采取必要措施的义务。尽管实践早已表明，存在错误乃至恶意通知的情形，即通知所涉内容并不必然构成侵权。换言之，就客观事实而言，通知所涉内容既可能确实构成侵权，也

---

[1] 即便是具有对世效力和追及效力的所有权，在受侵夺时，所有权人在法律上也只能"请求"对方返还，而无权从占有人处直接取回所有物。

[2] 王利明：《侵权责任法研究》（下卷），中国人民大学出版社 2011 年版，第 136 页。

[3] 就此问题的论证，参见徐伟：《通知移除制度的重新定性及其体系效应》，载《现代法学》2013 年第 1 期。

[4] 姚洪军：《中美处理网络服务提供者著作权问题的比较》，载《比较法研究》2011 年第 5 期。

[5] 浙江省宁波市中级人民法院课题组：《"通知-删除"规则的区别适用》，载《人民司法（应用）》2018 年第 4 期。

可能并不构成侵权。但这一结论是一种基于"上帝之眼"的观察。对网络服务提供者而言，其是否产生采取必要措施的义务，关键不在于通知所涉内容在客观上是否构成侵权，而在于从网络服务提供者的视角来看，该内容是否构成侵权。即只要从网络服务提供者的视角来看，该内容构成侵权，其便应采取必要措施。而"构成侵权的初步证据"的理论价值正在于实现了这一点，因为初步证据使相关内容具备了"侵权"的外观，也往往使通知人具备了权利人的"外观"。在没有其他证据（比如反通知）推翻之前，法律上将通知所涉内容推定为侵权内容，故而网络服务提供者在收到合格通知后会负有采取必要措施的义务。〔1〕

值得一提的是，我国对初步证据的上述体系定位，与美国通知规则中"侵权声明"的定位并不相同。根据美国《数字千年版权法》512（c）（3）（A）（v），通知需提供"投诉人声明，其善意（good faith）地相信，以投诉所涉的方式使用受版权保护的内容，并未经版权人、其代理人或经法律授权。"该规定在要求上与我国的"初步证据"要件大致相当。〔2〕鉴于美国在所涉内容侵权与否的问题上对通知人的要求较为"宽松"，故在美国权利人发送的侵权通知并不被视为认定侵权确凿的依据，其并不能产生完全等同于侵权的法律后果。比如，在 Tiffany 案中，法院认为"侵权通知并不是认定假货的结论性判断，而是权利人一方关于商品是假货或侵权的善意声明。这一区别是实质性的（material），因为缺少事实上确实是假货的主观认识，Tiffany 不能要求 eBay 应永久性停止销售者的账户。证据显示，当 eBay 收到 Tiffany 善意地认为销售者正在销售假货的通知时，eBay 移除了相关内容。当 Tiffany 同时要求每位销售假货者应被永久性停止时……eBay 规则并没有对首次甚至再次收到侵权投诉的销售者采取自动或永久停止账户的政策。法院认为，这一政策妥当。……考虑到停止账户的后果，eBay 合理地采取了基于侵权通知将警告停止销售者账户的政策，因为侵权通知只是善意认为侵权的声明，而

---

　　〔1〕　这一理论推演在采"删除、屏蔽、断开链接"之类的必要措施情境中最为典型。在必要措施是转通知、要求提供担保等情境中，则因"初步证据"证明力的降低而导致"侵权事实"可靠性的降低，进而导致必要措施"严厉性"的弱化。

　　〔2〕　但仍存在很大差别。在我国，初步证据一般需要"证据材料"来证明通知所陈述的侵权属实；在美国，通知人只需"善意声明"通知所涉内容未经权利人授权即可，基本无需其他证据材料来佐证。

不是确切的侵权依据。"〔1〕可见，美国通知规则中并不聚焦于所涉内容客观上是否真的构成侵权，而是强调通知中要"善意相信"所涉内容构成侵权即可。而我国通知规则重点在于所涉内容是否真的构成侵权，故我国强调通知中要有"初步证据"。故美国法中的这一经验，因初步证据在两国制度体系中的定位不同，我国不应采纳。

综上，侵权初步证据之所以必要，是基于正当化网络服务提供者所负有的采取必要措施义务。

3. 准确定位涉嫌侵权内容的信息

尽管我国《民法典》第 1195 条和《电子商务法》第 42 条中并未将"定位信息"作为通知的要件之一，但鲜有学者据此主张定位信息并非合格通知的要求之一。相反，囿于上述法律规定上的限制，解释上多尝试将定位信息这一要求纳入"构成侵权的初步证据"这一要件中。〔2〕

为何定位信息这一要件必不可少？一般认为，理由有三。其一，网络中信息海量，故除非侵权信息明显（知道规则）或通知人告诉网络服务提供者如何定位到侵权内容，否则其难以知道侵权内容。其二，就维权的成本负担而言，一般应由权利人，而非网络服务提供者负担查找侵权内容的成本。其三，从促进信息产业发展的角度而言，这有助于避免对网络服务提供者造成过重的负担。〔3〕同时，就定位信息与初步证据的关系而言，可以将定位信息理解为初步证据的组成部分，即若无定位信息，则通知所涉内容是否构成侵权无从审查，故定位信息是初步证据的必要环节之一。此外，从实务来看，我国法院也多将定位信息作为合格通知的必要内容之一。〔4〕因此，定位信息作为合格通知的要求之一，并无争议。

---

〔1〕 Tiffany（NJ）Inc. v. eBay，Inc.，576 F. Supp. 2d 463，517（S. D. N. Y. 2008）.

〔2〕 参见黄薇主编：《中华人民共和国民法典侵权责任编解读》，中国法制出版社 2020 年版，第 124 页。参见全国人大财经委员会电子商务法起草组编著：《中华人民共和国电子商务法条文释义》，法律出版社 2018 年版，第 129 页。

〔3〕 参见最高人民法院民事审判第一庭编著：《最高人民法院利用网络侵害人身权益司法解释理解与适用》，人民法院出版社 2014 年版，第 97 页。

〔4〕 相关案例可参见美国威斯康辛州花旗参农业总会诉浙江淘宝网络有限公司、吉林市参乡瑰宝上特产品有限公司侵害商标权纠纷案，吉林省高级人民法院（2012）吉民三涉终字第 3 号民事判决书。本案被评为最高人民法院 2012 年中国法院知识产权司法保护 50 件典型案例之二十二。

在定位信息问题上，真正有争议的，是如何具体判断相关信息是否足以准确定位涉嫌侵权的内容，尤其是，侵权内容的网络地址是否必须提供？就此，本书将在合格通知的具体认定因素部分做详细论述。

（三）其他可能的构成要件

除了《民法典》第 1195 条提及的真实身份信息和构成侵权的初步证据外，我国立法中提及的要件还有"对通知内容真实性负责的声明"。此外，比较法上的"通知系善意的声明"也值得讨论。

1. 对通知内容真实性负责的声明

真实性声明是否应作为合格通知的必要要件？我国规范性文件中呈现出模棱两可的态度。有的文件将此作为要件予以规定。比如，《电子商务指导意见》第 5 条规定："知识产权权利人依据电子商务法第四十二条的规定，向电子商务平台经营者发出的通知一般包括：知识产权权利证明及权利人的真实身份信息；……通知真实性的书面保证等。"同样，《北京市高级人民法院关于涉及网络知识产权案件的审理指南》第 22 条第 2 款也规定："……通知应包含以下内容：（1）……（4）权利人对通知内容真实性负责的声明。"[1]在学界，梅夏英、刘明认为，通知人应提供"对通知内容真实性及善意的承诺"。[2]杨立新、李佳伦则更进一步，认为通知人不仅要提供对通知书内容真实性负责的承诺，"涉及较大财产利益的网络侵权，应当要求被侵权人提供相应数额的担保。'较大'的标准应该由网络服务提供者进行衡量。"[3]

但是，也有不少文件在规定合格通知内容时，并未提及真实性声明。比如 2014 年《最高人民法院关于审理利用信息网络侵害人身权益民事纠纷案件适用法律若干问题的规定》第 5 条、浙江省高级人民法院民三庭《涉电商平台知识产权案件审理指南》第 8 条等。此外，《信息网络传播权保护条例》第 14 条第 1 款在列举了合格通知应当包含的内容之后，第 2 款规定"权利人应

---

〔1〕　该条是针对商标权，但对其他权利也有参考价值。

〔2〕　梅夏英、刘明：《网络侵权中通知规则的适用标准及效果解释》，载《烟台大学学报（哲学社会科学版）》2013 年第 3 期。

〔3〕　杨立新、李佳伦：《论网络侵权责任中的反通知及效果》，载《法律适用》2011 年第 6 期。

当对通知书的真实性负责"。从条文的这一安排来看，似乎可解释为，《信息网络传播权保护条例》并未将真实性声明作为通知的内容之一。此外，观察我国司法裁判可发现，鲜有判决以通知中欠缺"真实性声明"而否定该通知的效力。比如，在阿里云案中，原告乐动卓越公司向被告阿里云公司发送的侵权通知并不包含真实性声明，被告据此质疑通知的效力。但一审法院认为："虽然乐动卓越公司在通知函中没有明确对于真实性负责的声明，但该通知函及其提交的相关证明文件足以包含其对该通知真实性负责的内容。"[1] 可见，法院虽然并没有否定投诉人需对通知内容真实性负责这一要求，但认为该声明已理所当然地包含在投诉其他材料中。此外，实务中更可能的立场是：根本不认为声明是必要要件。[2] 这一立场不难理解：若将真实性声明作为必要要件，则意味着假如通知满足了其他所有要件，仅仅欠缺真实性声明，网络服务提供者将有权以欠缺"声明"为由主张通知不合格，进而不采取必要措施。这一结论不仅无法被通知人接受，也无法被我国社会公众所认可。[3] 通知人对通知内容的真实性负责，是法律的应有之义。无论通知人是否在通知中作出此声明，其都应承担错误通知的责任，故真实性声明不应影响通知的效力。

然而，从比较法来看，美国法中确实将"愿对不实陈述承担责任的声明"（相当于我国法中的真实性声明）作为合格通知的要件之一。根据美国《数字千年版权法》512（c）（3）（A）（vi），通知中需提供"通知内容准确，通知人已获得权利人授权，愿对虚假陈述承担责任的声明"。同时，这一要求在实务中也得到了法院的认可，比如 Smith 法官在 Perfect 10 诉 CCBill 案中认为："（通过通知）指控侵权有着严重的后果：用户发布的内容将被移除，乃至用户被永久完全禁止登录网址。如果内容确实侵权，则正义得以伸张。但若并无侵权，宪法第一修正案所保护的言论会被移除。因此如果投诉人不愿声明愿对自己的不实陈述（包括声明自己被授权代表版权人且善意相信所涉内容

---

〔1〕 北京乐动卓越科技有限公司与阿里云计算有限公司侵害作品信息网络传播权纠纷案，北京知识产权法院（2017）京 73 民终 1194 号民事判决书。

〔2〕 笔者于 2021 年 5 月 17 日在北大法宝的"司法案例"部分，在"全文"栏目下，以"真实性声明 网络"为关键词检索，得到民事判决书 5 篇，知识产权判决书 6 篇。这 11 篇判决书都未对真实性声明作出特别论述，仅是在援引网站规则时提及。鉴于法院未专门提及真实性声明，但最终往往认定通知合格，故可推论，真实性声明并非合格通知的要件之一。

〔3〕 笔者曾就此问题请教数位有网络侵权案件审判经验的法官，得到的答复都是：欠缺真实性声明不会影响其对通知合格与否的判断。

未经授权）承担被处罚的责任，我们不会要求服务提供者启动可能侵犯权利的程序。"〔1〕可见，美国法院确实将不含声明的通知作为不合格通知对待。与我国法中虽有文件规定了这一要件，但司法裁判中并未将其"严格实施"的做法不同。

　　美国法的这一经验对我国是否有参考价值？为此，需厘清为何美国法将"声明"如此认真地对待。从美国的制度逻辑来看，"声明"之所以必要，原因在于：其一，与中国法不同，美国并不要求通知人在通知中提供"构成侵权的初步证据"，通知人只需"善意地相信，以投诉所涉的方式使用受版权保护的内容，并未经版权人、其代理人或经法律授权"。可见，美国通知规则的有效运作，高度依赖于通知人的"诚信"行为。"愿对虚假陈述承担责任的声明"正是美国这一逻辑下的产物，即为了减少错误乃至恶意通知的发生。其二，"声明"也是美国法中追究错误通知人责任的主要依据。在我国，尽管法律规定了错误通知人的责任，但该责任的理论基础何在，不无疑问。最高人民法院释义书中认为，"错误通知的通知人侵犯了网络用户在网上发表信息、言论的自由。……在现行法框架下，可将此种权益归属于《民法典》第四编所规定的人格权。"〔2〕但这一解释在网络人身权益侵害中或许成立，在知识产权侵害中则未必妥当。〔3〕错误通知人侵害的对象，或许应界定为是正当利益，而非某种权利。〔4〕在美国，为解决这一问题，其是通过要求通知人提供"愿对不实陈述承担责任的声明"来实现。详言之，通过在通知中加入"声

---

〔1〕　Perfect 10, Inc. v. CCBill LLC, 488 F. 3d 1102, 1112 (9th Cir. 2007).

〔2〕　最高人民法院民法典贯彻实施工作领导小组主编：《中华人民共和国民法典侵权责任编理解与适用》，人民法院出版社 2020 年版，第 272 页。

〔3〕　事实上，最高人民法院民法典释义书中将侵害的权益界定为人格权的观点，源于其之前对网络人身权益中错误通知问题的解读。详见最高人民法院民事审判第一庭编著：《最高人民法院利用网络侵害人身权益司法解释理解与适用》，人民法院出版社 2014 年版，第 128~129 页。但该司法解释和民法典在适用的权利范围上显然不同。

〔4〕　相关分析参见徐伟：《〈民法典〉中网络侵权制度的新发展》，载《法治研究》2020年第 4 期。事实上，我国受这一问题困扰，也体现在我国立法和司法实践中。比如，我国《信息网络传播权保护条例》第 24 条用了"赔偿责任"的表述，《电子商务法》第 42 条第 3 款则用了"民事责任"的表述，这些表述似乎都是为了回避问题而采取了模糊表述。在实务中，因法律基础不明，淘宝公司在起诉伪造判决文书的恶意通知人时，索赔的金额也仅是象征性的 1 元。参见浙江淘宝网络有限公司与北京微海联合电子商务有限公司网络侵权责任纠纷案，北京互联网法院（2019）京 0491 民初 1601 号民事判决书。

明"这一要件,同时辅之以美国《数字千年版权法》512 (f) 关于"不实陈述"的规定,[1]解决了追究错误通知人责任的理论基础问题。

美国"声明"要件之所以必要的上述两项理由,在我国制度背景下都并非必须通过声明要件才能解决。其一,我国法律减少错误通知发生的方式,是通过对"初步证据"证明标准的高低,以及网络服务提供者审查义务的宽严程度来加以实现。真实性声明既与我国通知规则的理论逻辑不符,也与我国普遍的社会文化观念有落差。其二,我国已经通过《民法典》来为追究错误通知人的责任提供了法律依据,比如《民法典》首次将通知人的责任明确为侵权责任,且首次为网络服务提供者也提供了请求权基础。据此,虽然对该请求权基础的理论阐释有待展开,但仅就实证法层面而言,我国并无追究错误通知人的法律障碍。因此,我国法并无必要借鉴美国法将声明作为合格通知的必要要件。

那么,我国部分规范性文件中规定的真实性声明,应如何解释呢?对此,应区分对通知内容真实性的要求和将真实性声明作为要件,二者并不相同。之所以理论和实务存在将真实性声明作为通知要件之一的观点,或许是基于一种误解:认为"对通知内容真实性的要求"需要通过"真实性声明"要件来体现。通知内容应真实,这毫无疑问。但这并不意味着必然要将真实性声明作为通知的要件之一。将真实性声明作为要件导致的结果是,网络服务提供者可以通知中未含声明而拒绝采取必要措施。而这与我国长期的社会观念和司法实践并不一致。内容真实性要求的真正意义在于,若网络服务提供者有理由认为通知内容不真实(比如身份证造假[2]),可拒绝采取必要措施且不必就此承担责任。

综上,真实性声明在我国无需作为合格通知的要件。但内容真实是合格通知的内在要求。若网络服务提供者有合理的理由认为通知内容不真实,可拒绝采取必要措施,尤其是当通知内容表面上符合通知的要求时。

---

　　[1] 美国《数字千年版权法》512 (f) 规定:"在本条规定的情境下,任何知道而实质性做出不实陈述的人,包括 (1) 被投诉的材料或行为系侵权或 (2) 材料或行为系因错误而被移除或断开链接,需对被投诉侵权的主体、版权人或其授权主体以及服务提供者,因服务提供者根据该不实陈述而移除或断开链接被投诉侵权的相关材料或行为,或者是恢复被移除的材料或不再断开链接,所遭受的所有损失,包括花费和代理人费用,承担责任。"

　　[2] 比如,数份通知中身份证上照片完全相同但姓名等信息不同。

2. 通知系善意的声明

从比较法来看，美国《数字千年版权法》在合格通知要件中还提及了通知人应善意。美国《数字千年版权法》512（c）（3）（A）（v）规定："投诉人声明，其善意地相信，以投诉所涉的方式使用受版权保护的内容，并未经版权人、其代理人或经法律授权。"美国法中对通知人善意的要求，在我国法中从未出现过。但2020年签订的《中美经贸协议》对我国提出了免除善意通知人责任的要求。《中美经贸协议》第1.13条"打击网络侵权"之二规定，中国应"免除善意提交错误下架通知的责任"。自《中美经贸协议》签订后，我国通知规则中便陆续出现了"善意"的相关规则。比如《网络知识产权批复》第5条规定："知识产权权利人发出的通知内容与客观事实不符，但其在诉讼中主张该通知系善意提交并请求免责，且能够举证证明的，人民法院依法审查属实后应当予以支持。"[1]

虽然两国都在通知规则中提及了"善意"，但二者并不相同，甚至截然相反。在美国，对通知人提出善意的要求，是为了保护网络用户，减少错误通知的发生；在我国，免除善意通知人的责任，则是出于保护通知人的规范目的。详言之，美国《数字千年版权法》512（c）（3）（A）（v）的规定，相当于我国法中的"构成侵权的初步证据"要件。但不同的是，美国法对"证据"的要求仅是通知所涉内容未经权利人授权的声明而已。为避免这一相对宽松的要求导致错误通知的泛滥，美国法中对通知人的声明提出了"善意"的要求。"善意"事实上是对通知人提出了自我审查的要求，即审查自己的侵权声明是否可靠。

从美国已有的司法裁判来看，善意要求至少可具体化为两个表现：是否考虑了合理使用、是否对内容做过人工审核。在合理使用方面，最著名的案件之一是"跳舞孩子"案（dancing baby case）。2007年，被告Lenz在YouTube上传了一个29秒钟的视频，视频中被告的两位幼龄孩子随着Prince演唱的《让我们疯狂》（Let's Go Crazy）起舞。就此，对视频中歌曲享有权利的原告Universal公司向YouTube发送了侵权通知，要求YouTube移除该视频，因为该音乐并未获得原告的授权。但被告向YouTube发送了反通知，主张这是合

---

〔1〕 此外，《最高人民法院关于全面加强知识产权司法保护的意见》第6条"完善电商平台侵权认定规则"也提及，"要依法免除错误下架通知善意提交者的责任"。

理使用。随后，Universal 以版权侵权为由起诉了 Lenz。法院认为，版权人在发送通知前必须考虑是否存在合理使用。[1] 在人工审核方面，典型案例是"盒子"案（the box case）。被告是电影《盒子》（the box）的版权人，其通过自动执行的爬虫（crawler）来抓取网页上的关键词"盒子"，然后根据抓取的结果发送大量的通知给相关网站。网络服务提供者据此起诉版权人，主张其构成"恶意"。版权人承认其在发送通知前，根本没有看过被投诉的内容，其对许多被投诉的内容并不享有版权。法院认为，版权人在主张版权和要求移除在线内容前，连被投诉内容都没有做过人工核实，这足以表明版权人不满足"善意"要件。[2]

综上，美国法中的善意要件，是其提高侵权通知可靠性的方式。善意要件的缺失，会导致网络服务提供者无需采取移除等措施。在我国，这一功能通过初步证据的证明标准来加以实现。故我国无需将善意作为合格通知的要件之一。美国善意要件对我国的参考价值在于，通知人善意应是合格通知的内在要求。换言之，通知人无需提供善意的声明，但若有证据表明通知人非善意，比如，通知人以技术手段对所有售价低于某一价格的商品都投诉为假货，则网络服务提供者可不采取必要措施且无需承担责任。

三、合格通知的具体认定因素

合格通知的具体认定因素指判断通知合格与否的具体考量因素。与构成要件不同，具体认定因素一般不存在必要与否的区分，因为任何能达到构成要件功能的因素，都可作为认定因素且可相互替代。比如，对于真实身份信息，既可以通过身份证，也可通过户口本、军官证、护照等来确认。但这一推理仅在理论上成立，就实务而言，网络服务提供者往往会基于效率等考量而将某一认定因素列为通知的必要内容。法律是否应尊重网络服务提供者的此类要求便不无疑问。故本部分将对实践中常见的一些认定因素展开分析。

---

〔1〕 See Lenz v. Universal Music Corp. , 815 F. 3d 1145, 1145-1153 (9th Cir. 2016).

〔2〕 See Connie J. Mableson, *DMCA HANDBOOK -- For Online Service Providers, Websites, and Copyright Owners*, ABA Publishing, 2018, pp. 118-119.

（一）身份证等真实身份信息材料

真实身份信息材料包括了身份证明和联系方式。在具体认定因素上，通知需提供自然人姓名或企业名称，对此并无争议。但在其他方面，则存在不同看法。

第一，自然人是否需提供身份证、户口本、护照、军官证等有效证件的号码、扫描件或照片？非自然人是否需提供其营业执照等资格证明？法律对此未予明确。最高人民法院释义书中认为："自然人是否要提供身份证号及其他个人基本信息、法人或者其他组织是否应当提供资格证明，司法解释未作要求。"[1]但就企业实务和学界而言，一般采肯定意见。从企业实务来看，基本上所有企业都会在通知材料中要求通知人提供有效证件。就理论而言，杨立新、李佳伦认为，通知人需提供身份信息，比如自然人要"提供身份证号、个人基本信息等，法人应当提供法人资格证明"。[2]梅夏英、刘明也认为，"所谓准确的身份信息应至少包括权利人的姓名（名称）、身份证复印件（法人资格证明）、住所地址以及签名（盖章）"。[3]从身份信息的规范目的来看，其主要目的是在通知错误时能有效追究通知人的责任，故通知中有效的证件材料必不可少。至于证件材料是身份证、军官证抑或其他，是只要号码还是亦需提供扫描件/照片，法律无需过多干预，可交由企业自行决定。

第二，联系方式中，电话号码、电子邮箱、即时通讯软件账号等，是否都需提供？提供联系方式的规范目的，在于促进通知人、网络用户与网络服务提供者间的有效沟通，故联系方式的选择并无必要"定于一尊"。"联系方式以能够有效沟通为原则，司法解释未明确要求具体的联系方式。"[4]鉴于此，常见的联系方式如电话号码等，都能实现类似的功能，只需择一提供即可。有疑问的是，若网络服务提供者要求提供电话号码而通知人只提供了电

---

〔1〕　最高人民法院民事审判第一庭编著：《最高人民法院利用网络侵害人身权益司法解释理解与适用》，人民法院出版社 2014 年版，第 96 页。

〔2〕　杨立新、李佳伦：《论网络侵权责任中的反通知及效果》，载《法律适用》2011 年第 6 期。

〔3〕　梅夏英、刘明：《网络侵权中通知规则的适用标准及效果解释》，载《烟台大学学报（哲学社会科学版）》2013 年第 3 期。

〔4〕　最高人民法院民事审判第一庭编著：《最高人民法院利用网络侵害人身权益司法解释理解与适用》，人民法院出版社 2014 年版，第 96 页。

子邮箱，或网络服务提供者要求同时提供电话号码和电子邮箱，[1]而通知人只提供了电话号码，此时是否构成合格的通知？换言之，联系方式"择一即可"是法律上的强制性抑或任意性规定？就理论而言，若一种联系方式（如电话号码）已经足以实现当事人间有效沟通的规范目的，则法律上不应允许网络服务提供者对通知人提出更多的联系方式要求。

第三，住所地址是否必要？《信息网络传播权保护条例》第 14 条规定，通知书应当包含地址。学界也不乏此类主张者。[2]但最高人民法院发布的诸多涉网络侵权的司法解释中，都并未将地址作为合格通知的内容之一。[3]从企业实务来看，也有不少企业并未将地址作为通知必备的材料。[4]为何我国司法实践多不认为地址是必要材料？一般认为，地址的规范目的与电话号码、电子邮箱等相同，即促进通知人、网络用户与网络服务提供者间的沟通。既然实务中网络服务提供者多已要求通知人提供电话号码，那么地址信息便可有可无。况且，若以地址（邮寄资料）作为当事人沟通的方式，则成本较高，故不宜鼓励。

既然如此，为何《信息网络传播权保护条例》中会将地址作为通知应包含的内容之一？对此，或许可从《信息网络传播权保护条例》的比较法源头，即美国《数字千年版权法》中获得启示。在美国法中，地址的必要性因通知和反通知而有所不同。根据美国《数字千年版权法》521（c）（3）（A），合格通知中并没有要求投诉人提供地址，但根据美国《数字千年版权法》512

---

[1] 比如"微信个人用户侵权投诉通知书"中，电话和电子邮件地址都是必填项，且"填写说明"中称"不符合要求的投诉将难以被处理"。参见"微信个人用户侵权投诉指引"，载 https://support. weixin. qq. com/cgi-bin/mmsupport-bin/readtemplate？t＝page/security_ center_ _ personal_ infringement，最后访问日期：2021 年 5 月 1 日。与之形成对比的是，优酷知识产权声明申请书中，虽然同时列出了电话和电子邮箱栏目，但只有电话是必填项。参见优酷"知识产权声明"，载 https://terms. alicdn. com/legal-agreement/terms/suit_ bu1_ unification/suit_ bu1_ unification201910091716_ 30362. html？spm ＝ a2ha1. 14919748 _ WEBHOME _ GRAY. footer - container. 5~5~5~DL！3~5！2~DD~A，最后访问日期：2021 年 5 月 1 日。

[2] 参见梅夏英、刘明：《网络侵权中通知规则的适用标准及效果解释》，载《烟台大学学报（哲学社会科学版）》2013 年第 3 期。

[3] 笔者曾就地址是否必要问题请教数位有网络侵权案件审判经验的法官，得到的答复都是：欠缺地址不会影响其对通知合格与否的判断。

[4] 笔者浏览了国内典型互联网企业在侵权投诉材料方面的要求，一个直观感受是，微信、腾讯视频等腾讯系的相关企业，多将地址作为必填信息之一；新浪、优酷等其他企业多未对地址信息提出要求。

（g）（3）（D），在反通知中地址则是必要资料。之所以如此，与地址的功能在于确立诉讼管辖法院及寄送法律文书相关。根据美国通知规则的设计，在网络用户提交反通知导致相关内容被恢复后，权利人可能会选择起诉网络用户。此时，根据美国《数字千年版权法》512（g）（3）（D）的规定，网络用户在反通知中需提供声明，"同意网络用户地址所在的联邦地区法院享有案件管辖权，如果网络用户的地址在美国境外，服务提供者所在的任何地区的联邦地区法院享有管辖权，且网络用户接受来自本条（c）（1）（C）规定的提交通知者或其代理人发送的法院令状（service of process）"。与之相对，通知人不要求必须提供地址，系因为网络用户若对自己的内容被移除有异议，其无需起诉通知人，只需发送反通知即可，网络服务提供者收到反通知后应恢复被移除的内容。可见，从美国法来看，地址的规范目的与其说是为了当事人间的沟通，不如说是为了诉讼的需要。

比较法上的这一经验对我国未必完全合适，理由在于：我国网络侵权的管辖法院较为宽泛，并不以被告住所地为限。根据《中华人民共和国民事诉讼法》（以下简称《民事诉讼法》）第29条，因侵权行为提起的诉讼，由侵权行为地或者被告住所地人民法院管辖。所谓侵权行为地，在网络侵权中，包括实施被诉侵权行为的网络服务器、计算机终端等设备所在地。侵权行为地和被告住所地均难以确定或者在境外的，原告发现侵权内容的计算机终端等设备所在地可以视为侵权行为地（《最高人民法院关于审理侵害信息网络传播权民事纠纷案件适用法律若干问题的规定》第15条）。因此，在我国，即便不了解通知人的地址，也不妨碍相关诉讼的展开。此外，从实务来看，即便通知中并未提供地址，在当事人发生纠纷时，也可通过"事后"了解通知人地址的方式来弥补。据此，地址在我国并无必要作为必备内容，且若网络服务提供者将地址作为"必填信息"，法律亦不应认可该要求。

（二）所涉内容的网络地址

通知是否应提供涉嫌侵权内容的网络地址（本书的网络地址特指URL）？我国在这一问题上存在分歧。总体而言，我国的变迁过程是从早期的倾向于要求提供网络地址到晚近的不再强调必须提供网络地址。

就实证法而言，《信息网络传播权保护条例》第14条规定，通知应提供"作品等的名称和网络地址"。同时，早期的司法裁判也遵循了这一要求。比如，在著名的七大唱片公司诉百度案中，被告系提供音乐搜索服务，其中的音乐则抓取自网络。原告在诉前向被告发送了律师函，但其中并未提供涉嫌侵权内容的网络地址。法院认为，"如果权利人认为搜索引擎服务所涉及的录音制品侵犯了其信息网络传播权，可以向搜索引擎服务提供商提交书面通知，要求其断开与该制品的链接，通知中应当明确告知侵权网站的网址。搜索引擎服务提供商接到权利人的通知后，应当立即断开与该制品的链接。虽然，网络环境下权利人维权的难度加大、成本提高，但是，原告仍应采取积极有效的措施，维护其合法的权利，不仅可以通过搜索引擎服务及时发现侵权，同时还可以依据法律规定及时制止侵权。在本案诉讼中，原告未尽到通知义务。"[1]可见，法院在考虑到提供网络地址会给权利人带来较大负担（这是学界一些主张通知不应必须提供网络地址的主要理由[2]）的情况下，仍然认为合格通知应包含网络地址。

然而，后续的发展显示，实务中对网络地址是否必要逐渐出现了分歧。比如，2009年北京第一中院知识产权庭袁伟法官认为，著作权人发出要求删除链接的通知时应提供明确的网络地址。[3]但同年浙江省高院法官认为，侵权内容的网络地址并非必须。"即使权利人提供的通知不充分，但根据通知所包含的信息足以准确定位侵权内容，网络服务提供者仍然不采取措施而继续提供服务的，也可认定其明知。"[4]之所以如此，是因为严格的网络地址要求有时会导致对权利人保护不周。经过一段时间的争议后，司法实践越来越

---

〔1〕 环球唱片有限公司诉北京百度网讯科技有限公司侵犯信息网络传播权纠纷案，北京市第一中级人民法院（2005）一中民初字第8474号民事判决书。

〔2〕 比如，刘家瑞认为，发现并提供每一个单独侵权行为URL地址所耗费的人力和财产成本往往是权利人难以承担的，如果仍将URL地址作为确定侵权行为位置的唯一渠道，无异于刻舟求剑，对权利人无疑是一种不切实际的法律负担。参见刘家瑞：《论我国网络服务商的避风港规则——兼评"十一大唱片公司诉雅虎案"》，载《知识产权》2009年第2期。类似观点参见梅夏英、刘明：《网络侵权中通知规则的适用标准及效果解释》，载《烟台大学学报（哲学社会科学版）》2013年第3期。当然，仅仅以提供网络地址会增加权利人的负担为由，不足以正当化该负担应由网络服务提供者承担。

〔3〕 参见袁伟：《著作权人发出要求删除链接的通知时应提供明确的网络地址——从技术角度浅谈〈信息网络传播权保护条例〉第14条第1款第2项》，载《电子知识产权》2009年第7期。

〔4〕 浙江省高级人民法院课题组：《关于网络著作权侵权纠纷案件法律适用的调研》，载《法律适用》2009年第12期。

倾向于不再强调网络地址的必备性。比如，2014 年《最高人民法院关于审理
利用信息网络侵害人身权益民事纠纷案件适用法律若干问题的规定》第 5 条
规定，通知的内容之一是"要求采取必要措施的网络地址或者足以准确定位
侵权内容的相关信息"。之后，法院出台的规范性文件中便再未将网络地址作
为必备内容之一。〔1〕司法裁判则是仍有反复。比如在花旗参案中，原告美国
威州花旗参总会在诉前向被告淘宝公司发送了律师函，内容大致为，原告系
"鹰"图形商标的权利人，要求被告在收到本函后立即采取应有措施，严肃核
查网络交易经营者使用原告商标的合法授权文件，从技术上采取措施制止侵
权的不法行为。一审法院认为，原告通知有侵权情况存在后，被告即应主动
履行其监管义务，采取必要措施，而不能以商户的数量众多为由不去进行核
查，消极等待原告提交具体链接地址，故被告关于原告的通知属无效通知的
抗辩，对淘宝商城这个正品保障的网络平台并不适用。但二审法院认为，原
告在向被告发出律师函时并未将具体侵权链接告知被告，在二审法院庭审中，
在被告网站搜索花旗参产品相关链接大致在 27 000 个左右，因此，原告怠于
履行告知义务。〔2〕

　　值得一提的是，也有法官认为，网络地址是否必须，需视权利类型的不
同而做区别对待。"在著作权侵权纠纷中，平台服务商一般可以通过搜索被控
侵权品的名称，定位相应的侵权内容，故不必苛求权利人一定要提供具体的
侵权链接。但在商标和专利侵权纠纷中，针对海量的商品交易信息、数以亿
计的商品交易数量和防不胜防的网络侵权现状，网络平台的人力资源、财产
保障和技术支持还显得比较有限，较难实现对侵权商品信息的及时、准确定

---

　　〔1〕　比如，2018 年的《北京市高级人民法院侵害著作权案件审理指南》第 9.21 第二段规
定："权利人提交的通知未包含被诉侵权的作品、表演、录音录像制品的网络地址，但网络服务
提供者根据该通知提供的信息对被诉侵权的作品、表演、录音录像制品能够足以准确定位的，可
以认定权利人发出了通知"，这表明不要求网络地址此时成了北京司法实践的普遍态度。类似规
定参见 2016 年发布的《北京市高级人民法院关于涉及网络知识产权案件的审理指南》第 22 条。
事实上，早在 2012 年最高人民法院制定信息网络传播权的司法解释时，就已倾向于"不一定必
须符合《信息网络传播权保护条例》有关规定的全部事项要求，只要达到准确定位的要求就可
以了"。参见孔祥俊：《网络著作权保护法律理念与裁判方法》，中国法制出版社 2015 年版，第
119~120 页。

　　〔2〕　美国威斯康辛州花旗参农业总会诉浙江淘宝网络有限公司、吉林市参乡瑰宝上特产品
有限公司侵害商标权纠纷案，吉林省高级人民法院（2012）吉民三涉终字第 3 号民事判决书。
本案被评为最高人民法院 2012 年中国法院知识产权司法保护 50 件典型案例之二十二。

位，故此，需要权利人提供被控侵权商品的具体网络地址。"〔1〕视具体情况而差别对待的观念，具有启发性。唯是否应根据权利类型的不同而做差别对待，则有待商榷。

我国法律的上述变化与比较法经验一致。比如，美国版权法中并没有将网络地址列为通知的内容之一，而是用了"指出要求被移除或屏蔽的那些正遭受侵权的或是侵权对象的内容，并提供合理要求的足以让服务提供者定位到前述内容的信息"的表述〔美国《数字千年版权法》512（c）（3）（A）（iii）〕。与立法一致，美国法院在一开始就没有将网络地址作为通知的必要因素，而是视情况而决定。比如在 2001 年的 eBay 案中，虽然法院认为本案中权利人应在通知中提供具体商品的定位信息，但其同时指出："法院意识到可能出现的情形之一是，版权人无需向 eBay 提供具体商品的定位信息就能满足合格通知的要件。比如，如果电影公司告知 eBay，所有提供尚未发布 VHS 和 DVD 格式版本的新电影（比如名为'星球 X'）的销售链接都是违法的，eBay 可以方便地用电影名'星球 X'来检索其网站并发现侵权链接。"〔2〕可见，法院虽然认为本案所涉通知应以网络地址为必要，但其强调并非所有情形都如此。

在 ALS 诉 RemarQ 案中，法院则明确认可了并未提供网络地址的通知合格。该案中，被告为其注册用户提供大量照片浏览服务。同时，被告的用户可在新闻组（newsgroup）中发布照片，而"alt. als"和"alt. binaries. pictures. erotica. als"这两个新闻组中有大量照片侵害了原告的版权。被告主张，其并没有监控发帖，也没有能力过滤新闻组中的内容和检查用户的登录状况。原告向被告发送了涉及上述两个新闻组的停止函（cease and desist letter），函中表示：这两个新闻组的创设，唯一目的都是侵害受国家保护的版权和商业名称。这两个组中的绝大多数图片都是享有版权的图片。被告收到后，回复称：如果 ALS 能"充分具体"（sufficient specificity）地指明侵权内容，其将剔除这些新闻组中的具体内容。原告拒绝了被告的这一要求，而是回复被告称：新闻组中存在超过 10 万张 ALS 享有版权的图片，这一现象已持续了数月，这些新闻组明显是个体仅

---

〔1〕 浙江省宁波市中级人民法院课题组：《"通知-删除"规则的区别适用》，载《人民司法（应用）》2018 年第 4 期。

〔2〕 Hendrickson v. eBay, Inc., 165 F. Supp. 2d 1082, 1090（C. D. Cal. 2001）.

仅为了违法发布、流转、传播受版权保护的图片而创设的。法院认为，争议焦点之一是原告的通知是否充分。就此，地方法院认为，原告没有遵从通知程序的要件，比如原告没有提供侵权作品的清单，也没有提供充分的信息让被告定位和移除侵权作品。然而，第四巡回法院撤销了该判决。相反，法院认为原告已实质上满足了通知要件。法院认为，本案中，ALS 向 RemarQ 提供的信息：（1）指明了两个只是为了发布 ALS 版权作品而创设的新闻组网站；（2）声明了这两个网站上的几乎所有图片，其都享有版权；（3）向 RemarQ 提供了可以查阅 ALS 模特和了解其版权信息的两个网站地址。此外，原告还提醒，可以确定网站上的图片归 ALS 所有，因为这些图片中显示了 ALS 的姓名和/或版权标志。通过这些信息，ALS 已实质上符合通知要件，即提供了侵权内容的代表性清单和合理充分的让 RemarQ 定位侵权内容的信息。[1]

可见，从美国判决来看，是否需提供网络地址应视情况而定，不宜一概认为通知中需要提供或不必提供，理由在于：从规范目的来看，网络地址的功能在于帮助网络服务提供者定位侵权内容，进而作出是否采取措施的判断。就此，中美并无差异。比如美国学者 Nimmer 认为，之所以"通知"中要提供足以定位侵权内容的信息，"规范目的在于对服务提供者实现充分告知，从而能'及时发现并检视被投诉侵权的内容'。"[2]在美国判决中，发现侵权内容的成本是否可负担（burdensome）是法院判断通知中"指明侵权内容"要件是否得到满足的重要考量。如果 ISP 通过通知提供的信息可轻易发现侵权内容，则 ISP 应承担此负担；反之，则应由通知人来承担提供侵权内容网络地址或其他足以定位侵权内容信息的负担。[3]

综上，就一般意义而言，网络地址并非必要的因素。就个案而言，当网络服务提供者能够通过通知中的信息以合理的成本定位到侵权内容时，网络地址不必是合格通知的必要因素；反之，合格通知应以网络地址为必要。

（三）通知的形式

通知是否应采书面形式？我国法律中一直存在不同意见。《民法典》第

---

[1] See ALS Scan, Inc. v. RemarQ Communities, Inc., 239 F. 3d 619, 625—626 (4th Cir. 2001).

[2] 4 Nimmer on Copyright § 12B. 04 [B] [2].

[3] Capitol Records, Inc. v. MP3tunes, LLC, 821 F. Supp. 2d 627 (S. D. N. Y. 2011).

1195 条和《电子商务法》第 42 条都未提及"书面"二字，似可理解为口头通知亦不妨构成合格通知。《信息网络传播权保护条例》虽提及了"书面"二字，但其表述是权利人"可以向该网络服务提供者提交书面通知"，故就解释而言，书面通知自然是合格通知，但无法得出不采书面通知必然是不合格通知。当然，非书面形式是不合格通知是对本条通常的理解。此外，我国多个司法解释中都明确规定，通知需采书面形式。比如，《电子商务指导意见》第 5 条第 1 款第 2 句明确规定："通知应当采取书面形式。"[1]

然而，吊诡的是，尽管最高人民法院在相关司法解释中提出通知应采书面形式，但在最高人民法院发布的一些典型案件中，却又认为通知无需采书面形式。比如，在指导案例 83 号中，法院认为，《侵权责任法》第 36 条第 2 款所规定的通知"既可以是口头的，也可以是书面的"。鉴于该案涉及的是判断难度相对较高的专利侵权，若专利侵权尚且可采口头形式，则其他权利类型的侵害似乎更可采口头形式。此外，2014 年 10 月最高人民法院发布的"利用信息网络侵害人身权益典型案例"之二"蔡继明案"中，法院也认为口头形式也可构成合格的通知。该案中，原告蔡继明发现百度贴吧中出现侵害其名誉和隐私的帖子后，委托梁文燕以电话方式与百度公司就涉案贴吧进行交涉，但百度公司未予处理。之后原告委托律师向百度发送律师函要求删除相关信息后，百度才删除了涉嫌侵权的帖子。一审法院认为百度公司已尽到注意义务，无需承担责任。但二审法院认为，百度公司在收到梁文燕投诉后未及时采取相应措施，直至蔡继明委托发出正式的律师函，才采取删除信息等措施，在梁文燕投诉后和蔡继明发出正式律师函这一时间段怠于履行事后管理的义务，致使网络用户侵犯蔡继明的损害后果扩大，应当承担相应侵权责任。从该案中可看到，即便最高人民法院在 2014 年发布的"网络人身权益规定"中对通知规定了"书面形式"[2]，但这并不妨碍法院在一定情况下将口头形式也作为合格通知的方式。

可见，对于通知是否应采书面形式，最高人民法院的相关司法解释和判

---

[1] 规定通知应采书面形式的文件还有《北京市高级人民法院关于涉及网络知识产权案件的审理指南》第 22 条等。

[2] 2014 年 8 月发布的《最高人民法院关于审理利用信息网络侵害人身权益民事纠纷案件适用法律若干问题的规定》第 5 条对通知的要求是"被侵权人以书面形式或者网络服务提供者公示的方式向网络服务提供者发出的通知"。该规定在该司法解释 2020 年修正时被删除。

决存在"分裂"。从比较法来看，美国法以书面形式为必要。根据美国《数字千年版权法》512（c）（3）（A）的规定，通知必须是书面形式（written communication）。在 Hendrickson 诉 eBay 案中，法院认为，无论通知在多大程度上与法律的要求相符，只要该通知并未采书面形式，便是不合格的通知。[1]一般认为，通知应采书面形式的主要理由是："第一，采取书面形式有利于明确被侵权人对网络服务提供者提出的请求，具有提示甚至警示的作用；第二，采取书面形式可以起到证据的作用；第三，采取书面形式通知，对于被侵权人也有必要的提示，即发出通知是应当慎重的，具有法律意义，不能轻易为之，应当负有责任。"[2]

上述理由主要是基于书面形式的实践效果角度做的分析。但在获得这些实践中"益处"的同时，却可能丢失了通知规则最主要的规范目的。我国通知规则的规范目的，是让网络服务提供者知道其网站存在侵权内容，并采取必要措施，以解决网络中的侵权现象。[3]既然如此，口头通知也完全能实现这一规范目的。更何况，我国立法中还认可了应知规则，即网络服务提供者即便没有收到通知，也应对明显侵权的内容采取措施。如果将应知（没有任何通知）和书面通知作为光谱的两端，那么口头通知则处在二者的中间地带。既然光谱的两端都可能导致网络服务提供者采取必要措施义务的产生，那么处在二者中间的口头通知自然也应产生此种效力，即非书面形式（口头形式）也应被允许为合格通知的方式之一。当然，如果通知人选择采口头形式，需自行承担相应的不利之处，即若事后出现纠纷（比如网络服务提供者并未及时采取必要措施），通知人需承担已发送合格通知等事项的举证责任。

（四）通知的送达

通知应如何送达？我国立法并未提出任何要求。一般而言，网络服务提

---

〔1〕 Hendrickson v. eBay, Inc. , 165 F. Supp. 2d 1082, 1091 (C. D. Cal. 2001).

〔2〕 最高人民法院民事审判第一庭编著：《最高人民法院利用网络侵害人身权益司法解释理解与适用》，人民法院出版社2014年版，第95页。类似观点参见杨立新、李佳伦：《论网络侵权责任中的反通知及效果》，载《法律适用》2011年第6期。梅夏英、刘明：《网络侵权中通知规则的适用标准及效果解释》，载《烟台大学学报（哲学社会科学版）》2013年第3期。

〔3〕 不少文献中认为通知规则的规范目的是为网络服务提供者提供"避风港"，这一判断在美国法中成立，但在我国法中却并不成立。参见徐伟：《通知移除制度的重新定性及其体系效应》，载《现代法学》2013年第1期。

供者会公布其接受投诉的联系方式（尽管该联系方式常常在网站中被置于不明显的位置），比如受理投诉的邮箱、在线投诉系统，乃至邮寄地址等。问题是，若通知人未按网络服务提供者要求的方式送达通知，是否构成合格通知？梅夏英、刘明认为："在法律要求网络服务提供者指派专人负责权利通知的接收和处理，并公布其联系方式及名称的同时，权利人也有义务根据上述信息以恰当的方式发送权利通知，否则将不能产生权利通知送达的法律效果。"因为"可供权利人选择的通知送达方式日趋增多，若不对其进行适当限制，无疑将使网络服务提供者承担过重的审查义务，并降低其对权利通知的处理效率。"〔1〕这一判断在一般意义上或许成立，但在实务中，仍需根据情况而做更细致的区分。从实务来看，常见的送达纠纷有如下几种情形。

第一，通知人将通知发送到了网络服务提供者受理投诉邮箱以外的地址。有判决认为，这并非合格通知。比如，在恺斯建筑装潢设计公司诉搜狐案中，原告向搜狐公司"搜狐焦点上海站"邮箱（focuskf@ vip. sohu. com）发送了律师函，但"搜狐焦点上海站"页面中关于违法和不良信息举报的邮箱是 jubao @ vip. sohu. com。二审法院认为，搜狐公司的"页面显著位置已经公示了接受违法和不良信息投诉举报的电子邮箱和联系电话，该种设立专门渠道并予以公示接受用户投诉的方式，未限制、影响被侵权人向网络服务提供者发送通知，也未无故加重被侵权人的通知成本，反而能够使得网络服务提供者及时获悉通知，提高处理投诉举报的效率，从而有利于被侵权人维权。"〔2〕据此，法院认为原告的通知并非合格通知。法院的这一说理，可兹赞同。〔3〕

第二，如果网络服务提供者要求通知人将材料邮寄到指定地址，是否属于不当增加了通知人的通知成本？通知人能否以电子邮件等方式发送通知？在浙江建人专修学院诉百度公司案中，网络用户在百度文库、百度知道和百

---

〔1〕 梅夏英、刘明：《网络侵权中通知规则的适用标准及效果解释》，载《烟台大学学报（哲学社会科学版）》2013 年第 3 期。

〔2〕 上海恺斯建筑装潢设计有限公司与北京搜狐互联网信息服务有限公司网络侵权责任纠纷案，上海市第二中级人民法院（2017）沪 02 民终 7020 号民事判决书。

〔3〕 相反意见可参见阿里云服务器案的一审判决。该案中，原告乐动卓越公司向被告阿里云公司网站客服提供的邮箱发送了通知，而非阿里云网站中专门的知识产权投诉通道。一审法院认为该通知有效。值得一提的是，二审法院认为该通知未有效送达。参见北京乐动卓越科技有限公司与阿里云计算有限公司侵害作品信息网络传播权纠纷案，北京知识产权法院（2017）京 73 民终 1194 号民事判决书。

度贴吧发表了侵害原告名誉权等权利的文章。百度公司在百度网站"权利声明"一栏对权利通知的具体措施和步骤做了说明，包括"请您把以上资料和联络方式书面发往以下地址：北京市海淀区上地十街 10 号北京百度网讯科技有限公司法务部　邮政编码 100085。"对此，二审法院认为"百度公司对投诉主体设置的投诉规则基本合理"。〔1〕但是，与发送电子文件相比，邮寄资料存在诸多不足。对通知人而言，邮寄增加了投诉成本（若要补充材料，则成本更高），对网络服务提供者而言，处理邮寄的投诉成本往往也更高，比如需要将书面的网络地址输入到电脑中。邮寄的唯一"益处"，或许是减少了投诉量，因为部分通知人会因成本问题而放弃投诉。但这一"益处"并非立法者所期待的。据此，应将邮寄资料作为"对当事人依法维护权利的行为设置不合理的条件或者障碍"而否定该要求，即若通知人采用了发送电子邮件的方式，亦应认可该送达方式。〔2〕

　　第三，权利人以公开发表声明等方式提出要求。比如，2021 年 2 月，中国音像著作权集体管理协会公开发布了《关于要求快手 APP 删除一万部涉嫌侵权视频的公告（第一批）》，该公告称快手 APP 中有"涉嫌侵权复制录音制品作为背景音乐的视频数量达 1.55 亿个"，并提供了一万个"涉嫌侵权视频链接列表"，列表中提供了涉嫌侵权视频播放链接和被侵权录音制品名称。〔3〕同样，在人格权益领域，也常出现此类现象，比如，2018 年微博上出现朱军性骚扰实习生的信息，之后朱军委托律师发布了该信息不实的律师声明，该声明中称"对继续发布及怠于删撤上述不实信息的网络用户及媒体，本律师事务所将继续代理朱军先生依法追责"。〔4〕对于这些公开声明中提出的要求，网络服务提供者是否有义务采取措施？鉴于我国似并无此类诉讼进入法院，故尚不确定法院的意见。就理论而言，问题的焦点在于：此类情形中通知人往往并不满足通知的具体认定因素（比如未能提供通知人的身份证

---

〔1〕　参见北京百度网讯科技有限公司与浙江建人专修学院网络侵权责任纠纷上诉案，浙江省杭州市中级人民法院（2013）浙杭民终字第 3232 号民事判决书。

〔2〕　目前，百度公司仍要求通知人采邮寄方式发送通知，参见百度网站的"权利保护声明"，载 https://www.baidu.com/duty/right.html，最后访问日期：2021 年 5 月 1 日。

〔3〕　参见《关于要求快手 APP 删除一万部涉嫌侵权视频的公告（第一批）》，载微信公众号"中国音像著作权集体管理协会"，2021 年 2 月 1 日。

〔4〕　《央视主持人朱军被爆性侵实习生？朱军：已经起诉》，载搜狐网 https://www.so-hu.com/a/258901369_100270563，最后访问日期：2021 年 5 月 1 日。

或营业执照等身份信息），也未满足网站设置的要求（比如送达方式不符），但却可能实质上满足了合格通知的要求（比如虽然没有提供身份证但有合理理由认为声明发布者的身份真实且明确，虽然没有将通知发送到网站邮箱但网站已了解到声明的内容），此时是否应认可通知的效力？本书认为，若声明中内容确已满足合格通知的所有要件，则应认可通知的效力。但就实践而言，大多数声明都未能完全满足。比如上述朱军事件中的律师声明，未能提供足以定位侵权内容的信息，不应将其作为合格通知。

综上，我国对通知的送达方式持开放态度，交由网络服务提供者自行决定。而网络服务提供者常将权利投诉相关的信息"隐藏"于网站深处，通知人未能依要求而送达通知，进而导致了相关纠纷。从比较法来看，我国因送达而发生的诸多纠纷，是有可能通过制度安排而大大减少的。比如，在美国，其通知移除的制度安排有效避免了通知送达错误问题。根据美国《数字千年版权法》512（c）（2）"指定代理人"（designated agent）的规定，"本部分（subsection）[1]所规定的责任限制，只有在服务提供者已经指定了代理人来接收第三段[2]所规定的侵权通知，才能适用。该指定代理人信息应能通过服务提供者所提供的服务了解到，包括能在其网站被公众所获得，并将信息提供给国家版权局（Copyright Office）。代理人信息应实质性包含下述内容：（A）代理人的名称、地址、联系电话和电子邮箱地址。（B）其他版权登记机构（Register of Copyrights）认为必要的联系信息。版权登记机构应向公众提供，包括通过互联网提供，具时效性的代理人目录，供公众查阅，并可要求服务提供者承担维持此服务的相关费用。"可见，美国的网络服务提供者必须将接受通知的联系方式在美国版权局公布。任何人都可在版权局网站了解到应将通知发送到哪里。[3]

美国法院在判决中体现出了对这一规则的严格执行。比如，在 BWP 诉 Hollywood 案中，被告之一 HFS 在自身网站公布了代理人信息，且事实上也有根据收到的侵权投诉而删除了相关内容，但 HFS 直到 2013 年 12 月 5 日才将

---

〔1〕 指 17 U.S.C. 512 (c) "根据用户指令在系统或网络上存储信息"这个部分，相当于我国《信息网络传播权保护条例》中所称的"提供信息存储空间服务的网络服务提供者"。

〔2〕 第三段是关于"通知的要件"（elements of notification）的规定。

〔3〕 目前，网络服务提供者的代理人信息可在美国版权局网站 http://dmca.copyright.gov/osp/获得。浏览者可通过检索关键词等方式查找。

其代理人信息提供给美国版权局。法院认为，"被告不能对发生在 2013 年 12 月 5 日前的任何侵权主张《数字千年版权法》规定的避风港作为抗辩"，因为"被告或许事实上收到过侵权通知并移除了声称构成侵权的图片，但这并不充分。"[1]同样，在 Perfect 10 v. Yandex 案中，被告主张，尽管其没有在美国版权局提供代理人信息，但其收到并处理了侵权通知。法院认为，这一事实与其是否符合 512（c）（2）无关。被告的另一项主张，即原告将通知发送到了错误的电子邮箱地址，其对通知的处理在实质上符合《数字千年版权法》的移除要求，法院认为这同样与其是否符合 512（c）（2）无关。[2]可见，美国法院近乎"偏执"地认为，即便网络服务提供者收到了通知并采取了措施，只要其并未将准确的代理人信息提供给美国版权局，便不满足通知规则的条件，无法适用该制度。同时，美国法院也对通知人提出了严格的要求，即其必须向网络服务提供者公示的地址发送通知。"一个其他方面完美的通知，若没有发送到服务提供者指定的代理人处，不产生任何效果。"[3]比如，在 Perfect 10 诉 Google 案中，法院认为，原告的部分通知发送给了 webmaster@google.com，而非在国家版权局公布的 Google 接受投诉的代理机构地址，故此类通知是不合格通知。[4]美国法上的这一选择，与美国法院将通知规则定位为促进权利人与网络服务提供者合作应对网络侵权，而非仅仅处理手头案件中当事人间的纠纷密切相关。

美国的上述经验，对我国有很好的参考价值。尽管要求网络服务提供者向版权局提交接受投诉的方式会增加相关成本，但却可大大减少通知人搜寻通知送达方式的成本（尤其是多数网络服务提供者常将投诉方式置于网站不明显的位置），并减少通知人和网络服务提供者因通知送达问题而发生争议。整体而言，设置该制度的收益应会大于其增加的成本。据此，本书建议我国借鉴美国的这一经验，以改善我国在通知送达上的问题。

---

〔1〕　BWP Media USA Inc. et al v. Hollywood Fan Sites L. L. C. et al, 115 F. Supp. 3d 397, 403 (S. D. N. Y. 2015).

〔2〕　See Perfect 10, Inc. v. Yandex N. V., No. C 12–01521 (WHA), 2013 WL 1899851, at 8 (N. D. Cal. May 7, 2013).

〔3〕　4 Nimmer on Copyright § 12B. 04 ［B］［4］［a］.

〔4〕　See Perfect 10, Inc. V. Google, Inc., 2010 UL 9479059, at 8 (C. D. California 2010), 该案中法院否定通知有效性的另一理由是，原告并未在通知中明确说明哪些版权作品被侵害。

(五) 网络服务提供者自行设置的要求

实务中网络服务提供者多会根据自身的业务特点等而对合格通知设置一定的要求。若这些要求并不属于我国立法上有明确提及的要素，通知人是否要受此约束？对此，《电子商务指导意见》第 4 条规定："依据电子商务法第四十一条、第四十二条、第四十三条的规定，电子商务平台经营者可以根据知识产权权利类型、商品或者服务的特点等，制定平台内通知与声明机制的具体执行措施。但是，有关措施不能对当事人依法维护权利的行为设置不合理的条件或者障碍。"可见，最高人民法院原则上尊重网络服务提供者自行设置的要求，例外是该要求不能"不合理"。

问题是，何为"不合理"？根据 2019 年浙江省高级人民法院民三庭发布的《涉电商平台知识产权案件审理指南》第 12 条，"电商平台经营者提出的通知和反通知要求不能对当事人依法维权设置不合理的条件或者障碍，例如规定与通知和反通知内容无关的额外条件，或者对初步证据提出过高要求。"可见，所谓"不合理"，主要有两种情形：一是与通知无关的额外条件；二是过高要求。对此，分析如下。

第一，若网络服务提供者增加了法律要求以外的构成要件，则该要求不影响合格通知的判断。我国法律认可的构成要件包括真实身份信息和构成侵权的初步证据（包括准确定位侵权内容的信息）。除此之外的其他要求，并非合格通知必要的构成要件。比如，若网络服务提供者要求通知人提供真实性声明或善意声明，通知人即便未提供，也不影响通知的效力。

第二，若网络服务提供者增加了法律要求以外的具体认定因素，则该要求也不影响合格通知的判断。比如，在指导案例 83 号中，被告天猫公司曾要求原告嘉易烤公司在通知中提供"购买订单编号或双方会员名"，以便"确认投诉方在对比表中用于比对侵权的对象实际为从涉案店铺购买的商品"。[1]二审法院认为，"本案中投诉方是否提供购买订单编号或双方会员名并不影响投诉行为的合法有效。而且，天猫公司所确定的投诉规制并不对权利人维权产生法律约束力，权利人只需在法律规定的框架内行使维权行为即可，投诉方完全可以根据自己的利益考量决定是否接受天猫公司所确定的投诉规制。

---

[1] 浙江省高级人民法院（2015）浙知终字第 186 号民事判决书。天猫公司要求提供"购买订单编号或双方会员名"的原因出现在二审判决书中，但指导案例 83 号中并未提及。

更何况投诉方可能无需购买商品而通过其他证据加以证明，也可以根据他人的购买行为发现可能的侵权行为，甚至投诉方即使存在直接购买行为，但也可以基于某种经济利益或商业秘密的考量而拒绝提供。"可见，尽管被告天猫公司认为订单编号或双方会员名是判断"构成侵权的初步证据"要件的具体认定因素，但法院认为该因素与构成要件无关。〔1〕

第三，在网络服务提供者所提要求系在合格通知构成要件范围内时，则需进一步判断该要求是否是证明某一要件的一种合理的认定因素。比如，若网络服务提供者要求通知人必须提供法院或行政机关认定通知所涉内容构成侵权的文书，便是不合理的要求，因为我国对通知的证明标准只是要求"初步证据"。当然，判断某一要求是否合理有时会出现分歧。比如，侵权对比表和订单编号是否为合理的要求？在指导案例 83 号中便涉及了这一问题。

指导案例 83 号的案情是：原告嘉易烤公司（以下简称嘉易烤）系名称为"红外线加热烹调装置"的发明专利权利人。2015 年 1 月 29 日，其在公证处监督下在天猫网的名为"益心康旗舰店"店铺上购买了一个烧烤炉，于 2 月 4 日收到货。2 月 10 日，原告向淘宝网知识产权保护平台上传了包含专利侵权分析报告和技术特征对比表在内的投诉材料，但最终没有被审核通过，回复中表明审核不通过原因是：烦请在实用新型、发明的侵权分析对比表表二中详细填写被投诉商品落入贵方提供的专利权利要求的技术点，建议采用图文结合的方式一一指出。（需注意，对比的对象为卖家发布的商品信息上的图片、文字），并提供购买订单编号或双方会员名。4 月 7 日，嘉易烤向浙江省金华市中级人民法院起诉天猫网店铺金仕德公司和天猫公司（以下简称天猫），要求二者承担连带赔偿责任等。5 月 5 日，天猫通过公证表明，涉案商品已无法在天猫网被找到。

一审法院认为，"原告嘉易烤公司的提交的投诉材料符合被告天猫公司的格式要求，在其上传的附件中也以图文并茂的形式对技术要点进行比对，但

---

〔1〕 本书并不同意法院的这一判断。投诉人为了满足初步证据要件，在证据链上需证明三个环节：投诉人系专利权人（权属证明）、被投诉商品侵害了其专利（侵权对比表）以及被投诉商品来自被投诉店铺（订单编号或会员名）。仅仅提供侵权对比表并不充分，因为即便对比表中得出相关商品侵权，若无法确认对比表中所比较的侵权商品系来源于被投诉店铺，则仍无法将侵权结果与被投诉店铺相关联。参见徐伟：《网络侵权中合格通知和必要措施的认定——指导案例 83 号评析》，载《交大法学》2020 年第 3 期。

被告天猫公司仅对该投诉材料作出审核不通过的处理。被告天猫公司……声称于 2015 年 4 月 29 日对涉案产品进行下架及删除链接的处理，是在原告向本院起诉之后，显然被告天猫公司的行为未尽到合理的审查义务，也未采取必要的措施防止损害扩大。"故一审判决天猫应对损害扩大的部分（5 万元）承担连带赔偿责任。二审法院认为，通常，通知内容应当包括权利人身份情况、权属凭证、证明侵权事实的初步证据以及指向明确的被诉侵权人网络地址等材料。符合上述条件的，即应视为有效通知。天猫要求投诉提供"侵权分析比对"虽也具有一定的合理性，但就权利人而言，天猫的这一要求并非权利人投诉通知有效的必要条件。投诉方是否提供购买订单编号或双方会员名并不影响投诉行为的合法有效。天猫所确定的投诉规制并不对权利人维权产生法律约束力，权利人只需在法律规定的框架内行使维权行为即可。

1. 侵权对比表可作为合格通知的要求之一

本案中，法院认为，侵权对比表不应影响通知效力，理由在于：（1）"专利权人的投诉材料通常只需包括权利人身份、专利名称及专利号、被投诉商品及被投诉主体内容，以便投诉接受方转达被投诉主体。在本案中，嘉易烤公司的投诉材料已完全包含上述要素。"（2）"考虑到互联网领域投诉数量巨大、投诉情况复杂的因素，天猫公司的上述要求基于其自身利益考量虽也具有一定的合理性，……但就权利人而言，天猫公司的前述要求并非权利人投诉通知有效的必要条件。"可见，法院否定侵权对比表的理由在于，侵权对比表并非合格通知的必备条件之一。

问题在于，合格通知应包含哪些要件？二审法院对此的说法前后矛盾。在论证嘉易烤的通知是否有效时，法院认为："通常，'通知'内容应当包括权利人身份情况、权属凭证、证明侵权事实的初步证据以及指向明确的被诉侵权人网络地址等材料。符合上述条件的，即应视为有效通知。"但在随后论证侵权对比表不应影响通知效力时，又认为"专利权人的投诉材料通常只需包括权利人身份、专利名称及专利号、被投诉商品及被投诉主体内容。"两相对照可看到，"证明侵权事实的初步证据"这一要件在法院的论证中时有时无。而这一要件正是侵权对比表能否纳入合格通知材料的关键所在。故有必要首先明确该要件在通知中的地位。通说认为，"初步证据"是合格通知的要件之一。无论立法〔1〕、司法〔2〕抑或学界〔3〕皆如此。事实上，本案裁判要点1也明确提到有效通知需包含"侵权事实初步证据"。据此，"初步证据"系合格通知的要件之一，当无争议。故问题在于："初步证据"如何界定？

就此，我国的规定莫衷一是。（1）最广义的理解是，初步证据指投诉中需提交的所有材料。《电子商务法》第42条采此。该法第42条第1款第2句规定"通知应当包括构成侵权的初步证据"。在此，立法者在通知要件上以"初步证据"涵盖了所有内容。〔4〕（2）初步证据指投诉人身份信息以外的其他所有材料。比如《民法典（草案）》（2019年12月16日稿）第1195条规定："通知应当包括构成侵权的初步证据及权利人的真实身份信息。"（3）初步证据系身份信息和定位涉嫌侵权内容以外的材料。比如《信息网络传播权保护条例》第14条第1款第2句规定："通知书应当包含下列内容：（一）权利人的姓名（名称）、联系方式和地址；（二）要求删除或者断开链接的侵权作品、表演、录音录像制品的名称和网络地址；（三）构成侵权的初步证明材料。"在此理解下，初步证据往往包含两类：权属证明材料和侵权成立的材料。〔5〕（4）最狭义的初步证据涵义，只包含用于证明侵权成立的材料，不包含权属证明。本案采此观点，即裁判要点1中将"权属凭证"和"侵权事实初步证据"并列作为通知要件。

由此可见，我国法律在"初步证据"的涵义上非常混乱。但从司法实践来看，法院对合格通知需满足的要求基本一致，即需包含《信息网络传播权保护条例》第14条列举的三类内容。故"初步证据"涵义上的差别，主要涉及该要件与其他要件间的逻辑包涵关系问题，并不影响法院对合格通知的实质性要求问题。本书无意详细分析"初步证据"涵义上的应然选择，而是采

---

〔1〕　比如《电子商务法》第42条、《信息网络传播权保护条例》第14条。

〔2〕　参见最高人民法院侵权责任法研究小组编著：《〈中华人民共和国侵权责任法〉条文理解与适用》，人民法院出版社2010年版，第266页。

〔3〕　参见王利明：《侵权责任法研究》（下卷），中国人民大学出版社2011年版，第133~134页。

〔4〕　参见全国人大财经委员会电子商务法起草组编著：《中华人民共和国电子商务法条文释义》，法律出版社2018年版，第129页。

〔5〕　比如，浙江省高院民三庭2019年12月发布的《涉电商平台知识产权案件审理指南》第8条规定："知识产权权利人发出的'通知'应当包括以下几方面内容：……（3）构成侵权的初步证据，包括权属证据和侵权成立的证据。"

取本案法院所采观点，即用于证明侵权成立的材料，作为论证前提。故问题的关键在于：哪些材料可用于证明侵权成立。实践中更具争议性的问题还在于：网络服务提供者不得要求投诉人提供哪些材料来证明侵权成立。

初步证据（用于证明侵权成立的材料）系一个光谱的概念，存在两端及中间地带。在光谱一端，是证明标准较低的初步证据，即只要投诉人声称被投诉商品侵权即可满足；在光谱另一端，是证明标准较高的初步证据，即只有达到与诉讼中法院认定侵权一样标准的证据，或者只有提供确认侵权的生效判决书或行政决定，才满足要求。在光谱中间，存在许多可能，比如本案天猫的做法，要求投诉人提交侵权对比表和订单编号。本案中法院认为侵权对比表"并非权利人投诉通知有效的必要条件"，但对该结论的理由则未给出详细说明。从该结论来看，可认为本案法院对初步证据采较低标准，即投诉人在提供了权属凭证的前提下，只要声称被投诉商品侵权即可，无需再负担其他"举证义务"。但无论从理论抑或实践来看，这样的理解都存在不妥之处。

第一，从规范目的来看，初步证据要件系为避免投诉人滥用通知规则。通知规则为网络环境下权利人保护其权利提供了便捷、快速的方式（相较于传统的诉讼方式）。在权利人提供了合格的通知后，网络服务提供者负有采取删除等必要措施的义务，否则将可能承担侵权责任。可见，该制度得以达到预期规范效果的前提之一是，被投诉内容在多数情况下确系侵权，否则该制度将造成严重的副作用，即合法的内容因错误乃至恶意投诉而被删除等。显然，"初步证据"这一要件正是为了避免该制度潜在的副作用。据此，如果对该要件采较低的证明标准，只要投诉人声称侵权即可，无疑无法起到避免通知规则被滥用的规范目的，因为所有的通知中投诉人都会作此声明，甚至投诉本身便已包含了这一声明。当然，投诉中的"权属凭证"要件可在一定程度上减少错误通知，但伪造权属凭证的现象在实践中并不少见。且对电商平台而言，鉴于发明专利本身的技术性和复杂性（相较于著作权侵权的判断），以及部分专利权属的不稳定性，单纯的权属证明或许无法有效实现避免权利滥用的规范目的。

第二，从内在体系来看，较低的初步证据标准与法律中的诉前禁令和行为保全制度间存在价值判断上的不一致。《中华人民共和国专利法》（以下简称《专利法》）第72条规定了诉前禁令制度，其要求权利人有证据证明他人正在实施或者即将实施侵犯专利权的行为，且如不及时制止将会使其合法权益受到难以弥补的损害，同时要提供担保，才可实施禁令。类似的，行为保全也需评估申请人胜诉可能性等因素。[1]相较而言，有着类似效果的通知规则，对投诉人的要求则宽松很多。因此，有学者认为，通知规则在一定程度上消解了诉前禁令的功能，导致后者形同虚设。[2]当然，通知规则与诉前禁令的法律后果毕竟不同，前者在被投诉人提交反通知（无需提起诉讼）后可恢复相关内容，故通知规则中的证明标准低于诉前禁令是应有之义。但将通知规则的证据标准降低到只需投诉人单方声明即可，则似乎与诉前禁令间差距过大。

第三，从利益平衡来看，通知规则的设计中不应过于强调对权利人的保护。通知规则涉及了权利人、网络服务提供者、网络用户以及公共利益等，实现各方的利益平衡系制度的理想状态。事实上，该制度的发端，即美国的《数字千年版权法》，其初衷在于为网络服务提供者提供"避风港"保护。[3]只不过该制度在我国的移植过程中嬗变为主要强调对权利人的保护。[4]对初步证据采较低标准，将网络服务提供者提出的侵权对比表等要求排除在初步证据之外，显然是在继续强化对权利人的保护，但这种"强化"以网络服务提供者和可能无辜的被投诉人利益为代价。在未详尽评估二者得失之前，不宜径行改变实践中长期采取的规则。

第四，从实践效果来看，较低标准的初步证据易引发错误乃至恶意通知。电商中的错误通知和恶意通知已成为通知规则实施中不可忽视的问题之一。[5]有法官认为，由于"对于专利权、商标权和著作权在互联网侵权领域的特异性未作考量，导致'通知—删除'规则在实际运作过程中异化为部分专利权人恶意打击竞争对手、谋求不正当竞争利益的工具。"[6]或许是意识到

---

[1]　参见毕潇潇：《利益衡量视角下行为保全适用条件研究》，载《当代法学》2019年第4期。

[2]　参见王迁：《论"通知与移除"规则对专利领域的适用性——兼评〈专利法修订草案（送审稿）〉第63条第2款》，载《知识产权》2016年第3期。

[3]　See Senate Report No. 105-190, p. 8 (1998).

[4]　出现此种变化的原因，参见徐伟：《通知移除制度的重新定性及其体系效应》，载《现代法学》2013年第1期。

[5]　参见张蕾："阿里巴巴称百万卖家遭恶意投诉 已发起维权诉讼"，载中华网 https://news.china.com/finance/11155042/20170217/30263406_ all.html#page_ 2，最后访问日期：2017年2月17日。

[6]　何琼、吕璐：《"通知—删除"规则在专利领域的适用困境——兼论〈侵权责任法〉第36条的弥补与完善》，载《电子知识产权》2016年第5期。第一作者系浙江省高级人民法院知识产权审判庭法官。

问题的严重性，《电子商务法》第 42 条第 3 款第 2 句对恶意发出错误通知者课以加倍承担赔偿责任的后果。在初步证据上"毫不设防"的较低标准，无疑会进一步恶化实践中本已严重的错误通知和恶意通知问题。

综上，本案对"初步证据"采较低证明标准的做法不可取。那么下一问题是，将侵权对比表作为"初步证据"的材料之一，是否可取？本书认为，这不仅可取，且事实上已为实践广泛接受。

第一，从价值选择来看，我国法律已在一定程度上接受了专利侵权中的初步证据应达到较高标准。2019 年 1 月发布的《中华人民共和国专利法修正案（草案）》中，立法者对专利侵权通知提出了较高要求的价值选择。该草案第 71 条第 1 款第 1 句规定："专利权人或者利害关系人可以依据人民法院生效的判决书、裁定书、调解书，或者管理专利工作的部门作出的责令停止侵权的决定，通知网络服务提供者采取删除、屏蔽、断开侵权产品链接等必要措施。"事实上，在更早的草案中，立法者对通知的要求曾用过"有证据证明"的表述。[1]无论是目前的"以判决书等"，抑或之前的"有证据证明"，都表明在专利侵权的通知规则中，"初步证据"应达到较高的要求。另外，2016 年 4 月发布的《北京市高级人民法院关于涉及网络知识产权案件的审理指南》第 22 条第 2 款第 1 段规定："前款通知的内容应当能够使平台服务商确定被控侵权的具体情况且有理由相信存在侵害商标权的可能性较大。"本条系针对网络中的商标侵权，但举轻以明重，对于判断难度往往更高的专利侵权，通知的要求应至少不低于此处的"侵权可能性较大"的标准，而侵权对比表正是达到这一标准的有效方式之一。事实上，在 2014 年（本案判决之前）出台的《浙江省电子商务领域专利保护工作指导意见（试行）》（当前已失效）第 7 条也曾规定，专利侵权投诉材料应包含"涉嫌侵权商品与专利权保护范围的比对材料"等。本案是众多规范中少有的否定"侵权对比表"的文件。

第二，从实践运作来看，侵权对比表已为我国普遍接受。在本案发布后，判决中提到的侵权对比表并非权利人投诉通知有效的必要条件的观点，已遭

---

〔1〕 参见《中华人民共和国专利法修订草案（送审稿）》，2015 年 12 月公布，第 63 条第 2 款第 1 句："专利权人或者利害关系人有证据证明网络用户利用网络服务侵犯其专利权或者假冒专利的，可以通知网络服务提供者采取前款所述必要措施予以制止。"

实践无视。不仅阿里、京东等平台并未依循本案观点将侵权对比表从通知必备材料中去除，〔1〕甚至法院系统也明确承认了对比表的合理性。比如，本案公布后一个多月，福建省高院发布了"2016 年福建法院知识产权司法保护十大案例"，其中的衡艺案便明确支持了侵权对比表应作为投诉材料之一，并据此否定了权利人通知的效力。〔2〕此外，浙江省高院民三庭发布的《涉电商平台知识产权案件审理指南》第 11 条第 2 款明确规定："对于涉及专利的通知，电商平台经营者可以要求知识产权权利人提供侵权比对说明；涉及外观设计和实用新型专利的，还可以要求其提供专利权评价报告（或无效宣告请求审查决定书）。"可见，实践中已认可了侵权比对说明可作为通知的要求之一。

第三，从比较法来看，对投诉人提出对比表的要求并未背离他国的通常要求。对提高"初步证据"证明标准的做法，或许会遭到我国对权利人保护不力的指责，但从比较法来看，这一做法无可指摘。以美国为例，美国根本没有将通知规则适用于专利权领域，更勿论通过该规则为权利人提供保护。美国《数字千年版权法》第 512 条规定的通知规则，仅适用于版权领域。在商标领域，美国通过判例法在一定意义上创设了通知规则。〔3〕但在专利领域，美国至今并未接受通知规则，且"美国目前还没有要求电商平台承担专利间接侵权责任的判决。"〔4〕从实践来看，以美国亚马逊为例，一直以来，亚马逊在专利权领域并未采取通知规则。2019 年 4 月，亚马逊才发布了适用于实用新型专利权（utility patent）的"专利中立评估程序"（Utility Patent

〔1〕　参见阿里投诉材料，载"知识产权保护平台"，https://ipp. alibabagroup. com/instruction/cn. htm#part4，最后访问日期：2020 年 3 月 25 日；参见京东投诉材料，载"知识产权维权"，https://ipr. jd. com/edition#. 最后访问日期：2020 年 3 月 25 日。

〔2〕　参见肇庆市衡艺实业有限公司与杭州阿里巴巴广告有限公司等侵害发明专利权纠纷案，福建省高级人民法院（2016）闽民终 1345 号民事判决书。

〔3〕　商标领域"采纳"该制度的标志性案例是 Tiffany 诉 eBay 案。See Tiffany（NJ）Inc. V. eBay Inc.，600 F. 3d 93（2nd Cir. 2010），该案对通知规则的借鉴，主要指若电商平台在收到权利人的投诉后采取了移除或断开链接的措施，则平台不满足帮助侵权（contributory infringement）的要件，进而不构成间接责任（secondary liability）。鉴于美国此类诉讼中电商平台多不被认定为构成直接责任（primary liability），故间接责任的构成与否，很大程度上影响了电商平台最终是否承担责任。

〔4〕　徐实：《我国网络专利侵权纠纷中电商平台责任认定中的困境与解决——以美国相关发展为鉴》，载《电子知识产权》2019 年第 4 期。

Neutral Evaluation Procedure，UPNEP）。根据该程序，投诉人可向亚马逊投诉专利侵权，亚马逊在收到通知后，会将投诉转通知被投诉人。被投诉人有21天的时间作出回应，否则相关商品会被移除。若回复，双方各需提供4000美元的保证金，亚马逊会将双方材料交给其选定的一位中立的专利律师，由该律师对侵权与否作出决定。该过程约持续2个月。失败的一方将支付4000美元给律师。[1]可见，即便是亚马逊目前采取的"自律规则"，其对投诉人的要求也远远超过我国当前实践中对投诉人的要求。因此，从比较法来看，要求投诉人提供对比表不仅没有对权利人保护不力，相反，我国对专利权人的保护强度远远超过美国。

综上，应允许网络服务提供者将侵权对比表作为投诉必备材料之一。换言之，对"初步证据"的解释，应允许包括侵权对比表。当然，这并不意味着侵权对比表必须作为投诉材料。如果网络服务提供者在自设的投诉规则中并未提出此要求，则法律并无介入的必要。毕竟，侵权对比表只是证明侵权成立的方式之一。

此外，侵权对比表应满足哪些要求？基于"初步证据"应达到侵权可能性较大的标准，投诉人提交的侵权对比表，应基本相当于专利权侵权诉讼中原告专利权人举证被告构成专利权侵权的标准，比如侵权对比表应符合专利侵权判断的全面覆盖原则。同时，平台也不可基于自身利益等考量而对侵权对比表提出高于诉讼中的证明标准。根据《涉电商平台知识产权案件审理指南》第13条第3款，"电商平台经营者选择提高对通知和反通知的审查标准的，应当承担因审查判断错误而导致的法律责任。"

另外，若网络服务提供者并未要求投诉人提供侵权对比表，则其应设置其他证明材料的要求，以便满足合格通知所要求的"初步证据"要件。否则其在合格通知的设置上将低于我国立法上对合格通知的要求，进而可能需对被移除商品的被投诉人承担责任（当然平台可能提出合同条款中的抗辩）。只不过，基于市场竞争等因素的考虑，此种纠纷在实践中鲜有发生，故并未进入诉讼和学者的视野。最后，需提醒的是，上述结论主要适用于侵权状况不

---

〔1〕 See Kaity Y. Emerson，"From Amazon's Domination of E-Commerce to Its Foray into Patent Litigation：Will Amazon Succeed As 'The District of Amazon Federal Court'？"，*North Carolina Journal of Law & Technology*，vol 21，No. 2.，2019，pp. 89-90.

易判断的专利权领域，对著作权一般并不适用。事实上，由于著作权侵权判断相对容易，提供权属证明一般便足以满足"初步证据"所欲实现的证明侵权可能性较大的目标。

2. 订单编号可作为合格通知的要求之一

如果说侵权对比表作为通知要求之一，在一定程度上被本案判决所承认（法院称该要求"具有一定的合理性"），也在本案之后的实践中被广为采纳，那么将订单编号作为通知要求之一，则既没有在本案中得到法院的些许认可，也没有在实践中被广为接受。[1]甚至对被告天猫而言，从一审判决书来看，其在一审中也并未基于投诉缺少订单编号而主张通知不合格。换言之，即便天猫将订单编号纳入通知要求之一，其自身可能也并未将该要求认真对待。但本书试图论证，即便是订单编号，也应允许网络服务提供者将其自设为通知的要求之一。

法院否定订单编号的理由在于：（1）天猫所确定的投诉规制并不对权利人维权产生法律约束力，权利人只需在法律规定的框架内行使维权行为即可，投诉方完全可以根据自身的利益考量决定是否接受天猫所确定的投诉规制。（2）投诉方可能无需购买商品而通过其他证据加以证明，也可以根据他人的购买行为发现可能的侵权行为，甚至投诉方即使存在直接购买行为，但也可以基于某种经济利益或者商业秘密的考量而拒绝提供。

可见，法院否定订单编号的原因之一，是该要求并不在法律规定的合格通知要件之内。但这其实取决于如何理解"初步证据"。对初步证据采较低的证明标准自然会得出订单编号并非必须的结论，但正如上文已论证的，初步证据不宜采用此标准。此外，法院以权利人"可以基于某种经济利益或商业秘密的考量而拒绝提供"来正当化其结论，难谓妥当。购买商品的订单编号和会员名并非"商业秘密"。事实上，一旦进入诉讼，原告往往需提供经公证的商品购买记录，用于证明被告的侵权事实。而该购买记录上便存在订单编号等信息，故难以成为商业秘密。法院说理中真正可能成立的，系投诉方可能通过其他途径，而非自己直接购买，了解了侵权状况，故订单编号并非发

---

〔1〕　比如，浙江省高院在本案之后接受了侵权对比表，但否定了订单编号作为合格通知材料之一。参见浙江省高级人民法院联合课题组：《关于电商领域知识产权法律责任的调研报告》，载《人民司法（应用）》2020 年第 7 期。

现侵权所必须。下文对此作出回应。

订单编号能否被纳入通知，取决于其能否成为"初步证据"的材料之一。换言之，其对证明侵权成立是否必要。根据天猫在诉讼中的说法，之所以要求提供订单编号，是为了"确认投诉方在对比表中用于比对侵权的对象实际为从涉案店铺购买的商品"[1]，这一目的合理。详言之，投诉人为了初步证明被投诉人侵害了专利权，在证据链上需证明三个环节：投诉人系专利权人（权属证明）、被投诉商品侵害了其专利（侵权对比表）以及被投诉商品来自被投诉店铺（订单编号）。仅仅提供侵权对比表并不充分，因为即便对比表中得出相关商品侵权，若无法确认对比表中所比较的侵权商品系来源于被投诉店铺，则仍无法将侵权结果与被投诉店铺相关联。此外，只关注侵权对比表而无视比对对象来源，易于引发恶意投诉。据此，应承认通知中要求证明侵权商品来自被投诉店铺这一目的的妥当性。从法院判决来看，其也并没有直接否定这一目的的妥当性。

在承认这一目的妥当的前提下，问题重点在于，提供哪些证据可用于证明这一点？最简单的方式，是权利人的声明便足矣，即只要权利人在投诉中声明，侵权对比表中所述的商品来自被投诉店铺即可。这一方式对权利人而言成本最低，也最有利；弊端在于可能会导致更多的错误投诉，且可能引发恶意投诉。

无论投诉人是否需提交订单编号，可以肯定的一点是，其在投诉前应确认侵权商品来自被投诉店铺。无疑，确认侵权商品的方式并非只有提供订单编号这一种途径。诚如本案法院所言："投诉方可能无需购买商品而通过其他证据加以证明，也可以根据他人的购买行为发现可能的侵权行为。"但法院据此得出订单编号的要求不合理的结论，则过于仓促，理由如下。

第一，证明侵权商品来源的方式固然有多种，但面临海量投诉的天猫，通过"格式化"的订单编号来确认侵权商品来源这一事实，是降低当事人间的沟通成本，提升投诉处理效率的一种自治安排。法院否定这一安排，并强调"投诉方完全可以根据自己的利益考量决定是否接受天猫公司所确定的投诉规制"，可能会间接鼓励权利人漠视这一投诉规制，这将导致天猫与权利人

---

[1] 嘉易烤公司与天猫公司等侵害发明专利权纠纷案，浙江省高级人民法院（2015）浙知终字第186号民事判决书。

间在这一事实问题上的沟通成本增加。

第二，尽管本案中投诉人是真实权利人，且被投诉店铺确实侵权，但不应忽视的是，实践中事实并非总是如此，恶意投诉、错误投诉所在多有，无疑也应将其纳入考量。实务中常出现的情形是，被投诉店铺主张投诉人提交的侵权对比表中的商品，并非其店铺销售的商品。天猫的这一投诉规则，是为了预防错误投诉造成损害。因此，需仔细权衡，要求"投诉人"（未必是真正的权利人）提供订单编号等证明材料给投诉人造成的负担，与潜在错误投诉给当事人造成的损害相比，应如何取舍。若仅从个体当事人的负担来看，要求投诉人提供订单编号的负担，与因错误通知而被下架商品者所遭受的损失相比，后者显然更严重（尤其在大促期间）。[1]当然，从整体而言，有赖于实证数据（包括不同情形发生概率）的分析。

第三，否定订单编号的另一担忧在于，平台存在借此提高投诉门槛，进而为侵权商品提供庇护的嫌疑。"在实践中，电子商务平台经营者由于与平台内经营者存在服务协议等利益关系，经常寻找各种借口，虚与委蛇，不愿按照通知要求采取必要措施。"[2]这一考量固然有理，但问题在于，订单编号是否属于平台拒绝采取措施的"借口"。为此，不妨考察他国做法作为参照。以美国亚马逊为例，其在专利权领域并未采通知规则，故只能考察其在版权和商标领域的做法。根据亚马逊的投诉规则，在收到投诉后，亚马逊的版权合规部人员（Copyright Compliance Officer）会审查投诉。若投诉充分且合法，其会将投诉转交给亚马逊调查人员（investigator）来下架该商品，并由调查人员决定对销售者采取何种措施，包括从警告到禁止在亚马逊销售商品。如果投诉并没有包含足够的信息，亚马逊会要求投诉人提供进一步的具体信息，包括"构成侵权的信息"，该信息需包含"为判断侵权而测试性购买的亚马逊订单号"（Amazon.com Order ID of a test buy）。[3]比如，在 Tre Milano 案中，原告发现被告亚马逊网站上有卖家销售使用了原告商标的假货，故向亚马逊投诉。亚马逊认为，"除非 Tre Milano 确实做了测试性购买且检测了商品，否

---

〔1〕　嘉易烤公司与天猫公司等侵害发明专利权纠纷案中，权利人事实上完全具备这些信息（其公证了商品购买过程），但在天猫回复审查意见中要求提供时，并未提供。

〔2〕　全国人大财经委员会电子商务法起草组编著：《中华人民共和国电子商务法条文释义》，法律出版社 2018 年版，第 130 页。

〔3〕　TRE MILANO v. AMAZON, 2012 WL 3594380, at 4 (2012).

则这些不含证据的通知只能基于商品价格（比如，价格和 Tre Milano 的批发价相比低很多）。除非有其他关于商品或卖家的可疑信息，亚马逊一般不会认定经营者在销售假货。"[1]由于原告向亚马逊发送的通知并没有提供有效的侵权证据，法院最终认定亚马逊无需就第三方的侵权行为承担责任。可见，要求提供订单编号并非我国电商平台独有，且有美国法院认可了这种做法。据此，不宜将我国电商平台的这一做法解读为是对侵权行为的庇护。

综上，法律上不必否定电商平台将订单编号作为通知要求的做法。法院真正应否定的是，若投诉人未提供订单编号，但提供了其他确实可证明侵权商品来源的证据（而非仅仅是投诉人的声明），或天猫已通过投诉人以外的其他途径确认了商品来源这一事实，而天猫却仍以投诉人未提供订单编号而拒绝投诉的情形。换言之，投诉人并不完全受订单编号这一平台规则的约束，但若其采取了其他方式来证明商品来源，则应在诉讼中承担举证责任。如此，将有助于鼓励投诉人与平台间的合作。就本案而言，在原告投诉后，天猫向其回复的审核意见之一，是提供订单编号或双方会员名，但原告并未提供。[2]若这一信息属实，则本案中原告未能完成商品来源的举证。

四、不合格通知的法律后果

合格通知会导致网络服务提供者负有采取必要措施的义务。问题在于，不合格通知的法律后果是什么？网络服务提供者在收到不合格通知后，是否可以完全置之不理且无需为此承担任何责任？此处将对此展开说明。[3]

（一）告知通知人补交材料的义务

网络服务提供者收到不合格的通知后，是否负有告知通知人补交材料的义务？这是我国一直悬而未决的问题。就规范层面而言，唯一直接相关的规定，是2019年浙江省高级人民法院民三庭发布的《涉电商平台知识产权案件

---

〔1〕 TRE MILANO v. AMAZON, 2012 WL 3594380, at 5（2012）.

〔2〕 嘉易烤公司与天猫公司等侵害发明专利权纠纷案，浙江省高级人民法院（2015）浙知终字第186号民事判决书。

〔3〕 若将不合格通知的法律后果做广义理解，则还需讨论错误通知和恶意通知的情形，法律后果也包括了通知人的赔偿责任等后果。本书此处做狭义理解，仅探讨通知不满足合格通知的构成要件时，网络服务提供者负有的义务及其责任。

审理指南》第 17 条的规定："电商平台经营者认为通知不符合要求的，应当向通知人反馈审查结果并说明原因，以便其补正。对于同一权利人发送的已经过处理的通知，与此前通知内容没有区别的，电商平台经营者可以不予处理。"从该条第 1 款的表述来看，似乎对网络服务提供者提出了对不合格通知予以反馈的义务，但这可能是对本款的误读。根据浙江省高院出台该指南前做的《关于电商平台知识产权法律责任的调研报告》，第 17 条的规范目的在于禁止重复通知，即"为了避免让电商平台陷入无止境且无意义的'通知-删除-反通知-恢复'之'死循环'，防止严重浪费电商平台相关资源，对于已经由平台处理的通知，权利人不能再重复发送。……实践中，存在平台认为自己已经处理，权利人却认为根本没有处理，因而不断重复发送通知的情况。为避免此类情形，平台如果未根据通知采取必要措施的，应当向通知人反馈原因。通知人可以针对反馈情况，对包括初步证据在内的通知内容进行补充完善后再行发送，但不应重复发送相同通知。平台对重复发送的相同通知可以不予处理。"〔1〕据此，对第 17 条第 1 款的理解不能仅限于文义解释，而是要结合目的解释，即该款所称的"应当向通知人反馈审查结果并说明原因"，与其说是网络服务提供者的"义务"，不如说是其为了避免重复通知而享有的一项"权利"，即在其反馈后，网络服务提供者不必再对重复通知予以处理。但若网络服务提供者选择不做反馈，亦无不可，其不会因此而承担法律上的不利后果。据此，该指南并未对网络服务提供者的"反馈义务"提出要求。当然，指南也没有直接否定网络服务提供者的"反馈义务"。

从司法裁判来看，有判决直接否定了网络服务提供者的告知义务。比如，在阿里云案中，法院认为权利人的通知因内容欠缺等原因而不合格。就阿里云公司在收到通知后是否应当根据相关邮件签名、快递包装等载明的联系方式主动联系通知人进行核实、调查，法院认为阿里云公司不负有此义务，理由主要是：其一，《信息网络传播权保护条例》并未规定网络服务提供者负有此义务，且《最高人民法院关于审理利用信息网络侵害人身权益民事纠纷案件适用法律若干问题的规定》第 5 条第 2 款明确规定，被侵权人发送的通知未

---

〔1〕　浙江省高级人民法院联合课题组：《关于电商平台知识产权法律责任的调研报告》（未刊稿）。该调研报告经修改后发表在《人民司法（应用）》2020 年第 7 期。但此处所引的内容在最终发表版中被删除。

满足上述条件，网络服务提供者主张免除责任的，人民法院应予支持。[1]故权利人发出的通知不满足法律规定的合格通知要件即为不合格通知。其二，如果容忍通知缺少法律规定的要件，并要求网络服务提供者进一步联系、核实、调查，无疑使得法律对通知合格要件的规定落空，进而引发对缺失哪些要件的通知，网络服务提供者有义务进一步联系、核实、调查的争论，以及由于通知人联络渠道或专业能力不同而导致不能通过一次联络解决问题，进而讨论进一步联系、核实、调查的频次，以及核实到何种程度等问题。其三，阿里云公司在经营过程中接收到大量投诉，要求其对每份不能准确表述侵权行为或难以定位侵权信息的通知主动进行联系核实，将明显增加阿里云公司的运营成本。其四，权利人在依法通知时应当本着对自身权利负责的态度，认真、全面、准确地准备通知书及相关证明材料，避免因内容不准确、不清楚、缺少必要信息等问题导致通知不符合法律规定。权利人依法向网络服务提供者发出的通知应符合法律规定是权利人的法定义务，不能因为权利人未全面尽到前述义务，转而为网络服务提供者增加进一步联系、核实、调查等义务。[2]法院的上述理由强调了网络服务提供者的告知义务并无法律依据，以及合格通知的成本应由权利人来承担。但一概否定网络服务提供者的告知义务，可能导致大量通知因未满足通知的要件而"石沉大海"。这一结果有悖于通知规则旨在促进权利人与网络服务提供者间的合作来减少网络侵权的规范目的。

从比较法来看，美国根据通知中遗漏事项的不同，对网络服务提供者提出了不同的要求。根据美国《数字千年版权法》512（c）（3）（B）（ii），如果通知没有满足（A）段规定的合格通知的所有要件，但满足了其中的（ii）、（iii）和（iv）要件，[3]则512（c）（3）（B）（i）的规定只有在服务提供者及时尝试联系通知人或采取其他合理措施来协助通知满足所有要件的情况下，

---

[1] 本条规定在2020年《民法典》通过后的《最高人民法院关于修改〈最高人民法院关于在民事审判工作中适用《中华人民共和国工会法》若干问题的解释〉第二十七件民事类司法解释的决定》（法释［2020］17号）中被删除。

[2] 参见北京乐动卓越科技有限公司与阿里云计算有限公司侵害作品信息网络传播权纠纷案，北京知识产权法院（2017）京73民终1194号民事判决书。

[3] （ii）、（iii）和（iv）要件分别是：被侵害的版权作品的信息、被侵害的作品内容和合理的足以定位侵权内容的信息、合理的足以供服务提供者联系通知人的信息。（A）段规定的其他要件包括：（i）通知人或被授权人的签名；（v）善意相信被投诉内容未经授权的声明；（vi）通知内容准确，通知人已获得权利人授权，愿对虚假陈述承担责任的声明。

才可适用。而 512（c）（3）（B）（i）的规定是："若版权人或其授权的人发送的通知未能实质性符合（A）段的规定，该通知不应作为考量因素来判断（1）（A）段〔1〕规定的服务提供者事实上知道（actual knowledge），或基于侵权行为明显的事实或情境而意识到侵权内容。"可见，根据美国的规定，不合格通知被分为两类：一类是完全不合格的通知，网络服务提供者收到后，可"视而不见"，且不会因此而承担任何不利后果；另一类是瑕疵通知，网络服务提供者收到此类通知后，应积极联系通知人，协助其补正缺失的材料。若未主动联系，该通知将被作为判断网络服务提供者是否"意识到"侵权内容的因素之一。所谓"瑕疵通知"，指通知至少满足了合格通知的三项要件：被侵害的版权作品的信息、被侵害的作品内容和合理的足以定位侵权内容的信息、合理的足以供服务提供者联系通知人的信息。换言之，通知中所遗漏的，只能是通知人或被授权人的签名、善意相信被投诉内容未经授权的声明以及愿对虚假陈述承担责任的声明。

美国法所体现的区分遗漏事项的不同而对网络服务提供者提出不同要求的思路具有参考价值，一方面，在侵权并不显而易见时，由权利人，而非网络服务提供者承担搜寻侵权内容的成本，是通知规则已经体现的一种价值选择，故网络服务提供者对不合格的通知原则上不负有反馈的义务。另一方面，若权利人的通知已基本上满足了合格通知的多数实质性要求，只是欠缺部分"无伤大雅"的内容时，网络服务提供者若可对此置之不理，通知人又未能知晓自己的纰漏所在，进而导致侵权被放任，似对通知人过于苛刻。

若将美国法的这一思路借鉴至我国，则问题在于，如何划定其中的界线？与美国合格通知的要件不同，我国法中合格通知的两项构成要件，即真实身份信息和构成侵权的初步证据，都属于实质性要求，而非"无伤大雅"。因此，若通知中完全缺失了两项构成要件中的某一项，比如通知人未提供其身份信息，则网络服务提供者可以不予理会，且无需为此承担不利后果。若通知中已包含了两项构成要件，唯在具体认定因素上与网络服务提供者的要求不符，比如提供了权属证明，但未提供侵权对比表，此时网络服务提供者应告知通知人补交材料。再如，对于侵权内容网络地址，"如果地址出现明显错

---

〔1〕（1）（A）规定，服务提供者若满足对侵权内容事实上不知道、没有从情境中意识到，或在知道后及时采取移除或屏蔽措施等条件，无需承担赔偿等责任。

误，网络服务提供者应及时告知被侵权人纠正，确保准确定位侵权网址。"[1]

下一问题是，如果网络服务提供者未及时告知通知人补交材料，需承担什么法律后果？在美国，其法律后果是网络服务提供者不能享有"避风港"的保护，这与美国将通知规则定位为免责条款相契合。但在我国，通知规则被定位为归责条款，故我国在法律后果上与美国有所不同。梅夏英、刘明认为："自网络服务提供者收到瑕疵权利通知之时起，监管侵权行为的义务就在一定程度上由权利人一方转移至了网络服务提供者一方，网络服务提供者必须积极履行其注意义务，否则将承担相应的侵权责任。"[2]梅夏英、刘明似乎认为，网络服务提供者对瑕疵通知未履行积极联系通知人等义务的，将承担相应的侵权责任。但此时的"相应的侵权责任"究竟指什么则并不清楚。就理论而言，若将法律后果解释为网络服务提供者因未履行告知义务而直接构成侵权，则既与理论不符（不合格通知却产生了相当于合格通知的后果），也在价值判断上对网络服务提供者要求过高，故不宜采。鉴于网络服务提供者未履行告知义务导致的结果是，侵权内容未能更早地被采取移除等措施，故更妥当的制度安排是：未履行告知义务会导致网络服务提供者在损害赔偿时的起算时点不同，即在计算"损害的扩大部分"时，起算时点应从网络服务提供者收到"不合格"通知后的合理期间开始，而非从权利人起诉开始算。该合理期间，系网络服务提供者审查通知所需花费的时间。

此处另一相关但并不完全相同的问题是，若通知人将通知错误送达，网络服务提供者是否负有告知通知人正确送达地址的义务？或者是否负有将错误送达的通知转送相关机构的义务？杨立新、李佳伦认为："如果被侵权人通知要求采取措施的网址不在该网络服务提供者采取措施的权限内……若该权限为网络服务提供者相关联的网络内容提供者所有，则网络服务提供者应在被侵权人无法通知的情况下提供网络内容提供者的联系方式或负责转发。"[3]但在阿里云案中，法院持不同意见。该案中，通知人向阿里云网站中"工单支持"板块与阿里云公司"售后工程师"联络，发送了投诉材料，包括侵权通

---

〔1〕 杨立新、李佳伦：《论网络侵权责任中的反通知及效果》，载《法律适用》2011 年第 6 期。

〔2〕 梅夏英、刘明：《网络侵权中通知规则的适用标准及效果解释》，载《烟台大学学报（哲学社会科学版）》2013 年第 3 期。

〔3〕 杨立新、李佳伦：《论网络侵权责任中的反通知及效果》，载《法律适用》2011 年第 6 期。

知函和权属证明〔1〕等。阿里云当日回复"您好，您是举报私服吗？请反馈邮箱 infosec@ service. aliyun. com"。事实上，"工单支持"板块是阿里云公司的工程师为客户解决云产品技术问题的沟通通道，不是阿里云公司的投诉通道。之后，权利人向反馈的邮箱发送了投诉通知，但通知中只有侵权软件的下载地址、投诉人身份信息和联系方式，并未包含侵权通知函和权属证明。权利人认为，"工单投诉已经收到通知函，后续工作应该由阿里云内部进行问题的转接及处理"。但法院最终认定这是不合格通知。〔2〕据此，法院认为网络服务提供者并不负有将错误送达的通知转送内部相关机构的义务。这一问题的产生，主要源于我国在网络服务提供者公示投诉方式上的无序。若我国能有效解决公示问题，则了解准确投诉方式的成本应由通知人来承担，即通知人应自行承担错误送达的不利后果。

（二）不合格通知不应导致较"缓和"的措施

传统上，合格通知会导致删除、屏蔽、断开链接等能移除所涉内容的后果。这也是美国《数字千年版权法》第 512 条的规则。但我国的司法实践逐渐发展出了清除以外的其他必要措施，比如转通知、冻结网络用户账户、要求网络用户提供保证金等。这些措施有时会要求网络服务提供者在通知不合格的场合采取。比如，在指导案例 83 号中，原告发送的通知中并无侵权对比表、订单编号和双方会员名，这其实是一个不合格的通知。〔3〕对该通知，法院认可了被告天猫公司可以不采取删除等移除措施，但需采取转通知措施。"天猫公司作为电子商务网络服务平台的提供者，基于其公司对于发明专利侵权判断的主观能力、侵权投诉胜诉概率以及利益平衡等因素的考量，并不必然要求天猫公司在接受投诉后对被投诉商品立即采取删除和屏蔽措施，对被诉商品采取的必要措施应当秉承审慎、合理原则，以免损害被投诉人的合法权益。但是将有效的投诉通知材料转达被投诉人并通知被投诉人申辩当属天

---

〔1〕 权利人声称权属证明系通过附件形式提交，但法院认定附件内容无法查证。

〔2〕 北京乐动卓越科技有限公司与阿里云计算有限公司侵害作品信息网络传播权纠纷案，北京知识产权法院（2017）京 73 民终 1194 号民事判决书。

〔3〕 法院在该判决中认为这是合格通知，但根据《电子商务指导意见》第 7 条等规定，涉专利侵权时，网络服务提供者可以要求提供侵权对比表。故就当前的规则来看，这是不合格通知。

猫公司应当采取的必要措施之一。"法院的这一裁判意见体现出了一种思路：在通知有"瑕疵"时，对网络服务提供者需采取的措施也"降格以求"，要求采取更"缓和"的措施。

若认可这一思路，需回答的问题有：（1）可以确定的是，并不是所有不合格的通知都会导致较缓和的措施，故问题在于：哪些情形下网络服务提供者需采取较缓和的措施？相对易达成共识的是，若通知中缺失了真实身份信息和构成侵权的初步证据材料中的某一项，则网络服务提供者无需采取措施。进一步，若通知中包含了与两项要件相关的部分材料（比如只提供了姓名或名称），网络服务提供者有采取缓和措施的义务吗？不得不承认，若欲厘清这一范围，需通过实践不断积累和形成类型化案件。（2）哪些措施属于较缓和的措施，转通知自然属于，冻结账户、要求提供保证金呢？鉴于此时是瑕疵通知，而冻结账户和提供保证金已对网络用户产生了实质性影响。故缓和措施应以转通知为限。

若能有效解决上述问题，对瑕疵通知采取缓和措施或许也是一种可能的制度设计。但在本书认可网络服务提供者负有告知通知人补交材料义务的前提下，本书建议不宜对网络服务提供者提出采取缓和措施的义务，主要理由是：同时要求网络服务提供者采取缓和措施将导致理论和实践的复杂化。网络服务提供者负有告知义务的情形和采取缓和措施的情形会有部分重叠，比如通知中缺少了侵权对比表时，若同时认可这两项义务，无疑将导致实践操作复杂化。同时，网络服务提供者在瑕疵通知情形下采取的缓和措施，并不属于合格通知情形下其需采取的必要措施。这意味着转通知等较缓和的措施在理论体系上有时属于必要措施，有时又不属于，理论进一步复杂化。相较而言，要求网络服务提供者在通知不合格时负有告知补交材料的义务，既能维持合格通知标准的稳定性，又能确保必要措施的清晰明确，同时也未明显降低对权利人的保护程度，是更可取的方案。[1]

（三）不合格通知作为判断应知的因素

依逻辑，不合格通知自然不能产生合格通知的后果，否则通知合格与否的界线将模糊不明。根据2014年《最高人民法院关于审理利用信息网络侵害

---

[1] 这一问题的详细论述，参见徐伟：《网络侵权中合格通知和必要措施的认定——指导案例83号评析》，载《交大法学》2020年第3期。

人身权益民事纠纷案件适用法律若干问题的规定》第 5 条第 2 款的规定，被侵权人发送的通知未满足上述条件，网络服务提供者主张免除责任的，人民法院应予支持。[1]这似乎表明，最高人民法院试图在通知的效力问题上划出"楚河汉界"，坚持不合格的通知不会产生合格通知的效果。

　　但从我国司法裁判来看，法院又试图在一些通知不合格的场合要求网络服务提供者采取删除等措施。此时，为合理解释这一现象，法院并非以合格通知为由，而是以网络服务提供者应当知道为由，要求网络服务提供者采取措施。这一逻辑的典型案例是十一大唱片公司诉雅虎公司系列案。在雅虎案的二审判决中，法院特别指出："一审法院并没有认定环球国际唱片公司向阿里巴巴公司的书面告知为《信息网络传播权保护条例》第十四条规定的'通知'。"即法院认为原告在诉前向阿里巴巴公司发送的仅提供了少量 URL 地址的通知，并不构成合格通知，无法据此要求阿里巴巴公司删除通知中提及的作品的诸多链接。但同时，法院指出"即使在权利人没有向网络服务提供者提交《信息网络传播权保护条例》第十四条所规定的通知的情况下，提供搜索、链接服务的网络服务提供者明知或者应知所链接的录音制品侵权而仍然提供搜索、链接的，应当承担侵权责任。"而法院认定雅虎公司"明知或者应知"的重要理由是："尤其是在环球国际唱片公司几次书面告知阿里巴巴公司，其雅虎中国网站上提供的各种形式音乐搜索服务得到的涉案歌曲录音制品均为侵权，并要求阿里巴巴公司予以删除后，阿里巴巴公司更应注意到涉案 9 首歌曲录音制品的合法性并采取相应的措施，但阿里巴巴公司仅将环球国际唱片公司提供了具体 URL 地址的 7 个搜索链接予以删除，而未删除与涉案歌曲录音制品有关的其他搜索链接，阿里巴巴公司怠于尽到注意义务、放任涉案侵权结果的发生的状态是显而易见的。应当认定阿里巴巴公司主观上具有过错。"[2]可见，阿里巴巴公司被认定构成侵权，并非因为原告发送了合格通知，而是原告发送的"不合格"通知产生了认定被告构成"应知"侵权的法律后果。换言之，一项不合格的通知虽然不会导致《民法典》第 1195 条规定的法律后果，却可能导致《民法典》第 1197 条规定的法律后果。

---

　　〔1〕　本条规定在 2020 年《民法典》通过后的《最高人民法院关于修改〈最高人民法院关于在民事审判工作中适用《中华人民共和国工会法》若干问题的解释〉第二十七件民事类司法解释的决定》（法释〔2020〕17 号）中被删除。
　　〔2〕　参见北京市高级人民法院（2007）高民终字第 1190 号民事判决书。

　　法院的这一选择是否可取？从比较法来看，我国法院采取的不合格通知可能导致知道规则被适用的做法，在美国却是被明确否定。根据美国《数字千年版权法》512（c）（3）（B）（i）"若版权人或其授权的人发送的通知未能实质性符合（A）段[1]的规定，该通知不应作为考量因素来判断（1）（A）段[2]规定的服务提供者事实上知道，或基于侵权行为明显的事实或情境而意识到侵权内容。"可见，美国《数字千年版权法》明确反对将不合格的通知作为判断网络服务提供者"知道"侵权的考量因素。[3]美国法院裁判也采取了与我国不同的做法。比如，在与我国雅虎案相似的美国 MP3tunes 案中，法院认为，"在收到符合《数字千年版权法》的通知后，网络服务提供者应立即移除通知所指出的相关内容；服务提供者应下架通知中具体指明的侵权内容，但对通知所涉版权作品的其他侵权内容，其并不负有主动搜索并下架的义务。"[4]

　　中美在这一问题上的不同选择，与两国对通知规则的不同定位有关。在美国，通知规则被定位为促进权利人和网络服务提供者间沟通合作的制度安排，网络服务提供者通过移除通知所涉内容来换取免责条款的保护。据此，通知规则是独立于传统版权侵权制度（尤其是间接侵权制度）的一项安排，立法者并不希望通知规则的运作会影响到间接侵权等传统版权侵权理论。与美国不同，我国通知规则被定位为判断网络服务提供者是否有过错的方式之一，故该制度深深嵌入了我国传统的过错侵权理论与制度中。根据过错责任原理，只要有证据表明网络服务提供者存在过错（多表现为知道侵权内容的存在），便会导致其采取必要措施的义务，至于网络服务提供者是因合格通知、瑕疵通知、抑或侵权内容本身明显而导致网络服务提供者知道，则并不

---

　　[1]（A）段规定的是通知的要件，比如通知人的签名、联系方式、定位侵权内容的信息等。

　　[2]（1）（A）规定，服务提供者若满足对侵权内容事实上不知道、没有从情境中意识到，或在知道后及时采取移除或屏蔽措施等条件，无需承担赔偿等责任。

　　[3]值得一提的是，美国《数字千年版权法》并没有一概否定不合格的通知不能产生"知道"的效果。根据512（c）（3）（B）（ii），如果通知没有满足（A）段规定的合格通知的所有要件，但满足了其中的（ii）、（iii）和（iv）要件，则512（c）（3）（B）（i）的规定只有在服务提供者及时尝试联系通知人或采取其他合理措施来协助通知满足所有要件的情况下，才可适用。换言之，如果服务提供者没有采取合理措施来协助实现合格通知，则法院可将不合格通知纳入判断服务提供者"知道"的考量因素。

　　[4]　Capitol Recs. , Inc. v. MP3tunes, LLC, 821 F. Supp. 2d 627, 642 (S. D. N. Y. 2011).

影响网络服务提供者的义务及其责任承担。

当然，认可不合格通知可能会导致知道的后果，也会新增理论上的难题：（1）怎样的不合格通知会引发知道的后果？一般而言，在身份信息上有所欠缺，但在初步证据方面较为充分的通知，更易于引发应知的法律后果。当然，不应忽视的是，不合格通知只是判断网络服务提供者应知的因素之一，但并非唯一因素。在判断应知与否时，需结合所有相关因素来综合判断。（2）如果基于不合格通知采取了措施，但最终认定网络用户并未侵权，谁应向网络用户承担责任？一方面，通知人需承担责任，其依据并非通知规则，而是侵权一般条款。另一方面，网络服务提供者对于损害的发生也贡献了一定的原因力，故也应承担相应的责任。实务中其往往与用户间存在责任限制或豁免的合同条款，故网络服务提供者可根据约定而不必对用户的损害承担责任。

通知规则中的必要措施义务

　　根据通知规则的设计（《民法典》第1195条等），网络服务提供者收到合格通知后，负有及时采取删除、屏蔽、断开链接等必要措施的义务，未及时采取必要措施的，对损害的扩大部分与该网络用户承担连带责任。可见，网络服务提供者承担连带责任的条件之一是其未及时采取必要措施。问题在于，就理论基础而言，为何网络服务提供者在收到合格通知后负有及时采取必要措施的义务？法律上对网络服务提供者课以必要措施义务的正当性何在？在准确把握这一问题的情况下，才能回答，如何判断某一措施是否"必要"和措施是否"及时"。

一、网络服务提供者负有必要措施义务的理论基础

　　依法律的一般理论，义务与责任往往是对应关系，义务的违反导致责任的产生，责任是第二性的义务。[1]从这个角度来看，论证网络服务提供者必要措施义务的正当性，其实便等同于证成网络服务提供者侵权责任的正当性，即在网络服务提供者未及时履行必要措施义务时，其侵权责任便随之产生。故本章将以网络服务提供者侵权责任之归责基础为视角，根据对经验事实的归纳总结来对网络服务提供者侵权责任的归责基础问题做系统梳理探讨，以期从根本上解决网络服务提供者侵权责任的正当性问题。

（一）网络服务提供者侵权责任的源起

　　当网络用户利用网络服务实施侵权行为时，受害人最合理，也是最符合

---

　　〔1〕　参见张文显主编：《法理学》，高等教育出版社、北京大学出版社2007年版，第168页。（"法律责任"一章为高其才执笔）

传统的救济途径，便是向直接实施侵权行为的网络用户主张权利。正如杨立新先生所言："造成被侵权人损害的，全部原因在于利用网络实施侵权行为的网络用户，其行为对损害结果发生的原因力为百分之百，其过错程度亦为百分之百。"〔1〕然而，网络技术，尤其是互联网技术的特点，导致传统的这一救济逻辑大大失效乃至完全失灵。

详言之，从互联网技术的发展历程来看，当前互联网技术存在三大特点：一是匿名性，二是无界性，三是随 Web2.0 技术发展起来的众多用户参与性。〔2〕匿名性使得网络侵权中直接实施侵权行为的主体的真实身份往往难以发现，或发现的成本较高。无界性导致权利人通过诉讼来实现权利救济的成本大大提高，乃至使诉讼得不偿失。因为诉讼管辖原则上是原告就被告，无界性使得权利人可能面临跨地区诉讼，这一方面提高了权利人寻求救济的成本（包括时间精力和金钱成本），另一方面也提高了权利人诉讼救济的不确定性风险，尤其是在我国当前同案未必同判的环境中，权利人在权利救济方面的投入与可能得到的回报间往往无基本稳定的预期。众多用户参与性进一步加剧了权利人诉讼救济的困难。互联网的这些特点所共同导致的结果是，权利人事实上很难得知侵权用户的真实身份，更勿论向其主张权利。

为克服难以确定网络用户身份的困难，最直接的途径可能是实施网络实名制。世界上也已有国家做了此种尝试，韩国便是采此途径的典型国家之一。自 2002 年以来，韩国便开始考虑推行网络实名制，并在 2005 年和 2008 年对采取网络实名制做了两次实质性的推动。然而，就网络实名制韩国一直存在很大争议，争议的焦点自然是网络实名制对个人隐私和自由的潜在威胁。这一争议在 2011 年韩国知名网站大规模泄露个人信息事件发生后再次爆发。韩国行政安全部在事件发生后表示，出于保护网络用户个人信息安全的考虑，政府拟分阶段逐步取消网络实名制。〔3〕除韩国外，英美等西方主要国家目前均未推行网络实名制。总体而言，就国外的实践经验和我国当前的社会环境

〔1〕　杨立新：《〈侵权责任法〉规定的网络侵权责任的理解与解释》，载《国家检察官学院学报》2010 年第 2 期。

〔2〕　众多用户参与性可视为是互联网设计之初便秉持的"去中心化"特点的一种体现。

〔3〕　关于韩国实施实名制的情况，可参见詹小洪：《韩国网络实名制的兴与废》，载《南风窗》2012 年第 5 期。

来看，实施网络实名制的技术和制度保障都还不够成熟，[1]故采纳实名制并非目前我国解决网络侵权问题的首选途径。同样，通过 IP 地址等来定位和确定用户身份的方式也存在定位不准确和易被技术规避等问题。总之，难以通过简洁而又低廉的方式确定侵权用户身份是目前网络侵权的一大特点，将网络环境改造为类似"现实环境"的解决思路并不可行。这意味着，权利人事实上难以向直接实施侵权行为的用户主张权利是我国网络侵权救济所面临的客观环境制约。

显然，如果仍依循传统救济途径，即受害人向直接实施了侵权行为的网络用户主张权利，将意味着多数情况下受害人事实上难以得到任何救济。这无论对受害人个人而言，还是对社会整体（网络环境的良性健康发展）而言，都非常不利。因此，无论是受害人个体，还是立法设计者，都会将目光投向网络环境中的另一关键主体——网络服务提供者身上。

无论什么情况下都要求网络服务提供者对其用户的侵权行为承担责任，这是对受害人保护最有利，也可能是预防网络侵权最有效的制度设计方式。然而，这一方式将导致网络服务提供者为避免承担责任而禁止用户上传内容，或对用户上传的内容加以严格的审查。从各国的立法和实践来看，显然，各国普遍认为这一制度设计造成的弊端超过了其所带来的益处，故并未采纳这一方式。事实上，多数国家采取的选择是，在一定条件下课予或免除网络服务提供者的侵权责任。

然而，网络服务提供者对其用户的侵权行为承担责任是在权利人难以从侵权用户处直接得到救济的情况下，实践中权利人几乎必然会发展出来的一种救济选择和要求。权利人的这一要求虽然被立法者在一定条件限制下所肯定，但立法的此种肯定却与一般理论逻辑出现了冲突。因为依据一般的理论逻辑，网络服务提供者无需为用户的侵权行为承担责任。一般而言，除非当事人间存在共谋，客观上为另一方实施侵权提供了便利的当事人并不需要为另一方的侵权后果承担责任。比如，枪支生产者无需为枪击事件的受害人负责，尽管其生产了枪支；出租车司机无需为其乘客的违法行为负责，尽管其在得知乘客的违法意图后，仍将乘客送至了目的地；等等。就此问题，美国

---

〔1〕 比如，2011 年 12 月，我国也发生了 CSDN、天涯等知名网站上千万用户的信息泄露事件。

的经典判决是 1984 年的索尼案。该案的最大影响在于，美国最高法院提出："只要产品能够具有一种潜在的实质性非侵权用途（capable of substantial non-infringing uses），产品的制造商和销售商就不用承担帮助侵权责任。"〔1〕因此，依照现代法治"同等情形同样处理，不同情形不同处理"的基本原则，除非我们能对网络侵权中网络服务提供者的特殊性给出合理说明，否则，对其课以责任将导致侵权责任体系内的不一致。

（二）网络服务提供者侵权责任归责基础的现行理论及评析

目前对网络服务提供者侵权责任归责基础的专门探讨在国内学界尚不多见，这可能是因为过错理论已经成了学界的通行观点。基于此，本书尝试通过对各国立法规定、司法实践和学者观点的梳理分析，以各种已经发生和长期存在的经验事实来反观各种理论与事实的契合程度及其解释力。根据目前存在的各种经验事实，本书将网络服务提供者侵权责任可能的归责基础概括为过错理论、报偿理论和控制力理论三种。

1. 过错理论

网络服务提供者对网上侵权内容的传播存在过错，故需承担侵权责任。这是目前认定网络服务提供者侵权责任的主流观点。许多经验事实都可作为证据。举例而言：（1）我国立法、司法和学界在网络服务提供者侵权责任归责原则问题上毫无争议地一致认为应采过错责任原则。显然，这意味着在我国网络服务提供者之所以承担责任是因为其对网络中的侵权主观上存在过错。（2）在美国，其版权侵权采取的是严格责任。但对网络服务提供者的侵权责任，经过激烈的争论后，美国通过了《数字千年版权法》，为网络服务提供者的侵权责任规定了一些免责事由，确保网络服务提供者在一定条件下（主要包括不知道侵权存在和未从侵权中获利两个条件）不会被课以侵权责任。〔2〕这一免责条款的规定在一定程度上体现了网络服务提供者在不知道侵权存在时不承担侵权责任。反推而言，网络服务提供者承担责任可能是因为其知道侵权存在，而此种知道往往被认定为存在过错。（3）在德国，其强调网络服务提供者侵权责任的构成需要有注意义务的违反。违反了注意义务显然也是过错责

---

〔1〕　Sony Corp. of America v. Universal City Studios, Inc. , 464 U.S. 417, 442 (1984).
〔2〕　参见《数字千年版权法》512（c）等。

任的一种体现。[1](4) 各国立法在网络侵权问题上普遍采纳了通知移除制度,这意味着在多数情况下,网络服务提供者若未收到通知或收到通知后及时移除了相关内容便无需承担责任。这再次从反面表明了网络服务提供者承担侵权责任是因为其收到通知后知道了侵权内容的存在而未采取移除措施,即其对侵权的存续存在放任的过错。此外,学界对"红旗原则"(red flag test)的探讨[2]、美国 Grokster 案[3]发展出来的引诱侵权责任、我国《侵权责任法》第36条第2款对网络服务提供者承担的损害赔偿范围强调"损害的扩大部分"等,都支持了网络服务提供者侵权责任的归责基础在于过错的观念。

总结而言,将过错作为网络服务提供者侵权责任之归责基础的推理逻辑是:网络服务提供者在收到"权利人"的通知后,如果未及时移除相关内容,便存在过错,故要承担侵权责任。可以看到,这一推理逻辑的成立预设了一个前提,即网络服务提供者在收到通知后负有移除相关内容的法律义务。如果网络服务提供者不负有这一法律义务(学界一般称该义务为网络服务提供者的注意义务),则即便其未移除相应内容也不会被课以责任,即网络服务提供者的侵权责任以其负有必要措施义务为前提。问题在于,为什么网络服务提供者会负有此法律义务呢?

我国学界对此的解释一般是,在网络服务提供者知道侵权存在时,其未及时采取措施的行为表明了其与直接实施了侵权行为的用户存在意思联结的共同过错,构成了共同侵权(帮助侵权),故网络服务提供者要承担连带责任。[4]这一推理貌似顺理成章,实则不然,因为网络服务提供者与用户间的主观状态不符合共同侵权的构成要件。[5]国内也已有学者对以共同侵权解释网络服务提供者连带责任提出了质疑。如杨立新先生认为:"网络服务提供者承担连

---

〔1〕 全国人大常委会法制工作委员会民法室编:《侵权责任法立法背景与观点全集》,法律出版社2010年版,第393页。

〔2〕 See Liliana Chang, "The Red Flag Test for Apparent Knowledge under the DMCA 512 (c) Safe Harbor", *Cardozo Arts and Entertainment Law Journal*, Vol. 28, 2010. 国内讨论可参见王迁:《Viacom 诉 YouTube 案:"红旗"何时飘扬?——兼评此案对我国视频分享网站的影响》,载《中国版权》2010年第4期。

〔3〕 Metro-Goldwyn-Mayer Studious, Inc. v. Grokster, Ltd., F. 3d 1154 (9th Cir 2004).

〔4〕 参见王利明:《侵权责任法研究》(下卷),中国人民大学出版社2011年版,第137页。参见吴汉东:《论网络服务提供者的著作权侵权责任》,载《中国法学》2011年第2期。

〔5〕 就此的详细论证,参见本书第六章第一节"网络服务提供者连带责任之质疑"。

带责任，是基于共同侵权吗？依我所见，并非是共同侵权行为，而是基于公共政策考量而规定的连带责任。"〔1〕德国也有学者认为此种情形不构成共同侵权。如有德国学者认为，技术传播者（technical distributor，是相对于 intellectual distributor 的概念），如搜索引擎，原则上不负有赔偿责任，因为其与被链者没有主观上的意思联结（intellectual association）。人为传播者（intellectual distributor）则原则上负有责任，除非其将自己与被链内容明确地区分开。〔2〕也有学者认为，若设链者与被链者间存在意思联合（solidarity），则被链内容应视为设链者"自己的"内容，即适用内容提供者（content provider）规则，〔3〕该规则为一般侵权责任，即自己加害行为的自己责任。

可见，因为存在共同过错，故构成共同侵权来论证网络服务提供者的侵权责任无法成立。网络服务提供者与用户间并不存在共同侵权所要求的"共谋"要件。那么，是否可以将网络服务提供者与网络用户间的共同侵权做广义理解，不以共谋，而只要造成同一损害后果便成立共同侵权呢？如果不顾《侵权责任法》第 8 条与第 36 条间应保持体系一致性的要求，如此理解固然可以。但做此理解也只是回避和掩盖了问题，而不是解决了问题。一个经验现象是，共同侵权是否以主观意思联络为要件在传统侵权理论中争议甚大，但明显不符合意思联络要件的网络服务提供者和网络用户构成了共同侵权却无论在立法、司法还是学界都鲜有争议。这一现象本身便暗示了，网络服务提供者的侵权责任与传统的共同侵权存在"某些"不同之处，而正是这"某些"不同之处导致了人们对网络服务提供者的侵权责任毫无质疑，进而对以共同侵权解释网络服务提供者连带责任未曾怀疑。而我们要做的，正是揭示这"某些"不同之处，而不是在一般理论采狭义共同侵权时，将网络服务提供者采广义共同侵权来掩盖这一问题。

综上，过错理论无法实现对网络服务提供者侵权责任的彻底说明，是因为网络服务提供者负有移除内容的义务是过错理论推理逻辑中预设的一个前

---

〔1〕　杨立新：《〈侵权责任法〉规定的网络侵权责任的理解与解释》，载《国家检察官学院学报》2010 年第 2 期。

〔2〕　See Oliver Köster, Uwe Jürgens, "Liability for Links in Germany−−Liability of Information Location Tools under German Law after the Implementation of the European Directive on E-Commerce", *Verlag Hans−Bredow−Institut*, No. 14. , 2003, pp. 9−10.

〔3〕　See Thomas Hoeren, "Liability for Online Services in Germany", *German Law Journal*, Vol. 10, No. 5. , 2009, p. 569.

提，这是过错理论自身所无法解释的，此即过错理论解释力的限度所在。换言之，过错并非决定网络服务提供者侵权责任承担的最根本原因。同时这也意味着，需要在过错之外进一步寻找正当化网络服务提供者必要措施义务及随之产生的侵权责任的基础。

其实，从比较法经验来看，我国以网络服务提供者知道侵权存在，进而认定其具有过错构成共同侵权而承担连带责任的推理逻辑未必如国内学界所认为的那么"理所当然"。以美国为例，依据《数字千年版权法》512（i）的规定，网络服务提供者如果想获得通知移除制度的保护，则必须规定并执行政策来终止反复侵权的用户账户，且必须安装了标准的技术保护措施，并不得干扰技术保护措施的运行。在美国网络侵权的不少案件中，网络服务提供者是否有资格享有通知移除制度的豁免往往也是诉讼中争议的焦点之一，比如典型的 Aimster 案中，法院便以被告未遵守《数字千年版权法》512（i）的规定而认定被告不能适用通知移除制度的豁免。[1]这意味着，在美国，网络服务提供者在不知道侵权存在时不承担责任并不是"天经地义"的，而是有条件限制的结果，即网络服务提供者不知道侵权内容存在并非一定不用承担侵权责任。同样，在加拿大这样的并未采纳通知移除制度，而是采取了"通知通知"规则的国家，则更谈不上网络服务提供者在收到侵权通知后未移除内容构成共同侵权的问题，因为在法院判决之前，其网络服务提供者根本就不存在移除相应内容的法律义务。[2]

2. 报偿理论

报偿理论指由于网络服务提供者从其经营活动中获得了经济利益，故其需对因该经济活动而带来的权利侵害负赔偿责任。报偿理论的典型体现在于美国 1995 年发布的《知识产权与国家信息基础设施白皮书》（Intellectual Property and the National Information Infrastructure）。该白皮书认为，网络服务提供者需对网络中的版权侵权负严格责任。理由有很多，其中一个重要理由便是："网络服务提供者之所以为其用户提供上传作品的服务，是因为这能吸引更多的用户，进而增加网络服务提供者的收入。网络服务提供者因侵权行为而获利，

---

[1] See In re Aimster Copyright Litigation, 334 F. 3d 643, 655 (7th Cir. 2003).

[2] 关于加拿大应对网络侵权所创设的"通知通知"规则，参见谢利尔·哈密尔顿：《加拿大制造：确定网络服务提供商责任和版权侵权的独特方法》，载［加］迈克尔·盖斯特主编：《为了公共利益：加拿大版权法的未来》，李静译，知识产权出版社 2008 年版，第 201~219 页。

故没有理由不要为此承担责任。我们并不认为这一成本/收益分析会导致网络服务提供者不再提供此种服务。对于从事会导致他人权益受侵害的行业，承担侵权责任的风险是其经营的法律成本之一。"〔1〕事实上，白皮书的观点正是内容产业界的立场，即如果网络服务提供者无法避免因其服务而导致的侵权风险，则其只能改变或放弃其经营，因为人们不能将自己的获利建立在对他人权利的侵害之上。

　　白皮书对网络服务提供者侵权责任所持的此种严格态度引来了诸多批评，尤其是信息产业界的强烈反对。事实上，白皮书颁布后第一个涉及网络服务提供者版权侵权责任的 Netcom 案，〔2〕法院便没有采纳白皮书的观点，而是认为网络服务提供者无需为其用户的侵权行为承担责任。美国后来通过的《数字千年版权法》也放弃了白皮书所持的严格态度，代之以赋予网络服务提供者一些免责事由。尽管白皮书对网络服务提供者侵权采严格责任的态度只是昙花一现，并无国家采纳，但白皮书论证网络服务提供者侵权责任所依据的报偿理论思想则一直保留了下来，始终在一定程度上影响着网络服务提供者侵权责任的承担。

　　许多经验事实都证实了报偿理论在网络服务提供者侵权责任承担上的影响，举例而言：（1）我国《信息网络传播权保护条例》第22条规定，提供信息存储空间服务的网络服务提供者不承担赔偿责任的条件之一是"未从服务对象提供作品、表演、录音录像制品中直接获得经济利益"。可见，是否从网络服务中获利会影响网络服务提供者侵权责任的承担。类似的规定也见于美国《数字千年版权法》512（c）。（2）据德国法官介绍，德国对信息存储空间服务提供者的侵权规则是：信息存储空间服务提供者并不负有一般性义务，在其知晓侵权存在时，相应义务便可能产生，但这种义务以可能且合理为限。进而，在违反这种义务时，要承担侵权责任。这种义务如何确定，法律未作规定，由法官依个案确定，主要标准有三：一是靠平台获益的比无偿提供的义务更高些；二是能否预见将来可能发生的侵权行为；三是不能影响法律一

〔1〕　See Bruce A. Lehman (Chair), *Intellectual Property and the National Information Infrastructure: The Report of the Working Group on Intellectual Property Rights*, United States Information Infrastructure Task Force, 1995, pp. 117–118.

〔2〕　Religious Technology Center v. Netcom On-line Communication Services, Inc., 907F. Supp. 1361 (N. D. Cal. 1995).

般的公平正义原则。[1]可见，德国对网络服务提供者注意义务判断的标准也显示了获利在网络服务提供者侵权责任构成中的影响。（3）我国和美国法院在许多判决中也都认可网络服务提供者的获利对其责任的影响，比如司法实践在普通链接和深度链接侵权问题上的不同态度。普通链接指点击设链内容后，网页跳转到被链接的网站，比如搜索引擎的网页搜索服务。深度链接则是指在点击设链内容后，网页并不发生跳转，而是由设链网站将被链接的内容嵌入其网站，比如搜索引擎的音乐搜索服务。[2]一般认为，普通链接不会引发侵权责任，而深度链接则更可能被法院认定为构成侵权。影响普通链接和深度链接责任的因素显然不是技术上的直接跳转或不跳转，而是因为深度链接中，设链网站将其他网站的内容嵌入自己的网站，使用户在浏览内容时停留在了设链网站，进而设链网站就此获得了更多的用户流量及随之产生的经济利益。

基本可以肯定的是，以获利为典型表现的报偿理论在一定程度上影响了网络服务提供者侵权责任的承担。但单纯的报偿理论显然还不足以正当化网络服务提供者的侵权责任。因为若获利即为已足，那么网络服务提供者在存在获利时便应承担无过错责任。然而，白皮书中所持的此种观点已为各国立法司法实践所否定。

那么，过错与获利的结合能否足以正当化网络服务提供者的侵权责任呢？即在网络服务提供者知道其所提供的服务中存在侵权现象时，如果网络服务提供者从其网络服务中获利了，其便对该侵权现象负有一定的注意义务（必要措施义务），若其未履行该义务，便需承担侵权责任。这一解释尽管较单纯的过错理论能更好地解释某些现象（如法院判决时对网络服务提供者是否获利的特别关注），但同时也与另外一些现象存在冲突。典型的例证是，在我国，无论是立法、司法还是理论都从未有人主张过，未从网络服务中获利的

---

[1] 全国人大常委会法制工作委员会民法室编：《侵权责任法立法背景与观点全集》，法律出版社 2010 年版，第 393 页。

[2] 在我国，此类案件的典型是百度音乐搜索案和雅虎音乐搜索案，详见七大唱片公司诉百度公司音乐搜索服务著作权侵权案［北京市第一中级人民法院（2005）一中民初字第 7965、7978、8474、8478、8488、8995、10170 号民事判决书］、十一大唱片公司诉雅虎公司音乐搜索服务著作权侵权案［北京市第二中级人民法院（2007）二中民初字第 02621-02631 号民事判决书］等。

网络服务提供者不负有在知道侵权存在时移除侵权内容的义务。我国实务与理论的态度是，获利会导致网络服务提供者比不获利的负有更高的注意义务。这一般表现为营利性网站对其主营的内容负有更高的注意义务，如专门提供影视作品的网站对影视作品的时效性负有更高的注意义务。[1]但这并不意味着未获利的网络服务提供者便不负有注意义务。可见，报偿理论虽然能更有力地解释部分现象，但同时也存在与另一些现象的直接冲突。

此外，报偿理论的另一困难在于该理论的模糊性，难以给实践以明确有效的指导。这集中体现在人们对何为获利的不同理解上。对何为获利理解上的分歧由来已久，这典型地体现在美国 Shapiro 案[2]和 Fonovisa 案[3]对获利的不同理解及由此导致的不同判决。这一分歧在网络侵权领域也同样存在。比如，在 Napster 案中，法院认为："Napster 的预期收益与其用户数量的增加密切相关，故可以认定 Napster 系统上的侵权内容对其用户产生了一种吸引力，进而带来了直接的经济利益。"[4]相反，在 Robertson 案中，法院则认为，由于原告未能证明"AOL 来自订阅数的利润与在其 USERNET 服务器上发生的侵权行为"存在因果关系，故并无任何证据表明"由于该侵权行为，AOL 吸引了或者保持了其订阅数。"[5]可见，即便对相似的行为，是否获利的理解也会发生分歧。此外，对各种不同的行为，其究竟是否会影响对获利的判断也不易确定。比如，视频网站在其播放内容前强制性地插入广告自然属于获利，但视频网站在其视频内容网页的其他地方插入广告，非强制性地要求用户浏览，这是否属于法律此处要求的所谓获利呢？视频网站因为其良好的经营业绩而成功上市又能否纳入获利的范畴呢？此外，网站根据其在行业中的影响力，比如目前百度凭借在国内搜索领域的垄断性地位，而在其搜索结果网页投放广告，这是否可作为百度搜索存在获利的证据呢？基于此，《最高人民法院关于审理侵害信息网络传播权民事纠纷案件适用法律若干问题的规定》第 11 条第 2 款也只能对"直接获取的经济利益"作模糊规定："与

---

〔1〕 以视频网站对影视作品负有更高的注意义务而判决其承担侵权责任的案例有很多，比如北京激动影业有限公司诉上海维西网络科技有限公司（VeryCD）案，上海市第一中级人民法院（2009）沪一中民五（知）初字第 45 号民事判决书。

〔2〕 Shapiro, Bernstein & Co. v. H. L. Green Co. , 316 F. 2d 304 (2d Cir. 1963).

〔3〕 Fonovisa, Inc. v. Cherry Auction, Inc. , 76 F. 3d 259 (9th Cir. 1996).

〔4〕 A&M Records, Inc. v. Napster, Inc. , 239 F. 3d 1004 , 1023 (9th Cir. 2001).

〔5〕 Ellison v. Robertson, 357 F. 3d 1072, 1079 (9th Cir. 2004).

其传播的作品、表演、录音录像制品存在其他特定联系的经济利益，应当认定为前款规定的直接获得经济利益。"可以肯定的是，作为公司性质的网络服务提供者，无论其提供的服务是否存在直接的获利，其服务的最终目的都是营利性的。因此，不能以此种广义的方式来理解获利，否则获利性在网络服务提供者责任的判断上便不再具有区分性的解释力。且生活实践早已表明，并非所有营利性的网络服务提供者都会因此构成侵权责任。而当我们对获利采狭义理解时，对其理解的差异似乎又变得不可避免。

3. 控制力理论

控制力理论指网络服务提供者对网上的侵权内容具有控制能力，故在其未成功对侵权内容予以有效控制时，需承担侵权责任。支持控制力理论的证据有：（1）各国立法对网络接入服务提供者、网络内容服务提供者、网络信息存储服务提供者以及网络信息定位服务提供者（搜索链接服务提供者）侵权责任的不同规定是体现控制力理论的典型。就目前技术而言，网络接入服务提供者难以对通过其接入服务传输的侵权内容和非侵权内容做出有效区分，即网络接入服务提供者对侵权内容尚无控制力，除非其同时终止所有内容的传输，故网络接入服务提供者不对利用其服务所实施的侵权行为承担责任，即便权利人告知接入服务提供者有用户利用其服务实施了侵权行为。网络内容服务提供者由于是自己上传侵权内容，其对网站中的内容具有完全的控制力，故其侵权责任依传统的一般侵权规则处理，即其侵权责任的承担不以权利人的告知为前提。上述两类主体处于控制力的两个极端，即几乎完全没有控制力和完全具有控制力。而网络信息存储服务提供者和网络信息定位服务提供者则处于控制力的中间状态，即其一般难以对网站中上传的内容做事先——审查的控制，或者说——审查与网络的高效快捷和去中心化理念不相符，但如果其愿意，其有能力对已上传的内容采取移除等控制措施。故其侵权责任也介于网络接入服务提供者和网络内容服务提供者之间，即在其知道侵权内容存在前，一般不负有侵权责任，但在知道侵权内容存在后，则可能负有一定的注意义务（如必要措施义务），否则便可能承担侵权责任或无法享有责任豁免。可见，各国对不同类型网络服务提供者所采取的不同侵权规则可很好地通过控制力理论作出解释说明。（2）德国理论一般认为，信息存储服务提供者在知晓侵权存在时，其相应的注意义务便可能产生，但这种注意义务必须是可能且合理的。所谓注意义务"可能且合理"，其判断因素之一便是

"网络服务提供者能否预见将来可能发生的侵权行为"。[1]就此预见能力，可理解为网络服务提供者控制力的一种表现，即网络服务提供者若能预见侵权发生，则具有更强控制力，反之则否。（3）美国在互联网应用的早期对网络服务提供者法律地位的争论也体现了控制力对责任的影响。美国早期曾出现过网络服务提供者应类推适用出版者（publisher）责任还是传播者（distributor）责任的争议。[2]争论的最终结果是，网络服务提供者被认定为类推适用传播者的责任规则。而出版者与传播者的主要区别便在于两者对内容的控制力的差别，即美国曾出现的这一争论其实是控制力是否影响网络服务提供者侵权责任的一种外在表现，而争论的结果是，控制力会影响网络服务提供者的侵权责任。（4）在我国和美国司法判决中，控制力理论也是法院判决网络服务提供者承担侵权责任的常见理由。以著名的 Napster 案为例，法院认为 Napster 能够对列在其搜索索引上的侵权内容加以定位，并能屏蔽用户对其系统的访问，故对侵权内容和侵权者具有控制力，[3]而控制力的成立是其承担替代责任的前提条件之一。

　　国内也已有部分学者敏锐地意识到了控制力在网络服务提供者侵权责任中的影响。如吴汉东先生认为，网络服务提供者连带责任的法理依据有二：一是危险控制力理论。网络服务提供者比权利人更有能力，且控制侵权的成本更低。二是损害原因力理论。网络服务提供者的行为与损害结果有因果关系。[4]万柯先生在探讨网络垄断看门人的侵权责任时说："一般而言，在权衡相关制度的外部性后，如果让看门人承担责任是防止侵权最经济有效的措施，那么这种替代侵权责任制度就是可取的。究竟应当如何确定看门人责任的范围，则应当通过权衡看门人的成本与知识产权所有人的成本以及社会对侵权人不当行为所付出的成本来决定。一般而言，如果看门人缺乏控制侵权的权利和能力，就不应当让他们承担责任。"[5]此外，还有一些学者认为网

---

　　〔1〕　全国人大常委会法制工作委员会民法室编：《侵权责任法立法背景与观点全集》，法律出版社 2010 年版，第 393 页。

　　〔2〕　See I. Trotter Hardy, "The Proper Legal Regime for 'Cyberspace'", *University of Pittsburgh Law Review*, Vol. 55, 1994, p. 1054.

　　〔3〕　See A&M Records, Inc. v. Napster Inc., 239 F. 3d 1004 (9th Cir. 2000), pp. 1023-1024.

　　〔4〕　参见吴汉东：《论网络服务提供者的著作权侵权责任》，载《中国法学》2011 年第 2 期。

　　〔5〕　万柯：《网络等领域垄断看门人的替代责任》，载《环球法律评论》2011 年第 1 期。

络服务提供者的法律地位类似于安全保障义务人的地位,[1]而安全保障义务人承担侵权责任的理论依据之一便是控制力理论。[2]

就控制力理论而言,基本没有争议的一点是,网络服务提供者对其网站的内容不负有事前控制的义务,除非此种事前控制是已为业界所普遍采纳的标准控制技术。这体现在各国普遍认为网络服务提供者对网上的侵权内容不负有一般性的审查义务。目前各国一般采取的态度是,网络服务提供者只有在知道侵权内容的存在时,才可能负有一定的控制义务。可见,各国的选择是,并不单纯以控制力作为网络服务提供者侵权责任的归责基础,而是结合了知道(需强调的是,知道并不一定等于过错)和控制力来作为网络服务提供者侵权责任的基础。

尽管控制力理论能较顺利地解释不少网络侵权现象,但控制力理论也存在一些解释上的困难,以及由该解释带来的一些体系性弊端。举例而言:(1)依据控制力理论,对内容越是具有控制力的网络服务提供者越是可能被认定为承担侵权责任,这导致的一个消极结果是:如果网络服务提供者本着积极的态度而采取措施以减少其运营的网站中的侵权内容,则可能会因此承担侵权责任。而如果网络服务提供者完全放任自己网站上的侵权内容而毫不干涉,使自己不具备控制网站中内容的技术能力,反而可能会因没有控制力而无需承担侵权责任。可见,控制力理论可能会导致一种不好的诱因,即鼓励网络服务提供者对其网站内容采取"不闻不问"的放任态度。事实上,美国在互联网应用初期的一些判决便存在产生此不良诱因的倾向。而这也正是当年美国制定《通信规范法》的背景和试图解决的问题之一,即《通信规范法》试图通过免除网络服务提供者的侵权责任来鼓励网络服务提供者积极进行自我管理(self-police),采取有效措施来减少自己网站中的侵权内容。(2)控制力理论如何解释 P2P 系列判决。从 P2P 系列案件的发展过程来看,从 2001 年的 Napster 案法院认为网络服务提供者由于对搜索结果和用户接入具有控制力而承担侵权责任,到 2003 年的 Aimster 案法院认为,如果网络服务提供者故意使用加密技术以企图避免知晓用户利用其服务实施侵权行为和避免自己对

---

〔1〕 参见王利明:《侵权责任法研究》(下卷),中国人民大学出版社 2011 年版,第 129 页。

〔2〕 参见尹飞:《为他人行为侵权责任之归责基础》,载《法学研究》2009 年第 5 期。

侵权内容的控制能力，则网络服务提供者无法得到责任豁免，需承担侵权责任。到 2005 年的 Grokster 案法院认为，虽然网络服务提供者对传输的内容没有控制力，但其以鼓励用户利用其产品实施版权侵权行为为目的，进而销售或发布其产品，应当为其导致的第三方直接侵权行为承担责任。[1]P2P 系列案件的发展过程向我们展示出的画面是，网络服务提供者即便没有控制力也有可能承担侵权责任。这显然是对控制力理论的直接否定。（3）类似的问题还包括，控制力理论如何解释深度链接现象。网络服务提供者对其深度链接的内容并没有控制力，因为所链内容是其他网站中的内容。然而，实践经验是，深度链接较之普通链接更可能被法院判决承担侵权责任。这似乎又是一否定控制力理论的现象。（4）此外，要注意的是，控制力的强弱与法律规则存在互动。法律规则对网络服务提供者的责任规范越严，网络服务提供者越试图对其网站中的内容加以控制，规则越松，越不会去控制。[2]尽管我们可以认为法律根据网络服务提供者控制力的强弱而设置不同的规则，但同时需意识到的是，法律规则的这些设计也会作为诱因而影响将来的技术设计，即网络服务提供者也会根据法律规则的严宽而设计不同控制力的服务程序。如何把握这两者间的互动关系也是在运用控制力理论时需注意的问题。

（三）修正控制力理论的提出及其产生根基

过错、报偿和控制力理论是目前学界解释网络服务提供者侵权责任最常见，也是影响最大的三种理论。然而，上文将三种理论与实践经验加以比照分析后发现，三种理论都具有一定的解释力，但也都存在一些解释力的限度。过错理论因其预设了网络服务提供者存在移除相关内容的义务这一前提，故其无法从根本上论证网络服务提供者承担侵权责任的基础。事实上，加拿大、英国等国家并未对网络服务提供者课以此种必要措施义务表明，我国网络服务提供者负有的此种必要措施义务并非"理所当然"，它仍需进一步的正当性论证。报偿理论只能作为解释网络服务提供者侵权责任的辅助论证，难

---

〔1〕 See Metro-Goldwyn-Mayer Studios Inc. v. Grokster, Ltd. , 545 U. S. 913, 940 (2005).

〔2〕 当然，网络服务提供者所采取的控制强弱并不完全取决于法律责任的宽严，它同时还受到控制是否对网络服务提供者有利等因素的影响。比如对电子商务网站而言，打击盗版往往对其网站发展有利。而对视频网站而言，控制盗版则未必对其有利。所以，一般而言，电子商务网站（如淘宝网）会比视频网站（如土豆网）投入更多的资源来对侵权内容加以控制，尽管两者在我国所处的法律环境相同。

以承担主要的论证理由，因为"劫富济贫"思想在当代很难成为令人信服的主导性理由。控制力理论是目前解释力最彻底的理论，因为事实上的控制与否可通过客观化加以判断。然而，该理论也存在一些对经验事实解释上的困难。

基于此，本书试图对控制力理论做一点修正，以期能弥补原控制力理论所存在的解释力弊端。本书所提出的假设命题是：网络服务提供者的控制力应侧重于强调对侵权后果的事后消减，而不是对侵权行为的事先预防，除非这种预防措施是业界已普遍采取了的标准技术措施。这一修正不仅能同样解释原控制力理论所能解释的经验事实，且又能避免原控制力理论所存在的解释力弊端。详言之，这样理解就不会导致上述悖论：积极对侵权采取了措施的网络服务提供者被认定要承担侵权责任，而采取放任政策的网络服务提供者反而不用承担责任。因为网络服务提供者承担责任的原因在于其对已出现的侵权内容是否及时有效地在事后采取了移除等消减措施，而不是其是否在事前积极采取了预防措施，除非该预防措施已为行业所普遍采用。同样，这样理解控制力后，网络服务提供者就不会负有一般性审查义务，进而也就不会广泛地监控其用户的行为。此外，如此理解就不难解释深度链接现象，因为网络服务提供者虽然无法控制被链的内容是什么，但其可以控制是否对该内容加以链接，而后者才是责任是否成立的关键，而不是前者。

之所以要将传统强调事前预防的控制力理论修正为强调事后消减的控制力理论，至少可从传统为他人行为责任人的控制力与网络服务提供者的控制力所预设的前提和所追求的目标两个方面来作出解释，具体而言：

（1）传统控制力理论之所以具有正当性，其预设的前提是主体间事实上的不平等，[1]即控制人对被控制人的行为能产生重要影响，比如雇主可以安排和要求雇员如何行为，监护人对未成年人的行为也能施加重要影响。正因如此，传统为他人行为的环境支撑之一便是现实中人的不平等。而控制人对被控制人的此种影响往往具有事实上的"强制性"。[2]正是此种事实上的支配性正当化了控制人对被控制人的行为承担责任。但在网络侵权中，网络服

---

[1] 参见尹飞：《为他人行为侵权责任之归责基础》，载《法学研究》2009年第5期。

[2] 关于主体间的不平等关系，参见徐国栋：《论民事屈从关系——以菲尔麦命题为中心》，载《中国法学》2011年第5期。

务提供者对网络用户的此种影响基本不存在。网络用户希望通过网络服务实施何种行为基本由用户自由决定，很少会受到网络服务提供者的影响。[1] 举例而言，网站都会在其用户注册协议等地方告知用户不得为侵权行为，但网站的此种告知对用户事实上的行为选择基本没有影响。网络服务提供者对网络用户行为的影响力远远小于传统控制力理论所预设的控制人对被控制人行为事实上的强有力影响。故这一预设前提的改变也弱化了网络服务提供者对网络用户行为承担责任的正当性基础。

（2）传统的控制力理论所追求的目标着眼于对侵权行为的事前预防，即通过控制力理论来正当化控制人的侵权责任，进而促进控制人积极采取措施以避免被控制人实施侵权行为。[2] 而网络服务提供者的控制力理论则是着眼于对侵权后果的事后消减，而并非着眼于对侵权行为的事先预防。因为对网络中传输内容一一加以审查有悖于网络的高效、去中心化等特点，故各国立法都没有选择要求网络服务提供者承担一般性审查义务，故立法并未要求网络服务提供者对侵权作出事先预防。网络服务提供者的侵权责任一般被限制于以其知道侵权内容存在为前提，即网络服务提供者在知道侵权存在后可能会负有移除侵权内容的义务。而此种必要措施义务源于网络服务提供者的控制力，也以其控制力为限。

当然，必须承认的是，修正的控制力理论仍难以有效解释美国 P2P 系列案件所展现出的强调网络服务提供者主观状态对责任承担的影响的趋势，尤其是 Grokster 案所新发展出来的引诱侵权规则。根据美国最高法院的说法："被告的言行已表明，其意在鼓励用户使用 P2P 软件实施直接侵权行为并从中获利，因此，被告两公司最后可能承担的引诱侵权责任并非基于过错推定，而是基于其言行中所显示的非法目的。"[3] 如果承认 Grokster 案的判决逻辑的话，那就意味着控制力和恶意是两个并立的正当化网络服务提供者侵权责任

---

〔1〕　当然，网络服务提供者可以通过代码的设计来影响网络用户的行为，即劳伦斯所说的"代码即法律"，See Lawrence Lessig, *Code*: *Version 2.0*, New York: Basic Books, 2006. 但代码只是限制了用户选择的空间，却无法决定用户在可选范围内的自由选择，且市场自由竞争的结果往往是网络服务提供者不断扩大，而非限制用户选择的空间。

〔2〕　就这一点，典型体现是雇主责任的承担问题，可参见曹艳春：《雇主替代责任研究》，法律出版社 2008 年版，第 114~120 页（"雇主替代责任的理论及评价"之"控制和监督理论"部分）。

〔3〕　See Metro-Goldwyn-Mayer Studios Inc. V. Grokster, Ltd., 545 U.S.913, 94（2005）.

的基础。当然，由于引诱侵权在美国是随 Grokster 案而新提出的版权侵权责任规则，相关判例尚较少，学界亦未达成共识。从功能等同的角度来看，美国的引诱侵权类似于我国立法中的教唆侵权。然而，从我国司法判决来看，依教唆侵权而判决网络服务提供者承担责任的案件尚较罕见。因此，即便恶意是和控制力所并立的正当化网络服务提供者侵权责任的基础，目前前者实际发生和适用的案件范围仍要比后者小很多。

总结而言，网络服务提供者侵权责任的产生由两点决定：一是受害人难以从直接加害人网络用户处实现矫正正义，如经济赔偿等；二是网络服务提供者低成本的控制力。权利人能实现的救济主要是事后消减侵权后果，避免损害的进一步扩大。而网络服务提供者低成本的控制力使其取代法院成为消减侵权后果的判断和执行主体。所谓低成本，是与权利人直接向侵权用户主张权利的高成本救济相比较而言的，同时也与网络服务提供者的经营获利和业界普遍达到的技术标准相比较而言。这是网络服务提供者侵权责任的逻辑。依照这一逻辑，由于网络服务提供者不负有一般性审查义务，故知道侵权内容存在是其产生消减侵权义务的前提。但其是否有此义务，又要根据网络服务提供者是否具备低成本的控制力来判断。而低成本与否，又受权利人直接向侵权用户寻求救济的成本、网络服务提供者获利的程度、网络服务提供者掌握侵权的成本、掌握到的程度及技术的发展程度等因素影响。网络服务提供者的此种侵权责任与其教唆侵权责任所依据的是完全不同的两个逻辑。前者是为了避免侵权后果的扩大，后者则是对恶意之人的惩戒。正如美国最高法院所做的选择，对前者采取的是促成责任或替代责任，而对后者采取的是引诱侵权责任。

（四）修正控制力理论的影响

以修正的控制力理论来解释和论证网络服务提供者侵权责任的归责基础，其对传统的一般侵权理论的影响至少包括以下几个方面。

第一，对传统侵权责任目的理论的补充。传统理论一般认为，侵权责任的制度设计从侵权人角度而言主要有三大目标：一是预防侵权行为的发生，二是惩戒恶意侵权行为人，三是补偿受害人。[1]而网络服务提供者侵权责任

---

〔1〕 ［美］迈克尔·D·贝勒斯：《法律的原则——一个规范的分析》，张文显等译，中国大百科全书出版社 1996 年版，第 248~258 页。

的新现象为传统的侵权责任目的理论注入了新元素，即消减侵权后果。网络服务提供者之所以被法律课以侵权责任，主要不是为了预防侵权行为的发生，事实上目前网络服务提供者很难做到对侵权的事先预防，这已充分体现在各国立法不要求网络服务提供者承担一般性审查义务中；也主要不是为了惩戒网络服务提供者的恶意行为，网络服务提供者在知道侵权存在后即便没有及时移除侵权内容，最多也只是放任侵权后果的间接故意，此种间接故意尚不足以正当化网络服务提供者的侵权责任，否则会造成侵权法内部体系间责任配置上的不均衡。网络服务提供者承担侵权责任当然存在强化对受害人救济的考虑，但仅仅是强化受害人救济的理由无法解释网络服务提供者承担的责任的条件和边界如何确定。相较而言，对网络服务提供者侵权责任最有解释力的可能是希望通过该责任设置来促进网络服务提供者及时采取措施，消减已知的侵权后果。网络服务提供者的侵权责任之所以会为传统侵权责任目标理论注入消减侵权后果这一新的元素，在根本上是因为网络的匿名性、无界性及去中心化等特点导致权利人所享有的传统的通过向直接侵权人诉讼以获得经济救济的方式失效，权利人事实上可实现的权利主要只限于消减侵权后果。据此，法律基于网络服务提供者低成本控制力的考虑，希望将权利人的这一退而求其次的救济目标通过网络服务提供者来实现，并通过课以网络服务提供者侵权责任这一手段来促使网络服务提供者配合权利人实现消减侵权后果的目标，故而出现了这一新的侵权责任目标。侵权法目标从传统的重惩罚与补偿转变为当代的预防和消减元素的不断加入，这可视为是传统社会向风险社会转变的需要。[1]

第二，对传统控制力理论的修正。传统控制力理论主要是基于雇主责任、监护人责任等提炼归纳而出。控制力理论的预设前提在于控制人对被控制人有着强有力的影响，故其需对被控制人的侵权承担责任。控制力理论正当化控制人责任的目标在于促进控制人积极采取措施以避免被控制人实施侵权行为。而网络服务提供者的侵权责任虽然也是基于控制力理论，但其指向的重点却并不相同。网络服务提供者的控制力理论并不是指向控制人对被控制人的强有力影响，而是指向控制人对消减侵权后果的控制力。网络服务提供者

---

〔1〕　相关论述参见李友根：《论产品召回制度的法律责任属性——兼论预防性法律责任的生成》，载《法商研究》2011年第6期。

控制力理论的目标主要并不在于要求控制人积极采取措施以避免他人实施侵权行为，而是在于促进控制人积极采取措施以消减他人侵权行为的后果。网络服务提供者控制力理论的此种特点也构成了网络服务提供者与安全保障义务人间的区别。学界不少学者将网络服务提供者的侵权责任与安全保障义务人的侵权责任加以类比，认为两者在侵权责任的归责基础上相似。[1]事实上，网络服务提供者的侵权责任与安全保障义务人的侵权责任也存在事后消减侵权后果和事前预防侵权行为的区别。

第三，对《民法典》第 1195 条至第 1197 条解释的影响。就《民法典》第 1195 条至第 1197 条而言，其解释的目标在于实现权利人、网络服务提供者以及网络用户权利、义务和责任的妥当分配，且此种分配要具有实践可操作性。在我国目前的技术条件和制度环境下，难以追究网络用户的侵权责任成为条文适用的制约条件之一。因此，在解释条文规定时，我们需要承认和正视这一现实制约的存在。在这一前提下，条文解释的重点转变为寻求权利人损害救济与网络服务提供者责任承担间的平衡，而解释的关键则取决于立法目的。

如果第 1195 条的立法目的在于给予权利人充分救济，那么网络服务提供者连带责任的制度设计便应得到完全执行，即由网络服务提供者和网络用户对权利人的所有损失承担全部赔偿责任。在难以追究网络用户责任这一条件制约下，这一设计在实践中将演变为由网络服务提供者独自承担全部赔偿责任。显然，这一实践效果并不理想，因为这既与网络服务提供者在侵权中所占的原因力和过错程度较小的事实情况不相适应，也与国家鼓励信息技术产业发展的产业政策不符，且从过去的司法实践来看，此种解释也事实上未能得到法院判决的支持。因此，对本条的解释不宜采取给予权利人充分救济的思路。

那么，该如何解释本条的立法目的呢？如果我们回顾技术发展的历史可发现，技术发展的历程是一部伴随着权利人物理控制力减弱和法律控制力增强的历程。以典型的著作权为例，新技术的出现往往意味着著作权人对自己作品物理控制力的下降，但与此同时，著作权人又会获得法律上对自己作品控制力的增强。在互联网技术出现后，为应对著作权人对自己作品物理控制

---

[1] 参见刘文杰：《网络服务提供者的安全保障义务》，载《中外法学》2012 年第 2 期。

力的大大削弱，法律从正面新增了著作权人的专有权利，如信息网络传播权，并从反面规定了一些主体的责任，网络服务提供者的侵权责任便应运而生。正如吴汉东先生所言："技术的创新使得著作权人对作品传播的控制能力不断削弱。著作权法为此创制了一些新的权能（如信息网络传播权），以强化对著作权作品的保护。"〔1〕从这个角度来看，网络服务提供者的侵权责任其实就是著作权人通过网络服务提供者来控制自己作品在网络中传播的一种手段，因为著作权人自己很难对用户上传的内容加以控制，而网络服务提供者却可以在一定程度上做到控制。所以，课予网络服务提供者侵权责任便是通过责任制度来影响网络服务提供者的行为，进而间接控制直接侵权人的行为，最终实现著作权人对其作品的控制。就这一点，哈密尔顿先生有着深刻的洞见，他说："权利所有者、集体管理组织和政府将网络服务提供商视为在数字传播的瞬间链条中，能够控制使用者行为的最可行的聚点（point）。这样，在版权领域规制网络服务提供商的历史一般被理解为，国家和版权所有者试图通过网络服务提供商网关，重新获得控制中心权，以期在网络环境下继续管理内容和使用者行为。"〔2〕

以此来理解《民法典》第 1195 条至第 1197 条的规定，我们可以认为，其立法目的在于实现权利人对其权利客体的有效控制，而实现的途径正是在于对网络服务提供者课以责任，促使其对侵权用户和侵权内容采取措施。依循这一思路，对网络服务提供者侵权责任轻重的妥当标准在于剥夺其因侵权而获得的不当利益，即如果网络服务提供者未遵守法律规定而构成侵权，其承担的侵权赔偿金应以其因该侵权而获得的额外收益为准，而并非以权利人所受的全部损害为准。如此，便可较为有效地督促网络服务提供者及时对用户侵权行为采取措施，同时避免网络服务提供者承担过重的赔偿责任。基于此，本书认为，《民法典》第 1195 条至第 1197 条的立法目的应作如下解释：其立法目的在于通过课予网络服务提供者侵权责任来实现权利人对其权利的有效控制，而并非为权利人的侵权损害提供充分的赔偿救济。

---

〔1〕　吴汉东：《论网络服务提供者的著作权侵权责任》，载《中国法学》2011 年第 2 期。

〔2〕　谢利尔·哈密尔顿：《加拿大制造：确定网络服务提供商责任和版权侵权的独特方法》，载［加］迈克尔·盖斯特主编：《为了公共利益：加拿大版权法的未来》，李静译，知识产权出版社 2008 年版，第 205 页。

综上，本书解决了网络服务提供者必要措施义务的正当性来源问题。由于义务与责任间的对应关系，故对网络服务提供者必要措施义务的证成便同时意味着对其侵权责任正当性基础的证成。过错理论、报偿理论和控制力理论是目前解释网络服务提供者侵权责任归责基础最有影响力的三种理论，三种理论都有一定的解释力，但也都存在一些解释上的困境。根据对经验事实的归纳总结，本书提出的修正的控制力理论具有更广泛的解释力。

二、必要措施"必要"与否的判断

传统上一般将删除、屏蔽、断开链接等能够有效避免侵权内容继续传播的措施作为必要措施。但指导案例 83 号则作出了与传统认识不同的判决，法院认为转通知也可作为必要措施。故需分辨何为"必要"措施。

在指导案例 83 号（以下简称"本案"）中，被告天猫网店铺金仕德公司在天猫平台销售侵害原告嘉易烤公司专利权的商品（烧烤炉）。二审法院认为，基于天猫对于发明专利侵权判断的主观能力、侵权投诉胜诉概率以及利益平衡等因素的考量，并不必然要求其在接受投诉后对被投诉商品立即采取删除和屏蔽措施，对被诉商品采取的必要措施应当秉承审慎、合理原则，但是将有效的投诉通知材料转达被投诉人并通知被投诉人申辩当属天猫应当采取的必要措施之一。其实，就本案而言，在法院论证原告的通知合格后，必要措施问题本无需多费笔墨，天猫显然没有采取必要措施，因为天猫根本不认为权利人提交的通知合格，更勿论会采取收到合格通知才会采取的删除等措施。这也正是一审法院的做法，即在确认投诉合格后，便径直得出天猫"未采取必要的措施防止损害扩大"。然而，二审法院却未依循此逻辑，而是"意外"地提出，天猫之所以负有责任，并非主要在于其未采取删除措施，而在于其未将投诉转通知被投诉人。法院的这一论证令人费解。

依法院观点，在通知合格时，网络服务提供者在专利侵权（或某些情况下）可以采取只转通知而不删除链接的必要措施。这显然冲击了传统观念。传统上，网络服务提供者并不享有这种"自由"。无论立法表述[1]、司法实

---

[1] 比如，无论是《侵权责任法》第 36 条第 2 款，还是本案公布后才通过的《电子商务法》第 42 条第 1 款，抑或适用于版权领域但也被其他权利领域广泛借鉴的《信息网络传播权保护条例》第 15 条，都只提及了删除等能直接避免损害扩大的措施。

践〔1〕抑或学界观点〔2〕，通常都认为，网络服务提供者在收到合格通知后，应及时采取删除、屏蔽、断开链接等能直接避免损害扩大的必要措施。转通知并非必要措施的方式之一，因为其无法直接避免损害的扩大，与通知人的目的不符，也与通知规则旨在快速消除侵权的制度初衷相悖。〔3〕故问题在于，法院为何要背离传统？

就为何网络服务提供者收到合格通知后可以不采取删除等措施，法院的理由是："基于其公司对于发明专利侵权判断的主观能力、侵权投诉胜诉概率以及利益平衡等因素的考量，并不必然要求其在接受投诉后对被投诉商品立即采取删除和屏蔽措施，对被诉商品采取的必要措施应当秉承审慎、合理原则，以免损害被投诉人的合法权益。"这又是一令人费解的说理。依通知规则的逻辑，在投诉人提供了合格通知后，投诉人将在法律上被视为"权利人"（可被推翻），而被投诉人将被视为"侵权人"，故平台需依照投诉人（而非依法院判决）的要求而采取删除等措施。投诉人可依其单方意志（而非经法院审判）就可要求平台对被投诉人采取措施，正当性基础正是在于其满足了合格通知要件，在法律上已被视为真正的权利人。在此逻辑下，对被投诉人采取措施就不存在法院所担忧的"损害被投诉人合法权益"的结果。法院的这一担忧，或许反映的是其对原告通知是否真的是合格通知的担忧，而正如上文所论证的，原告的通知其实存在瑕疵。

就为何转通知会成为网络服务提供者应采取的必要措施之一，法院的理由是："否则权利人投诉行为将失去任何意义，权利人的维权行为也将难以实现。网络服务平台提供者应该保证有效投诉信息传递的顺畅，而不应成为投诉信息的黑洞。被投诉人对于其或生产、或销售的商品是否侵权，以及是否应主动自行停止被投诉行为，自会作出相应的判断及应对。"可见，法院将转通知纳入"必要措施"，系为了保护权利人的权益。但这一改造存在诸多问题。

---

〔1〕 "必要措施，是指足以防止侵权行为的继续和侵害后果的扩大并且不会给网络服务提供者造成不成比例的损害的措施，包括删除、屏蔽、断开链接、暂时终止对该网络用户提供服务等。"最高人民法院侵权责任法研究小组编著：《〈中华人民共和国侵权责任法〉条文理解与适用》，人民法院出版社 2010 年版，第 267 页。

〔2〕 王利明先生认为，必要措施指能停止侵害，能阻止侵权信息传播的措施。参见王利明：《侵权责任法研究》，中国人民大学出版社 2011 年版，第 134~135 页。

〔3〕 参见张建华主编：《信息网络传播权保护条例释义》，中国法制出版社 2006 年版，第 53~55 页。

第一，这一改造存在的前提之一是，网络服务提供者收到合格通知后，不必采取删除等措施，否则必要措施在保护权利人方面便无"用武之地"。但正如上文所言，这一前提本身便存疑。

第二，这一做法将衍生新的法律问题。既然对合格通知可采取转通知而非删除的必要措施，那么假设当投诉人向网络服务提供者提供了与本案形式上相同的投诉材料时，如果网络服务提供者对被投诉内容采取了删除、屏蔽或断开链接措施，此时被采取措施的被投诉人是否可以主张网络服务提供者采取的措施不当，进而要求其承担责任（假设最终证明通知有误）？如果可以，这将与《侵权责任法》第36条等规定冲突，甚至架空这些规定，因为网络服务提供者将被迫只能采取转通知而非删除义务，以避免潜在的责任风险；如果不可以，意味着平台在必要措施上享有很大的裁量权，其可自行决定采取何种措施，而不同的措施对当事人利益影响的差异显著。无论采何种回答，都非幸事。

第三，法院将转通知的规范目的设定为"保护权利人"，与转通知的传统规范目的南辕北辙，后者的目的在于保护被投诉人。"本条要求网络服务提供者在删除或者断开链接的同时即通知服务对象，主要是为了避免权利的失衡，防止权利人滥用权利。"换言之，转通知是为了"使服务对象及时了解自己提供的作品、表演、录音录像制品被删除或者被断开链接的原因，并决定是否要求网络服务提供者恢复被删除或者被断开链接的作品、表演、录音录像制品。"[1]可见，传统意义上的转通知系基于保护被投诉人，而非保护投诉人的考量。也正因此，无论是早期的《信息网络传播权保护条例》第15条和第16条，抑或晚近的《电子商务法》第42条和第43条，平台的转通知义务都与被投诉人的反通知密切相关。相较而言，未明确规定反通知规则的《侵权责任法》第36条，同时也没有明确提及转通知。据此，法院将转通知义务纳入《侵权责任法》第36条中的"必要措施"范围，与转通知的传统意旨不符。

事实上，在本案中强调平台并非必然要采取删除措施，并将转通知纳入必要措施实在是"画蛇添足"，这既制造了制度混乱，也没有为裁判带来实

---

〔1〕 张建华主编：《信息网络传播权保护条例释义》，中国法制出版社2006年版，第58页。

益。欲得出本案的判决结果（天猫对扩大的损失承担连带责任），运用传统通知规则足矣，即天猫公司在收到嘉易烤公司的"合格通知"后，没有及时采取删除措施，故应承担责任。

需澄清的是，本书只是主张本案案情下不宜将转通知作为必要措施，但并不否定在一般意义上转通知可能作为必要措施。已有经验表明，确实存在收到合格通知后，因"比例原则"而否定删除等作为必要措施，转而采转通知的情形（比如阿里云案）。但就目前绝大多数案件（包括本案）而言，并无引入转通知的必要。

（一）降低必要措施标准的主要考量

基于上述，本案说理乏善可陈。故问题至少有三。其一，二审法院为何会如此说理？其二，最高人民法院试图通过本案确立什么规则？其三，作为指导案例，本案对后续司法判决产生了何种影响？

综合观察本案的裁判逻辑，可看到法院观点背后其实隐含着对通知规则这一重要问题的回答：传统的发端于著作权[1]领域的通知规则，在将其适用于专利权领域时，应如何作出调整和改造？

事实上，无论学界抑或实务界，都早已意识到通知规则在专利权和著作权领域的重要差别：前者侵权与否的判断难度，要高于后者。正如本案法院所言："发明或实用新型专利侵权的判断往往并非仅依赖表面或书面材料就可以作出。"学界甚至有学者据此提出，通知规则不应适用于专利权领域。[2]但本案法官显然采取了不同的思路。

在意识到专利侵权判断困难后，法院得出的结论是，"因此专利权人的投诉材料通常只需包含权利人身份、专利名称及专利号、被投诉商品及被投诉主体内容，以便投诉接受方转达被投诉主体。"法院的"只需"和"以便转达"的说法，表明法院应对侵权判断不易时采取的思路：并不是提高对合格通知的要求，以应对潜在的错误通知；相反，是将合格通知的标准维持在与

---

〔1〕 严格而言，系发端于"信息网络传播权"。信息网络传播权与著作权在通知规则的适用性上有所不同。本书无意做此种细致区分，为便于论述，本书中著作权与信息网络传播权通用。

〔2〕 参见王迁：《论"通知与移除"规则对专利领域的适用性——兼评〈专利法修订草案（送审稿）〉第63条第2款》，载《知识产权》2016年第3期。

著作权相似的标准，同时降低必要措施的"剧烈程度"，即从著作权领域通常应采取的删除、屏蔽、断开链接措施，转变为可以只采取转通知措施。换言之，"该判决的意图显然在于从司法层面完善'通知—删除'规则，但从完善的思路来看，并不是通过提高投诉通知的'有效性'标准来避免屏蔽、删除措施的轻率使用，而是另辟蹊径，通过扩大解释'必要措施'的途径引入'转通知'义务。"[1]

因此，在理解本案观点时，务必要将法院对初步证据的判断标准和必要措施的范围二者结合。法院在对初步证据的判断采低标准时，有一重要"配套规则"，即缓和必要措施的"剧烈程度"。如此，才不至于在权利人和用户/平台间的利益衡量上过于失衡。从其运作过程来看，这是一种接近于加拿大版权法所采的"通知通知"规则设计，[2]即网络服务提供者并不需要对相关内容采取删除等措施，但应协助投诉人和被投诉人间信息的传递。从法院希冀被投诉人在收到投诉信息后，会自行判断"是否应主动自行停止被投诉行为"而言，这又有点类似于日本所采取的"通知通知再删除"的观念，即平台收到投诉后并非立即删除相关内容，而是转通知被投诉人并给予其一定反应期限，之后再决定是否删除。[3]

但从商业实践来看，天猫采取了不同的思路，即对专利投诉，提高合格通知的要求，并维持合格通知下应采取的措施的"剧烈程度"。天猫公司要求通知提供侵权对比表和订单编号，同时对合格通知所涉商品采取下架措施，便是该思路的反映。故问题在于：当侵权判断不易时，采何种方案更可取？

显然，两种方案各有优劣。第一种方案维持了合格通知标准在不同权利领域的相对一致，但代价是必要措施变得多样化。相反，第二种方案保持了必要措施的相对明确，但代价是合格通知标准在不同权利领域会有所不同。鉴于在现行法律规定下，这两种方案通过一定的解释方法都能得出，故这是一个解释选择问题。相较而言，第二种解释方案或许更可取，理由如下。

第一，从法律解释来看，对合格通知标准作弹性解释要优于对必要措施

---

[1] 何琼、吕璐：《"通知—删除"规则在专利领域的适用困境——兼论〈侵权责任法〉第36条的弥补与完善》，载《电子知识产权》2016年第5期。

[2] 加拿大"通知通知"规则参见其版权法41.25和41.26这两条。

[3] 参见张建华主编：《信息网络传播权保护条例释义》，中国法制出版社2006年版，第58页。

作弹性解释，因为长期以来，无论是立法、司法抑或商业实践，已习惯于对通知标准根据情况而做不同对待，但对"必要措施"的理解则相对固定。在两种方案都能在解释论上成立时且没有足够充分的理由要转变时，延续传统理解可避免可观的转换成本。合格通知的标准会因权利类型的不同而有所差别，已被广为接受。典型的例证是，著作权领域的通知内容，与人身权益领域并不相同。比如，著作权领域一般要求提供"权属证明"，而人身权益领域不会有此要求。当然，专利权与著作权在通知内容方面或许有更多的相似性，但差别仍然存在。甚至在专利权内部，不同类型专利的通知要求也可能有所不同。比如，根据《涉电商平台知识产权案件审理指南》第 11 条第 2 款，对发明专利可要求权利人提供侵权比对说明，而对外观设计和实用新型专利，则还可要求进一步提供专利权评价报告。

相反，对必要措施的理解，则固定得多，一般限于删除、屏蔽、断开链接等能直接阻止损害扩大的措施。尽管本指导案例将转通知纳入必要措施的范围，但这一结论并不易于被接受。比如，本案公布后通过的《电子商务法》第 42 条似乎便没有接受这一观点。第 42 条第 2 款规定："电子商务平台经营者接到通知后，应当及时采取必要措施，并将该通知转送平台内经营者；未及时采取必要措施的，对损害的扩大部分与平台内经营者承担连带责任。"若仅对本条作文意解释，可看到，必要措施是与转通知相并列的两项义务，而非前者包含了后者。杭州互联网法院在微信小程序案中更是直接表示："事实上，无论是《侵权责任法》《信息网络传播权保护条例》《中华人民共和国电子商务法》，还是相关司法解释，所有涉及'通知删除'有关的规定，其中最核心的处理措施都是删除或者屏蔽侵权内容（链接）。"[1]

当然，必须承认的是，在本案发布后，无论是学界还是实务界，都出现了对"必要措施"做多元化理解的趋势。比如有学者认为："转通知义务是网络服务提供商应当承担的基本义务，亦为必要措施之一。"[2]但从实务来看，似乎仍主要延续了传统的理解。比如《涉电商平台知识产权案件审理指南》

[1]　杭州刀豆网络科技有限公司诉长沙百赞网络科技有限公司、深圳市腾讯计算机系统有限公司侵害作品信息网络传播权纠纷案，杭州互联网法院（2018）浙 0192 民初 7184 号民事判决书。
[2]　刘建臣：《"通知—移除"规则适用于专利领域的理论困境及其破解》，载《知识产权》2019 年第 1 期。类似观点另见刘文杰：《"通知删除"规定、必要措施与网络责任避风港——微信小程序案引发的思考》，载《电子知识产权》2019 年第 4 期。

第 14 条规定："电商平台经营者在收到合格通知后应当采取的'必要措施'的类型，包括但不限于：删除、屏蔽、断开链接、终止交易和服务、冻结被通知人账户或者要求其提供保证金。"这里列举的六种措施中，前四种仍符合传统的"能直接阻止损害扩大"的观念，后两种则是"担保"观念的体现，即以被投诉人提供担保的方式来避免其商品被采取删除等措施。需注意的是，"担保"进入必要措施，未必主要是受"必要措施"多元化观念的影响，也可能是因为《电子商务法》对传统通知规则作了重大修改，进而导致了必要措施受到联动影响。传统上，投诉人通知后，网络服务提供者将采取删除等措施，但若被投诉人提交了反通知，则被删除内容将立即得到恢复。但在《电子商务法》第 43 条第 2 款中，反通知的规则被修改为：反通知后无法立即恢复被删除内容，而是要等待 15 日，若 15 日内投诉人未向行政部门投诉或者起诉的，才可恢复。这一规则变化显然有利于投诉人，但也可能导致无辜的被投诉人遭受损失（比如在"双 11"等大促期间被同行竞争者投诉），故"担保"的加入可在一定程度上避免上述反通知规则的修改带来的负面效果。

第二，从实践效果来看，方案二能为当事人提供更明确的指引。（1）方案二给出了相对明确的必要措施范围，在此方案下，网络服务提供者可减少因必要措施的多元化而陷入进退维谷的境地，即若采取的措施不够"严厉"，需对权利人承担责任；若采取的措施过于严厉，则又可能对被投诉的用户承担责任。而这正是方案一会导致的后果。方案一所谓"根据所侵害权利的性质、侵权的具体情形和技术条件等"来综合考虑应采取何种必要措施，这固然是理想状态，但在实践中则难以把握和运用。事实上，为了避免自己在采取的措施上动辄得咎，目前天猫平台选择了与浙江省知识产权研究与服务中心合作，将其收到的发明和实用新型专利投诉交给中心来判断，根据中心的审查咨询意见来决定是否下架商品。[1]（2）方案二虽然在合格通知标准上采取了弹性理解，但这并不会导致权利人在提供通知材料上无所适从，因为尽

---

　〔1〕 从北大法宝中的判决书来看，自 2015 年开始，判决书中逐渐出现了阿里巴巴平台曾委托浙江省知识产权研究与服务中心对专利投诉出具咨询意见的现象，且近年来此类判决书数量越来越多。这或许是因为 2014 年底阿里巴巴平台与浙江省知识产权局逐渐建立了常态化的合作机制。参见《阿里巴巴与浙江省知识产权局联手打击电商专利侵权》，载《互联网天地》2014 年第 12 期。

管网络服务提供者对不同权利类型要求的材料可能有所不同，但网络服务提供者会事先公布和告知权利人需提供哪些材料。若权利人提供的材料有缺失，网络服务提供者还可能会提醒其补交。故相较于方案一，方案二能提供更明确的指导。

第三，方案二与《中美经贸协议》中我国承诺的义务相符。根据2020年1月达成的《中美经贸协议》第一章第五节第1.13条之二的要求，我国为权利人提供了更强有力的保护，包括迅速下架、免除善意提交错误下架通知的责任等。同时，为了避免该制度被滥用，我国同时也承诺"通过要求通知和反通知提交相关信息，以及对恶意提交通知和反通知进行处罚，以确保下架通知和反通知的有效性。"[1]从《中美经贸协议》中的约定来看，我国将来对通知规则的改造方向是：更严格地确保投诉人系真实权利人，同时为经确认的权利人提供更强有力的保护。

综上，本案判决逻辑背后所隐含的通知规则改造思路，并不可取。

（二）必要措施多元化的影响

既然本案说理存在诸多问题，为何最高人民法院会将本案选定为指导案例？对本案裁判要点2（以下简称"裁判要点2"），即网络服务提供者自行设定的投诉规则，不得影响权利人依法维护其自身合法权利可能带来的影响，本书说明如下。

（1）就一般意义而言，本规则无疑是正确的，最高人民法院似乎也意在强调和提醒网络服务提供者，不得基于平台自身利益的考量而任意提高通知的门槛。故本规则的规范目的在于保护发送通知的权利人。

（2）但本规则应作为一般性规则来理解，不应将本案二审法院的具体意见，即单纯的侵权声明足以构成"初步证据"，侵权对比表和订单编号的有无并不影响合格通知的效力，作为本要点的具体体现。事实上，二审法院关于侵权对比表的意见似乎从未被后续判决采纳过。相反，在佐康案中法院采取了不同意见。该案中，商标权人佐康公司9次向淘宝投诉平台上卖家侵权，但投诉理由多为销售渠道未经授权、商品系假冒等，且未提供除侵权声明以外的其他侵权证据材料。法院认为，"佐康公司仅以跨渠道销售的理由不能证

---

〔1〕 参见《中美经贸协议》第1.13条"打击网络侵权"。

明相关商品为侵权商品，其主张相关商家侵犯其商标权的理由并不充分……因此佐康公司向淘宝公司发送的投诉材料及律师函欠缺初步的侵权证据支持，不属于有效通知。"[1]

（3）并非所有自设规则都无效，只有影响权利人依法维权的才无效。故关键在于判断何谓"依法"。法定的合格通知要件，以及可用于满足这些要件的具体材料，需通过实践和判决的积累来逐步明确。但在论证上，似应由主张自设规则不当的一方（投诉人）负论证义务，即一般而言应尊重网络服务提供者自设的规则，除非有理由认为该规则超出了法定通知要件。

裁判要点 2 有两段，聚焦于必要措施的范围。第一段澄清必要措施并不限于删除、屏蔽和断开链接三项。换言之，《侵权责任法》第 36 条第 2 款中的"等"字是等外等。这一点并无新意，传统上皆认可，且之后的《电子商务法》第 42 条第 1 款也明确规定了"终止交易和服务"作为必要措施之一。本要点的重点在于后段。最高人民法院认为，必要措施应遵循审慎、合理原则，根据所侵害权利的性质、侵权的具体情形和技术条件等综合确定。有法官提及，本案之所以入选最高人民法院评选的"2015 年中国法院十大知识产权案件"，正是因为该案对必要措施作了扩大解释，即引入了转通知义务。[2]对这一创造性做法，说明以下几点。

（1）从规范目的来看，本规则意图在权利人、网络服务提供者和公共利益间取得平衡。尽管本案判决主文中法院将转通知纳入必要措施意在保护权利人，避免其投诉失去任何意义，但不应将本条规范目的仅限于此。相反，从后续判决来看，所有引用了本要点的判决都主要意在为网络服务提供者和网络用户提供保护。比如在于作涛诉淘宝等案中，发明专利权人于作涛诉前曾向淘宝发送了符合淘宝要求的通知。法院认为，在所涉专利为发明专利时，"由于平台对侵权与否缺乏判断能力，要求网购平台在接到投诉后即直接删除被投诉产品链接，否则将承担连带侵权责任，难免会对平台责之过重，甚至会误伤不构成侵权的卖家（网络用户）利益，也使得消费者的选择减少，影响消费者福利。这样的责任模式与侵权责任法第三十六条规定所寻求的利益

---

[1] 济南佐康商贸有限公司与浙江淘宝网络有限公司侵害商标权纠纷案，山东省济南市中级人民法院（2017）鲁 01 民终 3439 号民事判决书。

[2] 参见何琼、吕璐：《"通知—删除"规则在专利领域的适用困境——兼论〈侵权责任法〉第 36 条的弥补与完善》，载《电子知识产权》2016 年第 5 期。

平衡相悖，本院不予采纳。"[1]需特别注意的是，于作涛案虽然在转通知作为必要措施上与本案一致，但若结合合格通知来看，两案其实存在显著差别。在指导案例中，权利人未能完全满足平台的材料要求，法院在对合格通知采较低标准的情况下，要求网络服务提供者至少应履行转通知的义务；于作涛案中，权利人满足了平台的材料要求，此时法院仍然认为平台并无立即采取删除措施的义务。可见，要点2成了法院用于保护网络服务提供者和网络用户，而非权利人的规则。类似的，在佐康案中，法院也认为，"并非权利人发出有效通知后，第三方交易平台即应当立即采取删除、屏蔽、断开链接的技术措施。……只有在侵权事实能够确定的情况下，为防止损失的扩大，权利人方有权要求第三方交易平台采取删除、屏蔽、断开链接的技术措施。"[2]此外，在怡信案中，法院认为："退一步而言，考虑到本案所涉权利性质为实用新型专利权，侵权判定需要对被诉侵权技术方案与涉案专利进行比对，即便被告京东全球购公司并未采取删除、屏蔽、断开链接等措施，也不能据此径行认定被告京东全球购公司的应对不符合审慎、合理的原则。"[3]可见，对本要点的理解，不应只着眼于保护权利人的目标。

（2）本要点一定程度上改变乃至架空了传统的通知规则。传统上，通知规则意在为权利人提供快速便捷的权利救济，故在权利人发送合格通知后，网络服务提供者应及时采取删除等措施来避免损失扩大。然而，正如于作涛案等显示，在要点2之后，法院不再认为网络服务提供者收到合格通知后都需立即采取删除措施，而是可以"转通知"代替。这相当于以"通知-转通知"代替了目前的"通知-删除"制度，而前者是曾被我国否定的选项。我国早在2006年《信息网络传播权保护条例》制定过程中，就曾讨论过"通知-转通知-下架"和"通知-转通知"这两种方案。"在征求意见中，对网络服务提供者接到权利人的通知书后、应当在多长时间内实施删除或者断开链接

---

[1]　于作涛与上海启知贸易商行、浙江淘宝网络有限公司侵害发明专利权纠纷案，浙江省杭州市中级人民法院（2018）浙01民初879号民事判决书。类似案件参见于作涛与上海开心鸟体育设备有限公司、浙江天猫网络有限公司侵害发明专利权纠纷案，浙江省杭州市中级人民法院（2019）浙01民初24号民事判决书。

[2]　济南佐康商贸有限公司与浙江淘宝网络有限公司侵害商标权纠纷案，山东省济南市中级人民法院（2017）鲁01民终3439号民事判决书。

[3]　怡信磁碟有限公司诉叁佰陆拾度电子商务有限公司等侵害实用新型专利权纠纷案，广州知识产权法院（2016）粤73民初428号民事判决书。

的问题有三种不同意见：……另一种意见认为，应当借鉴日本《关于特定电信服务提供人的损失赔偿责任的限制及发信人信息披露的法律》的规定，网络服务提供者接到权利人的通知书后并不立即移除或者断开链接，而是将通知书转送给提供涉嫌侵权作品、表演、录音录像制品的服务对象，如果服务对象在 7 日内没有向网络服务提供者提出答复，网络服务提供者则实施删除或者断开链接。……第三种意见认为，……可以借鉴加拿大政府起草的 C-60 法案的规定，即网络服务提供者接到权利人要求网络服务提供者删除侵权作品、表演、录音录像制品的服务对象即可，不需要实际实施删除或者断开链接。"[1]最终，我国采纳了"通知-删除"制度。多年后，通过本要点对"必要措施"的新诠释，"通知-转通知-下架"乃至仅仅"通知-转通知"方案再次回归。这显然与当初的选择不同。

当然，这并不意味着裁判要点 2 与《信息网络传播权保护条例》必然冲突，可考虑的解释方案是：《信息网络传播权保护条例》只适用于著作权，而裁判要点 2 主要适用于专利权。[2]对二者差别对待的原因在于判断专利侵权的难度高于著作权，故对删除措施需更慎重。然而，事实上在专利权领域，我们已通过提高合格通知的标准（主要是初步证据的标准）来一定程度上缓解了侵权判断困难问题，故在必要措施问题上是否还需进一步对不同权利类型差别对待，值得斟酌。

（3）裁判要点 2 的关键在于如何"综合确定"应采哪种必要措施。本案其实并没有给出有说服力的示例，而之后的阿里云案则较好地展示了裁判要点 2。在阿里云案中，原告系游戏"我叫 MT"的著作权人，案外人制作了该游戏私服，并储存于被告阿里云的服务器中。原告在诉前向被告发送了三次通知，但因不含权属凭证等原因而被认定为不合格通知。但法院说理并未就此结束，而是进一步分析了若通知合格，阿里云是否应采取删除等措施。法院首先指出，该案并不适用《信息网络传播权保护条例》，因为云服务不同于《信息网络传播权保护条例》所规范的提供信息存储空间服务的网络服务提供者等四类网络服务提供者，故应适用《侵权责任法》。法院之后引用了本案，

---

〔1〕 张建华主编：《信息网络传播权保护条例释义》，中国法制出版社 2006 年版，第 58~59 页。

〔2〕 但需特别指出的是，裁判要点 2 并非完全不适用于著作权案件。相反，阿里云案便将裁判要点 2 适用于著作权。

认为在某些情况下，网络服务提供者在收到合格通知后，"并不需要也不能够通过采取删除等措施进行免责，而是可以采取其他措施来达到免责条件。"根据云服务的特点，"仅根据权利人通知即采取后果最严厉的'关停服务器'或'强行删除服务器内全部数据'措施有可能给云计算行业乃至整个互联网行业带来严重的影响，并不适当，不符合审慎、合理之原则。""转通知体现了网络服务提供者'警示'侵权人的意图，从而在一定程度上有利于防止损害后果扩大，可以成为'必要措施'从而使得网络服务提供者达到免责条件。"据此，法院认为，将权利人的投诉通知转送给相关云服务器的承租人，而非直接关停服务器或删除相关数据，是更为合理的免责条件。[1]阿里云案为裁判要点 2 的理解提供了典型例证（远好于指导案例 83 号所采用的嘉易烤案），其核心在于：当采取删除等措施对用户而言造成的后果非常可观（有悖于比例原则）时，网络服务提供者并不负有立即采取措施的义务。所谓后果非常可观，体现之一在于网络服务提供者只能全有或全无地对用户内容采取措施，而非仅针对特定侵权内容采取措施。在微信小程序案中，法院也表达了类似的观念，即必要措施要具有"定位清除"效果，"一律彻底删除小程序并非法律规定的'采取必要措施'所追求的'定位清除'效果。"[2]其他不应采删除等必要措施的情形，有待实践判决的继续积累。

（4）该规则显然适用于通知合格场合。但在通知不完全合格时，本规则是否适用？换言之，在通知不合格时，网络服务提供者是否要根据"审慎合理"原则而采取某些必要措施？比如，若采本书观点，本案中平台要求投诉提供订单编号系合理要求，那么在投诉人提供了除订单编号以外的其他所有要求的材料后，平台是否有义务回复投诉人提醒补充材料，更进一步，在投诉人回复前，是否负有转通知的义务？鉴于裁判要点 2 系针对《侵权责任法》第 36 条第 2 款中的"通知"一词所作的解释，而该法中的"通知"系指合格通知，故裁判要点 2 应只适用于合格通知。这也是后续法院判决中的意见。比如在阿里云案中，就阿里云收到不合格通知后是否负有联系投诉人的义务，法院认为"权利人依法向网络服务提供者发出的通知应符合法律规定是权利

---

〔1〕　说理过程详见北京乐动卓越科技有限公司与阿里云计算有限公司侵害作品信息网络传播权纠纷案，北京知识产权法院（2017）京 73 民终 1194 号民事判决书。

〔2〕　杭州刀豆网络科技有限公司诉长沙百赞网络科技有限公司、深圳市腾讯计算机系统有限公司侵害作品信息网络传播权纠纷案，杭州互联网法院（2018）浙 0192 民初 7184 号民事判决书。

人的法定义务，不能因为权利人未全面尽到前述义务，转而为网络服务提供者增加进一步联系、核实、调查等义务。"[1]同样，怡信案中法院也认为，在权利人发出有效通知前，京东并无采取必要措施的义务。[2]当然，此处只是表明根据裁判要点 2 网络服务提供者并不负有该义务，并不否定网络服务提供者可能因其他理由而负有此类义务。

综上可见，指导案例 83 号的裁判要点 2 在一般意义上可兹赞同，因为其确实都存在可适用的情形。只是本案并非体现这项要点的妥当案例。相反，若从规则适用的角度来看，本案判决属于对这一要点规则的误用。值得庆幸的是，根据《〈最高人民法院关于案例指导工作的规定〉实施细则》，法院应参照的是指导案例的裁判要点，而非判决主文。[3]故本案判决主文的观点对后续判决并无拘束力。希望后续判决不要误用本案。

三、必要措施"及时"与否的判断

网络服务提供者不仅要采取必要措施，而且要"及时"采取必要措施。长期以来我国对网络服务提供者采取的措施是否"及时"并未予以关注。但 2020 年 1 月 15 日签订的《中美经贸协议》则对我国提出的相关要求。《中美经贸协议》第一章（知识产权）第五节（电子商务平台上的盗版与假冒）第 1.13 条（打击网络侵权）的内容如下：一、中国应提供执法程序，使得权利人能够针对网络环境下的侵权行为采取有效、迅速的行动，包括有效的通知及下架制度，以应对侵权。二、中国应：（一）要求迅速下架；（二）免除善意提交错误下架通知的责任；（三）将权利人收到反通知后提出司法或行政投诉的期限延长至 20 个工作日；（四）通过要求通知和反通知提交相关信息，以及对恶意提交通知和反通知进行处罚，以确保下架通知和反通知的有效性。三、美国确认，美国现行执法程序允许权利人采取行动，应对网络环境下的侵权。在经贸协议签订后，最高院在 2020 年先后发布了《最高人民法院关于

---

〔1〕 详见北京乐动卓越科技有限公司与阿里云计算有限公司侵害作品信息网络传播权纠纷案，北京知识产权法院（2017）京 73 民终 1194 号民事判决书。

〔2〕 参见怡信磁碟有限公司诉叁佰陆拾度电子商务有限公司等侵害实用新型专利权纠纷案，广州知识产权法院（2016）粤 73 民初 428 号民事判决书。

〔3〕《〈最高人民法院关于案例指导工作的规定〉实施细则》第 9 条规定："各级人民法院正在审理的案件，在基本案情和法律适用方面，与最高人民法院发布的指导性案例相类似的，应当参照相关指导性案例的裁判要点作出裁判。"

全面加强知识产权司法保护的意见》《电子商务指导意见》《网络知识产权批复》《最高人民法院关于依法加大知识产权侵权行为惩治力度的意见》等，市场监管总局也于 2021 年 8 月发布了《关于修改〈中华人民共和国电子商务法〉的决定（征求意见稿）》（以下简称《电商法修改稿》），这些文件出台的重要指向之一，便是落实《中美经贸协议》中的承诺。因此，有必要对《中美经贸协议》中的"要求迅速下架"条款予以认真对待。

在解释"要求迅速下架"条款前，首先说明本书采取的解释方法。关于条约的解释规则，主要规定于《维也纳条约法公约》（以下简称《公约》）第 31 条至第 33 条。我国是该公约的缔约国。[1]美国虽未签署该公约，但对《公约》中的第 31 条和第 32 条，美国一般将其作为国际习惯而予以接受；对第 33 条，美国虽并不将其称为国际习惯，但在很大程度上也作为一种实践做法而予以接受。[2]故本书将主要依据《公约》的解释规则展开对《中美经贸协议》的解释。

解读"要求迅速下架"条款的关键词有三：要求、迅速和下架。所谓"要求"，指我国应建立通知下架制度，从而使权利人可以"依法"要求电商平台在收到权利人的有效通知后迅速下架相关商品。我国目前已建立了通知下架制度，典型法律依据包括《民法典》第 1195 条和第 1196 条，《电子商务法》第 42 条和第 43 条，以及《信息网络传播权保护条例》第 14 条至第 17 条等。故就制度框架而言，我国现行法已经满足了协议的这一"要求"。唯对"迅速下架"的解释，有待明确。下文将先讨论"下架"的涵义，因为下架的不同界定会影响到对"迅速"的判断。

（一）"下架"的涵义

根据《公约》第 31 条第 1 款，对"下架"一词的解释，需首先考虑该用语的通常意义。在《现代汉语词典》中，"下架"的含义有二：（1）把商品从货架上撤下来，指停止出售；（2）图书馆、阅览室等把图书、杂志等从书架上

---

〔1〕 我国司法裁判一直遵守该公约，比如，《最高人民法院关于人民法院为"一带一路"建设提供司法服务和保障的若干意见》（法发〔2015〕9 号）第 7 条提到："要深入研究沿线各国与我国缔结或共同参加的贸易、投资、金融、海运等国际条约，严格依照《维也纳条约法公约》的规定，根据条约用语通常所具有的含义按其上下文并参照条约的目的及宗旨进行善意解释。"

〔2〕 See Restatement (Fourth) of The Foreign Relations Law of the United States § 306 (2018).

撤下来，指停止借阅。〔1〕根据《牛津词典》，takedown 的解释有四：（1）（摔跤中的）摔倒对手的动作；（2）强烈批评某人/某事；（3）从互联网上移除网站、网页或文件的行为，通常是对正式请求的回应；（4）（警方的）抓捕行动，临检，突检。此外，鉴于《中美经贸协议》系中美间签订，故在美国最有影响力的《韦氏第三版新国际英语大词典》也可参考。根据该词典，作为名词的 takedown 的解释有二：（1）take down 的动作；（2）拆解某物（比如来福枪）。同时，词典中对作为动词的 take down 的解释是：（1）降低但并不移除；（2）拉倒或分解；（3）平复情绪；（4）写下或通过设备录下。显然，这些"词典解释"都不宜作为《中美经贸协议》中"下架"一词的妥当涵义。

根据《公约》第 31 条第 4 款，"倘经确定当事国有此原意，条约用语应使其具有特殊意义"，同时，结合第 31 条第 1 款所要求的"按其上下文并参照条约之目的及宗旨"的解释规则，了解"下架"在中美两国国内法中的涵义，进而明确该词在中美经贸协议中的涵义，应是更可取的解释思路。

1. "下架"在美国法中的涵义

1998 年制定的《数字千年版权法》系美国首次在成文法中确立通知下架制度，也是美国对该制度规定最详细的立法。该法在美国《版权法》中新加入了第 512 条。在该条中，唯一出现"下架"（take down）一词的是 512（g）（1），该条的标题是："一般而言（网络服务提供者对通知所涉内容）下架后，（对被下架内容的网络用户）不负有责任"（no liability for taking down generally）。该条正文规定，服务提供者不负有责任系针对其善意断开链接或移除涉嫌侵权内容（good faith disabling of access to, or removal of）。据此可知，该条中的"下架"指的是断开链接或移除。〔2〕

这一解释也得到了美国《数字千年版权法》第 512 条其他条款的佐证，比如 512（c）（1）（A）（iii）。512（c）系对提供信息存储服务的网络服务提供者义务的规定。512（c）（1）规定了此类网络服务提供者的免责条件。512（c）（1）（A）（i）和（ii）规定网络服务提供者的免责要件包括：没有明知（actual knowledge）和没有从侵权行为明显的事实和环境中意识到侵权

---

〔1〕 中国社会科学院语言研究所词典编辑室编：《现代汉语词典》，商务印书馆 2016 年版，第 1413 页。

〔2〕 事实上《数字千年版权法》第 512 条中有 22 处提及"断开链接或移除"涉嫌侵权的内容，但明确提及"下架"来指代"断开链接或移除"，仅 512（g）（1）标题一处。

（aware of facts or circumstances）。（iii）规定：“在明知或意识到后，迅速移除（remove）或断开链接（disable access to）侵权内容。”此处的网络服务提供者移除和断开链接行为，正是前述512（g）（1）试图处理的免除服务提供者对被下架的网络用户（subscriber）承担责任的情形。此外，美国学界的讨论也主要在移除和断开链接的意义上理解下架。[1]近年来，美国学界也出现了对下架规则的反思，其中最主要的探讨是将“下架”改为“永久下架”（staydown）。[2]但这一变化尚处于争论中，并未形成共识，也尚未被美国立法和司法裁判所接受。因此，从美国法来看，在版权领域，“下架”应理解为移除或断开链接。

同时，需强调的是，该结论主要适用于提供系统缓存服务［system caching，规定于512（b）］、信息存储服务［Information residing on systems or networks at direction of users，规定于512（c）］或搜索链接服务［information location tools，规定于512（d）］的网络服务提供者，未必适用于提供其他服务行为的网络服务提供者。尽管512（k）“定义”条款对该条中的“服务提供者”（service provider）给出了宽泛的界定，[3]但由于下架要求仅出现于512（b）、512（c）和512（d）中，未出现于512（a）关于提供“临时数字网络通讯”（transitory digital network communications）服务的规则中，故第512条的下架要求并非适用于所有网络服务提供行为。有疑问的是，对于提供其他服务行为的服务提供者，是否应类推适用512（b）、（c）和（d）的规定？对此，需根据服务行为类型而分别探讨，难以一概而论。比如，对于云存储服务行为（cloud service），美国学界便存在相关探讨，[4]而司法判决对此问

---

〔1〕　美国学界在提及“下架”时，基本上将移除和断开链接作为“下架”默认的涵义，很少探讨除此之外的其他可能的下架措施。See Nimmer on Copyright § 12B. 04.

〔2〕　美国版权局曾就此问题征求社会意见，See U. S. Copyright Office, Section 512 Study: Notice and Request for Public Comment, 80 FR 81862-01, p. 81865. 对“下架”和“永久下架”的详细比较和评论，可参考 Martin Husovec, "The Promises of Algorithmic Copyright Enforcement: Takedown or Staydown? Which Is Superior? And Why?", *Columbia Journal of Law & the Arts*, Vol. 42, 2018, p. 53.

〔3〕　512（k）（1）（B）规定，“服务提供者”一词指在线服务或网络接入提供者，或者为这些服务提供设施的运营者。

〔4〕　See Brian Leary, "Safe Harbor Startups: Liability Rulemaking Under the DMCA", *New York University Law Review*, Vol. 87, No. 4., 2012, p. 1135.

题似尚未表态。[1]另外，值得一提的是，美国第512条是以网络服务提供者提供的服务行为来设置相关规则，这与我国多习惯于从网络服务提供者类型角度来考虑相关规则不同。比如，在美国，提供电子商务平台服务的行为（比如 Amazon、eBay 的行为），常被纳入提供信息存储服务行为，从而适用512（c）的规定。[2]这与我国通常只将优酷、百度文库之类的网站归为信息储存服务提供者，而并不将电商平台纳入信息存储服务提供者的观念有所不同。

鉴于《中美经贸协议》第1.13条可同时适用于商标权，故有必要考查美国商标权领域的通知下架规则。美国并没有成文法对商标领域的通知下架作出规定，[3]而是由判例法所塑造。美国的标志性判决是 Tiffany 诉 eBay 案，该案是美国第一个探讨在线拍卖平台是否需对第三方卖家的商标侵权承担促成责任（contributory liable）的判决。[4]原告 Tiffany 是著名珠宝品牌权利人，在发现被告 eBay 网站上存在大量第三方卖家销售假货后，向 eBay 发送了侵权投诉，并要求 eBay 立即移除其网站上所有的 Tiffany 假货，并在将来持续采取措施来去除假货等。eBay 虽然移除了部分假货，但其网站上仍然不断出现假货，故 Tiffany 起诉要求 eBay 承担商标直接侵权（direct infringement）和促成侵犯（contributory Infringement）责任等。[5]法院否定了 eBay 的直接侵权责任。关于促成侵权，法院认为，电商平台需符合知道（knowledge）或有理由知道（reason to know），其判断标准在于电商平台具体知道（specific knowledge）侵权商品，而非只是概括性知道（general knowledge）。法院认为，"尽管 Tiffany 的侵权通知和消费者的投诉让 eBay 有理由知道有些卖家在销售假货，但这些卖家的商品已被 eBay 移除，多次侵权者也被暂停了 eBay 账号。因此，

---

〔1〕 笔者于2021年9月20日在 Westlaw 的 Cases 栏目下分别对美国排名前三的云服务提供者 Amazon Web Service，Microsoft Azure 和 Google Cloud 所涉的案件展开检索，并未发现美国有类似于我国阿里云案判决书那样详细探讨了通知下架制度对云服务提供者如何适用的判决书。

〔2〕 典型案例参见 Corbis Corp. v. Amazon. com，Inc.，351 F. Supp. 2d 1090（W. D. Wash. 2004）.

〔3〕 美国的 Lanham（Trademark）Act 32（2）（B）和32（2）（C）有规定可适用于电商平台的免责条款，但该条只适用于付费广告等情形，与《中美经贸协议》所涉假货问题无关。

〔4〕 See Michael Pantalony，"Contributing to Infringement：Intermediary Liability After Tiffany v. eBay and Louis Vuitton v. Akanoc"，*The Trademark Reporter*，Vol. 105，No. 3.，2015，p. 711.

〔5〕 See Tiffany（NJ）Inc. v. eBay，Inc.，576 F. Supp. 2d 463，pp. 469–470，pp. 481–482（S. D. N. Y. 2008）.

Tiffany 未能证明 eBay 仍然在向其知道或有理由知道从事 Tiffany 假货销售的卖家提供服务。"[1]最终，法院认为 eBay 无需承担责任。

从 Tiffany 案可得出，在线拍卖平台在收到权利人通知后，若及时移除了投诉商品，则平台不满足促成侵权的要件，进而不构成间接责任（secondary liability）。鉴于美国此类诉讼中电商平台多不被认定为构成直接责任（primary liability），故间接责任的构成与否，很大程度上影响了电商平台最终是否需承担责任。Tiffany 案的判决中虽未明确表明在商标权领域可适用通知下架制度，但其关于直接/间接责任的规则将导致在线拍卖平台在收到投诉后更有意愿对侵权商品采取下架措施，故多数学者认为 Tiffany 案确立了商标权领域的通知下架制度。[2]

此外，从美国实践来看，不少企业在商业实践中也采取了通知下架政策，比如 eBay 的保护知识产权方案（Verified Rights Owner Program）[3]、亚马逊的"品牌登记项目"（Brand Registry Program）[4]和"零号项目"（Project Zero）[5]。

综上，美国在商标权领域确实采纳了类似版权领域的通知下架制度。但需进一步明确的是，美国商标权领域的"下架"涵义，是否与版权领域相同，即指"移除或断开链接"。对此，很难给出确定性的答复，理由在于：其一，美国商标权领域的促成侵权系判例法规则，成文法中并无相关规则，而每一判例都有其特定的案情，所得结论未必能适用于所有商标权侵权。其二，美

---

〔1〕　Tiffany (NJ) Inc. v. eBay, Inc. , 600 F. 3d 93, 109 (2nd Cir. 2010).

〔2〕　See Graeme B. Dinwoodie, "Secondary Liability for Online Trademark Infringement: The International Landscape", *Columbia Journal of Law & the Arts*, Vol. 37, No. 4. , 2014, pp. 472－475. 当然，也有学者认为，后续判决并没有完全遵从 Tiffany 案提出的概括性知道无法构成帮助侵权的规则。See Michael Pantalony, "Contributing to Infringement: Intermediary Liability after Tiffany v. eBay and Louis Vuitton v. Akanoc", *The Trademark Reporter*, Vol. 105, No. 3. , 2015, pp. 709－710.

〔3〕　See Verified Rights Owner Program, https://pages. ebay. com/seller－center/listing－and－marketing/verified-rights-owner-program. html#m17-1-tb2, last visited on Sep. 24 2021.

〔4〕　亚马逊的"品牌登记项目"开始于 2017 年 5 月，其运行流程类似于通知下架制度，但其只适用于商标权，且只适用于亚马逊自营或第三方销售但由亚马逊负责快递运输的商品。See https://brandservices. amazon. com/, last visited on Sep. 24 2021.

〔5〕　亚马逊的"零号项目"开始于 2019 年 2 月，在品牌登记项目的基础上，零号项目允许权利人投诉假货后，系统自动移除假货，而无需经过亚马逊的审查。同时亚马逊也会通过机器学习（machine learning）等自动扫描和下架涉嫌假货的商品。See https://brandservices. amazon. com/projectzero, last visitied on Sep. 24 2021.

国商标权主要由州法管辖，并非联邦法管辖。某一州的判决未必会被其他州所认可。尽管在此问题上难有定论，但确实有判决表明，在商标权领域，电商平台收到通知后，并非必须都要采取移除或断开链接措施。

在 Tiffany 案中，法院认为，电商平台采取的措施"适当"（appropriate）即可。比如，该案中原告 Tiffany 不仅要求 eBay 收到通知后删除涉嫌侵权的商品，且要求暂停（suspend）卖家的账户。法院认为，"eBay 拒绝采取僵化的一振出局规则（hard-and-fast, one-strike rule）[1]是适当的，理由如下：第一，尽管侵权通知表明权利人善意地认为相关商品系假货，但侵权通知并不是判断假货的决定性结论。确实，有时 Tiffany 也会发现被投诉的商品事后证明系正品，并申请恢复上架该商品。……第二，暂停账户是一件非常严肃的事（a very serious matter），尤其是对那些依赖 eBay 谋生的卖家而言。……最后，Tiffany 未能提供证据或给出论证，通过原告的测试性购买项目（Buying Program）所购买的最终被认定为假货的商品中，有任何商品系销售自 Tiffany 之前就已经投诉过的卖家。"[2]可见，法院在判断平台所采措施是否妥当时，综合考虑了通知的准确性、权利人和卖家的利益、平台所采措施的有效性等因素。尽管法院判决中并未否定原告在收到通知后下架相关商品的义务，但其关于措施应"适当"的观念，为电商平台采取其他措施（而非移除或断开链接措施）留下了空间。

在 Tre Milano 案中，法院更进一步表明，移除未必是必要措施。原告 Tre Milano 发现亚马逊上存在假货，故向亚马逊投诉。尽管原告发送了上百份投诉，但多数除了声明相关商品是假货外，并未提供其他假货证据。被告亚马逊并未对其投诉的多数商品采取措施，而是要求原告补充提交相关证据，比如为确认假货而测试性购买商品的亚马逊订单号（Amazon. com Order ID of a test buy），但原告并未提供。同时，原告也向 eBay 投诉了侵害其商标权的假货，eBay 在收到其投诉后几乎立即下架了商品（listings are taken down almost

---

〔1〕 一振出局指卖家被投诉侵权一次就暂停卖家的账户。根据判决书的介绍，eBay 事实上主要采取的是有弹性的"三振出局"规则（three-strikes rule）。当卖家被首次投诉后，eBay 会调查卖家信息，如果卖家所销售的商品存在多次侵权，这表明卖侵权商品是该卖家的主要目的，eBay 会在第一次投诉后就暂停卖家账户。反之，若卖家所售商品多数合法，eBay 只会移除侵权商品并向卖家发送警示和教育信息（educational information），并告知卖家若再犯会被暂停账户。See Tiffany (NJ) Inc. v. eBay, Inc., 576 F. Supp. 2d 463, 488-489 (S. D. N. Y. 2008).

〔2〕 Tiffany (NJ) Inc. v. eBay, Inc., 576 F. Supp. 2d 463, 489-491 (S. D. N. Y. 2008).

immediately）。在起诉亚马逊时，原告反复强调 eBay 在收到侵权通知，且该通知只是基于善意地相信商品系侵权时，就应立即移除相关商品，而亚马逊并没有这么做。但加州上诉法院认为："Tre Milano 援引的案件，无论是 Tiffany 二审和一审判决，还是其他判决，都不足以支持原告的结论：收到可能是假货的通知后，商品必须被移除，而非只能是被调查。"〔1〕最终，法院支持了亚马逊的主张。可见，在商标权领域并未形成稳定的通知后必须移除的规则。

综合美国版权和商标权领域的通知下架制度，在解释美国法中的"下架"一词时，应采狭义解释，即指"移除或断开链接"，而非广义解释，即泛指网络服务提供者收到通知后所应采取的各种可能措施，理由是：（1）从文义来看，将下架作狭义解释更符合其文义。（2）在商标纠纷中，法院判决时有意区分了下架和措施。比如，上述 Tiffany 和 Tre Milano 案的判决中，法院在表述网络服务提供者应采取的措施时，多未用"下架"（takedown）一词，而是用"措施"（step）。（3）美国学界多在狭义上使用下架一词。〔2〕

虽然本书主张《中美经贸协议》第 1.13 条并不适用于专利权侵权，但美国或许会对我国提出将本条适用于专利权领域的主张，因为"假冒"一词在我国国内法中包含了侵害专利权。为更好地回应美国可能对我国提出的要求，此处也对美国的专利权做简要说明。在美国法中，并没有任何成文法规定专利权适用通知下架制度。同时，也没有判例法采纳了该制度。事实上，美国学界也很少有学者主张专利领域应适用通知下架制度。

从美国商业实践来看，与商标侵权不同，多数企业在美国并没有在专利权方面采纳通知下架制度。比如 eBay 为权利人提供的"保护知识产权方案"在美国主要适用于版权和商标权，专利权投诉只适用于欧洲国家，不包括美国。同时，eBay 提供的侵权通知书表格（Notice of Claimed Infringement form）也主要以版权和商标权为主。虽然侵权通知书表格也提及了可以投诉专利权侵权，但同时要求需包含相关的法院裁判文书（court order），而非版权和商标

---

〔1〕 Tre Milano, LLC v. Amazon. Com, Inc., 2012 WL 3594380, at 14 (2012).

〔2〕 See Nimmer on Copyright § 12B. 04. Also see McCarthy on Trademarks and Unfair Competition § 25：20. 50.

权那样只需投诉人认为相关商品侵权的善意声明即可。[1]

类似的，亚马逊长期以来也并没有在专利权领域采取通知下架的政策。2019 年 4 月亚马逊公布了一项叫"专利中立评估程序"（Utility Patent Neutral Evaluation Procedure，UPNEP）的反假货执行计划。其运作过程是：专利权人发现亚马逊上有侵权商品后，可向亚马逊提交侵权通知，并同意通过专利中立评估程序解决纠纷。被投诉的卖家有 20 天时间反驳该投诉。若其未反驳，亚马逊将立即移除该商品。若反驳，被投诉的卖家必须也同意通过专利中立评估程序解决纠纷。同时，争议双方需各提供 4000 美元的保证金给亚马逊选定的中立评价人员。该评价人员系经验丰富的专利纠纷律师，由其判断涉案商品是否落入了投诉人的专利权范围。若评价人员最终认定构成侵权，则亚马逊会在收到结果后的 10 个工作日内移除商品。整个过程会在 4 个月内完成。[2]可见，亚马逊的专利中立评估程序有着准司法性质，虽然也存在通知和下架，但与《数字千年版权法》所规定的通知下架制度仍然相去甚远。

综上，美国在专利权领域并没有采纳通知下架制度。之所以不适用，与专利权判断难度较高有关。正如专利中立评估程序所显示的，专利侵权与否需要专业人士的判断，电商平台不愿仅仅根据投诉人单方的声明就采取下架措施。同时，由专业人士判断专利侵权的成本较高，电商平台不愿自己承担此费用，在专利中立评估程序中是由纠纷中的"败诉方"承担。

2. "下架"在中国法语境下的理解

我国法上并没有广泛使用"下架"一词，而是广泛使用了"必要措施"一词。但这一用语的涵义在我国法上是个嬗变的过程。

我国法在规定通知下架制度时，最初使用的是"措施"一词。2000 年《最高人民法院关于审理涉及计算机网络著作权纠纷案件适用法律若干问题的解释》第 5 条规定："提供内容服务的网络服务提供者，明知网络用户通过网络实施侵犯他人著作权的行为，或者经著作权人提出确有证据的警告，但仍

---

[1]　See Verified Rights Owner Program, https://pages. ebay. com/seller - center/listing - and - marketing/verified-rights-owner-program. html#m17-1-tb2, last visited on Sep. 24 2021.

[2]　See Kaity Y. Emerson, "From Amazon's Domination of E-Commerce to Its Foray into Patent Litigation：Will Amazon Succeed as 'the District of Amazon Federal Court'?", *North Carolina Journal of Law & Technology*, Vol. 21, No. 2., 2019, pp. 89-93.

不采取移除侵权内容等措施以消除侵权后果的，人民法院应当根据民法通则第一百三十条的规定，追究其与该网络用户的共同侵权责任。"可见，该解释使用了"措施"一词，并将该措施主要解释为"移除"侵权内容。从当时法院的判决来看，鲜有法院判决网络服务提供者采取"移除"以外的其他"措施"，故可将当时我国法上的"措施"等同于"移除"。同时，该解释虽然并未提及"断开链接"，但从实践效果来看，移除与断开链接对权利人利益的保护而言并无实质性差别。据此，可认为当时我国法上的"措施"一词的涵义与美国法中"下架"一词的涵义一致。

2006 年的《信息网络传播权保护条例》在用语上则与美国法保持了一致。《信息网络传播权保护条例》是我国实证法中受美国《数字千年版权法》影响最深的法律。《信息网络传播权保护条例》第 15 条规定了提供信息存储空间或者提供搜索、链接服务的网络服务提供者在接到权利人通知书后需采取的措施，包括"立即删除涉嫌侵权的作品、表演、录音录像制品，或者断开与涉嫌侵权的作品、表演、录音录像制品的链接"。《信息网络传播权保护条例》并未使用"下架"一词，但根据官方释义，《信息网络传播权保护条例》中的"删除"其实指的就是"下架"。[1]据此，《信息网络传播权保护条例》对"下架"的理解与美国法一致。事实上，我国《信息网络传播权保护条例》中规定的通知下架制度基本照搬了美国《数字千年版权法》的相关规定。[2]

但我国随后的一系列立法和司法实践，则渐渐远离了《信息网络传播权保护条例》的做法。2009 年的《侵权责任法》第 36 条第 2 款第 1 句规定："网络用户利用网络服务实施侵权行为的，被侵权人有权通知网络服务提供者采取删除、屏蔽、断开链接等必要措施。"该规定的特点在于：一方面规定了"删除、屏蔽、断开链接"措施，这延续了我国传统，也与美国的理解无分轩轾；另一方面强调了"必要措施"，这为发展出上述三项措施以外的措施提供了可能。而实践也恰恰向此方向发展。比如指导案例 83 号中，原告嘉易烤公

---

[1]《信息网络传播权保护条例》的官方释义书中将美国通知规则翻译为"通知与删除程序"。参见张建华主编：《信息网络传播权保护条例释义》，中国法制出版社 2006 年版，第 53~57 页。

[2] 参见张建华主编：《信息网络传播权保护条例释义》，中国法制出版社 2006 年版，第 53 页以下。

司起诉被告金仕德公司和天猫侵害发明专利，原告在起诉前曾向天猫公司投诉，但天猫公司并未及时下架相关商品。法院认为，"本案系侵害发明专利权纠纷。天猫公司作为电子商务网络服务平台的提供者，基于其公司对于发明专利侵权判断的主观能力、侵权投诉胜诉概率以及利益平衡等因素的考量，并不必然要求天猫公司在接受投诉后对被投诉商品立即采取删除和屏蔽措施，对被诉商品采取的必要措施应当秉承审慎、合理原则，以免损害被投诉人的合法权益。但是将有效的投诉通知材料转达被投诉人并通知被投诉人申辩当属天猫公司应当采取的必要措施之一。否则权利人投诉行为将失去任何意义，权利人的维权行为也将难以实现。"本案中，法院确立了"'必要措施'应根据所侵害权利的性质、侵权的具体情形和技术条件等来加以综合确定"的规则。[1]作为指导案例，嘉易烤公司与天猫公司等侵害发明专利权纠纷案正式开启了我国在网络侵权领域的"必要措施"不再局限于删除、屏蔽、断开链接等"下架"措施的进程。

指导案例的这一思想在 2018 年的《电子商务法》中得到了进一步体现。该法第 42 条提及的必要措施包括了"删除、屏蔽、断开链接、终止交易和服务等"。2019 年浙江省高级人民法院民三庭发布的《涉电商平台知识产权案件审理指南》第 14 条更进一步提出，必要措施"包括但不限于：删除、屏蔽、断开链接、终止交易和服务、冻结被通知人账户或者要求其提供保证金"。2020 年最高院的《电子商务指导意见》第 3 条中也进一步确认，必要措施"包括但不限于删除、屏蔽、断开链接等下架措施"，并在第 10 条中规定"人民法院判断电子商务平台经营者是否采取了合理的措施，可以考量下列因素：构成侵权的初步证据；侵权成立的可能性；侵权行为的影响范围……电子商务平台的服务类型和技术条件等。"可见，我国在"必要措施"方面，已经完全不再局限于早期的删除、屏蔽、断开链接等"下架"措施。[2]

尽管"必要措施"在一般意义上包含了删除、屏蔽、断开链接、转通知、

---

〔1〕 指导案例 83 号嘉易烤公司与天猫公司等侵害发明专利权纠纷案。

〔2〕 更详细的论证参见孔祥俊：《"互联网条款"对于新类型网络服务的适用问题——从"通知删除"到"通知加采取必要措施"》，载《政法论丛》2020 年第 1 期。也有学者主张，在《侵权责任法》通过后，通知规则应修正为"通知与必要措施"规则，详见李扬、陈铄：《"通知删除"规则的再检讨》，载《知识产权》2020 年第 1 期。

终止交易和服务、冻结被通知人账户、要求其提供保证金等，但在解释上仍存在的一种可能是：这些措施针对的是侵害商标权等权利的场景，在侵害著作权时，仍应适用《信息网络传播权保护条例》的规定，必要措施仅限于删除或断开链接措施。若采此种解释，则我国必要措施的涵义将类似于美国在版权和商标权领域差别对待的做法。但从我国司法实务来看，这一解释并不成立。比如，在阿里云案中，法院指出："按照相关国家标准和行业伦理，云服务器租赁服务提供者负有极为严格的安全保护义务、保密义务和隐私保护义务，不允许其接触用户存储的信息内容，遑论对内容进行核实、处理、删除。"在此情形下，"即便接到有效通知，阿里云公司亦非必须采取'关停服务器'或'强行删除服务器内全部数据'的措施"，"将权利人的投诉通知转送给相关云服务器的承租人是更为合理的免责条件"。[1]同样，在微信小程序案中，法院认为，《侵权责任法》第36条规定的必要措施包括但不限于删除、屏蔽、断开链接。由于删除小程序的措施并非针对具体被诉侵权作品，而是终止提供全部小程序网络服务，该措施的严厉程度明显超出了本案被诉侵权行为所造成损害的必要限度，故腾讯公司不应承担整体下架涉案微信小程序的民事责任。[2]鉴于阿里云案和微信小程序案都涉及的是著作权侵权纠纷，且两案都被作为典型案例对待，故可认为，我国即便在著作权领域也并未将必要措施限制于删除和断开链接等措施。

综上，在我国法语境下，必要措施是根据"比例原则"可能采取的强弱有序的一系列措施，包括删除、屏蔽、断开链接、转通知、终止交易和服务、冻结被通知人账户、要求提供保证金等。

3.《中美经贸协议》中"下架"一词的妥当理解

根据对中美国内法的考察，两国在"下架"方面的异同在于：（1）美国

---

〔1〕 北京乐动卓越科技有限公司与阿里云计算有限公司侵害作品信息网络传播权纠纷案，北京知识产权法院（2017）京73民终1194号民事判决书。该案被最高院评为2019年中国法院50件典型知识产权案例之十九。该案中法院否定删除等作为必要措施的另一理由是"'关停服务器'或'强行删除服务器内全部数据'的严厉程度远远超过'删除、屏蔽、断开链接'"。

〔2〕 参见杭州刀豆网络科技有限公司诉长沙百赞网络科技有限公司、深圳市腾讯计算机系统有限公司侵害作品信息网络传播权纠纷案，浙江省杭州市中级人民法院（2019）浙01民终4268号民事判决书。该案被最高院评为2019年中国法院50件典型知识产权案例之二十三。

仅要求网络服务提供者在版权和商标权领域采取下架措施，[1]中国则要求网络服务提供者在版权、商标权、专利权等知识产权领域普遍负有采取措施的义务。（2）美国在版权领域将该措施表述为"下架"，我国法律文本中则从未使用过"下架"一词，而是逐渐统一称之为"必要措施"。（3）美国在版权领域的"下架"指移除或断开链接，且该规则只适用于提供系统缓存服务、信息存储服务和搜索链接服务的服务提供者，至于其他网络服务行为是否适用"下架"规则，需视情况而定。在商标权领域，电商平台提供者并不必然要采取"下架"措施，也可能采取调查等措施。在我国，无论是哪种权利类型受侵害，网络服务提供者可采取的措施都包括下架、转通知等多种可能。（4）美国在商标权领域强调电商平台应采取的措施应"适当"（appropriate），这与我国在所有领域都强调措施要符合"比例原则"的观念相似。

基于中美的上述比较，《中美经贸协议》"下架"一词，应与美国国内法的涵义相同，即采狭义解释，指移除或断开链接，理由在于：（1）条约解释首先需按"通常意义"解释，"下架"采狭义解释，更符合网络侵权语境中"下架"的通常意义。"下架"文义的射程范围，可能包括删除、移除、屏蔽、断开链接、终止交易、停止用户账户等，但难以将对被投诉商品展开调查、将投诉告知卖家、向卖家发送警示或教育信息等纳入其中。（2）根据本条的"目的和宗旨"，其旨在"打击网络侵权"，将"下架"解释为移除或断开链接，更有利于该目的的实现。（3）本条系美国对中国提出的要求，且美国国内法文本中有该词的确切涵义，而中国法文本中并未使用该词（尽管理论上有在使用），故将《中美经贸协议》中"下架"一词解释为与美国国内法一致，与条约解释中的"善意解释"规则相符。（4）《全面与进步跨太平洋伙伴关系协定》（Comprehensive and Progressive Agreement for Trans-Pacific Partnership，CPTPP，以下简称 CPTPP 协议）第 18 章第 J 节（网络服务提供者）第 18.82 条（法律救济和安全港）也涉及了对网络服务提供者的相关要

---

〔1〕 严格而言，美国法并没有要求网络服务提供者负有采取措施的"义务"，而只是规定，若网络服务提供者未采取措施，将不能享有"避风港"（通知规则）的保护。换言之，下架等措施对网络服务提供者并非法律义务。详细分析参见徐伟：《通知移除制度的重新定性及其体系效应》，载《现代法学》2013 年第 1 期。本书基于《中美经贸协议》对我国提出"下架"要求，在比较中美法时，并不严格区分"下架"是否为义务的争议。

求，其中 3（a）条款规定，提供存储和链接服务的网络服务提供者在明知或意识到（如收到了侵权通知）网站存在侵权内容时，应迅速移除或断开链接（expeditiously remove or disable access to）相关内容。本条是类似于《中美经贸协议》"要求迅速下架"的规则，其使用的"移除或断开链接"，可作为解释"下架"的参考。

（二）"下架"规则的适用范围

将下架解释为"移除或断开链接"后，面临的一个问题是："要求迅速下架"规则是否适用于各类知识产权？鉴于本条被置于第一章（知识产权）第五节（电子商务平台上的盗版与假冒）项下，故可能的适用范围应仅包含版权、商标权和专利权。其中，可能有疑义的，是商标权和专利权。

1. "下架"规则不适用于专利权

下架规则能否适用于专利权，主要与如何解释"假冒/counterfeiting"相关。假冒在《新华字典》，counterfeiting 在《牛津词典》的释义中，都指"冒充、伪造"等涵义，如此宽泛的涵义不宜用于此处对条约的解释。故应根据《公约》第 31 条第 4 款考察假冒一词在两国法律语境中的涵义。

在中国法语境下，"假冒"可以指向商标权和专利权。比如，我国《中华人民共和国商标法》第 63 条第 4 款规定了"假冒注册商标"的法律后果；《专利法》第 68 条规定了"假冒专利"的行政责任。

但在美国法语境下，counterfeiting 仅指假冒商标，并不包含假冒专利，理由如下：（1）根据美国的用语习惯，"patent counterfeiting"是极少出现的表达。尽管有少量学术文献中会采此种表达，但美国官方文件中似从未出现过这种表述。[1]（2）美国用语习惯的典型体现是美国每年发布的《特别 301 报告》（Special 301 Report），其中对知识产权侵权（Intellectual Property Infringement）的表述分别是 patent infringement（专利侵权）、trademark counterfeiting（商标假冒）、copyright piracy（版权盗版）、trade secret theft（商业秘密窃取），同时在报告中明确表示，以 counterfeiting 和 piracy 分别简称 trademark

---

〔1〕　2021 年 9 月 26 日，在 Westlaw 以"patent counterfeiting"为关键词进行检索，所得结果中，案例（Cases）、成文法与法院规则（Statutes & Court Rules）、法规（Regulations）项下结果都是 0。非官方文献（Secondary Sources）项下也仅有 15 篇。

counterfeiting 和 copyright piracy。[1]

可见,《中美经贸协议》中文文本的"假冒"和英文文本的 counterfeiting 在两国各自的国内法中涵义不同。而《中美经贸协议》第 8.6 条(作准文本)中约定,"两种文本同等作准"。故问题在于,应如何处理中英文本中的不一致?

根据条约解释规则,此处应采英文文本 counterfeiting 的涵义,即假冒的涵义中并不包含专利权,理由如下:

首先,根据《公约》第 33 条第 4 款:"除依第一项应以某种约文为根据之情形外,倘比较作准约文后发现意义有差别而非适用第三十一条及第三十二条所能消除时,应采用顾及条约目的及宗旨之最能调和各约文之意义。"《公约》第 31 条和第 32 条系根据用语、上下文、目的和宗旨等对条约善意地予以解释。就"假冒"问题,仅通过"用语"(文字的通常涵义)无法得出结论。从上下文[2]来看,《中美经贸协议》在第一章第七节"盗版和假冒产品的生产和出口"(Manufacture and Export of Pirated and Counterfeit Goods)中提及了"假冒"二字。但本节所涉的盗版和假冒产品,主要关注的是此类产品可能"严重危害公众的利益",故本节下分别规定了假冒药、存在健康和安全风险的假冒商品、销毁假冒商品等。鉴于本节所谓假冒产品更多地指向的是"掺杂、掺假,以假充真,以次充好,或者以不合格产品冒充合格产品",其规范目的与第 1.13 条旨在保护知识产权不同,故第七节"假冒"一词的涵义,参考价值有限。

其次,从本条的目的和宗旨来看,本条是美国对中国打击网络侵权提出的要求,故对本条目的和宗旨的探究,应主要探究美国的意图。尽管两国并未公布《中美经贸协议》订立过程中的准备资料等,但美国每年发布的《特别 301 报告》,应能较好地反映美国的意图。[3]在 2018、2019 和 2020 年的调查报告中,针对中国部分都专门提及了"电子商务中的盗版、假冒及其他问

---

[1] See 2021 Special 301 Report, p. 9.

[2] 《公约》中的"上下文",是非常宽泛的概念,包括了当事国之间就该条约的缔结所订立的与该条约有关的任何协定等。本书此处只考察《中美经贸协议》文本的上下文。

[3] 《中美经贸协议》第一章知识产权中规定的内容,与《特别 301 报告》中美国对中国的要求,存在诸多重合。比如,《中美经贸协议》中涉及的商业秘密、电商平台上的盗版与假冒、盗版和假冒产品的生产和出口、技术转让等,都是美国最近 5 年《特别 301 报告》中总是会涉及的内容。

题"（E-Commerce Piracy, Counterfeiting and Other Issues）。在该部分，主要讨论的，是中国缺乏行之有效的通知下架制度。因此，可合理推测，《中美经贸协议》中的电商条款，可能主要来自《特别 301 报告》中美国对中国的那些看法和要求。[1]鉴于调查报告中的 Counterfeiting 仅指假冒商标，故可认为，《中美经贸协议》第五节中的 "假冒" 也应仅指假冒商标。

再次，其他相关国际条约中的用语，也可作为参考。"条约中的用语，首先可以根据其他条约来加以解释，尤其当后者是为了实现相似目的或涉及相似法律问题时。"[2]因此，同样是处理贸易中的知识产权问题的 TRIPS 协议和 CPTPP 协议，可兹参考。在 TRIPS 协议中，凡提及 counterfeit/counterfeiting 的条文，都指向的是商标权，包括第 46、51、59、61 和 69 条（表述为 counterfeit trademark goods 或 trademark counterfeiting）。类似的，在 CPTPP 协议中，提及 counterfeiting 的条文也都指向商标权（表述也多为 counterfeit trademark goods 或 trademark counterfeiting），包括第 18. 74 至 18. 77 条。故《中美经贸协议》中的 counterfeiting 限于商标权，与国际条约中的通常涵义相符。

最后，一般而言，在解释条约时，"任何倾向于限制缔约任何一方自由行使权利的规定，必须按最狭的意义来了解。"[3]故在假冒和 counterfeiting 涵义不同时，采狭义者，更为可取。更何况，该狭义解释系来自英文文本，而非来自负担义务的中文文本。

综上，第五节中的 "假冒" 不应包含侵害专利权，即下架规则不应适用于专利权。

2. "下架" 规则可适用于商标权

既然假冒并不包含侵害专利权，则其只能指侵害商标权，即下架规则应适用于商标权，这似是理所当然的结论。但问题是，根据中美两国国内法，在侵害商标权场合，下架都不是收到通知后唯一可采取的措施。若将下架规则适用于商标权，意味着《中美经贸协议》对中国提出了比美国国内法更高

---

〔1〕 典型例证是，2020 年的《特别 301 报告》认为，中国《电子商务法》的问题之一是，"对善意提交错误通知者采严格责任"。而《中美经贸协议》第 1. 13 条的内容之一是要求中国 "免除善意提交错误下架通知的责任"。See 2020 Special 301 Report, p. 43.

〔2〕 See Oliver Dörr, Kirsten Schmalenbach, *Vienna Convention on the Law of Treaties - A Commentary*, Springer, 2018, p. 605.

〔3〕 李浩培：《条约法概论》，法律出版社 2003 年版，第 338~339 页。尽管这并非公认的条约解释规则，但可作为参考。

的要求。因此，在下架规则能否适用于商标权问题上，仍有探讨的余地。有两种可能的解释。

第一种可能，下架规则不适用于商标权，理由如下：

第一，根据《公约》第31条第1款，条约应"善意地予以解释"。据此，基于中美双方国家对等的关系，《中美经贸协议》中美国对中国提出的要求，原则上应以美国国内法同样做到的程度为限，除非《中美经贸协议》明确对中国提出了更高的要求。[1]"要求迅速下架"固然置于"电子商务平台上的盗版与假冒"标题项下，但这并不排除标题下某一具体条款有更限缩的适用范围。相反，基于善意解释原则，在条约未明确要求时，似应采中美国内法对等的解释方案。

第二，根据《公约》第32条，在"按照第31条进行解释所得到的意义：（1）不明或难解时；（2）或显然荒谬或不合理时；为了确定该用语的意义，得使用补充的解释资料，包括该条约的准备资料及其缔结的情况。"若将经贸协议的"要求迅速下架"条款适用于商标权，将可能得出"显然荒谬或不合理"的结果，因为：

（1）从利益衡量来看，一概地在商标领域适用下架规则，虽可强化对商标权人的保护，但将不可避免地对平台上合法的销售者造成损害。从通知下架制度的实践来看，投诉人未必都是权利人。相反，错误投诉和恶意投诉所在多有。同样，在美国担忧《数字千年版权法》确立的通知下架制度被滥用的声音长期以来持续存在。[2]故在规则设计时，片面地强化对投诉人（未必是真正权利人）的保护，并非妥当的政策安排，也为中美两国国内法所不采。

（2）版权领域采取下架措施之所以可接受，在于版权侵权相对较容易判断。一旦权利人发送合格通知后，电商平台可有效判断通知所涉内容是否真

---

〔1〕 美国明确提出的更高要求确实存在，比如，《中美经贸协议》第1.13条之二要求中国应"（三）将权利人收到反通知后提出司法或行政投诉的期限延长至20个工作日"。而美国国内法的规定是10个工作日［《数字千年版权法》512（g）（2）（B）］.

〔2〕 这方面的经典研究是 Urban 教授等针对通知下架展开的实证研究，该研究显示，涉及美国《数字千年版权法》512（c）和512（d）的通知中，31%的通知存在合理使用等实质性抗辩、版权保护较弱或并非版权保护的客体的问题。Google 收到的通知中，41%通知的投诉者是竞争对手。See Jennifer M. Urban, Laura Quilter, "Efficient Process or 'Chilling Effects'? Takedown Notices Under Section 512 of the Digital Millennium Copyright Act", *Santa Clara Computer and High Technology Law Journal*, 2006, Vol. 22, pp. 655, 667.

的构成侵权进而采取措施，且此类判断出错的概率相对较低。但对商标权而言，鉴于恶意注册商标等现象的广泛存在，是否侵权未必显而易见。故对版权以外的其他领域，根据"比例原则"采取相应的措施更可取。[1]

（3）在确定下架措施的适用范围时，还应结合合格通知要件的宽严程度。一国对合格通知的要求越高，相应的收到合格通知后应采取的措施可以越严厉；反之，措施应越有弹性。比较中美两国，美国对合格通知的要求高于中国。美国《数字千年版权法》512（c）（3）（A）规定了"通知的要件"，主要包括：通知人或被授权人的签名；被侵害的版权作品；足以让网络服务提供者定位侵权内容的信息；足以让服务提供者联系到投诉人的信息；投诉人善意的声明；愿对虚假陈述承担责任的声明。而我国对合格通知的要求则并没有如此广泛。[2]比如，在美国，"愿对虚假陈述承担责任的声明"是合格通知的必备要件之一。[3]但在我国，从未有法院以通知中缺乏此类声明而否定过通知的效力。此外，实践中电商平台常要求投诉人提供为确认商品侵权而做的测试性购买订单号，美国有判决认为这可作为合格通知的要求之一，[4]但我国指导案例 83 号则认为"投诉方是否提供购买订单编号或双方会员名并不影响投诉行为的合法有效。"可见，我国对合格通知的要求低于美国。据此，在一般意义上我国通知下架制度可能引发的错误通知可能要高于美国。为了避免错误通知引发的不利后果，我国网络服务提供者在收到通知后应采取的措施，应被赋予更大的弹性，而非要求一概采取较严厉的下架措施。

---

[1]　有学者认为，版权领域的通知下架制度之所以比商标权领域更易被接受，是因为版权侵权若不立即下架，常对版权人造成不可弥补的损害（irreparable harm）。而在商标领域，人们对在平台内卖家尚未作出回应前就迅速移除投诉所涉商品则有所迟疑。See Frederick W. Mostert, Martin B. Schwimmer, "Notice and Takedown for Trademarks", *The Trademark Repoter*, Vol. 101, 2011, p. 277. 该文第一作者是国际商标组织（International Trademark Association）的首席法律顾问、前主席。该文观点多强调对权利人（而非电商平台及平台内经营者）的保护，但仍承认，通知规则在版权和商标权领域的正当性会有所不同。笔者虽并不完全同意该文"版权侵权若不立即下架，常对版权人造成不可弥补的损害"的观点，但同意版权和商标权在考量上会有所不同的想法。

[2]　需注意的是，《信息网络传播权保护条例》第 14 条中提及的一些合格通知的要件，比如权利人的地址、侵权内容的网络地址，早已不再被司法实践所遵循。参见孔祥俊：《网络著作权保护法律理念与裁判方法》中国法制出版社 2015 年版，第 117~120 页。

[3]　See Perfect 10, Inc. v. CCBill LLC, 488 F. 3d 1102, 1112 (9th Cir. 2007).

[4]　Tre Milano v. Amazon, 2012 WL 3594380, at 5 (2012).

上述关于下架规则不适用于商标权的理由，主要是基于该规则本身的妥当性与否，以及条约解释的善意原则。但从《中美经贸协议》第1.13条的目的和宗旨来看，似可认为，本条就是希望将"迅速下架"条款适用于商标侵权（假冒）。在解释条约时，"有多种方式来确定条约的目的和宗旨。有些条约的一般条款明确表明了其宗旨，……根据条约的标题也可能有助于了解其宗旨。……一般而言，直觉和常识也可为确定目的和宗旨提供有益的指示。"[1] 从下架规则的位置来看，第五节一开始便表明，两国要"共同并各自打击电子商务市场的侵权假冒行为"，且第1.13条的标题便是"打击网络侵权"。此外，美国长期以来对中国市场上的假冒商标现象多有指责，比如，美国在《特别301报告》中对中国电商平台上盗版与假冒的分析，一直包括了假冒商标的商品。2018年的《特别301报告》认为，考虑到（盗版与假冒商品的）规模，中国巨大在线市场中存在的知识产权侵权，造成了美国权利人在享有商标权和版权的商品流通方面遭受了显著的损失。[2] 同时，美国一直强调，中国的通知下架制度效果不彰，且对中小企业权利人的投诉回应缓慢。[3] 因此，将《中美经贸协议》中的"迅速下架"条款，理解为美国为解决上述关切而对中国提出的要求，将其适用于商标权，似更符合该规则的目的和宗旨。

若将"迅速下架"条款适用于商标权，那么，要如何解决实务中广泛存在的错误乃至恶意投诉问题？《中美经贸协议》似乎也给出了一定的"平衡"。《中美经贸协议》第1.13条之二第4项约定，"通过要求通知和反通知提交相关信息，以及对恶意提交通知和反通知进行处罚，以确保下架通知和反通知的有效性"。从文义来看，本条似希望通过提高对通知和反通知的要求，来避免错误通知和反通知可能带来的负面影响。若是如此，则正好与第一项的"要求迅速下架"条款相"配套"，即在提高合格通知门槛的同时，强化收到合格通知后所采措施的严厉性。考虑到我国国内法对合格通知的要求，确实比美国法标准低，这一解释也可与两国国内法的现状相符。

但这一解释面临的问题是，其与美国《特别301报告》中的看法不同。

---

〔1〕 See Oliver Dörr, Kirsten Schmalenbach, *Vienna Convention on the Law of Treaties: A Commentary*, Springer, 2018, pp. 585-586.

〔2〕 See 2018 Special 301 Report, p. 41.

〔3〕 See 2019 Special 301 Report, p. 43; 2020 Special 301 Report, p. 43; 2021 Special 301 Report, p. 45.

在《特别 301 报告》中，美国一直认为，中国《电子商务法》对权利人行使
其知识产权课以了过重的要求（burdensome requirement），且又允许侵权的销
售者通过提交有效性存疑的反通知，来阻碍通知下架程序的实施。[1] 若以此
看法来解读《中美经贸协议》，则第 4 项的重点，其实是要求中国提高对反通
知的要求，确保反通知的有效性，进而避免权利人的投诉因反通知而无法有
效行使。至于第 4 项中对"通知"的要求，则更像是基于表述上的"全面"
而顺带提及而已。

那么，要如何理解第 4 项呢？鉴于第 4 项将"通知"和"反通知"并列，
提出了完全相同的要求，故以美国《特别 301 报告》中的看法为由，完全漠
视该项对"通知"提出的更高要求，在条约解释规则上实在难以成立。此外，
美国 2018 年至 2020 年《特别 301 报告》中一直提及的中国对权利人行使权
利课以了过重要求的指责，在 2021 年的调查报告中未再提及。这似乎也可从
侧面反映，美国在合格通知问题上，作出了调整。因此，认为《中美经贸协
议》对我国电商领域的"通知"提出了更高要求，同时对平台应采取的措施
更为严厉，是更可取的解释。

综上，"下架"规则能否适用于商标权，存在两种解释方案。认为不适用
者，主要基于两国国内法及规则本身的妥当性与否；认为适用者，则主要基
于该规则的目的和宗旨，以及上下文间的体系解释。相较而言，后者更符合
《公约》第 31 条所规定的条约解释规则，故本书采后一解释方案，即下架规
则应适用于商标权。

3. "下架"规则主要适用于典型电商平台

"下架"规则是否适用于所有类型的电子商务平台？这主要取决于如何解
释"电子商务"和"电子商务平台"。

在美国法上，电子商务并不是一个有着严格界定的法律概念，也并未出
现在美国联邦和州的立法中。可资参考的，是美国电子签名法律中对电子
（electronic）的定义，即"电子指与电学、数字化、磁性、无线、光学、电磁
或类似性质相关的技术。"[2] 若以此为基础，则电子商务可被理解为采用了
上述电子技术的商业活动。这与美国学界往往将电子商务泛指以互联网等技

---

〔1〕 See 2019 Special 301 Report, p. 43；2020 Special 301 Report, p. 43.
〔2〕 15 U. S. C. § 7006 "Definitions".

术为媒介开展商业活动的观点相似。[1]在我国,《电子商务法》第2条第2款规定:"本法所称电子商务,是指通过互联网等信息网络销售商品或者提供服务的经营活动。"同时第2条第3款第2句规定"金融类产品和服务,利用信息网络提供新闻信息、音视频节目、出版以及文化产品等内容方面的服务,不适用本法。"比较两国在电子商务方面的界定,可初步认为,若不将《电子商务法》第2条第3款第2句规定的内容排除,则我国电子商务的范围与美国大致相当。鉴于"迅速下架"条款仅适用于知识产权,而第2条第3款第2句所规范的情形一般并不会涉及知识产权之争,故可认为,在本书讨论的范围内,中美两国在电子商务的界定上并无明显分歧。[2]

在"电子商务"采广义的基础上,"电子商务平台"是否也应采广义呢?可能并非如此。美国《数字千年版权法》第512条中的下架规则,仅适用于提供系统缓存服务、信息存储服务或搜索链接服务的网络服务提供者。对于《中美经贸协议》中涉及的"电子商务平台"(E-Commerce Platforms),以Amazon、eBay等为代表的典型电商平台往往被纳入提供信息存储服务类型中,从而适用512(c)。[3]在我国,与美国类似,以天猫、淘宝、京东等为代表的电商平台,在涉及版权侵权时,电商平台也被要求在收到合格通知后采取下架措施。故可认为,对典型电商平台而言,在涉及版权投诉时,应采取"下架"措施。有疑问的是,对于一些新型电商而言,是否应适用下架规则?在我国,从目前法院判决的阿里云案和微信小程序案等来看,对新型电商,我国并没有一概要求采取下架措施。[4]在美国,由于相关案例的缺乏,法院将如何应对新型电商尚不明朗。考虑到美国的普通法传统,以及已有法院在

---

〔1〕 See Richard Warner, et al., *E-Commerce, the Internet, and the Law: cases and materials*, Thomson/West, 2007, p. 1. Also see Michael L. Rustad, *Global Internet Law*, LEG, Inc., 2016, pp. 333-338.

〔2〕 对电子商务界定深入细致的探讨超出了本书的范围,相关说明可参考全国人大财经委员会电子商务法起草组编著:《中华人民共和国电子商务法条文释义》,法律出版社2018年版,第17~29页。有价值的研究可参考姚志伟、沈燚:《〈电子商务法〉适用范围刍议》,载《福建江夏学院学报》2020年第3期。

〔3〕 See Hendrickson v. Amazon. Com, 298 F. Supp. 2d 914, 915(C. D. Cal. 2003). Also see Hendrickson v. eBay, Inc., 165 F. Supp. 2d 1082, 1084(C. D. Cal. 2001).

〔4〕 异议者或许会提出,阿里云案和微信小程序案涉及的并非电商平台。这取决于如何界定"电子商务",本书采广义。此外,即便将阿里云等不纳入电商平台,最终结果与本书结论也一致,即《中美经贸协议》的"下架"规则不适用于这些新型主体。

判决中提出了措施应"适当"的想法，似可合理预测，美国法院对新型电商将采取更有"弹性"的措施要求。基于此，中美两国目前的共识是，对于典型电商平台可适用"下架"规则。故这也应是《中美经贸协议》中"下架"的适用范围，即"下架"仅适用于以 Amazon 等为代表的典型电商平台，至于其他新型电商，"下架"规则不应强制适用，以保留弹性应对空间。

（三）"迅速"的判断

协议中"迅速"的英文表达为"expeditious"。在中文和英文词典中，迅速都指"速度快"的意思，对此并无疑义。我国法中并未使用"迅速"一词，但美国《数字千年版权法》第 512 条使用了 expeditious 一词。故本书将首先考察美国法中"expeditious"的涵义和认定规则。然后比较我国立法表述中与"迅速"相对应的概念："及时"。同时，鉴于本书对《中美经贸协议》中"下架"一词解释为移除或断开链接，且美国国内法中能考察"迅速"与否的案件也主要集于需采取移除或断开链接措施的场景，故下文对中美两国"迅速"问题的考察，仅限于要求采移除或断开链接的情形，不含采其他措施的场合。

1. "迅速"在美国法下的判断

美国《数字千年版权法》第 512 条共 8 处提到了 expeditiously。与电商领域通知下架制度关联密切的出现在 512（c）（1）（C），[1]该处规定，"在收到符合第（3）段[2]规定的侵权通知后，（提供信息存储服务的网络服务提供者）对被投诉正在侵害或侵权行为对象的材料，迅速（expeditiously）采取移除或断开链接的措施"。如何理解此处的"迅速"？美国《数字千年版权法》官方立法报告中仅提到，"鉴于不同案件中事实情况和技术因素可能各不相同，故无法为迅速采取措施给出一个统一的时间段。"[3]除此之外，官方报告中未有任何其他说明。

就美国的判决来看，其基本遵循了《数字千年版权法》官方报告中提及

---

〔1〕　其他几处提及 expeditiously 的情况如下：512（b）（2）（E）规定了提供系统缓存服务的服务提供者迅速移除或断开链接侵权内容、512（d）规定了提供信息定位服务的服务提供者的迅速移除或断开链接、512（h）规定版权人通过法院传票（subpoena）来要求网络服务提供者提供侵权用户的信息，以便权利人对用户主张权利。

〔2〕　第（3）段系关于合格通知的要件（elements of notification）的规定。

〔3〕　S. Rep. No. 105-190, 44 (1998)；H. R. Rep. No. 105-551 (II), 53-54 (1998).

的视案件情况而定的思路。可以确定的是，如果平台是在收到通知后的一天内回复，则满足"迅速"的要求。比如，在 Ventura 诉 Motherless 案中，原告视频作品版权人起诉被告视频分享网站版权侵权。法院认为，被告当天删除了原告提供了 URL 地址的 33 个侵权内容，满足了"迅速采取移除措施"的要求。[1] 类似的，在 2008 年的 Tiffany 诉 eBay 案中，法院发现，在该案的诉讼期间，eBay 收到通知后会在 24 小时内下架被举报的商品，且 70% 到 80% 的商品会在 12 小时内被下架。而一审法院判决时，3/4 的商品会在 4 小时内被下架。[2] 据此法院认为 eBay 满足了迅速采取措施的要求。

数日（1~2 周）是否构成"迅速"？不少判决认为满足迅速的要求。比如，在 Io Group 诉 Veoh 案中，原告版权人向被告视频服务提供者主张版权侵权。法院认为，"当 Veoh 收到符合《数字千年版权法》要求的版权侵权通知后，其在收到通知后的同一天（或几天内）对所涉内容作出必要的回应和移除"，Veoh 满足了迅速下架的要求。[3] 同样，在 Wolk 诉 Kodak 案中，原告是图片版权人，于 2010 年 7 月 17 日向被告发送了包含 700 多个 URL 地址的侵权通知，被告在 7 月 22 日回复原告已下架投诉的图片。法院认为，5 天时间构成了迅速采取措施。[4] 在 Avdeef 诉 Google 案中，小说版权人 Avdeef 于 2012 年 9 月 12 日向 Google 投诉，Google 最终于 9 月 26 日移除了投诉作品。法院认为，"Google 迅速采取了断开原告小说链接的措施。"[5] 这表明，14 天也可能构成"迅速"。在 Long 诉 Dorset 和 Facebook 案中，原告版权人以 Facebook 并未迅速采取措施为由起诉 Facebook 承担版权侵权责任。法院认为，在收到原告恢复账户并移除一百多幅照片的通知邮件后，"Facebook 立即回复了原告邮件，并在接下来的 7 天里，持续与原告邮件往来以便解决原告的事项。从最初收到邮件算起，Facebook 用了总共 5 个工作日解决了原告的事项。据此，法院认为 Facebook 可以适用《数字千年版权法》避风港条款，因为 Facebook 满足了'迅速采取移除措施'的要求。"[6] 此外，在 Tre Milano 诉 Amazon

---

〔1〕 See Ventura Content, Ltd. V. Motherless, Inc., 885 F. 3d 597, 612（9th Cir. 2018）.

〔2〕 See Tiffany（NJ）Inc. v. eBay, Inc., 600 F. 3d 93, 99（2d Cir. 2010）.

〔3〕 See Io Group, Inc. v. Veoh Networks, Inc., 586 F. Supp. 2d 1132, 1150（2008）.

〔4〕 See Wolk v. Kodak Imaging Network, Inc., 840 F. Supp. 2d 724, 734, 747（S. D. N. Y. 2012）.

〔5〕 Avdeef v. Google, Inc. 2015 WL 5076877, at 3（N. D. Tex. 2015）, aff'd in part, dismissed in part, 678 F. App'x 239（5th Cir. 2017）.

〔6〕 Long v. Dorset, 369 F. Supp. 3d 939, 949（N. D. Cal. 2019）.

案中，原告商标权人发现被告 Amazon 网站上存在假货，先后向 Amazon 发送了大量侵权通知。Amazon 对原告 Tre Milano 发送的侵权通知，一般会在 1-2 周内回复，有时甚至数月后才回复。尽管加州上诉法院主要以原告通知未能提供假货证据为由，否定了原告的主张，[1]但考虑到原告通知中包含了部分合格通知，且原告代理人与被告法律部门人员曾有过多次直接交谈，似乎可合理推测，法院认为 Amazon 数周的反应时间满足迅速的要求。

如果时间再延长，一个月甚至数个月呢？有判决明确指出，两个月时间不满足"迅速"的要求。在 Rosen 诉 Global Net Access 案中，图片版权人 Rosen 向被告主张版权侵权。法院认为："GNAX 在 2012 年 2 月 22 日收到 Rosen 通过传真或电子邮件（或同时两者）发送的通知后，明知或客观上知道了相关图片。GNAX 两个月后才移除了部分侵权图片，其未满足迅速的要求。"[2]

对"迅速"的观察，除了时间期限的长短外，通知中所涉侵权内容的数量也是需考虑的因素。尽管很多判决中法院并不会特别指出投诉数量，但在部分判决中，法院会根据投诉量来决定平台采取的措施是否迅速。比如，在 Capitol Records v. Vimeo 案中，原告音乐作品版权人起诉被告在线视频分享服务提供者。原告给被告发送的三次侵权通知中，第一次通知包含了大概 170 个作品，被告花了大概三周半移除了这些作品。第二次通知包含了 6 个作品，被告当天便移除。第三次通知所涉作品也是当天便移除。法院认为，被告的移除满足了"迅速"的要求。"毫无疑问，Vimeo 对原告 2010 年 6 月 15 日和 2012 年 7 月 11 日的通知所涉作品一天就移除构成了迅速移除。对于 2008 年 12 月 11 日涉及大约 170 个作品的通知，法院认为，考虑到侵权作品的数量，Vimeo 花费三周半时间来处理这个通知构成迅速移除。"[3]可见，通知中投诉侵权的内容越多，满足"迅速"要求的时间期限可以越长。

综上，正如美国《数字千年版权法》官方立法报告提到的，在判断何为"迅速"时，并无定法。换言之，对何为"迅速"的判断，不应过于执着于给出一个具体的时间期限。"在收到侵权通知后，（网络服务提供者）应采取

---

〔1〕　See Tre Milano, LLC v. Amazon. Com, Inc., No. B234753, 2012 WL 3594380, at 4-5, 13（Cal. Ct. App. Aug. 22, 2012）.

〔2〕　Rosen v. Glob. Net Access, LLC, 2014 WL 2803752, at 5（C. D. Cal. 2014）.

〔3〕　Capitol Records, LLC v. Vimeo, LLC, 972 F. Supp. 2d 500, 535-536（S. D. N. Y. 2013）.

多快的反应，并不存在硬性规则（hard-and-fast rule）。……法院适用第 512 条时，基本都采取了'在具体情境中合理'（reasonable under the circumstances）的思路来判断下架的迅速与否。"[1]有美国学者总结认为："在《数字千年版权法》以外的语境中，法律将'迅速'界定为根据'具体情况'（circumstances）采取可以比'立即'（immediate）的时间要长，但'没有不当迟延'（without undue delay）的措施。'具体情况'包括的因素有：网络服务提供者的规模，及其负责《数字千年版权法》通知审查或滥用部门的员工人数，侵权的类型和数量，侵权人是否是再次侵权，网络服务提供者是否有将投诉事项提交给法律顾问审查，网络服务提供者能使用的资源量，其审查通知以便决定该通知是否'合格'所花费的时间，以及网络服务提供者收到的涉及该侵权人的通知数量。"[2]因此，脱离具体案件事实而单纯关注涉嫌侵权内容被移除所花费的时间可能是误导性的思路。正如在 Perfect 10 诉 Google 案中法院所说的，"立法资料显示，国会认为，网络服务提供者移除或断开链接侵权材料是否迅速，一般而言是个事实查明问题，而非法律问题，除非延迟异乎寻常地长且无正当理由（unusually lengthy and not justifiable）。"[3]因此，在判断下架是否"迅速"时，与其问是否迅速，或许不如问是否存在"不当迟延"。

2. "迅速"在中国法下的判断

我国法中，与《中美经贸协议》"迅速"一词对应的法律术语主要是"及时"一词。我国除了 2006 年公布的深受美国《数字千年版权法》影响的《信息网络传播权保护条例》第 15 条和 2005 年的《互联网著作权行政保护办法》第 5 条中采用了"立即"的表述，其他文件中多采用"及时"的表述，比如《电子商务法》第 42 条第 2 款。据此，若欲把握我国法是否达到《中美经贸协议》"迅速"的要求，需考察我国对"及时"一词的解释和实践状况。

关于何为"及时"，2012 年的《最高人民法院关于审理侵害信息网络传

---

〔1〕 R. Bruce Rich, David Ho, "Sound Policy and Practice in Applying Doctrines of Secondary Liability under U. S. Copyright and Trademark Law to Online Trading Platforms: A Case Study", *Intellectual Property & Technology Law Journal*, Vol. 32, No. 1, 2020, p. 8.

〔2〕 Connie J. Mableson, *DMCA Handbook For Online Service Providers, Websites, and Copyright Owner*, ABA Book Publishing, 2018, p. 127.

〔3〕 Perfect 10, Inc. v. Google, Inc. , 2010 WL 9479059, at 9, (C. D. Cal. 2010).

播权民事纠纷案件适用法律若干问题的规定》第 14 条规定："人民法院认定网络服务提供者采取的删除、屏蔽、断开链接等必要措施是否及时，应当根据权利人提交通知的形式，通知的准确程度，采取措施的难易程度，网络服务的性质，所涉作品、表演、录音录像制品的类型、知名度、数量等因素综合判断。"此外，2019 年 12 月浙江省高级人民法院民三庭发布的《涉电商平台知识产权案件审理指南》第 16 条规定："人民法院认定电商平台经营者采取必要措施是否'及时'，应当根据判断侵权成立与否的难易程度、必要措施的具体类型等因素加以综合判断。"可见，我国在如何判断"及时"问题上，与美国采取的是相似的思路，即根据具体情况来判断。[1]而从判断的影响因素来看，中美之间也存在诸多"共识"，比如侵害的权利类型、投诉量、通知的准确程度等，都会影响到对及时/迅速的判断。

值得一提的是，我国《民法典》在"及时"一词上似乎又出现了新的用法。《民法典》第 1195 条第 2 款规定："网络服务提供者接到通知后，应当及时将该通知转送相关网络用户，并根据构成侵权的初步证据和服务类型采取必要措施；未及时采取必要措施的，对损害的扩大部分与该网络用户承担连带责任。"本款规定与过去规定的差别在于，本款中首次将"及时"一词用于"转送通知"的行为，而过去"及时"一直都是针对"必要措施"行为。故问题是：这是否会导致我国法上的"及时"一词涵义的调整呢？

从比较法来看，美国《数字千年版权法》第 512 条表述中区分了"立即"（promptly）和"迅速"（expeditiously）。"立即"在第 512 条中出现了 3 次，分别是：512（c）（3）（B）（ii），涉及在通知中缺少签名、善意声明或愿承担伪证责任（penalty of perjury）声明时，服务提供者应立即联系投诉人；512（g）（2）（A），涉及在采取了下架措施后，立即告知被采取了下架措施的用户；512（g）（2）（B），涉及在收到反通知后，立即将反通知转送投诉人。可见，第 512 条中似乎有意识地区分了立即和迅速二词，二者适用场景的差别在于：在涉及告知当事人相关事项等判断难度较低的行为时，采"立即"一词；在涉及需网络服务提供者审查判断等相对复杂的事项时，采"迅速"

---

[1] 有学者将我国"及时"的本质也解释为"无不适当的迟延"，这与美国对"迅速"的理解相似。参见李佳伦：《影响网络服务提供者采取措施及时性的因素》，载《当代法学》2017 年第 3 期。

一词。前者应在较短的期限内（比如 1 个工作日内）做出；后者的期限长短则视情况而定。

如果认可美国法中这一区分做法的妥当性，则我国《民法典》第 1195 条第 2 款的规定在解释上有两种可能：第一种，虽然我国在"转送通知"和"必要措施"前都用的是"及时"一词，但二者的涵义不同，即前者是相当于美国法中的"立即"概念；后者相当于"迅速"概念。第二种，我国《民法典》中的转送通知行为，是在采取必要措施后才需做出的行为，故转送通知前的"及时"仍应解释为"迅速"的涵义。若采第二种解释，面临的问题是，为何条文表述中会将"转送"置于"必要措施"之前？尤其是《电子商务法》第 42 条第 2 款在表述上将必要措施置于转送之前（"电子商务平台经营者接到通知后，应当及时采取必要措施，并将该通知转送平台内经营者"），《民法典》表述顺序上的这一改变，似应做不同解读。此外，根据官方释义，转送的原因是：通知"只是权利人的一面之词，是'自称'，无法确定相关信息是否侵犯了权利人的权利，上传相关信息的网络用户有权提出申辩。所以，网络服务提供者应当及时将该权利人发出的通知转送相关网络用户，使其知晓，要求其作出回应。"[1]从这一表述来看，似可认为，转送也可能发生于采取必要措施之前。[2]据此，可得出结论：《民法典》第 1195 条第 2 款的规定采第一种解释更妥当。换言之，我国传统上的"及时"涵义，因《民法典》的实施而发生了改变。当然，这一改变并不影响本书探讨的"必要措施"场景下的"及时"涵义。

综上，我国的"及时"需视网络服务提供者的性质等因素综合判断。这与美国法中"迅速"一词的理解一致。

---

〔1〕 黄薇主编：《中华人民共和国民法典侵权责任编解读》，中国法制出版社 2020 年版，第 125 页。

〔2〕 相反的证据可参见 2020 年 8 月 24 日《网络知识产权批复》第 2 条前段规定："网络服务提供者、电子商务平台经营者收到知识产权权利人依法发出的通知后，应当及时将权利人的通知转送相关网络用户、平台内经营者，并根据构成侵权的初步证据和服务类型采取必要措施。"与《民法典》第 1195 条相比，最高院的解释中在"通知"前加了"依法发出"，似认为本条仅适用于通知合格的场合。换言之，对不合格的通知，无需转送相关网络用户。若如此，则转送必然发生于采取必要措施的场合。有学者提出，转送与必要措施孰先孰后，应视情况而定，参见薛军：《民法典网络侵权条款研究：以法解释论框架的重构为中心》，载《比较法研究》2020 年第 4 期。

　　关于"及时"期限的判断，我国法院判决中，鲜有法官就网络服务提供者采取措施是否"及时"展开详细分析，故法院的态度无法从判决书中得知，但或许可从 2012 年最高院发布的《关于审理侵犯信息网络传播权民事纠纷案件适用法律若干问题的规定（征求意见稿）》中略知一二。该征求意见稿第18 条规定："网络服务提供者采取删除、屏蔽、断开链接等必要措施的合理期限，应当根据权利人提交通知的形式、通知的准确程度、采取措施的难易程度、网络服务的性质、所涉作品、表演、录音录像制品的类型及数量等因素综合判断。除有正当理由外，涉及热播影视作品的，网络服务提供者应在收到符合法律、行政法规要求的通知一个工作日内采取必要措施；涉及其他作品的，采取必要措施的期限一般不应超过五个工作日。"虽然最终通过的规定中仅保留了本条的第 1 句，删除了第 2 句，但删除第 2 句的主要原因是"最高人民法院认为，虽然确立指引性期限有利于增强司法解释的可操作性，但实践中涉及的作品类型差别较大，删除的难易程度不一，且规定期限并无法律依据"。[1]可见，删除具体期限并非要否定草案中期限的合理性，而是为了应对实践的复杂性和多样性。换言之，除了部分"特殊案件"外，对多数"普通案件"而言，最高院仍然可能认为 1 个或 5 个工作日是合理的期限，因为该解释"在起草过程中，总结了人民法院审理信息网络传播权案件中认可度较高的审判实践，对于成熟的、没有争议的问题进行了规定便于司法实践适用"[2]。若 1 个或 5 个工作日并未被多数普通案件所遵守，自然也不会出现在该解释的草案中。因此，在及时与否的判断上，1 至 5 个工作日是司法实践在多数案件中的操作标准。

　　从我国企业的商业实践来看，以典型电商平台阿里巴巴为例，2018 年阿里巴巴知识产权保护平台上在工作日中收到的移除请求里有 96% 是在 24 小时内得到了处理（processed）。[3]根据阿里巴巴 2017 年公布的数据，阿里巴巴

〔1〕　王艳芳：《〈关于审理侵害信息网络传播权民事纠纷案件适用法律若干问题的规定〉的理解与适用》，载《人民司法（应用）》2013 年第 9 期。作者曾任职于最高人民法院。
〔2〕　王艳芳：《〈关于审理侵害信息网络传播权民事纠纷案件适用法律若干问题的规定〉的理解与适用》，载《人民司法（应用）》2013 年第 9 期。
〔3〕　See R. Bruce Rich, David Ho, "Sound Policy and Practice in Applying Doctrines of Secondary Liability under U. S. Copyright and Trademark Law to Online Trading Platforms: A Case Study", *Intellectual Property & Technology Law Journal*, Vol. 32, No. 1, 2020, p. 11.

平台上收到的下架请求有 97% 在 24 小时内得到了处理（handle）。[1] 尽管这些报告中所用的都是"处理"一词，而"处理"未必意味着"下架"。但考虑到现实的复杂性，比如因通知提供的信息不全而要求补交材料、因侵权与否的复杂性而将材料交予第三方判定等，[2] 超过 95% 的投诉能在 24 小时内得到处理的结果，应认为阿里巴巴平台满足了"迅速"的要求。[3] 这是阿里巴巴这样的互联网"头部"企业的实践做法。对多数中小型互联网企业而言，其采取措施的期限基本无从了解，唯有一个调查数据可供参考。有学者通过对网络服务提供者的调查发现，"网络服务提供者在接到被侵权人的通知到最终判断侵权行为构成与否需要的时间"是：1 天以内的占比 27.27%，1-3 天的占比 45.45%，4-7 天的占比 9.09%，一周以上的占比 18.18%。同时，该调查同时显示，"网络服务提供者在一定期限内告知通知者是否处理该投诉所需的时间"中，1 天以内的占比 0%，2-5 天的占比 54.55%，5-10 天的占比 9.09%，10 天以上的 0%。[4] 该调查报告并未说明其如何选取被调查的网络服务提供者，但结合其他调查数据可判断，[5] 该调查主要针对的是中小型互

---

〔1〕 Alizila Staff, Alibaba Details Industry-Leading IP & Brand Protection Efforts, https://Www. Alizila. Com/Alibaba-Details-Industry-Leading-Ip-Brand-Protection-Efforts/, last visited on Sep. 24 2021.

〔2〕 比如，2014 年底阿里巴巴与浙江省知识产权局逐渐建立了常态化的合作机制，阿里巴巴开始将不易判断的专利权投诉委托浙江省知识产权研究与服务中心来出具咨询意见。参见《阿里巴巴与浙江省知识产权局联手打击电商专利侵权》，载《互联网天地》2014 年第 12 期。

〔3〕 京东"知产维权投诉处理规则"中并未明确提及平台会在多长期限内采取措施，可供参考的相关"规则"是第 2.2.4 条："平台方接收投诉人权属资质材料后，将在 1-3 个工作日内完成审核，对于符合要求的权属资质材料予以受理并留档，对于提供材料不全或其他不符合要求的情况，告知不符合原因并予以驳回，直至投诉人补充完整资料后予以审核通过。"参见《知产维权投诉处理规则》，https://help. jd. com/user/issue/343-4122. html，最后访问日期：2020 年 12 月 20 日。

〔4〕 蔡唱、颜瑶：《网络服务提供者侵权规则实施的实证研究》，载《时代法学》2014 年第 2 期。论文中未说明为何"网络服务提供者在一定期限内告知通知者是否处理该投诉所需的时间"调查结果的四项占比之和不是 100%。可能的一种猜测是，部分被调查的网络服务提供者未对此题作答。如果将这些"未作答者"都归入 10 天以上，则 10 天以上占比 36.36%。当然，不能据此认为 36.36% 的网络服务提供者并未对投诉采取措施，也可能出现的情形是，网络服务提供者采取了措施，但并不会主动将此反馈给通知人，这亦属常见现象。

〔5〕 比如调查数据显示，在被调查的互联网企业中，2012 年收到通知的数量在 50 起以下的占比 36.36%，50-200 起的占比 18.18%。同时，网络服务提供者被通知人起诉至法院要求其承担侵权责任的案件量中，54.55% 的企业一起也没有，36.36% 的企业有过 10 起以下。数据参见蔡唱、颜瑶：《网络服务提供者侵权规则实施的实证研究》，载《时代法学》2014 年第 2 期。

联网企业。假如将此报告所得到的数据作为我国普遍现象的反映，则我国网络服务提供者能在一周内作出侵权与否判断结论的达到了 80% 多，但也有将近 20% 的网络服务提供者需要一周以上的时间才能作出判断。[1]

综上可见，我国阿里巴巴这样的互联网头部企业，在采取措施的"迅速"方面应是满足了法律的要求；对中小型企业，一个不太严谨的判断是，大部分也达到了法律的要求，或许仍有部分中小型企业在处理时间方面还有提升的必要。[2]

（四）结论与建议

《中美经贸协议》中的"要求迅速下架"条款，应仅适用于著作权和商标权，并不适用于专利权，且主要适用于典型电商平台。"下架"主要指移除或断开链接等措施。我国司法裁判和互联网企业在"迅速"采取措施方面与美国并没有明显差距，多数情况下能满足在"合理期限"内采取措施的要求。据此，关于"要求迅速下架"条款对我国的影响，提供如下建议。

第一，我国通知下架制度的设计，需从过去的"宽松合格通知+多样必要措施"转变为"严格合格通知+严厉必要措施"，至少在著作权和商标权领域需如此。通知下架制度发端于著作权领域。当该制度扩展至商标甚至专利领域后，始终面临一个问题：与著作权侵权相对容易判断不同，商标/专利侵权的判断往往并非显而易见。此时要如何适当调整通知下架制度，以便与商标/专利的特点相契合，[3]可能的方案有二：一是提高合格通知的要求，比如要求提供订单编号、鉴定报告、侵权对比表、专利评价报告等，一旦通知合格，则采取删除等严厉措施；二是并不对通知提出高要求，但多样化必要措施，转通知等也可作为必要措施。经过司法裁判的摸索，我国逐渐选择了第二种

---

〔1〕　当然，从作出侵权与否的判断到采取措施，可能还存在一点时间差。

〔2〕　值得一提的是，平台对投诉的反应期限，是否应区分大型互联网企业和中小型企业而差别对待，不无疑问。从美国提及的判断"迅速"与否的因素来看，网络服务提供者的规模、企业负责《数字千年版权法》通知审查或滥用部门的员工人数、网络服务提供者能使用的资源量等，都显示了或许应根据企业规模而差别对待。据此，中小企业在及时/迅速的期限上更长亦可接受。

〔3〕　鉴于专利权在侵权判断上的困难，我国甚至有学者认为，专利权领域不应适用通知下架制度，参见王迁：《论"通知与移除"规则对专利领域的适用性——兼评〈专利法修订草案（送审稿）〉第 63 条第 2 款》，载《知识产权》2016 年第 3 期。

方案，典型体现是指导案例 83 号。[1] 这一选择通过最高院的《电子商务指导意见》第 3 条被进一步确认。但《中美经贸协议》第 1.13 条对我国提出的要求却是采取方案一。基于"条约必守"原则，我国需在通知下架制度的设计理念上作出转变。[2]

第二，目前正在修改的《电子商务法》，应重点考虑如何对"合格通知"要件作出妥当的规定，尤其是要针对著作权、商标权、专利权等不同权利类型在实务中面临的不同难题，给出与权利特征相符的合格通知要件。若立法者认为《电子商务法》不宜作过细的规定，则至少可改为与《民法典》保持一致。目前《电子商务法》第 42 条第 1 款第 2 句规定："通知应当包括构成侵权的初步证据。"该规定以"初步证据"一词涵盖权利人的身份信息、足以定位侵权内容的信息等，在概念使用上易于出现混乱。《民法典》第 1195 条第 1 款第 2 句规定："通知应当包括构成侵权的初步证据及权利人的真实身份信息。"建议《电子商务法》修改为与《民法典》一致。同理，《电子商务法》也应在目前第 43 条规定的反通知材料中加上"平台内经营者的真实身份信息"。至于《电子商务法》中的"必要措施"规则，由于我国是将著作权、商标权和专利权一并规定，故该法中的"必要措施"规则本身并无不妥。但在适用时需注意，对著作权和商标权，原则上应采"下架"措施。

第三，在电子商务著作权和商标权领域采取下架以外的其他措施时，应给出足够充分的论证。基于《中美经贸协议》的要求，我国在著作权和商标权领域原则上应采取通知后下架措施。若基于利益衡量、新型服务类型等因素而认为某些情形下未必需要采取下架措施，则法院应在判决中对此展开充分的论证。就此角度观之，我国的微信小程序案和阿里云案判决中，法院都旨在对服务提供者"无需"采取下架措施的正当性展开论证。阿里云案通过

---

〔1〕 该案中，法院虽然认为"发明或实用新型专利侵权的判断往往并非仅依赖表面或书面材料就可以做出"，但法院作出的方案是"专利权人的投诉材料通常只需包括权利人身份、专利名称及专利号、被投诉商品及被投诉主体内容，……并不必然要求天猫公司在接受投诉后对被投诉商品立即采取删除和屏蔽措施，对被投诉商品采取的必要措施应当秉承审慎、合理原则，以免损害被投诉人的合法权益。"详见指导案例 83 号嘉易烤公司与天猫公司等侵害发明专利权纠纷案。

〔2〕 就应然意义而言，笔者认为"严格合格通知+严厉必要措施"方案更可取，详细论证参见徐伟：《网络侵权中合格通知和必要措施的认定——指导案例 83 号评析》，载《交大法学》2020 年第 3 期。

云计算行业的技术特征、行业监管及商业伦理等的论证，得出转通知（而非删除）是云计算服务中更合理的必要措施。[1]微信小程序案中，二审法院通过对措施是否符合比例原则来回应腾讯在微信小程序服务中应负有的义务，得出删除小程序措施明显超出了必要限度的结论。[2]这两个案件在著作权侵权情形下不采取下架措施问题上给出了很好的示范。随着新型商业模式的不断出现，未来必然还会出现更多的例外情形，法院在面对相关案件时需注意论证。

第四，在国内法中准确界定和区别使用"下架"和"必要措施"二词。在《中美经贸协议》签署前，我国规范性文件在表达通知下架制度时从未使用过"下架"一词，而是多采"必要措施"的表述。协议签署后，为了将《中美经贸协议》中的要求国内法化，最高院在 2020 年颁布的两个司法解释中使用了"下架"一词。但问题在于，最高院有将二者涵义等同的倾向。比如，《网络知识产权批复》第 3 条第 1 段规定："在依法转送的不存在侵权行为的声明到达知识产权权利人后的合理期限内，网络服务提供者、电子商务平台经营者未收到权利人已经投诉或者提起诉讼通知的，应当及时终止所采取的删除、屏蔽、断开链接等下架措施。"此处的"下架措施"试图表达的应是"必要措施"的涵义。类似的，《电子商务指导意见》第 3 条提及"采取的必要措施应当遵循合理审慎的原则，包括但不限于删除、屏蔽、断开链接等下架措施。"这一规定虽然可解释为必要措施包含了下架措施，但这样的表述仍然易于令人误解。相较而言，《电商法修改稿》并没有因《中美经贸协议》中的"下架"一词而调整现行《电子商务法》中的相关表述，这一决定值得肯定。我国在履行《中美经贸协议》要求时，应有意识地区别使用下架和必要措施，否则将既造成我国已有概念体系的混乱，也不利于我国与美国间就通知下架制度展开有效对话。

第五，法院判决中应有意识地判断网络服务提供者采取的措施是否及时。比较中美经验可看到，美国不少判断中法院对网络服务提供者采取的措施是否"迅速"给予了关注并做了论证。但我国判决书中鲜有提及这一问题。很

---

〔1〕 参见北京乐动卓越科技有限公司与阿里云计算有限公司侵害作品信息网络传播权纠纷案，北京知识产权法院（2017）京 73 民终 1194 号民事判决书。

〔2〕 参见杭州刀豆网络科技有限公司诉长沙百赞网络科技有限公司、深圳市腾讯计算机系统有限公司侵害作品信息网络传播权纠纷案，浙江省杭州市中级人民法院（2019）浙 01 民终 4268 号民事判决书。

难想象我国判决不关注这一问题是因为我国网络服务提供者都"及时"采取了措施，更可能的原因或许是，只要网络服务提供者在诉讼前采取了措施，便满足了及时的要求，法院可能并不十分"计较"其采取的措施是否"及时"。当然，从实务中企业的做法来看，我国企业在多数情况下也确实及时采取了措施。但无论如何，我国众多网络侵权判决书鲜有对"及时"问题的讨论仍显得并不寻常。法院在未来的纠纷审理中，应对"及时"问题有意识地加以考虑。

从利益衡量来看，《中美经贸协议》中的电商条款，显然更倾向于保护知识产权人，而对电商平台内经营者的利益未作同等考虑。这虽符合中美之间美国一方往往是知识产权权利人的利益需求，但仅从规则合理性角度观之，则未必是好的政策取向。美国国内法并未采与《中美经贸协议》电商条款完全相同的规则，便是例证。我国在《中美经贸协议》的既成事实下，未来需加强对合格通知要件和网络服务提供者审查义务的研究，以尽力实现各方当事人利益的再平衡。

我国通知规则实践运作的局限性

对通知规则法律性质的澄清是其有效发挥作用的基础，但并非全部。从实践经验来看，自 2000 年颁布的《最高人民法院关于审理涉及计算机网络著作权纠纷案件适用法律若干问题的解释》中确立通知规则以来，该制度已在我国运作长达二十四年之久。然而，我国的网络侵权现象并没有如该制度所预期的那样得到改善。[1]那么，为何通知规则未能如立法者所预期般有效抑制网络侵权的发生呢？究其原因，除了理论上对其认识的混乱和实践中技术的快速发展变化外，[2]通知规则本身设计上的不足也加剧了网络侵权现象的泛滥。被虚设和滥用则正是当前我国通知规则运作的真实状况。为什么会这样呢？为回答这一问题，本书通过对通知规则在我国实践中运作情况的实证考察，提出网络服务提供者在执行通知规则时采取了选择性守法方式这一命题，而正是网络服务提供者的选择性守法行为导致了通知规则的立法目标未能得到充分实现。在此基础上，本书分析了选择性守法现象产生的原因及可能的解决途径，以期对我国的网络侵权治理有所裨益。

一、通知规则失效的现状

依照我国通知规则设计的初衷，该制度运作的理想状态是：权利人将

---

[1] 根据解释颁布后最高人民法院答记者问中的说法，制定该解释的主要目的是"为了保护著作权人的合法权益，规范网络环境下对作品使用的正常秩序，以及促进网络信息业的健康发展"。可见，该解释实施的首要目的在于"保护著作权人的合法权益"，即消减网络侵权现象的发生。参见《高法就网络著作权纠纷相关问题答记者问》，载 https://tech. sina. com. cn/i/c/47123. shtml，最后访问日期：2024 年 6 月 25 日。

[2] 比如 P2P 技术的出现和快速被普及应用给互联网的规制带来了新的困难。

构成侵权的初步证明材料等文件发送给网络服务提供者，网络服务提供者收到通知后经审查，若通知符合法律规定要求，便及时移除相关内容，并告知内容上传者；如果通知不符合法律规定要求，则通知权利人补充相关文件；如果通知所指的内容不构成侵权（如属合理使用等），则网络服务提供者应选择不移除该内容。此外，用户也可通过反通知来要求恢复被移除的内容。

依据通知规则的运作过程可知，其有效运作的条件主要有四：一是权利人愿意采取通知方式来解决侵权纠纷；二是网络服务提供者愿意及时移除侵权内容；三是网络服务提供者不愿意移除非侵权内容；四是如果网络服务提供者不当移除了非侵权内容，用户在得知自己内容被不当移除后愿意采取反通知来恢复被移除的内容。在这四个条件中，就网络服务提供者而言，理想的状况是，网络服务提供者收到合格的通知后，及时移除相应的侵权内容。但通过对实践情况的考察可发现，现实是，网络服务提供者许多时候在收到权利人的通知后，并没有移除[1]相关的侵权内容。相关经验事实举例如下。

第一，从法院受理的案件来看，有不少是网络服务提供者收到通知后未移除相关内容的情况。比如在搜狐公司与蓝天公司商业信誉纠纷案中，"蓝天公司声称在起诉前曾通过电子邮件的方式通知搜狐网删除相关内容，搜狐网未予理睬"。[2]再如在新传在线公司诉土豆公司案中，原告主张"曾发函要求被告停止侵权未果"，故而诉讼至法院。[3]该案 2008 年被上海市高级人民法院评选为"上海法院知识产权司法保护 30 年典型案例"之一，故可合理推断，该案的案情具有较强的典型性和普遍性。可见，实践中存在不少网络服务提供者收到通知后不移除相关内容的情况。

第二，不少影音作品，尤其是一些引起普遍关注的热门作品，都曾在未经授权的情况下，在一些网站被网站经营者放任上传，乃至推荐。以电影《叶问 2》为例，首部《叶问》的成功使得《叶问 2》在上映一开始便受到公众普遍关注。然而，就在《叶问 2》上映不到一周，著名资源分享网站"电

---

[1] 为行文简洁，本节所称的不移除包括了完全不移除、不及时移除以及移除后再次上传三种情况。

[2] 参见江苏省高级人民法院（2005）苏民三终字第 0106 号民事判决书。

[3] 参见上海市第一中级人民法院（2007）沪一中民五（知）初字第 129 号民事判决书。

驴网"（VeryCD）便在其网站首页推荐和提供该影片的下载。面对此情况，著作权人大盛国际传媒开始时试图依照通知规则来要求相关网站移除侵权内容，但相关网站并没有根据通知的要求而积极及时地移除侵权作品。最后，著作权人不得不委托两家反盗版网络公司通过技术手段来清理相关盗版网站。[1]类似的情况也频频发生于其他一些热门影片中，如《集结号》《唐山大地震》《让子弹飞》等。这些一再发生的事件表明，通知规则并没有得到网络服务提供者的严格遵守。

第三，从事不同领域的网络公司对网络侵权采取宽严不同的政策也显示了网站在网络侵权问题上采取着不同的态度。这方面的典型证据是电子商务类网站对侵权的成本投入和打击力度普遍高于娱乐视频类网站。此外，更加典型的表现体现在不同类型的网站对相似的内容也采取了不同的态度。举例而言，淘宝的淘花网与百度的百度文库都曾在同一时期因推出用户上传文档服务而受到作家们指责，但两者的回应却截然不同。淘花网立即停止了相关活动并给出了道歉声明，而百度文库却依然我行我素。[2]这些现象表明，网站对网络侵权的治理不仅仅是一个技术问题，而且与网站的态度密切相关，即网站对侵权问题的治理态度往往会在很大程度上决定通知规则的被执行状况。

通过上述经验事实可发现，网络服务提供者在许多时候并没有依照通知规则的要求而在接到合格通知后移除相关侵权内容。当然，网络服务提供者也并非总是在收到通知后不采取移除措施。事实上，经验事实给出的画面是，网络服务提供者往往是选择性地移除一些未引起人们普遍关注的普通内容，而不移除[3]一些引起社会广泛关注（往往也是对权利人权益损害较严重）的热点内容，尤其是一些当前热门影音作品。网络服务提供者的此种有意识的选择行为表明，其是在根据移除对自己的利益得失而采取选择性守法态度。

---

〔1〕　参见《影视片商出"鲜招"打响"网络维权"战》，载 https://www.chinatt315.org.cn/djwq/2010-8/2/109255.html，最后访问日期：2024 年 6 月 25 日。

〔2〕　参见颜亮等：《淘花网、百度文库侵权风波始末——对免费下载说"不"》，载《南方都市报》2010 年 11 月 21 日，第 GB24 版。

〔3〕　此时的不移除除了表现为自始至终不移除外，更多地表现为不及时移除（即拖延移除）和移除后再次上传。

二、通知规则失效的成本收益分析

经验事实向我们展示了网络服务提供者在遵守通知规则中选择性守法的现象，这与一些人的预判并不一致。如有些人认为，通知规则只会导致网络服务提供者为了避免承担法律责任而一律移除通知所涉及的内容。[1]那么，为什么网络服务提供者会有时遵守法律的规定而采取移除措施，有时又罔顾法律的规定而宁可承担法律责任也不移除侵权内容呢？本书认为，网络服务提供者之所以采取选择性守法态度，是因为其基于自身利益的考虑而不断权衡比较着守法与违法给自己带来的成本与收益。在违法（不移除侵权内容）给自己带来的收益可能大于成本时，选择了宁可违法而不守法。因此，下文拟对网络服务提供者在通知移除中存在的成本与收益做详细考察。

一般而言，网络服务提供者不遵守通知规则的成本主要包含以下几个方面。

第一，被诉风险。网络服务提供者若未依通知人的要求移除相关内容，可能会被通知人提起侵权诉讼。但需注意的是，被起诉只是一种可能性，而非必然性。因为对权利人而言，其是否提起诉讼还有多方面的考虑，比如证据的收集（多数网络侵权诉讼都要求原告对侵权网站事先进行公证）、专业文书的书写（可能需要聘请律师等专业人员），因诉讼而导致的时间、精力、金钱等的支出，以及诉讼可能会"入不敷出"的风险，[2]尤其是当权利人只是个人，而非公司等组织的情况下，诉讼对其而言往往是不小的负担。[3]因此，网络服务提供者承担的只是被诉的风险。

第二，败诉风险。网络服务提供者被提起诉讼未必就等同于其一定会败诉。当然，从目前的司法实践来看，网络服务提供者若未遵守通知规则，诉

---

〔1〕 参见全国人大常委会法制工作委员会民法室编：《侵权责任法立法背景与观点全集》，法律出版社 2010 年版，第 621 页。

〔2〕 在我国网络侵权案件中，权利人维权所得不足以支付其维权成本的现象时有发生。比如江苏省音像制品分销协会会长冯晶说："两年来，我们协会打了 300 多起官司，结果倒贴了 80 来万元！"参见《音像制品维权陷入亏本尴尬所得赔偿不抵律师费》，载 https://www.chinanews.com/cul/2012/02-21/3684564.shtml，最后访问日期：2024 年 6 月 25 日。

〔3〕 实践中经常发生著作权人指责某知名网站侵权，表示将诉讼维权，但最终又不了了之的现象。这本身便表明，著作权人许多时候更希望通过其他途径（如媒体报道、社会舆论、网站自律等），而非诉讼途径来解决纠纷。

讼结果多为败诉或调解结案。若其败诉，则意味着其需为此支付一定的赔偿金。此外，未遵守通知规则的网络服务提供者还可能会承担行政乃至刑事责任。但从目前的实践操作来看，行政责任和刑事责任多适用于网络服务提供者自己主动上传侵权内容的情形，只是提供平台而由用户上传侵权内容的网络服务提供者在我国一般不会被课以行政责任和刑事责任。

第三，公司形象损失。不遵守通知规则的网络服务提供者往往会被一些主体所指责。这些主体包括权利人、同行竞争者、相关协会组织，乃至政府部门。但需注意的是，从我国当前社会环境来看，指责侵权网站的主体往往并不包含投资人、广告主和网络用户。尽管社会的指责可能会影响投资人和广告主对相关企业的信心和预期，但很少出现投资人或广告主指责网络服务提供者侵权的情况。至于网络用户，公认的事实是，我国公众尊重与保护著作权的意识一直不强。网络用户最关心的，是网站体验的舒适度，而影响体验的重要因素便是网站内容的丰富程度。可见，网络服务提供者的形象损失在不同主体间有不同反应。而关键在于，指责网络服务提供者侵权的主体往往与网络服务提供者并无直接利害关系，并不是网络服务提供者最需要争取认同的主体。而对网络服务提供者而言至关重要的投资人、广告主以及网络用户等"衣食父母"则往往并不非常关心网络服务提供者的侵权行为。这导致网络服务提供者形象损失在抑制其侵权行为方面的影响有限。

上述是网络服务提供者不遵守通知规则所可能承担的主要成本。而其不遵守所可能获取的收益则主要在于用户注册量、用户流量以及用户黏性的增加，因为丰富的内容更有可能吸引用户浏览、注册和登录该网站。而用户数量和流量的增加又可能会带来投资者的关注和广告主的青睐。而这些都可能会给公司带来资本的增加、规模的扩大，乃至上市的可能。而这一切可能使公司在同行竞争中率先胜出，继而完成"正版化"的转型。可见，不遵守通知规则可能会有助于在创业初期资金有限的网络服务提供者在竞争中更快地积累用户率先胜出，进而发挥"马太效应"而扩大其与竞争对手的差距，并最终实现正版化转型。

而网络服务提供者若遵守通知规则，对收到的通知内容加以移除，其往往并不能获得声誉上的增加，因为相关人员认为这是理所应当的。而网络服务提供者却要承担用户流失的重要风险。具体而言，包括用户访问量的减少、用户注册量的减少以及用户活跃度的降低，因为移除用户上传的盗版内容既减少了网站内容的丰富性，也可能会打击用户上传自制内容的积极性。[1]而对用户的抑制将进一步影响投资人、广告主的选择。这意味着，除非网络服务提供者在企业发展一开始时便具有充足的资本来购买正版内容，否则，其遵守通知规则将可能使自己面临"劣币驱逐良币"的后果，在行业竞争中处于劣势地位。而在企业发展初期便具有充足资金的企业毕竟只是少数。

由上述对网络服务提供者遵守和不遵守通知规则可能承担的成本和获得的收益的比较可看到，网络服务提供者不遵守通知规则虽然存在可能承担法律责任的风险，但其也完全可能获得用户流量等利益，且对网络服务提供者而言，后者的重要性往往要超过前者。基于此，网络服务提供者对侵权内容采取了选择性守法态度。

问题在于，既然网络服务提供者在通知规则运作过程中存在明显的自我利益，立法又为何将其作为侵权内容的判断者与执行者呢？就此，我们可发现，通知规则本身存在一设计上的缺陷，即其违背了"任何人不得为自己法官"这一基本程序正义原则。详言之，尽管在网络侵权中的直接当事人和利害关系人是上传侵权内容的用户和内容权利人，但这并不意味着网络服务提供者只是权利人和用户之外的中立的第三方。相反，内容是否移除对网络服务提供者而言有着密切利害关系，因为网站内容的丰富性是影响网站用户流量等的重要因素。正是基于这种利害关系，网络服务提供者并不能在收到权利人通知后作出中立的判断和决定。故而出现了网络服务提供者选择性守法现象的发生。

然而，令人不解的是，"任何人不得为自己法官"这一基本程序正义原则在我国已经深入人心，立法者为何还会设计出此种有悖于基本程序正义原则的制度，并将其作为应对网络侵权最主要的制度之一呢？本书认为，问题的根源在于互联网技术的特点对传统法律救济途径造成的冲击。

当网络用户利用网络服务实施侵权行为时，受害人最合理，也是最符合传统的救济途径，便是向直接实施侵权行为的用户主张权利。正如杨立新先生所言："造成被侵权人损害的，全部原因在于利用网络实施侵权行为的网络

---

　　[1] 对网站而言，保持用户上传自制内容的积极性往往非常重要，因为在 Web2.0 时代，这是网站保持用户对该网站的依赖性和活跃度的重要途径。从实践情况来看，几乎所有网站都会对用户上传内容给予激励的政策也体现了用户上传内容的重要性。

用户，其行为对损害结果发生的原因力为百分之百，其过错程度亦为百分之百。"[1]然而，网络技术，尤其是互联网技术的特点，导致传统的这一救济逻辑在网络环境中大大失效乃至完全失灵。

详言之，从互联网技术的发展历程来看，当前互联网技术存在三大特点：一是匿名性，二是无界性，三是随 Web2.0 技术发展起来的众多用户参与性。[2]匿名性使得网络侵权中直接实施侵权行为的主体的真实身份往往难以发现，或发现的成本较高。无界性导致权利人通过诉讼来实现权利救济的成本大大提高，乃至使诉讼得不偿失。因为诉讼管辖原则上是原告就被告，无界性使得权利人可能面临跨地区诉讼，这一方面提高了权利人救济的成本（包括时间精力和金钱成本），另一方面也提高了权利人诉讼救济的不确定性风险，尤其是在我国当前同案未必同判的环境中，权利人在网络侵权救济方面的投入与可能得到的回报间往往无稳定的预期。众多用户参与性则进一步加剧了权利人诉讼救济的困难。互联网的这些特点所共同导致的结果是，权利人向侵权用户主张权利的传统救济途径根本无法操作，或操作的成本非常高昂。

显然，如果仍依循传统救济途径，将意味着多数情况下权利人事实上难以得到救济。这无论对权利人个人而言，还是对社会整体而言，都非常不利。因此，无论是权利人，还是立法设计者，都会将目光投向网络环境中的另一关键主体——网络服务提供者身上。

"权利所有者、集体管理组织和政府将网络服务提供商视为在数字传播的瞬间链条中，能够控制使用者行为的最可行的聚点。这样，在版权领域规制网络服务提供商的历史一般被理解为，国家和版权所有者试图通过网络服务提供商网关，重新获得控制中心权，以期在网络环境下继续管理内容和使用者行为。"[3]为通过控制网络服务提供者来预防用户侵权，最有效的方式可能是无论什么情况下都要求网络服务提供者对其用户的侵权行为承担责任。

---

〔1〕　杨立新：《〈侵权责任法〉规定的网络侵权责任的理解与解释》，载《国家检察官学院学报》2010 年第 2 期。

〔2〕　See Christopher S. Yoo, "Innovations in the Internet's Architecture that Challenge the Status Quo", *Journal on Telecommunications & High Technology Law*, Vol. 8, 2010, pp. 85-90.

〔3〕　谢利尔·哈密尔顿：《加拿大制造：确定网络服务提供商责任和版权侵权的独特方法》，载［加］迈克尔·盖斯特主编：《为了公共利益：加拿大版权法的未来》，李静译，知识产权出版社 2008 年版，第 205 页。

但这一方式将可能导致网络服务提供者对用户上传的内容采取严格审查。从各国的立法和实践来看，显然，各国普遍没有认可这一方式。事实上，多数国家采取的选择是，在一定条件下课以或免除网络服务提供者的侵权责任。然而，要求网络服务提供者对其用户的侵权行为承担责任是在权利人难以从侵权用户处直接得到救济的情况下，实践中权利人几乎必然会发展出来的一种救济选择和要求。[1]因此，基于既不可对网络服务提供者课以过于严格的责任，又需对权利人权益给予保障的需要，我国立法者选择了一个折中方案：课予网络服务提供者一定义务，要求其协助权利人消除网站中的侵权内容，若网络服务提供者未履行该义务，则需就此向权利人承担责任。

综上，通知规则在我国之所以运作效果不佳，其直接原因在于网络服务提供者在实施该制度时采取了选择性守法的态度。而选择性守法现象的出现，是因为网络服务提供者违法的收益常常高于其违法所承担的各项成本。而网络服务提供者之所以有机会选择宁可违法也不守法，又根源于通知规则本身设计存在的缺陷，即违背了"任何人不得为自己法官"的基本程序正义原则。而立法者之所以会作出此种制度设计，是因为互联网的匿名性、无界性以及众多用户参与性等特点导致传统的权利人从直接侵权人处获得救济的模式失效，立法者在保障权利人利益和避免网络服务提供者承担过重责任这一两难选择中最终作出了通知规则这一折中方案。

三、通知规则失效的对策途径分析

根据上述对通知规则失效成因的三个层面的分析，对通知规则失效问题的解决对策也可从三个层面来考虑。一是扭转网络对传统法律救济途径的影响，使法律对权利人的救济效果能够在网络环境中发挥与现实世界中同样的作用。二是改变通知规则的设计方式，使其不再违背"任何人不得为自己法官"这一基本程序正义原则，即改变网络服务提供者作为侵权内容的判断者和执行者的地位。三是改变网络服务提供者在侵权内容移除过程中的成本与收益关系，加大其违法成本，促使其违法成本超过其违法收益。以下分别就此三

---

[1] 之所以会如此，依吴嘉生先生的论述，理由主要有三：一是根据"深口袋概念"（Deep Pockets Concept），向网络服务提供者求偿较之向网络用户求偿更可能获得足额赔偿；二是诉讼管辖上的便利；三是消减侵权后果方面起诉网络服务提供者效果更佳。参见吴嘉生：《电子商务法导论》，学林文化事业有限公司 2003 年版，第 121~122 页。

个层面实现的可能途径、制约条件及当下可考虑采取的应对措施加以分析探讨。

（一）推行网络实名制

如果要扭转网络对传统法律救济途径的影响，关键在于克服难以确定网络用户身份的困难。因为在互联网的三大特点中，无界性是互联网的优势所在，众多用户参与性则是未来互联网的发展趋势，二者皆不应改变。一旦改变了二者，互联网存在的价值也就基本消失殆尽。因此，可行的突破口只在于改变互联网的匿名性特点。对此，最直接的途径可能是推行网络实名制。

推行实名制面临的主要问题在于用户信息被泄露或滥用的风险。就此，韩国在推行网络实名制上的反复便是前车之鉴。自 2002 年以来，韩国便开始考虑推行网络实名制，并在 2005 年和 2008 年对采纳网络实名制做了两次实质性的推动。然而，就采取网络实名制，韩国一直存在很大争议，争议的焦点自然是网络实名制对个人隐私和自由的潜在威胁。这一争议在 2011 年韩国大型门户网站 NATE 和 Nexon 大规模泄露个人信息事件发生后再次爆发。韩国行政安全部在事件发生后表示，出于保护网络用户个人信息安全的考虑，政府拟分阶段逐步取消网络实名制。[1]

在我国，推行网络实名制已行之有年。2016 年颁布的《中华人民共和国网络安全法》（以下简称《网络安全法》）第 24 条第 1 款规定："网络运营者为用户办理网络接入、域名注册服务，办理固定电话、移动电话等入网手续，或者为用户提供信息发布、即时通讯等服务，在与用户签订协议或者确认提供服务时，应当要求用户提供真实身份信息。用户不提供真实身份信息的，网络运营者不得为其提供相关服务。"可见，网络服务提供者在提供服务时有义务采取实名制。

对于实行实名制造成的潜在用户信息被泄露和滥用风险，我国主要采取了两种应对方式：一是强化制度保护，比如《网络安全法》在规定网络实名制的同时，在第四章"网络信息安全"以专章的方式对个人信息保护作了一系列规定。此外，我国于 2021 年颁布了《中华人民共和国个人信息保护法》，对个人信息主体享有的权利、个人信息处理者负有的义务以及相关部门的个人信息保护职责等作出了系统规定。目前我国已形成了较为完善的个人信息

---

〔1〕　关于韩国实施实名制的情况，可参见詹小洪：《韩国网络实名制的兴与废》，载《南风窗》2012 年第 5 期。

保护制度。二是选择妥当的实名制操作方式。实现实名制的方式众多，包括通过邮箱、手机、身份证、人脸识别等方式来认定用户身份。不同实名制方式对用户的风险程度不同。相较而言，提供邮箱信息对用户的风险较低，提供人脸信息对用户的风险较高。我国目前实践中采取的实名制方式主要是提供手机号码，这一方式较好地实现了实名需求和个人信息保护间的平衡，因为仅仅通过手机号码无法识别具体的自然人，需要结合其他信息（比如电话号码关联的身份证号）才能识别特定自然人。综上，我国通过强化制度保护和选择妥当的实名制操作方式，有效地实现了网络实名制。这有助于在一定程度上缓解通知规则失效的问题。

（二）设立第三方机构来审查侵权通知

如果要改变通知规则违背"任何人不得为自己法官"这一程序正义原则的设计，可考虑的途径之一是由一个中立的第三方，而不是网络服务提供者，来对通知的内容是否侵权以及是否移除做出判断。在这方面，国外也有学者提出了类似的立法建议。比如，有美国学者认为，通知应首先发送给美国版权局（the U. S. Copyright Office），而不是网络服务提供者，由版权局对通知是否合格有效做初步审查。[1]然而，在我国要实现此种改变，至少需要解决以下几个问题。

其一，由哪个主体来担任第三方？如果是由国家机关或非营利机构担任，那无疑又额外增加了财政负担。比如，该机构由我国版权局或法院担任，意味着需要在现行机构设置下再拨出一批工作人员来专门处理通知移除问题，由于互联网的快速发展，故可合理预期，需要有大量工作人员来处理通知移除问题。而这是当前有限的资源条件下，国家所不愿承受的负担。[2]如果此

---

〔1〕 See Jeffrey Cobia, "The Digital Millennium Copyright Act Takedown Notice Procedure: Misuses, Abuses, and Shortcomings of the Process", *Minnesota Journal of Law, Science & Technology*, Vol. 10, No. 1., 2009, pp. 404-405. 需说明的是，该文作者提出此立法建议的理由主要是基于避免通知规则被滥用而限制言论自由等，与本书的理由并不完全相同。但在解决问题的途径上，与本书此处的思路相似。

〔2〕 国务院法制办负责人曾表示："侵犯信息网络传播权的纠纷往往涉及金额很小，在现实中缺乏通过行政或者司法程序解决的必要性。为此，《条例》参考国际通行做法，建立了处理侵权纠纷的'通知与删除'简便程序。"参见《国务院法制办负责人就〈信息网络传播权保护条例〉有关问题答中国政府网记者问》，载 https://www.gov.cn/zwhd/2006-05/29/content_294127.htm，最后访问日期：2024 年 5 月 3 日。

机构由营利机构担任，又势必要涉及此种机构如何盈利的问题，否则难以吸引民间投资。而一旦该机构以盈利为目的，便又难以保证其公正性和权威性。

其二，第三方是否享有对网站内容直接移除的权利？假如我们找到了一个第三方机构来中立地判断所通知内容是否侵权，仍需面临该第三方在做出内容侵权判断后，是否对该内容享有直接移除的权利的问题。因为如果第三方只是判断内容是否侵权，移除仍交由网站自己操作，那仍会出现网络服务提供者在收到第三方移除要求后采取"选择性移除"的做法。如果享有，那假如出现判断错误，第三方是否需要向权利人、上传用户或网络服务提供者承担责任？尤其是在构成侵权而第三方机构判断为不构成侵权的情况下，第三方机构是否要向权利人承担责任？此外，第三方对网站内容享有直接移除的权利将带来网络安全性等新问题。

由此可见，为审查侵权内容而专门设立第三方机构存在加重社会成本、增加当事人间关系的复杂性、难以保证公正性及增加网络安全风险等新难题，故这一途径的可行性不佳。

（三）采取"通知-通知"规则

由于设立第三方机构的方案过于繁琐操作性不佳，故可考虑的一种折中方案是：采取"通知-通知"规则。"通知-通知"规则是 2000 年由加拿大网络服务提供者协会、加拿大有线电视协会和加拿大录音行业协会等自发设计的用于处理网络版权侵权纠纷的方式。其具体运作过程是：加拿大录音行业协会如果发现其成员的版权受到侵害，就会通过电子邮件向相关网络服务提供者发出通知。网络服务提供者在收到通知后，会向用户发出通知，提醒他们将资源用于非法目的是违反网络服务提供者政策的，建议他们听取来自加拿大录音行业协会的信息，鼓励其与加拿大录音行业协会联系，以解决问题。随后，网络服务提供者会以回邮的形式告知投诉者，同时与加拿大录音行业协会确认已将投诉中的信息转告用户。如果用户不将有问题的内容移除，加拿大录音行业协会可以根据《版权法》（Copyright Act）向法院提出禁令或金钱赔偿。网络服务提供者需保存必要的数据以确定投诉中的人和事实，保存时间为 6 个月。如果网络服务提供者没有遵照执行以上要求，其会因为没有发送通知而受到最高额为 5000 加元的罚款，因为没有依法保存相关信息而受到最高额为 10000 加元的罚款。[1]

由上述通知通知规则的运作过程可看到，通知通知规则较之通知规则的优势在于：网络服务提供者只作为被动的通知者，而不再作为主动的侵权与否的判断者与执行者。此外，这一制度的另一优势在于操作和认定较为简单明确。网络服务提供者是否将权利人的通知发送给网络用户有明确的信息记录，故围绕于通知规则的关于网络服务提供者主观过错的认定，如明知或应知的判断等难题，也不复存在。据加拿大录音行业协会原主席 Brian Robertson 的介绍，有关各方的报告显示，网络服务提供者收到的大约 80% 投诉通过该制度得到了解决。[2]

然而，这一在加拿大运作良好的制度若借鉴至我国，则存在一些额外的困难，具体而言：其一，该制度较之通知规则降低了对权利人的保护力度，易于引起内容产业界的反对。我国影音作品等权利人一直以来就对我国网络著作权保护不力多有诟病，故弃通知规则而采"通知-通知"规则将很可能引起权利人的不满和反对。其二，我国的相关配套环境不具备。加拿大"通知-通知"规则有效运作的一个重要前提是：由权利人组成的行业协会积极履行其职责，及时发现和通知网络中的侵权内容，故较好地保障了其会员的利益。而在我国，行业协会对其会员的权益保护并不佳。权利人对行业协会的不满与不信任典型地体现在 2012 年 3 月《中华人民共和国著作权法（修改草案）》公布后，音乐人与中国音乐著作权协会间的争执，[3]也体现在韩寒等作家因不满中国作家协会而自发组成"作家维权联盟"[4]等事件中。缺少了行业协会的有效运作，"通知-通知"规则的实施效果将大打折扣。其三，"通知-通知"规则将可能加重法院的案件审判压力。我国设计通知规则的初

---

[1] 关于"通知-通知"规则的详细情况，参见谢利尔·哈密尔顿：《加拿大制造：确定网络服务提供商责任和版权侵权的独特方法》，载［加］迈克尔·盖斯特主编：《为了公共利益：加拿大版权法的未来》，李静译，知识产权出版社 2008 年版，第 201~219 页。

[2] 参见谢利尔·哈密尔顿：《加拿大制造：确定网络服务提供商责任和版权侵权的独特方法》，载［加］迈克尔·盖斯特主编：《为了公共利益：加拿大版权法的未来》，李静译，知识产权出版社 2008 年版，第 209 页。

[3] 音乐人与中国音乐著作权协会间的争执可参见中央电视台 2012 年 4 月 15 日的《面对面》节目"我的音乐谁做主"。

[4] 参见朱四倍：《"作家维权联盟"出现了，作协在哪里》，载《时代商报》2011 年 7 月 6 日，第 B15 版。

衷之一，便是为了减少法院的案件审理数量，促进多数网络侵权纠纷能够在当事人间自行解决。而"通知-通知"规则将判断内容侵权与否的主体由网络服务提供者转移至法院后，将可能加大法院的案件审判压力。基于此，本书认为，在当前我国采"通知-通知"规则存在观念和制度上的双重困难。

（四）加大网络服务提供者违法成本

如果我们当前难以在短时间内改变通知规则违背程序正义的设计安排，那么可考虑的退而求其次方案是：改变网络服务提供者在通知规则运作过程中的成本与收益间的关系，进而改变网络服务提供者的行为选择。根据对网络服务提供者成本与收益的分析，网络服务提供者的成本主要在于法律责任上的承担和商业形象上的损失，而收益则主要是商业利益。由于对商业利益得失的干预较为困难，故从制度层面来看，改变网络服务提供者成本与收益关系的可行途径在于加大网络服务提供者违法后的法律成本。

从法律角度来看，当事人违法的法律成本包括民事责任、行政责任和刑事责任。故加大网络服务提供者的违法成本意味着加大网络服务提供者违法后的民事、行政和刑事责任。但在这三种责任的课以上，本书认为需注意以下几点：

第一，民事责任的设计应优先于行政责任和刑事责任。尽管行政责任和刑事责任基于其责任的严苛性，可以更有效地抑制网络服务提供者选择性守法的冲动，但该两种责任都无助于对权利人损失的填补。此外，对网络领域的法律规制目前仍处于尝试和变动期，传统法律规则适用于网络领域的正当性、可行性问题等仍处于探讨中。故在责任的设计上，应优先采取相对较为缓和的民事责任，而非行政责任和刑事责任，即在民事责任能够有效抑制网络侵权的情况下，应尽可能避免行政责任和刑事责任的课以。

第二，责任的设计应具有现实可行性。此处所谓的"可行性"并不仅仅指责任能够在实践中被实施，且指责任能够被相关主体"愿意主动"实施。尤其是在网络侵权损害赔偿金的认定上，多高的赔偿金是国家能认可，权利人能接受，且网络服务提供者能承受的，一直以来是我国网络侵权纠纷的难点所在。

第三，在加大网络服务提供者违法成本的同时，也要考虑到该成本可能带来的行业影响。在治理网络侵权的同时，信息产业的发展也同样重要。故网络服务提供者责任的制度设计也直接反映了国家对内容产业界和信息产业界的态度，对网络服务提供者责任的设计将直接影响到信息产业界的发展。以优酷公司 2011 年的财务状况为例，其 2011 年的净收入是人民币 8 亿 9760 万元，而其采购正版影视作品的成本是 2 亿 4340 万元，占净收入的 27%。假如因为法律责任的加重而导致正版影视作品的授权成本水涨船高的话，将造成优酷公司的内容成本大大提高。而即便在目前的成本情况下，优酷公司 2011 年的净亏损仍达到 1 亿 7210 万元。依据美国证券交易委员会规定，2010 年上市的优酷公司如果无法在三年内实现盈利，将面临停牌退市的风险。〔1〕因此，如果在目前阶段对优酷这样的网络公司课以较高的著作权侵权赔偿责任，将可能严重影响我国相关网络公司，乃至信息技术产业的发展。正如有国内学者认为："美国在 Groster 案件之后，著作权人重拾在 DMCA（《数字千年版权法》）中失去的疆域，其背后的真正原因是，美国联邦最高法院认为网络产业的发展表明其不再需要倾向性的保护。"而"从现状来看，我国网络产业的发展仍远远落后于发达国家，因此，对网络产业的扶持仍然是立法所需重点考量的公共政策。"〔2〕

根据对完善通知规则的可能途径的分析可看到，在我国当前环境下，加大网络服务提供者的违法成本是改善通知规则运作状况，进而实现网络侵权有效治理的最具现实可行性的途径。而这也正是我国 2020 年修正《著作权法》时采取的思路。根据我国目前司法审判实践，在网络侵权纠纷中，由于权利人的损失和侵权人的收益往往难以查明，故法院在确定赔偿金额时一般采法定赔偿金制度。而 2020 年修正的《著作权法》将原来的法定赔偿金最高额从 50 万元上调为 500 万元，其意也在加大侵权人的违法成本。〔3〕

《著作权法》所采取的这一加大网络服务提供者违法成本的思路是可取的，但其通过上调法定赔偿金最高额的方式是否能在实践中发挥预期的效果则值得反思。事实上，如果我们考察审判实践中法院判决的赔偿金额便会发现，此种对策方式可能无助于问题的解决，因为当前法院判决的赔偿金一般

〔1〕 盈利压力可能也是优酷与土豆两大视频公司寻求合作，而非相互竞争的原因之一。

〔2〕 史学清、汪涌：《避风港还是风暴角——解读〈信息网络传播权保护条例〉第 23 条》，载《知识产权》2009 年第 2 期。

〔3〕 我国于 2012 年 3 月和 7 月两次公布了《中华人民共和国著作权法（修改草案）》，其中关于法定赔偿金最高额为 100 万元。最终通过的《著作权法》则修改为 500 万元。

都不会超过 10 万元，多数都只有一两万元或两三万元，[1] 根本没有受到 50 万元上限的限制。以国内视频领域市场占有量第一的优酷公司为例，根据其在美国上市时发布的招股说明书，2007 年、2008 年、2009 年和 2010 年前 9 个月，优酷公司被提起的侵权诉讼（以著作权侵权为主）数量分别为 2 个、34 个、252 个和 160 个。在优酷遭遇的这 448 起著作权侵权诉讼中，大约 70%的诉讼通过双方和解原告撤诉结案。在判决优酷败诉的案件中，2007 年、2008 年、2009 年和 2010 年前 9 个月的赔偿金额分别为 10 万元、40 万元、140 万元和 10 万元。[2] 若依此做平均计算，优酷公司每个侵权案件所承担的赔偿金额是 1.49 万元。可见，我国当前存在的问题并不在于 50 万元的法定赔偿金上限限制了对网络服务提供者责任的追究，而在于法院并没有对网络服务提供者课以较高的赔偿金。

　　因此，我国当前的首要任务并不是简单地在《著作权法》中调高法定赔偿金的上限，而是要加强对网络侵权损害赔偿金认定规律的认识。比如，为何我国法院没有对网络服务提供者课以更高的赔偿金？法院在认定网络服务提供者损害赔偿金时，主要考量了哪些因素？这些因素会在多大程度上影响网络服务提供者赔偿金的计算？如何才能相对统一目前各地法院在网络服务提供者损害赔偿金认定上的差异，使其判决的赔偿金额不至过于悬殊？等等。事实上，对这些问题，我国部分地方法院已经开始作出探索。比如，浙江省高级人民法院在《关于审理网络著作权侵权纠纷案件的若干解答意见》的第 33 条至第 35 条中，对在网络环境中侵犯文字、美术、摄影、影视、音乐等作品著作权适用法定赔偿方式确定赔偿数额应考虑哪些因素作出了尝试性规定。而湖北省高级人民法院则在《关于侵犯信息网络传播权纠纷案件赔偿标准问题座谈会会议纪要》中，尝试通过作品首播的时间来确定和统一全省的赔偿标准。这些地方法院的实践经验和探索无疑有着重要的借鉴价值。在理论界，也已有学者注意到网络侵权损害赔偿金酌定因素不明而导致的法官自由裁量

---

　　[1]　相关数据参见赵雪：《电影盗版：一场审判难以终结的"暗战"》，载《科技日报》2010 年 8 月 2 日，第 3 版。杜思梦：《中国电影著作权协会向电影网络侵权宣战》，载《中国电影报》2010 年 8 月 5 日，第 6 版。《影视片商出"鲜招"打响"网络维权"战》，载《北京商报》2010 年 8 月 2 日，第 C13 版。

　　[2]　参见"优酷招股说明书"，第 19 页，载 https://www.sec.gov/Archives/edgar/data/1442596/000119312510270112/df1a.htm，最后访问日期：2012 年 8 月 21 日。

权过大和法院不同判决间差异较大问题，并提出了类型化法定赔偿额制度的设想。[1]故当务之急，应是认真总结司法实践中的经验和规律，梳理影响网络服务提供者侵权损害赔偿金的各种因素，从而为《著作权法》的实施提供真正具有针对性和有效性的建议。

综上，通知规则的有效运作需要权利人、网络服务提供者、网络用户以及法院四方主体的互动，而四方主体的行为选择又作为诱因影响着其他各方主体的行为选择。比如权利人是否积极行使权利会影响网络服务提供者对其用户侵权行为的干预程度，而网络服务提供者的经济实力和行业的发展状况会影响法院对网络服务提供者判决侵权责任的宽严程度，而法院对权利人权益的保护强度又会影响权利人主张权利的积极程度。此外，用户大众的态度和"用脚投票"的体验选择又会影响权利人、网络服务提供者乃至法院的行为选择。通知规则设计的运作过程只有与主体自利的行为选择相一致，通知规则的立法目标才能真正得到实现，网络侵权的治理才可能取得切实的效果。

---

〔1〕 参见刘满达、刘海林：《论网上著作权侵权损害中的法定赔偿制度》，载《学习与探索》2010 年第 1 期。

通知规则中网络服务提供者的侵权责任

《民法典》第 1195 条第 2 款规定网络服务提供者未及时采取必要措施时，对损害的扩大部分与该网络用户承担连带责任。本章旨在证明：目前学界解释网络服务提供者连带责任的通说——共同侵权理论，并不能有效论证出网络服务提供者与网络用户间应承担连带责任。进而提出网络服务提供者与网络用户间应承担按份责任。

一、网络服务提供者连带责任之质疑

（一）网络服务提供者连带责任的理论困境

基于私法自治，自己责任是私法中责任形态的基本原则。故除非有足够充分且正当的理由，民事主体只应承担自己责任。详言之，主张民事主体承担自己责任的，在理论上无需加以证明；而主张民事主体承担连带责任、补充责任等其他责任形态的，则负有论证正当性的义务。这一思想由其他责任形态以法律明文规定为限即可见。显然，主张网络服务提供者与网络用户承担连带责任属特殊责任形态，且对主体利益产生了切实影响，需要给出足够充分且正当的理由。

1. 网络服务提供者连带责任的理论基础在于共同侵权

网络服务提供者与网络用户构成共同侵权，故应承担连带责任。这是目前我国立法、司法及理论界解释和论证网络服务提供者之所以承担连带责任的通行观点，具体表现在以下几个方面。

其一，立法规定。我国立法中一直是以网络服务提供者与网络用户构成"共同侵权"来界定两者的关系。如 2006 年修正的《最高人民法院关于审理涉及计算机网络著作权纠纷案件适用法律若干问题的解释》第 4 条规定："提供内容服务的网络服务提供者，明知网络用户通过网络实施侵犯他人著作权的行为，或者经著作权人提出确有证据的警告，但仍不采取移除侵权内容等措施以消除侵权后果的，人民法院应当根据民法通则第一百三十条〔1〕的规定，追究其与该网络用户的共同侵权责任。"《信息网络传播权保护条例》第 23 条规定："网络服务提供者为服务对象提供搜索或者链接服务，在接到权利人的通知书后，根据本条例规定断开与侵权的作品、表演、录音录像制品的链接的，不承担赔偿责任；但是，明知或者应知所链接的作品、表演、录音录像制品侵权的，应当承担共同侵权责任。"这些规定清楚表明，构成共同侵权是网络服务提供者承担连带责任的依据。

其二，司法判决。在审判实践中，法院也多遵循网络服务提供者与网络用户是否构成共同侵权的思路来考虑网络服务提供者的责任问题。如在中凯公司诉数联公司等著作权侵权案中，法院认为："网络用户在 POCO 网上擅自发布电影作品《杀破狼》供其他用户下载的行为，侵犯了原告中凯公司对该电影作品依法享有的信息网络传播权。被告数联公司尽管未直接实施侵权行为，但其教唆、帮助用户实施了上述侵权行为，依照最高人民法院《关于审理涉及计算机网络著作权纠纷案件适用法律若干问题的解释》第三条之规定，〔2〕应当与直接实施侵权行为人共同承担侵权责任，被告数联公司辩称其未参与也不知涉案侵权行为而不应承担侵权责任的理由，本院不予采纳。"〔3〕

其三，学者观点。不少学者认为，网络服务提供者与网络用户之所以承担连带责任，是因为两者构成共同侵权，且主要是构成帮助侵权。如吴汉东先生认为："网络服务提供者在网络侵权中，与网络用户是侵权行为实行人与帮助人之间的'共同关系'，实行人行为与帮助人行为有直接的因果关系。具

---

〔1〕 《民法通则》第 130 条规定："二人以上共同侵权造成他人损害的，应当承担连带责任。"

〔2〕 该条规定："网络服务提供者通过网络参与他人侵犯著作权行为，或者通过网络教唆、帮助他人实施侵犯著作权行为的，人民法院应当根据民法通则第一百三十条的规定，追究其与其他行为人或者直接实施侵权行为人的共同侵权责任。"

〔3〕 参见上海市第一中级人民法院（2006）沪一中民五（知）初字第 384 号民事判决书。该案于 2008 年被评为"上海法院知识产权司法保护 30 年典型案例"之一，可见该判决法院广为认可与采纳。

言之，正是帮助人的行为，促成了实行人直接侵权行为的发生。""网络服务提供者的间接侵权责任，是基于'帮助行为'发生的。"〔1〕王胜明先生主编的书中也认为："根据本条第三款规定，网络服务提供者与网络用户承担连带责任。如果网络服务提供者明知网络用户利用其网络服务实施侵权行为，却不采取必要措施，可以认定为构成帮助侵权，应当对全部损害与网络用户承担连带责任。"〔2〕

综上可见，无论是从立法规定、司法判决还是学者观点来看，共同侵权，尤其是帮助侵权，是我国解释与论证网络服务提供者与网络用户之所以承担连带责任的通行观点。

2. 网络服务提供者构成共同侵权有悖于侵权法一般原理

尽管我国目前通行观点是以共同侵权解释网络服务提供者与网络用户间的连带责任，但对共同侵权自身的涵义，国内学界尚存在分歧，其中最主要的分歧在于无意思联络的数人加害行为是否构成共同侵权。从《民法典》第1168条的表述及第1168条至第1172条的体系解释来看，我国立法规定的共同侵权应解读为以意思联络为必要。〔3〕基于此，若网络服务提供者构成共同侵权，也理应符合此要件。

然而，网络服务提供者与网络用户在多数情形中并不存在共谋的主观意思联络。"所谓意思上的联络是指数个行为人对加害行为存在'必要的共谋'，如事先策划、分工等。"〔4〕在网络侵权中，如果网络服务提供者教唆网络用户实施侵权行为，则两者存在共谋的主观意思联络，构成教唆侵权是合理的。但在实践中，网络服务提供者积极主动教唆网络用户侵权的情形很少，相反，网络服务提供者往往在用户注册协议、内容上传告示等文件中强调用户不得实施侵权行为。这从国内外受理的网络侵权案件中很少出现教唆侵权的判决也可看出。〔5〕实践中大多数情况是，网络服务提供者只是为网络用户提供了

〔1〕　吴汉东：《论网络服务提供者的著作权侵权责任》，载《中国法学》2011年第2期。
〔2〕　王胜明主编：《中华人民共和国侵权责任法解读》，中国法制出版社2010年版，第187页。
〔3〕　参见程啸：《侵权责任法》，法律出版社2021年版，第373页。
〔4〕　张新宝：《侵权责任法》，中国人民大学出版社2016年版，第45页；另见马俊驹、余延满：《民法原论》，法律出版社2010年版，第1017页。
〔5〕　在美国直到2005年的Grokster案，美国最高法院才发展出了引诱侵权责任，125 See S. Ct. 2764（2005）.美国的引诱侵权类似于我国的教唆侵权。我国司法实践中也鲜见基于教唆共同侵权的判决。

发布内容的"平台"或传输内容的"通道"。此种情形在审判实践中若网络服务提供者被判决承担侵权责任，多依据的是构成帮助侵权。[1]然而，将此种情形认定为共同侵权中的帮助侵权并不妥当，因为网络服务提供者与网络用户间并不存在事先策划、分工等"共谋"行为。

以百度网站提供音乐搜索服务为例。[2]一般而言，实际侵权网站希望百度用户搜索到侵权网站中的作品链接后，点击链接能够直接跳转到该侵权网站。但百度建立深度链接的方式大大减少了百度用户浏览该实际侵权网站的几率，这显然不会是实际侵权网站所希望得到的"帮助"。对百度而言，其之所以对侵权作品建立深度链接，目的并不在于为实际侵权网站扩大侵权后果提供"帮助"，而在于吸引用户停留在自己的网站。可见，百度为侵权网站的音乐作品设立深度链接的行为，并不是实际侵权网站希望得到的帮助，百度也无意为侵权网站扩大其侵权后果提供帮助。法律若将双方认定为存在"共谋"，将是对当事人实际意图的非真实反映。尽管法律并不要求总是"如实"反映生活事实，但原则上法律概念应尽量与生活认识保持一致，除非确有必要使法律用语偏离生活。[3]但持共同侵权（帮助侵权）论的学者或法院尚未对此种偏离的必要性做出任何论证。事实上，这一生活理解与法律解读的偏离已给实践带来了困惑。据有学者介绍，在"步升诉百度案"和"索尼等4大唱片公司诉百度案"中，原告在诉因选择中之所以没有主张被告构成共同侵权，原因之一便是担心法院对共同侵权采主观说，认为百度与被链网站间不存在意思联络。[4]

德国也有学者认为此种情形不构成共同侵权。如有德国学者认为，技术传播者，如搜索引擎，原则上不负有赔偿责任，因为其与被链者没有主观上的意思联结。人为传播者则原则上负有责任，除非其将自己与被链内容明确

---

〔1〕 如上海市高级人民法院（2008）沪高民三（知）终字第 62 号民事判决书；广东省广州市中级人民法院（2006）穗中法民三初字第 179 号民事判决书。

〔2〕 实践中此类纠纷已多次发生，如：七大唱片公司诉百度公司音乐搜索服务著作权侵权案［北京市第一中级人民法院（2005）一中民初字第 7965、7978、8474、8478、8488、8995、10170 号民事判决书］、十一大唱片公司诉雅虎公司音乐搜索服务著作权侵权案［北京市第二中级人民法院（2007）二中民初字第 02621-02631 号民事判决书］等。

〔3〕 此观点详见王轶：《民法原理与民法学方法》，法律出版社 2009 年版，第 144~151 页。

〔4〕 参见王迁：《论版权"间接侵权"及其规则的法定化》，载《法学》2005 年第 12 期。

地区分开。[1]也有学者认为，若设链者与被链者间存在意思联合，则被链内容应视为设链者"自己的"内容，即适用内容提供者规则，[2]该规则为一般侵权责任，即自己加害行为的自己责任。

即便对共同侵权做广义理解，将主观意思联络解释为"共同过错"，而不以"共谋"为限，甚至将共同侵权解释为只需造成同一损害后果便可构成，也仍难以证成网络服务提供者构成共同侵权的正当性。原因在于法律将网络服务提供者为用户侵权提供的"平台"上的"帮助"解读为构成共同侵权与法律对其他"帮助"现象的解读存在严重的价值取向上的不均衡。

举例而言，如果一卖刀店的卖刀者在卖刀给买刀者时不知其是为了杀人，事后在买刀者杀人前，卖刀者知道了买刀者的杀人意图，卖刀者未采取措施制止买刀者的杀人行为，其是否与该买刀者构成共同侵权承担连带责任？毫无疑问，卖刀者卖刀的行为不会被法律解读成为杀人者提供了工具上的帮助，进而构成共同侵权。将此卖刀杀人事例与网络侵权加以比照：网络服务提供者对应的是卖刀者，网络用户对应的是买刀者，网络用户的侵权行为对应的是杀人行为。若依卖刀杀人事例中的侵权规则类推网络服务提供者的责任的话，网络服务提供者不负有在知道用户侵权后及时采取措施以消减侵权后果的义务，也无需对用户的侵权行为承担责任。但这一类推结果与《侵权责任法》中网络服务提供者连带责任的规定大相径庭。这意味着，同样是提供的工具被他人用于侵权用途，法律对卖刀者和网络服务提供者配置了很不均衡的责任。因为前者涉及的，是受害人的生命权；后者涉及的，是受害人的财产权、人格权。相较而言，立法采取了较轻的责任配置以避免生命权的侵害，却采取了较重的责任配置以避免财产权等权利的侵害。此种立法配置，实难谓"罪责刑相适应"。对此种失衡现象，有学者试图以管领控制力的强弱来加以解释。[3]但此种解释的问题在于，控制力的强弱并不是共同（帮助）侵权

---

[1]　See Oliver Köster, Uwe Jürgens, "Liability for Links in Germany--Liability of Information Location Tools under German Law after the Implementation of the European Directive on E-Commerce", *Verlag Hans-Bredow-Institut*, No. 14, 2003, pp. 9-10.

[2]　See Thomas Hoeren, "Liability for Online Services in Germany", *German Law Journal*, Vol. 10, No. 5. , 2009, p. 569.

[3]　参见杨明：《〈侵权责任法〉第 36 条释义及其展开》，载《华东政法大学学报》2010 年第 3 期。

的构成要件，并不会影响对其认定。其实，美国最高法院早在 1984 年的 Sony 案中便已澄清，仅提供可被用于侵权用途的工具并不构成侵权，只要该工具存在"实质性非侵权用途"。[1]

需要强调的是，否定网络服务提供者构成共同侵权并不意味着网络服务提供者无需承担侵权责任。这只能表明共同侵权不能成为网络服务提供者连带责任的正当化依据。从历史发展历程来看，网络服务提供者连带责任的理论基础被认定为共同侵权肇始于 2000 年《最高人民法院关于审理涉及计算机网络著作权纠纷案件适用法律若干问题的解释》，并对之后的《信息网络传播权保护条例》等产生了重要影响。但《民法典》只是规定了网络服务提供者的连带责任，却并没有将网络服务提供者连带责任的理论基础明确认定为共同侵权。《民法典》的这一做法为网络服务提供者侵权责任的理论基础预留了解释空间。事实上，学界也已有学者开始尝试在共同侵权之外解释网络服务提供者侵权责任的理论基础，比如间接侵权理论[2]、公共政策理论[3]、安全保障义务理论[4]等。而本书也已证明共同侵权无法作为网络服务提供者连带责任的理论基础。

（二）网络服务提供者连带责任的实践困境

立法中的制度在实践中应具有可操作性，且当事人"愿意"依法律的规定去操作。若立法规定在实践中无法操作，操作成本过高，或当事人不会选择依法律规定的逻辑去行为，则需做出修正的，当是立法本身，而不是实践中的事实和当事人。在这一思想前提下，网络服务提供者连带责任实践困境的关键在于网络服务提供者对用户的追偿权难以操作，且网络服务提供者也"不愿意"去操作。

第一，共同侵权人作为必要共同诉讼人难以操作。若认为网络服务提供者构成共同侵权承担连带责任，则对网络服务提供者的诉讼需符合共同侵权诉讼的规则。目前我国就共同侵权人在诉讼中是否需作为必要共同诉讼人无

---

〔1〕 464 U. S. 442 (1984).

〔2〕 这方面的典型著作可参见王迁、王凌红：《知识产权间接侵权研究》，中国人民大学出版社 2008 年版，第 20~96 页。

〔3〕 参见杨立新：《〈侵权责任法〉规定的网络侵权责任的理解与解释》，载《国家检察官学院学报》2010 年第 2 期。

〔4〕 参见刘文杰：《网络服务提供者的安全保障义务》，载《中外法学》2012 年第 2 期。

论在理论界还是在实务界都存在很大争议。[1]如果认为共同侵权是必要共同诉讼，那么网络服务提供者连带责任的实践困难在于：网络中上传侵权作品的用户可能有很多，且用户的身份信息可能并不清楚，即便查清，其所在地可能非常分散乃至在国外，故将网络服务提供者与网络用户作为共同诉讼人在实践中操作成本往往会非常高或根本难以操作。其实，即便在《最高人民法院关于审理人身损害赔偿案件适用法律若干问题的解释》（法释〔2003〕20号）第5条[2]将共同侵权作为必要共同诉讼对待时期，法院在审理网络侵权案件时也从未将网络服务提供者与网络用户作为必要共同诉讼人来对待。这显示了共同侵权理论解释与实践操作的脱节。

第二，如果认为共同侵权人不是必要共同诉讼人，那么共同侵权所存在的问题仍会在网络服务提供者向用户追偿时暴露出来。依共同侵权理论，如果网络服务提供者向权利人赔偿了所有损失，其有权向用户追偿。但网络服务提供者的这一追偿很难实现。首先，其往往面临网络用户身份不明的困难。即便查明身份，又可能面临用户分散，各个起诉成本较高的难题。即便网络服务提供者起诉了，还可能会面临网络用户提出的一些抗辩事由。比如，如果该网络用户是无民事行为能力人或限制民事行为能力人，那么帮助侵权便无法成立，那是否意味着原判决认定网络服务提供者与网络用户构成共同侵权是个错误呢？同时，如何认定无民事行为能力人和限制民事行为能力人的监护人是否尽到了监护责任呢？此外，如果网络用户存在合格的抗辩，那便意味着网络服务提供者向权利人承担了过多的赔偿，其又要反过来起诉权利人要求返还多承担的赔偿吗？可见，网络服务提供者向网络用户追偿时会面临诸多现实难题。

第三，从我国目前网民的构成来看，网络服务提供者向网络用户的追偿也可能难以实现。据中国互联网络信息中心2012年1月发布的《第29次中

---

〔1〕　争议的介绍可参见最高人民法院侵权责任法研究小组编著：《〈中华人民共和国侵权责任法〉条文理解与适用》，人民法院出版社2010年版，第73~75页。

〔2〕　《最高人民法院关于审理人身损害赔偿案件适用法律若干问题的解释》（法释〔2003〕20号）第5条规定："赔偿权利人起诉部分共同侵权人的，人民法院应当追加其他共同侵权人作为共同被告。赔偿权利人在诉讼中放弃对部分共同侵权人的诉讼请求的，其他共同侵权人对被放弃诉讼请求的被告应当承担的赔偿份额不承担连带责任。责任范围难以确定的，推定各共同侵权人承担同等责任。人民法院应当将放弃诉讼请求的法律后果告知赔偿权利人，并将放弃诉讼请求的情况在法律文书中叙明。"

国互联网络发展状况统计报告》[1]显示，我国至 2011 年 12 月底网民总数为 5.13 亿，其构成状况是：10-19 岁网民占 26.7%，20-29 岁网民占 29.8%；学历结构是：初中占 35.7%，高中占 33.3%，大专占 10.5%，大学本科及以上占 11.9%；职业结构中，学生最多，占 30.2%；收入结构中，月收入 500 元以下及无收入的共占 25.4%，501-1000 元的占 12.5%，1001-2000 元的占 22.0%。这组数据表明，我国网民的年龄、学历、收入都偏低。而根据经验可合理推测，在网络中上传侵权内容的较大一部分比例是年龄偏低的年轻网民，尤其是一些对权利人利益影响较大的最新影音作品。因此，在网络侵权中，即便权利人或网络服务提供者向网络用户求偿胜诉，对于动辄上万的赔偿金而言，也很可能无法得到有效执行。

第四，根据人理性自利的规律，网络服务提供者"不愿意"向用户追偿。"如果期待私人以法为武器保护自身权利并与邪恶作斗争，法必须在便宜性、实效性、经济性上对私人具有实践的魅力。"[2]即法律制度所期冀的目标在现实生活中的实现需要生活中主体的"自愿"参与，如果制度的目标是主体无法或不愿参与去实现的，那么该制度的目标只会沦为一纸空文。此处法律安排各方利益的设计是先由网络服务提供者向权利人赔偿，[3]再赋予其追偿权以恢复其所受损失。然而，这一利益安排在实践中会因网络服务提供者"难以"且"不愿"行使追偿权而失效，进而该制度目标也就无法完全实现。造成网络服务提供者"放弃"行使追偿权的重要原因之一是追偿违背人理性自利的规律。因为网络服务提供者对用户的追偿很可能会对其在用户中的形象造成很大负面影响，用户很可能因此产生"寒蝉效应"，不再愿意在该网站轻易上传内容（即便其有权利上传）或干脆转投其他网站，这无疑会给网络服务提供者造成更大的损失。诉讼操作困难、胜诉难以执行及追偿造成的形象损失和用户流失，这些现实因素的制约使得网络服务提供者行使追偿权将是一个成本高而收益低的选择，故实践中网络服务提供者理性的决定自然是

---

[1] 参见《第 29 次中国互联网络发展状况统计报告》，载 https://www.cnnic.cn/n4/2022/0401/c88-803.html，最后访问日期：2024 年 6 月 30 日。

[2] [日] 田中英夫、竹内昭夫：《私人在法实现中的作用》，李薇译，法律出版社 2006 年版，前言第 2 页。

[3] 尽管在制度上权利人可以将网络服务提供者与用户一同起诉或只起诉用户，但鲜有权利人会如此选择。

"放弃"追偿权。这也为迄今为止我国尚未见一例网络服务提供者承担责任后向用户追偿的事实所证实。

网络服务提供者连带责任面临的上述实践困境不可避免地导致了实践与立法和理论的脱离，这一问题充分地体现在网络侵权的诉讼实践中。无论是原告权利人、被告网络服务提供者还是法院，都没有在诉讼中遵循共同侵权连带责任的一般规律，即都没有将网络用户纳入侵权诉讼的考量之列。这从以下一些现象中得到了印证。

首先，从原告权利人的角度来看，实践中受侵害的权利人并没有将网络服务提供者与网络用户作为侵权"共同体"来对待。在数加害人造成同一损害的情形中，一般而言，受害人会将所有加害人，尤其是直接积极实施了侵权行为者，作为共同被告提起诉讼。因为对受害人而言，无论是基于情感上的需要，还是基于经济上的考量，将所有加害人列为被告，尤其是将积极实施侵权行为人列为被告应是常态。然而，在网络侵权诉讼中，积极实施侵权行为的网络用户却往往并不在被告之列。其原因一方面自然是网络用户身份往往难以确定且赔偿能力较低。但另一方面可能也表明，受害人所针对的，其实是网络服务提供者，而并未把网络用户纳入其侵权诉讼考量之列。

其次，从被告网络服务提供者的角度来看，其也未将自己的责任与网络用户的责任"捆绑"在一起。这表现在：其一，如果网络服务提供者认为自己与用户是连带责任，依一般规律，其在诉讼中应会请求法院将用户列为共同被告，但实践中未见有网络服务提供者如此主张或主张后得到了法院的认可。其二，网络服务提供者在诉讼中提出的抗辩往往是自己不知道侵权存在或自己已经及时采取了必要措施，鲜见作为"连带责任人"的网络服务提供者以用户潜在的抗辩事由主张抗辩的。如未见有网络服务提供者主张由于用户未参加诉讼，其是否构成侵权，是否存在抗辩事由等均无法查明，故作为帮助侵权人的自己是否需承担侵权责任也无法确定。对自己抗辩事由的关注和对用户抗辩事由的漠视反映了网络服务提供者关注的是自己的责任，而非自己与用户"共同"的责任。其三，承担了"连带责任"的网络服务提供者从未向网络用户追偿过。这一方面自然是因为对用户的追偿成本高而收益低，另一方面可能也从侧面印证了网络服务提供者未将自己的责任与网络用户的责任视为"一体"。

最后，从法院的角度来看，如果法院认为网络服务提供者与网络用户构成共同侵权，则依一般规律，其应在诉讼中向原告询问是否要追加网络用户这一"共同侵权人"，但至今未见有法院在网络侵权案件中行使了此职权。此外，从判决书内容来看，法院在认定案件事实、总结案件争议焦点、确定网络服务提供者赔偿金额等问题上，也鲜见有涉及对侵权用户的考量。如在"陈堂发诉博客公司侵犯名誉权案"中，法院认为："被告（博客公司）对其过错行为造成的损害后果应承担法律责任，其责任范围应结合过错程度，损害后果以及过错行为与损害后果之间的因果关系等因素综合确定。"〔1〕该判决显示法院在责任认定及承担问题上完全是基于对网络服务提供者的考虑，而未见对侵权用户的考虑，这实非法院审理共同侵权案件的常态。法院在诉讼中不向权利人询问是否追加侵权用户，也不向网络服务提供者询问侵权用户的信息，判决也只是针对网络服务提供者加以分析，从不探讨侵权用户责任问题，这些都表明了法院在网络侵权案件中只是在考虑网络服务提供者的责任，而并没有将网络用户的责任纳入考虑之列，即没有将网络服务提供者责任作为连带责任加以考虑。

上述原告、被告及法院在诉讼中的表现显示出，在诉讼中各方主体其实都未将网络用户纳入考量之列，即网络服务提供者的侵权责任是被作为独立的责任对待，而不是被作为与网络用户共同的责任对待。这无疑是共同侵权连带责任理论存在的实践操作困境所必然会导致的当事人和法院真实的认识和选择。

需说明的是，既然网络服务提供者向用户追偿难以操作，那么权利人向用户求偿也会难以操作。相较而言，让网络服务提供者承担无法追偿的风险难道不是比让权利人承担无法"向用户"求偿〔2〕的风险更具正当性吗？对此，本书持否定回答。首先，本书并不否认网络服务提供者需承担侵权责任，本书所否定的，是网络服务提供者需要与用户承担连带责任。其次，依民法自己责任原则，主张连带责任的负有证明正当性的论证义务，而本书论证已表明共同侵权无法作为网络服务提供者连带责任的正当性理由。最后，民法

---

〔1〕 南京市鼓楼区人民法院（2006）鼓民三初字第9号民事判决书。

〔2〕 需强调的是，此处比较的是权利人"向用户"求偿的风险，而不是权利人求偿的风险。即权利人承担无法向用户求偿的风险并不意味着权利人无法获得任何赔偿，因为本书赞同权利人有权向网络服务提供者求偿，网络服务提供者负有独立于网络用户的侵权责任。正是在这一前提下，本书对向用户的求偿/追偿风险由权利人转移至网络服务提供者持否定意见。

上风险转移的正当性基础一般在于为弱势受害人给予倾向性保护。但网络侵权的多数情形并未满足受害人是弱势个体的预设。从目前的审判实践来看，网络侵权的最主要类型是知识产权侵权，而知识产权的权利人多数是一些有着较强实力的公司，实践中很少有个人起诉网络服务提供者主张知识产权的。相较于知识产权侵权纠纷，个人因名誉权等人格权而发生的诉讼在实践中相对较少。因此，权利人较强的实力降低了立法对其予以倾向性保护的必要。

综上，与传统侵权相比，网络侵权的一个特殊性在于，无论是网络服务提供者还是权利人，都难以，且不愿意，向直接实施了侵权行为的网络用户主张权利。网络侵权的这一特点导致将网络服务提供者与网络用户的"捆绑"必然会面临实践操作上的困难，并导致实践不再遵循理论规则。立法设计和理论解释若罔顾法律对生活世界中当事人的"实然"意义，而只满足于其在条文和理论上对当事人的"应然"意义，将可能导致立法和理论与现实的脱节。其最终的结果，不会是立法和理论改变了现实，而只会是现实脱离了立法和理论。

（三）网络服务提供者连带责任存续的成因分析

尽管网络服务提供者连带责任的规定存在理论论证上的不足和实践适用上的困难，但在我国这一规定长期存在，且得到了不少学者的认同，故其存在必然有一定的原因支撑。本书认为，我国学界长期未意识到网络服务提供者连带责任存在的上述困境，原因可能有以下几方面。

第一，《民法典》对外部责任的侧重和对内部责任的疏忽。《民法典》侵权责任编要解决的，是侵权人与受害人间的外部责任，还是侵权人间的内部责任，抑或两者都要解决呢？从立法相关主持者和参与者的态度来看，我国《民法典》侵权责任编主要关注于外部责任，而对内部责任则关注有限。如王胜明先生认为，侵权责任法应当是解决外部责任，不解决内部责任问题。王利明先生认为："不管我们的侵权归责原则也好、构成要件也好，包括责任的确定也好都解决的是一个受害人责任问题，至于这个侵权行为人内部的追偿问题以及侵权行为人向其他人的追偿问题，这个好像不好都在侵权法里面规定。"张新宝先生也认为："（侵权责任法）主要是要解决外部的问题，顺手能够解决又是必须解决的又能很好解决的顺便作出规定，这样才符合侵权法的本意。"[1]可见，立法参与者在设计侵权规则时，首先考虑的是外部责任，行有余力再适当考虑内部责任问题。

立法者重外部责任轻内部责任的想法可能也影响到了其对网络侵权规则的设计。在设计网络侵权条款时，立法者考虑的重点是网络服务提供者和网络用户如何对受害人承担责任。基于侵权的网络用户身份往往难以确定和给予受害人充分救济的考虑，立法者设计了网络服务提供者与网络用户承担连带责任的条款，并希望网络服务提供者与网络用户间的内部责任关系能由双方自行解决或另行通过诉讼解决。其实，传统连带责任制度设计时，忽视连带责任人间的内部关系具有一定的合理性。因为传统连带责任人间往往具有一定关联性，如共谋的共同侵权人间、广告主与广告经营者间等。在对外承担连带责任后，连带责任人基于相互熟识、内部合同等可自行处理内部间的责任分配问题。即使未能达成分配共识，因当事人间身份往往明确，故一方也可通过诉讼来解决。基于此，传统连带责任制度设计时忽视责任人内部间的责任分配和追偿问题是可行的。然而，在网络环境中，传统连带责任制度设计时所默认的连带责任人间能自行解决内部责任分配这一预设前提并不存在。由于侵权用户往往身份匿名，且网络服务提供者基于自身商业形象等因素考虑，也不愿向用户追偿，故在网络环境中，网络服务提供者与网络用户承担责任的实践结果是网络服务提供者最终承担了所有责任。故这一制度设计在实现对受害人给予充分救济的立法目标的同时，又在事实上造成了对"罪责刑相适应"的立法追求的背离。

第二，不同制度背景环境下，我国对国外立法经验借鉴的结果。就网络侵权问题，尤其是网络著作权侵权问题，我国立法和国内学界借鉴最多的，莫过于美国相关立法，尤其是《数字千年版权法》第二部分"在线版权侵权责任限制"的规定。美国《数字千年版权法》为网络服务提供者版权侵权规定了一些"免责条款"，这一规定的制度背景在于，美国对版权侵权采取的是严格责任原则，因此若不对网络服务提供者的责任给予一些最低限度的免责保护，网络服务提供者的经营与创新将面临较大的法律风险。与美国不同，我国在侵权领域，包括著作权侵权领域，采取的是过错责任原则。这就意味

---

〔1〕王利明等：《我国侵权责任立法的新进展三人谈》，载王利明、韩大元主编：《在人大法学院听讲座·第3辑》，中国法制出版社2011年版，第58~61页。

着，在难以认定行为人存在过错的情况下，在我国一般并不承担侵权责任。基于此，我国需要的是规定认定网络服务提供者构成侵权的归责条款，否则难以认定网络服务提供者的侵权责任。

在两国不同的制度背景环境下，我国借鉴了美国《数字千年版权法》中的"避风港"条款，但将其由免责条款改为了归责条款。[1]换言之，我国将在美国立法中网络服务提供者满足一定条件下不承担责任的规定，改为了在网络服务提供者未满足该条件下需承担责任的规定。这一修改使我国网络侵权的理论和实践中出现了在美国所不存在的新难题。因为我们需要解释，为什么在网络服务提供者未符合该条件时，便需承担侵权责任？在美国，网络服务提供者是否构成侵权责任由其传统的"第三人责任理论"解决，《数字千年版权法》中规定的免责条款只是给予了网络服务提供者一种最低限度的保护，即网络服务提供者只要遵守了免责条款的规定，便无需担忧自己会被法院判决承担侵权责任，进而鼓励网络服务提供者大胆创新。而我国将美国的这一规定借鉴为归责条款后，未解释网络服务提供者何以在未符合该条件下便需承担侵权责任，根据当时有限的立法和理论资源，采用了共同侵权理论来对此加以解释。这一网络服务提供者侵权责任的借鉴过程也为网络服务提供者连带责任所面临的理论与实践问题埋下了伏笔。其实，共同侵权并不是认定网络服务提供者责任的唯一选择，比如德国采取的是在一定条件下将用户上传的内容"视为"网络服务提供者自己的内容，从而由网络服务提供者单独承担自己责任的方式。[2]只是我国选择了以共同侵权作为网络服务提供者承担侵权责任的基础，故随之产生了上述实践与理论难题。

第三，立法的延续性。我国最早系统地对网络侵权作出规定的法律对网络服务提供者侵权责任采取了共同侵权连带责任的处理方式，基于"路径依赖"，这一处理方式便一直影响了后续立法的规定。我国的信息技术应用与普及始于 20 世纪末，[3]第一批与信息技术相关的立法制定于 2000 年前后，如

---

〔1〕　需说明的是，我国部分立法（如《民法典》）将通知规则表述为归责条款，另一些立法（如《信息网络传播权保护条例》）则将通知规则表述为免责条款。就此的详细论证参见本书第二章"通知规则的体系定位"。

〔2〕　See Thomas Hoeren, "Liability for Online Services in Germany", *German Law Journal*, Vol. 10, No. 5. , 2009, p. 569.

〔3〕　典型表现为一些网络公司的成立时间，如网易公司成立于 1997 年，新浪公司、搜狐公司成立于 1998 年，百度公司成立于 2000 年等。

2000 年的《全国人民代表大会常务委员会关于维护互联网安全的决定》等。就互联网引发的侵权问题，在 2000 年通过的《最高人民法院关于审理涉及计算机网络著作权纠纷案件适用法律若干问题的解释》是我国第一个系统对网络中的民事侵权问题做出规定的法律。该解释第 4 条规定："网络服务提供者通过网络参与他人侵犯著作权行为，或者通过网络教唆、帮助他人实施侵犯著作权行为的，人民法院应当根据民法通则第一百三十条的规定，追究其与其他行为人或者直接实施侵权行为人的共同侵权责任。"第 5 条规定："提供内容服务的网络服务提供者，明知网络用户通过网络实施侵犯他人著作权的行为，或者经著作权人提出确有证据的警告，但仍不采取移除侵权内容等措施以消除侵权后果的，人民法院应当根据民法通则第一百三十条的规定，追究其与该网络用户的共同侵权责任。"〔1〕可见，该解释对网络服务提供者责任的选择是认定为构成共同侵权承担连带责任。这一立法选择尽管在现在看来存在一些理论和实践困境，但在当时我国非常有限的立法与理论资源限制下，这无疑是务实的立法选择，乃至可能是认定网络服务提供者侵权责任的唯一立法选择。然而，这一当时对网络侵权问题提供的临时解决方案，也可能同时阻碍了我们在之后设计更圆满持久的解决方案，抑或者社会已习惯于该方案，设计新方案将面临新的社会成本的增加。这一解释在 2000 年通过后，于 2004 年和 2006 年做过两次修正，但上述规定的内容未做过任何修改。之后通过的《信息网络传播权保护条例》等也都沿袭了这一立法选择。

第四，对网络服务提供者连带责任实践运作经验的疏忽。自 2000 年《最高人民法院关于审理涉及计算机网络著作权纠纷案件适用法律若干问题的解释》通过以来，网络服务提供者构成共同侵权承担连带责任的规定已在我国运作几十年。这几十年来我国信息技术产业得到了快速发展，这一规定似乎并没给网络服务提供者造成过重的责任负担，且也未见互联网行业提出这一规定所设计的责任配置不合理。这使人们易于认为，网络服务提供者构成共同侵权承担连带责任的规定是合理的。但这一想法却并没有注意到网络服务提供者连带责任的规定在实践中事实上是如何被操作的。其实，网络服务

---

〔1〕 该解释已于 2013 年 1 月 1 日起被《最高人民法院关于审理侵害信息网络传播权民事纠纷案件适用法律若干问题的规定》所取代。后者在第 4 条中一定程度上延续了前者的规定。

提供者连带责任的规定并没有在实践中得到完全遵守，尤其是法院判决的损害赔偿金金额普遍较低，故尽管网络服务提供者被法院认定为构成共同侵权承担连带责任，但事实上法院并没有让网络服务提供者对受害人承担全部赔偿。[1]

第五，责归于上和整体主义方法论观念的影响。有学者认为，自封建时代以来，责归于上就是一项基本的伦理。在此伦理观念的基础上，如果赔偿义务人能够支配加害人的行为或者能够对直接加害人的行为产生重大影响，那么在他人支配或者重大影响之下从事的行为不法致人损害时，该他人即便没有具体的过失，也应当对此承担责任。[2]同理，我国长期以来的整体主义方法论思维习惯也导致人们易于接受人格吸收理论，而由控制者就被控制者的行为承担责任。[3]在网络侵权中，显然网络服务提供者是最可能对网络用户的行为产生"影响"乃至"支配"的主体。故由具有"控制力"的网络服务提供者承担事实上的"最终责任"，在我国观念中并不难接受。

存在不一定合理，但存在一定有原因。网络服务提供者连带责任的规定尽管存在理论和实践上的诸多困境，但立法者侧重关注等因素的共同作用"促使"了该规定能够长期存续。这并非意味着该规定具有一定"合理性"。相反，这意味着我国在网络服务提供者侵权责任问题上长期处于立法、理论与实践间相互脱节的境地。这既削弱了立法和理论的权威性，也易于导致实践操作的混乱。在理论上澄清网络服务提供者侵权责任的理论基础，并据此修正相关立法，应是当务之急。

（四）网络服务提供者连带责任规定的影响

制度间总是相互关联。立法将网络服务提供者的侵权责任设计为连带责任将作为诱因对当事人利益和其他相关制度产生影响。本书提出以下三点网络服务提供者连带责任的制度设计所带来的影响，以供参考。

第一，网络服务提供者连带责任对权利人既有益又有损。将网络服务提供者的责任设计为连带责任的本意，可能在于为权利人提供充分的救济。正

---

〔1〕　相关经验事实参见第五章第三节。

〔2〕　参见尹飞：《为他人行为侵权责任之归责基础》，载《法学研究》2009 年第 5 期。

〔3〕　关于整体主义方法论思维，参见蔡立东：《个体主义方法论与使用人侵权责任的重构》，载《烟台大学学报（哲学社会科学版）》2009 年第 3 期。

如杨立新先生所言，网络服务提供者的角色与安全保障义务人的角色相似，本也应规定为补充责任，将网络服务提供者特别规定为连带责任，是"由于实施侵权行为的网络用户的隐匿性，被侵权人不易确定直接侵权人身份的特点，才规定为连带责任，使被侵权人可以直接起诉网络服务提供者以保护自己的合法权益。这是给网络服务提供者苛加的一个较为严重的责任。"[1]从这个角度来看，连带责任的设计对权利人而言是有益的，因为其可无需考虑侵权用户的赔偿能力，而直接从网络服务提供者这一"深口袋"中获得全部救济。然而，基于国家产业政策发展等考虑，网络服务提供者连带责任的规定并没有在实践中得到完全执行，法院对网络服务提供者侵权所判决的赔偿金事实上并没有达到赔偿权利人全部损失的目标。实际上，法院所判决的赔偿金更像是仅仅针对网络服务提供者的行为而判决了与其过错及原因力"相适应"的赔偿，但法院的判决理由仍然是网络服务提供者承担了连带责任。如此一来，权利人在获得网络服务提供者的赔偿后，便失去了继续向侵权网络用户主张赔偿的权利。这意味着，权利人虽在名义上获得了全部赔偿，而实际上可能只是得到了网络服务提供者原因力部分的赔偿，同时又失去了继续向侵权网络用户主张权利的机会。可见，网络服务提供者连带责任希望给予权利人充分救济的立法本意在实践中不仅没有得到实现，相反，可能使权利人陷入丧失向侵权用户求偿机会的不利境地。

第二，网络服务提供者连带责任的制度设计不利于鼓励发展确定侵权用户身份的制度和技术，也不利于鼓励发展事先预防侵权的制度和技术。网络侵权有别于传统侵权的一个特殊之处，便在于难以追究侵权的网络用户的责任。正是在这一条件制约下，出现了网络服务提供者连带责任法律适用的困难及相应的实践修正。但难以追究用户责任这一前提并非必然不可改变。事实上，英国2010年颁布的《数字经济法案》（Digital Economy Act 2010）[2]及加拿大采取的"通知-通知"规则[3]都在尝试直接追究网络用户的侵权责

---

〔1〕 杨立新：《〈侵权责任法〉规定的网络侵权责任的理解与解释》，载《国家检察官学院学报》2010年第2期。

〔2〕 See Sam De Silva and Faye Weedon, "The Digital Economy Act 2010: Past, Present and a Future 'in limbo'", *Computer and Telecommunications Law Review*, Vol. 17, No. 3., 2011, p. 62.

〔3〕 关于加拿大的"通知-通知"规则，参见谢利尔·哈密尔顿：《加拿大制造：确定网络服务提供商责任和版权侵权的独特方法》，载［加］迈克尔·盖斯特主编：《为了公共利益：加拿大版权法的未来》，李静译，知识产权出版社2008年版，第201～219页。

任。而我国将网络服务提供者与网络用户认定为构成共同侵权承担连带责任，这一设计使得权利人不再关心侵权的网络用户本身，因为理论上网络服务提供者会承担全部赔偿责任，追加侵权的网络用户并不会影响其可能得到的赔偿金额，却只可能会增加其诉讼成本和拖延诉讼进程。而被"课以重责"的网络服务提供者也并不关心找到直接侵权的网络用户，因为其在法院判决中实际承担的损害赔偿金并不高，基本与其过错和原因力相当，而并非与权利人的损失相当。因此，网络服务提供者连带责任制度设计和运作的结果是，权利人与网络服务提供者都没有足够的动力去发现和追究真正实施侵权行为的网络用户的责任。同理，网络服务提供者连带责任的制度设计也不利于鼓励发展事先预防侵权的制度和技术，[1]但恰恰是事先预防，而不是事后救济，可能是网络侵权问题更为重要的解决之道。

第三，网络服务提供者连带责任的制度设计有时成为法院调和权利人与网络服务提供者利益的途径之一。在有些案件中会出现如下局面：网络服务提供者遵守了通知规则并无过错，本无需承担侵权责任，但由于让网络用户承担侵权责任在实践中并不现实，为对权利人给予一定救济，法院可能会选择认定网络服务提供者与网络用户构成共同侵权。但同时为不给网络服务提供者增加过重的责任负担，又判决非常低的损害赔偿金额。[2]法院的这一处理方式避免了权利人遭遇全无（完全得不到任何赔偿）的尴尬境地，也避免了网络服务提供者遭遇全有（承担权利人的全部损失）的责任重担。这尽管未必符合立法本意，但却是在权利人与网络服务提供者的利益和情感间寻找双方都能"容忍"的平衡点。而网络服务提供者连带责任的制度设计，恰恰为法院实现此种调和提供了途径支持。

（五）网络服务提供者与网络用户应承担按份责任

以共同侵权理论来作为网络服务提供者连带责任的理论基础，这既与共同侵权的构成要件不相符，又存在价值取向不均衡的正当性不足，同时还造成了诸多司法实践操作难题，导致了实践选择与相关立法和理论的脱离。据此，网络服务提供者与网络用户间的关系应认定为数人加害行为的按份责任。

---

〔1〕　比如国外一些公司已在使用和完善的指纹过滤技术、数字水印技术等。

〔2〕　比如北京市东城区人民法院（2009）东民初字第02461号民事判决书。同时，可合理推测，大量调解案件中的部分案件也可能属于此种类型。

具体而言，理由如下。

第一，从基本原则来看，网络服务提供者按份责任符合自己责任的私法原则。自己责任并非不可突破，但否定自己责任需给出充分且正当的理由。目前学界以共同侵权论证网络服务提供者连带责任尚不够充分，在找到更加充分的论证理由之前，应秉持自己责任这一原则。

第二，从理论解释来看，网络服务提供者之所以承担侵权责任是因为其违反了法定的"采取必要措施"的法律义务，是一种"不作为"的自己加害行为，故应承担自己责任。这也正是以共同侵权（帮助侵权）解释网络服务提供者连带责任失败的原因，即错误地将网络服务提供者的责任归咎于其为用户侵权提供了"平台"上的帮助。从网络服务提供者承担侵权责任的原因在于其未履行"采取必要措施"的法定义务可看到，网络服务提供者的侵权行为与网络用户的侵权行为无关，两者并无任何共谋的主观意思联络，即网络用户构成侵权是因为其实施了侵害民事权益的行为，而网络服务提供者构成侵权是因为其未履行"采取必要措施"的法定义务。故网络服务提供者的侵权责任与网络用户的侵权责任应是相互独立的两种责任。网络服务提供者对此种法定义务的违反应承担的是自己加害行为的自己责任。

第三，从价值取向来看，民法在设计制度时，不同制度所体现的价值取向应保持基本一致，不应违背"类似问题应该得到类似处理的法治原则"[1]。网络服务提供者责任与安全保障义务人责任的相似性决定了可将二者予以比照。"网络服务提供者的责任与违反安全保障义务责任之间比较密切，因为两者都属于不作为侵权，且都违反了法定的保护性义务，只不过一个发生在现实生活中，一个发生在虚拟空间内。"[2]但立法在两者的责任配置上却完全不同。就安全保障义务人而言，其承担的是第二顺位的补充责任，[3]而网络服务提供者承担的则是连带责任；安全保障义务人承担责任后面临的是"可能"

---

〔1〕 王轶：《民法价值判断问题的实体性论证规则——以中国民法学的学术实践为背景》，载《中国社会科学》2004 年第 6 期。

〔2〕 王利明：《侵权责任法研究》（下卷），中国人民大学出版社 2011 年版，第 129 页。

〔3〕 第二顺位意指"只有当第一顺位的直接责任人无力赔偿时，第二顺位的安全保障义务人才作为补充责任人承担赔偿责任。"参见张新宝：《我国侵权责任法中的补充责任》，载《法学杂志》2010 年第 6 期。

无法追偿的风险，因为直接侵权的第三人身份一般都可以确定，而网络服务提供者承担责任后面临的是"几乎必然"无法追偿的风险，因为用户身份往往难以确定，即便可以确定，追偿也往往是件成本高而收益低的选择。当然，安全保障义务人与网络服务提供者间还是存在着一些差别，但立法在责任配置上如此的"厚此薄彼"无疑还需更多的论证。在成功论证之前，坚持自己责任原则应是更妥当的选择。

第四，从一般原理来看，将网络服务提供者认定为数人加害行为的按份责任符合侵权责任一般原理，与《民法典》侵权责任编"一般规定"保持了一致。依《民法典》侵权责任编第一章"一般规定"，数人行为造成同一损害的责任形态有两种：一是连带责任（第1168条至第1171条），二是按份责任（第1172条）。连带责任的情形包括狭义的共同侵权行为、教唆/帮助侵权、共同危险行为以及无意思联络但每一行为都足以造成全部损害的情形。这四种情形中，前两种与网络侵权不符上文已做详细分析。第三种共同危险行为指数人实施危及他人安全的行为，但无法确定造成损害的究竟是哪个行为人。网络服务提供者与用户并没有一同实施"危险行为"，故网络侵权不属于共同危险行为。第四种以每一行为都足以造成全部损害为要件，显然与网络侵权不符。可见，网络侵权不属于我国《民法典》侵权责任编"一般规定"中规定的所有连带责任的情形。相反，网络侵权与《民法典》第1172条规定的数人分别侵权造成同一损害承担按份责任的情形完全相符。可见，依侵权法一般原理，网络服务提供者与网络用户间应承担的是按份责任。

第五，从立法政策来看，我国不宜对网络服务提供者课以连带责任这一重责。对互联网的立法政策主要有二：一是保障网络用户的充分参与；二是促进国家互联网产业的良性发展。从互联网发展历史来看，用户主动参与内容创造（user generated content），而不是被动接受给定的内容是互联网的发展趋势。[1]网站为用户之间互动交流探讨、展现自我创造、关注共同话题、表达自己想法等价值的实现提供了不可或缺的平台。若网络服务提供者在收到"通知人"要求移除某内容的通知后，判断认为"通知人"并非"权利人"，

[1]　这集中体现在互联网从Web 1.0向Web 2.0的变化。两者的主要差别在于：Web 1.0时期，信息的主要提供者是网站，用户则被动地接受其提供的信息，典型如早期的各类门户网站。Web 2.0则注重用户相互间的交流，用户既是网站内容的创造者，同时也是网站其他用户创造的内容的接受者，典型如博客网站、社交网站、微博及维基百科等。

或通知所指内容并未侵权，从而未移除该内容，即便法院事后认定网络服务提供者做出了错误的判断，此时法律也不应对网络服务提供者课以所有的赔偿责任。否则会导致网络服务提供者一旦收到通知便不加判断地一律移除相关内容，而这无疑将影响上述价值的实现，乃至形成"寒蝉效应"而不适当地限制了用户的自由表达。[1]正如"有的单位提出，为了防止出现纠纷，目前，我们只要收到权利人发出的告知侵权内容的通知，就会删除搜索结果。""有的单位提出，目前一般不对通知进行审查，一律删除搜索结果。"[2]

第六，从实践操作来看，以数人加害行为的按份责任定性网络服务提供者的侵权责任在实践中有很好的操作性。具体而言：其一，避免了侵权诉讼中的必要共同诉讼人问题。将网络服务提供者的侵权责任认定为自己责任，便无需将难以确定身份的网络用户牵涉进诉讼中。其二，避免了理论与实践的脱节，"法定权利"和"现实权利"的不一致。网络侵权的特殊性在于，无论是权利人还是网络服务提供者都难以，且不愿意，向网络用户主张权利。由网络服务提供者承担连带责任后向网络用户追偿的制度设计不具可操作性，这由我国至今未见有网络服务提供者行使过"追偿权"可得到验证。此种设计导致了理论安排与现实情况的脱节，也无法实现制度设计初衷所希望达到的利益平衡。而将网络服务提供者的责任认定为是其自己加害行为的责任，使网络服务提供者承担的责任与用户责任分离，便可避免上述理论与现实的脱节问题。

第七，从立法资料来看，立法者在网络服务提供者连带责任问题上似乎也存在着矛盾与不自信。据立法资料显示，《中华人民共和国民法（草案）》曾规定："权利人要求提供通过该网站实施侵权行为的网络用户的注册资料，网站经营者无正当理由拒绝提供的，应当承担相应的侵权责任。"但该规定在二次审议稿中即被删除。[3]据有学者介绍，删除是为了避免"带来侵犯网络

---

[1] 据美国的一项针对《数字千年版权法》通知规则的调查显示，有31%的被移除内容可能存在合理使用等抗辩事由的嫌疑。See Jennifer M. Urban, Laura Quilter, "Efficient Process or 'Chilling Effects'? Takedown Notices under Section 512 of the Digital Millennium Copyright Act", *Santa Clara Computer and High Technology Law Journal*, Vol. 22, No. 4., 2005, p. 667.

[2] 全国人大常委会法制工作委员会民法室编：《侵权责任法立法背景与观点全集》，法律出版社2010年版，第621页。

[3] 参见全国人大常委会法制工作委员会民法室编：《侵权责任法立法背景与观点全集》，法律出版社2010年版，第3~4页、第11页。

用户隐私等风险，并可能破坏网络的匿名性"。[1]这意味着权利人没有向网络服务提供者要求用户资料的权利。此处的矛盾在于：一方面，立法将"合格的通知人"视为"真实权利人"而课予网络服务提供者移除的义务，另一方面，却又对这个通知人是否为权利人抱有怀疑而不赋予其获得用户资料的权利。如果立法真的确信通知人就是权利人，为何不保障权利人获知侵权用户身份的权利，难道侵权人的身份信息比权利人的受害救济更重要？且权利人无法得知用户信息又如何将其作为连带责任人起诉？如果立法不确信通知人就是权利人，又凭何要求网络服务提供者收到通知后负有移除内容的义务，这岂非对内容上传者权利的漠视？立法在合格通知人是否就是真实权利人上的举棋不定表明，若网络服务提供者在这一问题上出现判断错误也是情有可原。让网络服务提供者就此错误判断承担自己责任，而不是连带责任重责，更为妥当。

　　第八，从比较法经验来看，国外典型国家大多没有将网络服务提供者与网络用户间的责任认定为连带责任。以美国为例，其目前在侵权领域的发展趋势是减少连带责任的适用。[2]同时，就其专门针对网络侵权的立法规定和司法判决来看，也从未将网络服务提供者与网络用户认定为连带责任。美国将网络服务提供者的责任分为侵害人格权与侵害著作权而分别对待。就侵害人格权而言，基于言论自由和鼓励网络服务提供者进行自我管理（self-police）的考虑，只要侵权内容不是网络服务提供者自己创作的，网络服务提供者便无需承担责任，即便其收到权利人通知后未移除侵权内容，亦不承担责任。[3]就侵害著作权而言，美国《数字千年版权法》以免责条款的方式（shall not be liable for）保障了网络服务提供者在满足一定条件时不承担侵权

　　〔1〕　最高人民法院侵权责任法研究小组编著：《〈中华人民共和国侵权责任法〉条文理解与适用》，人民法院出版社2010年版，第263页。

　　〔2〕　关于"美国侵权法上连带责任适用范围的近代扩张与现代萎缩"，参见王竹：《侵权责任分担论：侵权损害赔偿责任数人分担的一般理论》，中国人民大学出版社2009年版，第17-26页。

　　〔3〕　美国这方面的立法集中体现于1996年的《通信规范法》（Communications Decency Act, CDA）。典型案例为1998年的Blumenthal v. Drudge and AOL名誉侵权案，法院在判决书中明确指出："任何试图区分'出版者'责任和基于通知的'传播者'责任（notice-based distributor liability），并认为CDA第230条只是给予了前者免责权，这一努力是徒劳的。国会在赋予免责权时并没有区分这两者。" 992 F. Supp. 44, 24 (D. D. C. 1998).

赔偿责任，但《数字千年版权法》并未规定什么条件下网络服务提供者需要承担责任，[1]更没有规定其承担何种责任形态。从美国司法判决和理论观点来看，其认定网络服务提供者承担责任的依据有直接责任、促成责任[2]、替代责任以及 Grokster 案[3]之后新发展出来的引诱侵权责任。法院会根据网络服务提供者在具体案件中的行为及其他相关因素来判断其是否构成上述侵权责任。但无论网络服务提供者构成了哪种或哪几种责任，其承担的都是自己责任，而并不是与网络用户的责任连带。[4]就英国而言，英国传统立法和判例所确立的"许可理论"（authorisation theory）[5]是其用于应对网络侵权的主要依据，该理论并未涉及许可人与被许可人间存在连带责任。同样，英国 2010 年的《数字经济法案》也未规定网络服务提供者与用户间就版权侵权成立连带责任。[6]

除美国和英国外，德国、法国也都没有将网络服务提供者与用户的责任规定为连带责任。德国规范网络侵权的立法经历了多次变迁，目前主要实施的是 2007 年修改后的《电子媒体法》（The Telemedia Act, TMG）。TMG 第 7 条至第 10 条对网络服务提供者责任的规定基本与欧盟《电子商务指令》一致，采取的是免责条款而不是归责条款，即只规定了网络服务提供者不承担责

---

　　[1]　需注意的是，《数字千年版权法》所规定的"避风港"规则（safe harbors）只是给予了网络服务提供者最低限度的免责保障，保证网络服务提供者在满足规定条件时必然不会承担责任。但这并不意味着未符合这些免责条件的网络服务提供者便必然会承担责任。《数字千年版权法》中明确规定："服务提供者的行为未满足本条规定的责任限制条件的，不应据此对服务提供者抗辩事由做出相反的认定，即否认服务提供者根据本标题或其他规定所享有的不构成侵权的抗辩事由。" 17 U.S.C. § 512 (1).

　　[2]　国内一般翻译为"帮助责任"或"帮助侵权"，但这一译法易于引起误解，因为美国的 contributory liability 与我国的帮助侵权（责任）涵义并不完全相同。

　　[3]　125 S. Ct. 2764 (2005).

　　[4]　网络服务提供者应承担自己责任，而非连带责任，也是国内知识产权界部分学者主张引进美国间接侵权理论（secondary infringement）的理由之一。

　　[5]　立法如英国 1911 年版权法（UK Copyright Act 1911）和 1956 年版权法（UK Copyright Act 1956），典型案例为 Falcon v. Famous Players Film Co. ［1926］2 K. B. 474.

　　[6]　该法案的两大目标之一便是试图解决网络版权侵权问题。该法案为解决网络版权侵权而对网络服务提供者规定了诸多义务（如第 3 条、第 4 条等），这些义务的主要目标是为了配合政府和权利人找到和记录侵权用户。对于未履行规定义务的网络服务提供者，该法案第 14 条规定可由政府部门对网络服务提供者处以罚金，但未要求网络服务提供者对侵权用户的行为承担责任。

任的情形，而未规定网络服务提供者如何承担责任。[1]从德国法院的判决和学者的讨论来看，就网络服务提供者如何承担责任，其主要关注于通过对链接（link）行为的定性实现，如是否应将被链网站的内容视为设链网站"自己"的内容而承担自己责任，[2]未见有对连带责任的讨论。在法国，法院在早期只是追究直接实施了侵权行为的网络用户的责任，而并未将网络服务提供者纳入侵权责任主体范围。[3]之后，法院通过《法国民法典》第1382条和第1383条来认定网络服务提供者的侵权责任，[4]认为若网络服务提供者未能成功对其网站上的侵权内容加以审查，则需承担独立侵权责任（independently liability）。[5]2004年法国通过了《数字经济信任法》（loi pour la confiance dans l'économie numérique，LCEN-Law on Confidence in the Digital Economy，该法于2015年被修订），但均未规定网络服务提供者与用户间承担的是连带责任。

综上，无论从价值原则、理论实践还是比较法经验等来看，将网络服务提供者与网络用户间的关系界定为数人加害行为的按份责任更为合理。事实上，在《侵权责任法》立法过程中，已有人对网络服务提供者的连带责任提出过异议。"有的部门提出，对于'未采取必要措施的，与该网络用户承担连带责任'的规定，可能使网站的责任过重。""有的单位提出，我国没有实行网络实名制，权利人很难找到实际侵权人，本条有关网络服务提供者承担连

---

〔1〕 德国的立法变迁过程及立法主要内容可参见 Thomas Hoeren，"Liability for Online Services in Germany"，*German Law Journal*，Vol. 10，No. 5.，2009，pp. 561-568.

〔2〕 观点不同的判决如 LG Hamburg，MMR 2007，450；OLG Schleswig，K&R 2001，220；LG Braunschweig，CR 2001，47. See Thomas Hoeren，"Liability for Online Services in Germany"，*German Law Journal*，Vol. 10，No. 5.，2009，p. 570.

〔3〕 相关案例如 Art Music v. ENST，TGI Paris，Aug. 14，1996；Queneau v. Leroy，TGI Paris，May 5，1997，J. C. P. 1997，II；SNC Prisma Press v. Vidal，TGI Paris，Feb. 13，2001. See Xavier Amadei，"Standards of Liability for Internet Service Providers：A Comparative Study of France and the United States with a Specific Focus on Copyright, Defamation, and Illicit Content"，*Cornell International Law Journal*，Vol. 35，No. 1.，2002，p. 204.

〔4〕 See Xavier Amadei，"Standards of Liability for Internet Service Providers：A Comparative Study of France and the United States with a Specific Focus on Copyright, Defamation, and Illicit Content"，*Cornell International Law Journal*，Vol. 35，No. 1.，2002，p. 203. 而法国法院若判决连带责任一般是适用《法国民法典》第1200条的规定。

〔5〕 相关案例如 Lefébure v. Lacambre，TGI Paris，June 9，1998；Lacoste v. Multimania, Eterel and Cybermedia，TGI Nanterre，Dec. 8，1999.

带责任的规定，有违公平原则，不利于互联网的发展。建议将'连带责任'修改为'按照过错大小承担按份责任'。"〔1〕遗憾的是立法最终未采纳按份责任的意见。

尽管就应然选择而言，网络服务提供者与网络用户间应承担的是按份责任。但在尊重我国目前立法规定的情况下，可行的替代方案是：对网络服务提供者连带责任的赔偿金作出适当限制，以避免网络服务提供者承担过重的全额赔偿责任。从立法目的来看，要求未直接从事侵权行为，而只是提供了平台服务的网络服务提供者承担侵权责任，其主要的立法意图在于通过对网络服务提供者侵权责任的课以，进而促进其在知道侵权内容后及时采取移除措施，以避免侵权后果的扩大，而非要求网络服务提供者为权利人的所有损失"买单"。因此，只要对网络服务提供者侵权所课以的赔偿金超过其因该侵权而所得的收益，便足以促进网络服务提供者及时采取移除措施。据此笔者建议：网络服务提供者应承担的损害赔偿金的计算，以其因该侵权而获得的额外收益为主要标准，同时考虑网络服务提供者主观过错的严重程度，而并非以权利人所受损害为主要标准。其实，司法实践中早已对网络服务提供者承担的赔偿金作出了限制，较低的赔偿金使其在"连带责任"之名下承担着"按份责任"之实。而《浙江省高级人民法院民事审判第三庭关于审理网络著作权侵权纠纷案件的若干解答意见》的第33条至第35条也对在网络环境中侵犯文字、美术、摄影、影视、音乐等作品著作权适用法定赔偿方式确定赔偿数额应考虑哪些因素作出了尝试性规定。因此，我们应总结司法实践中的经验，梳理影响网络服务提供者侵权责任赔偿金的各种因素，以便于进一步规范各地各不相同的赔偿金计算标准。

二、网络服务提供者侵权责任在网络侵权治理中的定位

长期以来，网络中侵权现象的愈演愈烈是困扰各国立法者的一个共同难题。对此，各国至今尚未能找到行之有效的解决方式。本书无意找到一种解决这一问题的"灵丹妙药"，更并非意在表明本书对网络服务提供者侵权责任理论基础的理顺是解决网络侵权问题的"金钥匙"。相反，本章意在总结我

---

〔1〕 全国人大常委会法制工作委员会民法室编：《侵权责任法立法背景与观点全集》，法律出版社2010年版，第69页、第608页。

国十多年来在解决这一问题上所作出的种种努力，并将之与他国的相关经验加以比较，以期能探究我国就网络侵权治理所呈现出的一些规律，尤其是我国在网络侵权治理的制度设计背后所蕴含的一些基本设计理念。在此基础上，本书尝试就我国网络侵权治理未来可能的发展方向和完善途径表达一隅之见。

（一）网络侵权治理的两种模式

互联网的匿名性、无界性以及众多用户参与性等特点导致权利人直接向侵权用户主张权利的成本大大增加。为了尽量维持如现实世界般对权利人利益的保障，途径有二：一是降低权利人向网络用户主张权利的维权成本，通过制度设计尽量高效且低成本地找到侵权用户；二是放弃由权利人来对网络用户直接主张权利的思路，而是通过网络服务提供者来间接控制网络用户的行为。据此，各国对网络侵权治理的制度设计也呈现出两种风格迥异的制度模式，即网络用户中心主义模式和网络服务提供者中心主义模式。前者是以追究网络用户责任为目标，进而消减网络中侵权现象的制度设计；后者则将消减网络侵权寄希望于网络服务提供者，试图通过制度设计来促使网络服务提供者积极采取措施来应对网络中的侵权现象。

1. 网络用户中心主义模式

网络用户中心主义模式指国家为应对网络侵权所采取的制度设计旨在为权利人联系上网络用户、确认网络用户真实身份、向网络用户提起诉讼、对网络用户实施不利法律后果等提供法律上的支持和便利，使权利人能有机会高效且低成本地向网络用户主张权利。该模式的核心思路在于，通过制度设计来使传统的权利人向直接侵权人主张权利的救济方式能够在网络环境中继续有效运作，通过侵权的网络用户向权利人承担不利法律后果等方式来抑制网络中侵权现象的发生。

立法者采纳网络用户中心主义的模式的原因在于，实施了侵权行为的是上传了侵权内容的网络用户，故追究网络用户的侵权责任或对其课以其他一些不利后果是自然而然的结论，也是立法制度设计所应实现的目标。正如有学者所言："造成被侵权人损害的，全部原因在于利用网络实施侵权行为的网络用户，其行为对损害结果发生的原因力为百分之百，其过错程度亦为百分之百。"[1]至于网络服务提供者，基于技术中立原则这一前提，其与侵权的发生无涉，故从最终意义而言，网络服务提供者不应就此向权利人承担赔偿责任。当然，这并不排除网络服务提供者负有一定的义务来协助权利人，以便于权利人向网络用户追究责任。

从目前各国所采取的应对网络侵权的措施来看，网络用户中心主义模式的具体制度表现有如下一些：

（1）实施网络实名制。网络实名制的制度价值在于，其有助于克服网络匿名性的特点，使权利人通过诉讼向侵权用户主张权利成为可能。韩国是世界上较为典型的曾实施了网络实名制的国家。自 2002 年以来，韩国便开始考虑推行网络实名制，并从部委网站开始做了一些尝试。2007 年韩国通过了《信息通信网法》，正式实施网络实名制。从韩国实施网络实名制的立法初衷来看，其意在通过实名制来对网络中的侵权人实施"威慑"，进而减少网络中侵权、犯罪的发生。正如韩国信息通讯部所说的："利用匿名侵害人权的案件逐渐增加。互联网实名制是为了防止网民滥用网络的匿名性进行恶意留言等弊端而实施的。"当然，实名制是把双刃剑，它在威慑侵权行为发生的同时，也对用户信息安全和言论自由等构成了潜在威胁。此外，韩国网络公司实施实名制而国外公司并不接受实名制导致韩国网络公司在商业竞争中处于不利地位。以 2011 年韩国大型门户网站 NATE 和 Nexon 大规模泄露个人信息事件爆发为诱因，韩国行政安全部在事件发生后表示，出于保护网络用户个人信息安全的考虑，政府拟分阶段逐步取消网络实名制。[2]我国 2016 年颁布的《网络安全法》第 24 条第 1 款等规范确立了网络实名制。

（2）网络服务提供者向权利人提供用户注册资料的义务。由于网络中侵权用户对外所展示的身份信息往往是不真实、不完整的，而真实、完整的信息由网络服务提供者所掌握和控制。[3]故为便于权利人对侵权用户提起诉讼主张权利，立法上可能会要求网络服务提供者负有向权利人提供用户注册资

---

〔1〕 杨立新：《〈侵权责任法〉规定的网络侵权责任的理解与解释》，载《国家检察官学院学报》2010 年第 2 期。

〔2〕 关于韩国实施实名制的情况，可参见詹小洪：《韩国网络实名制的兴与废》，载《南风窗》2012 年第 5 期。

〔3〕 当然，有些信息网络服务提供者也可能未必掌握和控制，比如用户的注册密码如果是用密文（而非明文）方式保存，则网络服务提供者可能也无法得知。

料的义务。比如，《最高人民法院关于审理涉及计算机网络著作权纠纷案件适用法律若干问题的解释》第 5 条规定："提供内容服务的网络服务提供者，对著作权人要求其提供侵权行为人在其网络的注册资料以追究行为人的侵权责任，无正当理由拒绝提供的，人民法院应当根据民法通则第一百零六条的规定，追究其相应的侵权责任。"该解释于 2012 年被《最高人民法院关于审理侵害信息网络传播权民事纠纷案件适用法律若干问题的规定》所取代。后者并未延续该解释第 5 条的内容。

（3）允许权利人以"网名"等为被告提起诉讼。为了避免权利人直接向网络服务提供者索取网络用户注册资料导致的侵犯网络用户隐私等风险，我国江西省高级人民法院提出了允许权利人以"网名"为暂时被告，在提起诉讼后由法院调取网络用户的真实身份信息。根据《江西省高级人民法院关于审理网络侵权纠纷案件适用法律若干问题的指导意见（试行）》第 9 条的规定："被侵权人在提起民事诉讼时不能提供被告真实身份的，法院应根据案件实际，告知其可以电子证据中标记的 IP 地址或者网络名称暂作为被告，并根据案件实际作如下处理：（一）被告是网络用户，可以申请法院依法向网络服务提供者调查被告在其网络的登记、注册资料；同时可以申请法院向公安机关网络安全监察部门调查该网络用户的真实身份信息。（二）根据网络服务提供者提供的网络登记、注册资料或者公安机关网络安全监察部门提供的信息，可以确定被告真实身份信息的，法院应当以相关信息载明的主体作为被告进行审理；无法确定被告真实身份信息的，法院应当裁定不予受理。……"这是我国地方法院提出的一种试图兼顾权利人向网络用户追究责任和保护网络用户隐私的折衷方式。该方式的具体实施效果如何则尚待时间检验。

（4）规定三振出局规则。三振出局规则是最近五年来权利人提出并积极呼吁立法者采纳的一种新的针对侵权用户的规则。各国立法对三振出局的规定不尽相同，根据欧洲数据保护监查组织（European Data Protection Supervisor）的概括，三振出局规则可大致描述为：版权人通过系统监控技术来确认某 IP 地址的网络用户实施了侵权行为，并将该 IP 地址发送给网络服务提供者，由后者向该 IP 地址所对应的网络用户发送侵权警告。如果此种警告达到了一定次数，则网络服务提供者将终止或一段时期内停止向该用户提供网络服务。〔1〕目前，立法上通过了三振出局法案的国家和地区有英国〔2〕、韩国〔3〕、新西兰〔4〕等。我国立法中虽没有认可三振出局规则，但在一些地方性规范文件中则也出现了类似的相关指导意见，比如 2011 年北京市新闻出版局发布的《信息网络传播权保护指导意见（试行）》第 5 条规定："为服务对象提供信息存储空间的网络服务提供者，对未经许可，多次实施上传他人作品的服务对象应当予以制止。制止无效的，应当终止服务，并向版权行政执法部门举报。"总体看看，三振出局规则尽管没有帮助权利人从侵权用户处获得侵权的经济赔偿，但其可有效防止用户反复侵权，进而在一定程度实现了权利人对用户侵权行为的控制。

（5）通知通知规则。该规则是 2000 年下半年加拿大网络服务提供者协会、加拿大有线电视协会和加拿大录音行业协会自发设计的用于处理网络版权侵权的规则。〔5〕其具体运作过程是：加拿大录音行业协会如果发现其成员的版权受到侵害，就会通过电子邮件向相关网络服务提供者发出通知，书面通知要清楚地列明投诉人和其利益，明确投诉事由（包括对侵权资料的描述），并提供资料的位置。网络服务提供者在收到通知后，会向用户发出通知，提醒他们将资源用于非法目的是违反网络服务提供者政策的，建议他听取来自加拿大录音行业协会的信息，鼓励其与加拿大录音行业协会联系，以解决问题。随后，网络服务提供者会以回邮的形式告知投诉者，同时与加拿大录音行业协会确认已将投诉中的信息转告用户。如果用户不将有问题的内容移除，加拿大录音行业协会可以根据《版权法》向法院提出禁令或金钱赔

〔1〕 See European Data Protection Supervisor, "Opinion of the European Data Protection Supervisor on the Current Negotiations by the European Union of an Anti-Counterfeiting Trade Agreement (ACTA)", 22 February 2010, pp. 4 - 5. http://www. edps. europa. eu/EDPSWEB/webdav/site/mySite/shared/Documents/Consultation/Opinions/2010/10- 02 - 22_ ACTA_ EN. pdf, last visited on Oct. 5 2012.

〔2〕 参见英国 2021 年《数字经济法案》。

〔3〕 参见韩国 2009 年《版权法》（Copyright law of South Korea）。

〔4〕 参见新西兰《2011 版权修正案（侵权文件的共享）》［Copyright（Infringing File Sharing）Amendment Act 2011］。

〔5〕 值得一提的是，当时美国的《数字千年版权法》已经通过，该法规定了通知规则。通知规则是加拿大最初版权改革中讨论最多，且最后加拿大遗产委员会也建议采纳的方法。但最终加拿大没有认可美国的这一制度，而自发设计了"通知-通知"规则。可以合理推测，"通知-通知"规则并不是一个草率的决定，而是加拿大谨慎考虑后的结果。

偿。网络服务提供者需保存必要的数据以确定投诉中的人和事实，保存时间为 6 个月。如果网络服务提供者没有遵照执行以上要求，其会因为没有发送通知而受到最高额为 5000 加元的罚款，因为没有依法保存相关信息而受到最高额为 10000 加元的罚款。[1]从"通知-通知"制度的设计流程可看到，该制度的运作旨在通过网络服务提供者这个中介，来实现权利人与网络用户间的沟通，为双方自行解决纠纷提供便利。网络服务提供者尽管会因其未提供相关便利而遭到处罚，但其承担的是行政责任，网络服务提供者并不对权利人的损失承担相关民事责任。

（6）英国《数字经济法案》所采纳的网络侵权治理方式。该法案所设计的制度方案比较典型地体现了网络用户中心主义模式的立法设计。该法案的两大目标之一便是试图解决网络版权侵权问题。[2]为此，与之前英国的《电子商务管理办法》[Electronic Commerce (EC Directive) Regulations 2002] 将网络服务提供者定性为仅为传输通道（mere conduit）不同，《数字经济法案》希望网络服务提供者扮演起更加积极主动的角色，协助权利人来治理网络中的侵权现象。总结而言，网络服务提供者的协助义务有：将从权利人处收到的版权侵权报告（copyright infringement report）通知相关网络用户、以匿名方式向版权人提供侵权用户名单（以便于权利人向法院申请调取这些用户的真实身份，进而使权利人提起诉讼成为可能）、根据政府（Secretary of State）的指令对反复侵权的网络用户采取降低网速乃至暂时断网的措施，等等。如果网络服务提供者未履行这些义务，政府将对其处以罚金。[3]由此可见，《数字经济法案》在解决网络侵权问题上采取的主要思路是准确记录并找到侵权用户，对其课以不利法律后果。至于网络服务提供者，其角色在于协助这一目标的实现。[4]

---

〔1〕 关于加拿大的"通知-通知"规则参见谢利尔·哈密尔顿：《加拿大制造：确定网络服务提供商责任和版权侵权的独特方法》，载［加］迈克尔·盖斯特主编：《为了公共利益：加拿大版权法的未来》，李静译，知识产权出版社 2008 年版，第 201~219 页。

〔2〕 See Sam De Silva, Faye Weedon, "The Digital Economy Act 2010: Past, Present and a Future 'in limbo'", *Computer and Telecommunications Law Review*, Vol. 17, No. 3., 2011, p. 62.

〔3〕 See Digital Economy Act 2010 sections 3-16.

〔4〕 依《数字经济法案》第 5 条的规定，权利人若想取得网络服务提供者的协助，需事先向网络服务提供者支付其为此所承担的成本，这更加体现出网络服务提供者相对权利人而言是协助角色，而非必然的义务主体。

由上述各国所采取的制度设计可看到，不少国家都在尝试克服网络匿名性等给传统诉讼救济途径带来的困难，进而帮助权利人能够在网络环境中对其内容依然保有支配性的控制力。然而从实际制度推行的情况来看，立法者所设计的追究网络用户责任的法律制度却遭到了许多批评和担忧。无论是上述的网络实名制，还是三振出局规则，抑或英国最新的《数字经济法案》，都引起了广泛的批评。当然，批评并非针对立法者希望追究网络用户的责任，而是来自伴随这一目标所带来的对个人隐私安全、言论自由价值等的潜在威胁，以及实施这些制度将花费的高昂社会成本和取得的回报间的不成比例。从上述这些制度的运作效果来看，既有成功的，亦有失败的。比如，韩国在推行网络实名制 5 年后，首尔大学的研究表明，韩国这 5 年来网络上的诽谤跟帖数量仅减少了不到 2%，而韩国却为此付出了高昂的社会成本。[1]这可能也成为韩国决定废除实名制的重要原因。与之不同，加拿大的"通知-通知"规则则似乎取得了不错的实践效果。据时任加拿大录音行业协会主席 Brian Robertson 于 2003 年的介绍，有关各方的报告显示，网络服务提供者收到的大约 80% 投诉是通过这个制度解决的，他称之为"不容易的和平"。[2]尽管从理论角度来看，由网络用户向权利人承担侵权责任具有充分的正当性，但从目前各国的立法选择来看，完全采网络用户中心主义来治理网络侵权的国家似乎并不多，更多的国家选择了网络服务提供者中心主义模式。

2. 网络服务提供者中心主义模式

网络服务提供者中心主义模式指国家将消减网络中侵权现象的目标寄托于网络服务提供者身上，希望通过针对网络服务提供者的相关制度安排来促使其积极采取措施以抑制网络中侵权的发生。至于是否追究网络用户的责任，则并非立法考虑的重点。

立法者将立法重点放在网络服务提供者身上，而不是网络用户上，主要的原因可能在于，此种规制模式成本低而效率高。相较于网络用户中心主义模式而言，此种模式一般不要求必须确认网络用户的真实身份，网络服务提供者依权利人的要求对网络中的内容采取措施也一般不需要经过法院的确认，

---

〔1〕 参见詹小洪：《韩国网络实名制的兴与废》，载《南风窗》2012 年第 5 期。

〔2〕 参见谢利尔·哈密尔顿：《加拿大制造：确定网络服务提供商责任和版权侵权的独特方法》，载〔加〕迈克尔·盖斯特主编：《为了公共利益：加拿大版权法的未来》，李静译，知识产权出版社 2008 年版，第 209 页。

而网络服务提供者对其经营的网站中的内容一般都具有完全的控制力，故此种模式能够较快速高效地对网络中的侵权现象做出反应。正如有学者所言："网络服务提供者被视为连接上互联网的当然看门人，其毫无争议地处于过滤和制止互联网中非法和不良内容传播的最佳位置。"[1]

就目前各国立法来看，网络服务提供者中心主义的制度设计主要有以下几种类型。

（1）要求网络服务提供者对其网站中的内容承担严格责任。此种立法试图通过对网络服务提供者课以严格的责任来促使网络服务提供者采取足够有效的措施来尽可能事先预防网络中侵权内容的出现。严格责任的制度设计曾体现于美国 1995 年发布的《知识产权与国家信息基础设施白皮书》。在网络服务提供者责任问题上，该白皮书认为："网络服务提供者与其用户有业务上的关系，他们——或许也只有他们——能知道用户的身份和了解用户的行为，并进而阻止其非法活动。虽然网络服务提供者从其用户处所获得的收益或许与其所须负担的全部责任不相当，且任何措施均会增加其营运成本，但网络服务提供者相较于著作权人而言，对于防止及遏阻侵害仍是处于较有利的地位。对于同属无辜的两方，最好的策略是由网络服务提供者负起责任。"[2]据此，白皮书认为，网络服务提供者的地位类似于出版者的地位，需就用户的侵权行为承担严格责任。当然，白皮书中的这一观点被后来的《数字千年版权法》所修正。事实上，我国立法中对淫秽等内容也采取的是严格责任规则，即要求网络服务提供者采取措施事先预防此类内容的出现。

（2）不对网络服务提供者课以任何侵权责任。此种立法设计与上述立法完全相反，但二者的制度目标却是完全一致的。尽管这在理论逻辑上看起来似乎不可能同时并存，但这两种制度安排在实践中却都存在。之所以出现这种现象，是因为这两种制度设计所认可的预设前提不同。采不对网络服务提供者课以任何责任的典型立法是美国的《通信规范法》。该法第 230（c）条

---

〔1〕　Lilian Edwards and Charlotte Waelde,"Online Intermediaries and Liability for Copyright Infringement", p. 17. https://era. ed. at. uk/bitstream/handle/1842/2305/wipo-onlineintermediaries. pdf, last visited on Jun. 30 2024.

〔2〕　See Bruce A. Lehman（Chair）, *Intellectual Property and the National Information Infrastructure：The Report of the Working Group on Intellectual Property Rights*, United States Information Infrastructure Task Force, 1995, p. 117.

一般被解读为，网络服务提供者无需对他人在其网站发布的内容负责，即便其收到权利人的通知后未采取任何措施。[1]立法者之所以会作出此种立法设计，是因为在美国20世纪90年代关于如何才能在不降低互联网产业商业效率的情况下促进网络服务提供者对网络上的非法内容积极采取措施的辩论中，人们普遍认为市场的力量（market forces）是最佳的途径，即基于商业利益的考虑，网络服务提供者会主动地采取过滤等措施来避免侵权的发生，其典型例子便是网络服务提供者对垃圾邮件的过滤。基于此，立法者应在法律上确保网络服务提供者在对网站内容采取审查、过滤等控制措施时不会因此而被课以责任。[2]申言之，立法者认为市场的力量和网络服务提供者的自律较之法律责任能够更有效地避免网络中侵权的发生并促进产业的发展。《通信规范法》的这一治理网络侵权的途径引起了很多的争议，经过多年的实践，有学者认为，网络服务提供者不会如当初所预期的那样承担起积极避免非法内容的角色。[3]但也有学者认为，反对者低估了该制度所带来的促进网络社区发展等正面价值，并高估了其对无辜者造成的伤害等负面效果。[4]这一制度将如何发展，仍有待时间的检验。

（3）对网络服务提供者的侵权责任作限制性规定。这是当前各国最广为采纳的制度设计方案，如美国的《数字千年版权法》、欧盟的《电子商务指令》、日本《特定电气通信提供者损害赔偿责任限制及发送者信息披露相关法律》以及我国《侵权责任法》等。其基本思路是：对网络服务提供者课以严格责任将导致互联网企业在运营中承担过重的法律风险，且可能导致本国企业在与外国企业竞争中处于劣势；而完全的没有责任又将可能导致网络服务提供者滥用这一规则，损害其他无辜者的权益，故在一定条件下课予网络服务提供者责任或给予其责任豁免可能是更佳的选择。从具体制度来看，其主要制度设计有二，一是通知移除制度，二是知道制度。根据各国法律环境的

---

[1] See Blumenthal v. Drudge and AOL, 992 F. Supp. 44, 52-53（D. D. C. 1998）.

[2] See Lilian Edwards, Charlotte Waelde, "Online Intermediaries and Liability for Copyright Infringement", pp. 17-22, https://era. ed. at. uk/bitstream/handle/1842/2305/wipo-onlineintermediaries. pdf, last visited on Jun. 30 2024.

[3] Doug Lichtman, Eric Posner, "Holding Internet Service Providers Aaountable", *Supreme Court Economic Review*, Vol. 14, No. 1., 2006, pp. 226-227.

[4] See H. Brian Holland, "In Defense of Online Intermediary Immunity: Facilitating Communities of Modified Exceptionalism", *University of Kansas Law Review*, Vol. 56, 2007-2008, p. 404.

不同，通知移除制度又可分为两类，一类是作为网络服务提供者的免责条款，如美国《数字千年版权法》512（c）的规定；另一类是作为网络服务提供者的归责条款，如中国《侵权责任法》第36条第2款的规定。通知移除制度的制度目标在于，网络服务提供者在收到权利人的侵权通知后，配合权利人的要求移除相关的涉嫌侵权内容，若网络服务提供者未及时移除相关内容，则可能需向权利人承担法律上的不利后果。[1]知道制度则对网络服务提供者提出了更加严格的要求，其主要表现有二：一是在美国随Grokster案发展出来的引诱侵权责任，[2]即若有充分的证据证明网络服务提供者存在利用侵权来牟利的意图，则其将承担侵权责任；二是如我国《侵权责任法》第36条第3款般直接规定网络服务提供者若知道侵权内容存在而未及时采取措施需承担相应的侵权责任。

上述是三种网络服务提供者中心主义模式的表现方式。总体来看，这三种方式都将网络服务提供者作为解决网络侵权的关键主体，但在具体思路上又有所不同。严格责任多限于对涉及政治性、淫秽等内容的要求，且该方式也常与抑制网络发展相联系；完全放任常与自律、市场等相联系，且被视为保障了言论自由等价值；有限责任/免责往往被视为一种利益平衡的政策选择，而似乎与自然正义等关联较少，因此随着利益各方，尤其是内容产业界和互联网产业界间力量的变化，此种有限责任/免责的制度安排也将可能随之作出调整。

3. 两种模式的比较

治理网络侵权的这两种模式相同之处主要有四。其一，两者的制度目标是一致的，即为了有效治理网络中的侵权现象。其二，无论哪种模式，都没有完全抛开网络服务提供者这一中介。即便是网络用户中心主义模式，其制度的设计和有效运作也有赖于网络服务提供者的诸多配合。正如有学者所说："权利所有者、集体管理组织和政府将网络服务提供商视为在数字传播的瞬间

---

〔1〕　在美国2012年讨论的《阻止在线盗版法案》（Stop Online Piracy Act）中，又出现了一种新的通知移除表现方式，即将过去《数字千年版权法》中适用于具体侵权内容的通知规则扩展应用于整个网站，将侵权网站从搜索引擎、支付服务提供商、广告服务提供商中整个移除掉。但由于网络服务提供者的强烈反对，该法案最终并没有得到通过。

〔2〕　See Metro-Goldwyn-Mayer Studios, Inc. v. Grokster, Ltd., 125 S. Ct. 2764（2005）.

链条中，能够控制使用者行为的最可行的聚点。"〔1〕这或许是因为通过网络服务提供者来实现立法目的是成本低而效果佳的方式。其三，为了促使网络服务提供者积极配合国家或权利人的要求，网络服务提供者在未遵守这些要求时一般都需承担相应的法律责任。其四，从两种模式的历史变迁来看，两种模式都越来越强调网络服务提供者在网络侵权治理中发挥更加积极的作用。

两种模式的不同点主要表现在以下两个方面。其一，立法者重点关注的主体不同。前者将抑制网络侵权的重点放在网络用户身上，而后者则放在网络服务提供者身上。这具体地表现在前者立法者试图采取有效的制度措施来保障权利人顺利地向侵权的网络用户主张权利，而后者则认为，由于互联网的匿名性等特点，确定和追究网络用户的法律责任成本较高，为此，立法者选择了控制网络服务提供者，并通过网络服务提供者来控制网络用户的方式，从而达到间接控制网络用户的目标。其二，网络服务提供者承担的责任性质不同。在网络用户中心主义模式中，因为网络服务提供者的义务在于配合权利人向侵权用户主张权利，故其违反义务后承担的一般是行政责任，由国家机关对其给予行政处罚。但网络服务提供者并不对权利人的权利侵害负责，此种侵权责任仍是由实施了侵权行为的网络用户负责。而在网络服务提供者中心主义模式中，由于立法者未能采取有效的措施来保障权利人从侵权用户中获得救济，故网络服务提供者违反义务后往往需向权利人承担民事赔偿责任。

需说明的是，这两种治理模式并非截然分割、非此即彼。一国所采取的网络侵权治理方式也并非只能二选一。事实上，由于目前各国对网络侵权的治理也基本仍处于探索阶段，所以这两种模式都可能被一国所同时采纳和尝试，只不过不同模式适用于不同的权利客体，或侧重点有所不同而已。从目前各国发展来看，未来这两种模式可能会相互融合，即一国可能会越来越多地同时采纳这两种模式。

不同国家采取不同的网络侵权治理模式，主要的影响因素可能有：（1）技术原因。如果一国的技术发展水平不高，则确定网络用户真实身份的成本可能也较大，其便不太会选择采网络用户中心主义模式为主要治理模式。（2）历

〔1〕 参见谢利尔·哈密尔顿：《加拿大制造：确定网络服务提供商责任和版权侵权的独特方法》，载［加］迈克尔·盖斯特主编：《为了公共利益：加拿大版权法的未来》，李静译，知识产权出版社 2008 年版，第 205 页。

史影响。一国传统的理论、制度能否在网络侵权产生初期有效应对互联网带来的新问题也会影响该国后来的制度选择。最初的制度变通方式往往会影响之后的制度安排。因为一种均衡状态一旦开始建立，想再打破重建便比较困难，即便新的方案可能更为合理妥当。（3）价值选择。比如民众对言论自由、私法自治的重视程度会影响其对国家介入互联网管理的认同程度。（4）现实原因。尽管都是网络侵权，但各国所面对的网络侵权画面并不完全一样。比如我国民众对知识产权保护观念较淡薄可能导致了我国网络中用户大规模侵权现象的发生比国外更常见。而侵权的普遍程度也会反过来影响立法者对此问题的处理方式。

（二）中国网络侵权治理的特点

从我国目前的立法规定和司法实践来看，我国对网络侵权的治理方式属于较为典型的网络服务提供者中心主义模式。

1. 中国网络侵权治理的具体表现

我国对网络侵权治理的制度设计，主要表现在以下几个方面。

第一，在责任构成上，以归责条款的方式对网络服务提供者课以了侵权责任。在民事领域，我国规范网络侵权的基本法律是《民法典》。根据《民法典》第 1195 条至 1197 条的规定，网络服务提供者在收到权利人发送的侵权通知，或在知道网络用户利用其服务实施侵权行为后，若未及时采取必要措施的，将与网络用户承担连带责任。可见，我国立法明确表示，网络服务提供者在一定条件下需向权利人承担侵权责任。我国学界一般将该条件解读为网络服务提供者对侵权后果的扩大存在过错。这与美国《数字千年版权法》中只为网络服务提供者设置了免责条款，而对网络服务提供者何种情况下需承担侵权责任未做明确表态的方式不同。

第二，在责任形态上，以连带责任的方式关联了网络服务提供者与网络用户。我国立法将网络服务提供者与网络用户规定为连带责任，学界一般将此连带责任的理论依据解释为二者构成共同侵权。此种制度设计与理论解读在国外并不多见。如美国、德国、法国等国家都没有采取网络服务提供者与网络用户承担连带责任的制度设计方式。[1]

---

〔1〕　参见徐伟：《网络服务提供者连带责任之质疑》，载《法学》2012 年第 5 期。

第三，在实践运作中，我国几乎全面放弃了对网络用户责任的追究。尽管立法从未否定上传侵权内容的网络用户需要承担侵权责任，但在我国司法实践中，无论是法院、权利人，抑或网络服务提供者，都未积极将直接实施了侵权行为的网络用户纳入诉讼中。这可能与三方面原因有关：一是由于网络服务提供者与网络用户承担的是连带责任，这使得实践中权利人几乎只会以网络服务提供者为被告，因为在理论上其可从网络服务提供者处获得全部赔偿；二是我国立法者并没有设计有效的制度来保障法院和当事人高效且低成本地获得网络用户的真实身份信息，故难以将其纳入诉讼中；三是我国民众尊重知识产权等观念并不深入，网络中大规模侵权的现象时有发生，"法不责众"的思想未必正确，但若要对大规模的侵权用户都追究其责任，无论在操作上还是在观念上都较为困难。也正因此，有学者认为，我国立法是"以连带责任形式为网络服务提供者设立了独立负担的责任机制"，即"事实上的最终责任"。[1]

同时，立法也没有对侵权的网络用户课以断网、冻结用户等其他措施，比如三振出局规则等。因此，在我国网络侵权治理中，实施了侵权行为的网络用户被全面放过。只在极个别的情况下，网络用户才被追究法律责任，比如"艳照门"事件。而在美国，上传了侵权内容的网络用户被追究侵权责任并不罕见。事实上，对网络用户责任的追究也成了美国兴起版权错误（copywrong）运动和版权自由（copyleft）运动的原因之一。

第四，在责任承担上，网络服务提供者的侵权责任名重而实轻。由于网络服务提供者承担的是连带责任，国内学界几乎一致认为，连带责任对网络服务提供者而言是承担了较重的责任。比如王利明先生认为："我们采取的连带责任，这个对网络经营者来说也是非常重的。"[2]杨立新先生也认为："这（指连带责任）是给网络服务提供者苛加的一个较为严重的责任，对此，必须认识到。"[3]从立法规范意义而言，我国网络服务提供者承担连带责任确实

---

[1] 参见吴汉东：《论网络服务提供者的著作权侵权责任》，载《中国法学》2011年第2期。

[2] 王利明等：《我国侵权责任立法的新进展三人谈》，载王利明、韩大元主编：《在人大法学院听讲座·第3辑》，中国法制出版社2011年版，第46页。

[3] 杨立新：《〈侵权责任法〉规定的网络侵权责任的理解与解释》，载《国家检察官学院学报》2010年第2期。此外，认为连带责任对网络服务提供者而言责任较重的学者还包括张新宝先生、刘颖先生等，参见张新宝、任鸿雁：《互联网上的侵权责任：〈侵权责任法〉第36条解读》，载《中国人民大学学报》2010年第4期；刘颖、黄琼：《论〈侵权责任法〉中网络服务提供者的责任》，载《暨南学报（哲学社会科学版）》2010年第3期。

较重。但从实践运作情况来看，我国网络服务提供者承担的责任却又不重。与理论界的通行观点不同，实践中权利人则普遍认为，我国对网络服务提供者侵权责任的赔偿金标准过低，根本无法有效促使网络服务提供者及时履行移除侵权内容等义务。[1]理论与实务的这种相反观点折射出了我国在网络服务提供者侵权责任问题上名义责任重而实际承担的赔偿责任轻的现实。

2. 中国网络侵权治理的设计理念

我国在网络侵权治理模式上的具体制度表现反映出我国立法者在制度设计时存在以下一些设计理念。

第一，将不追究网络用户的责任作为制度设计潜在承认的现实。我国虽在立法和理论上都认同网络用户需对权利人侵权承担责任，但在制度设计和运作上却没有相关的安排来充分保障权利人对网络用户责任追究的实现。尽管我国立法中也存在个别有助于追究网络用户责任的制度安排，比如《最高人民法院关于审理涉及计算机网络著作权纠纷案件适用法律若干问题的解释》第5条要求网络服务提供者向权利人提供侵权用户的注册资料。但立法者对这一制度的贯彻实施其实尚处于犹豫之中。比如据立法资料显示，《中华人民共和国民法（草案）》一次审议稿曾规定："权利人要求提供通过该网站实施侵权行为的网络用户的注册资料，网站经营者无正当理由拒绝提供的，应当承担相应的侵权责任。"但该规定在二次审议稿中即被删除。[2]据有学者介绍，删除是为了避免"带来侵犯网络用户隐私等风险，并可能破坏网络的匿名性"[3]。从司法实践来看，法院在诉讼中其实并没有强制要求网络服务提供者提供用户信息，也没有根据共同诉讼规则而要求权利人追加侵权用户为被告，相反，法院在诉讼中主要强调的是纠纷在网络服务提供者与权利人间解决。

第二，努力平衡权利人与网络服务提供者间的感受。由于我国几乎放弃了将网络用户纳入纠纷当事人中，故我国立法将制度设计的重点几乎放在了权利人与网络服务提供者关系的调整上。我国采取的平衡二者的方式是：一

---

〔1〕　详见第五章第三节。

〔2〕　全国人大常委会法制工作委员会民法室编：《侵权责任法立法背景与观点全集》，法律出版社2010年版，第3~4页、第11页。

〔3〕　最高人民法院侵权责任法研究小组编著：《〈中华人民共和国侵权责任法〉条文理解与适用》，人民法院出版社2010年版，第263页。

方面，在舆论和道德制高点上支持权利人的主张，但却并不给予权利人充分的赔偿。另一方面，在道德上谴责网络服务提供者对侵权用户的"帮助"行为，并就此在名义上课以重责（连带责任），但却在实际的赔偿金上放网络服务提供者一马，未让其承担较多的赔偿金。概言之，我国平衡双方利益和感受的方式是：对权利人采取的是"口惠而实不至"的安抚政策，对网络服务提供者采取的是"刀子嘴豆腐心"的务实政策。

第三，重利益平衡而轻理论论证。不应否认的是，不仅在我国，包括在美国等国家，在网络侵权领域，立法者和司法机关所遵循的，更多的不是理论逻辑，而是利益平衡，尤其是内容产业界和网络产业界间利益的平衡。这突出地表现在对网络侵权的制度设计要先于理论论证。包括通知移除制度在内的许多网络侵权治理规则都是先由相关产业界基于自身利益的需要而率先提出，再由理论界对此作出理论上的梳理和论证。理论界更多的是在为产业界利益争斗所反映在法律文本上的结果做注解，而失去了引导产业界间相互合作与共同发展的前瞻性。在我国学界，这一观念的典型表现是认为网络服务提供者的责任取决于网络产业发展和权利人权益保护间的平衡。[1]从这个角度来看，网络服务提供者责任更多的似乎是一种利益平衡的结果，而不是自然的正义要求或有着一以贯之的逻辑规律可循。

第四，试图树立对网络服务提供者侵权责任追究的道德正当性。在一些采网络用户中心主义模式的国家，网络服务提供者往往被认为并不负有向权利人承担侵权责任的正当性基础。立法者希望网络服务提供者能够帮助权利人避免和减少网络中侵权现象的发生。权利人要求网络服务提供者对此予以配合与帮助并非理直气壮。这典型地体现在英国《数字经济法案》中权利人为取得网络服务提供者的配合需承担由此给网络服务提供者增加的成本负担。同样，美国随着信息技术的出现而产生了一股消解知识产权人道德至高点的运动，其典型表现是劳伦斯所倡导的知识共享运动[2]和斯托曼所坚持的自由软件运动[3]。而在我国，网络服务提供者被视为侵权行为的帮助者和共同实施者，因此权利人对网络服务提供者责任承担的主张同时也包含了对网

---

〔1〕 参见陈锦川：《网络服务提供者过错认定的研究》，载《知识产权》2011年第2期。

〔2〕 See http://creativecommons.org/.

〔3〕 See http://www.fsf.org/.

络服务提供者行为的否定性评价和道德上的谴责。这是我国与他国在网络服务提供者责任上所持的不同态度。我国对网络服务提供者责任的追究之所以包含了道德正当性，潜在的观念支撑可能是，我国立法者其实认为网络服务提供者有能力审查网络上海量的信息。比如，网络服务提供者对网络中颠覆国家政权等言论的预防做得就较为成功，故立法者有理由相信网络服务提供者对其他侵权内容也完全能够做到较好的审查和预防。若网络服务提供者未能做到，则更易于被立法者认定为其存在主观上的故意或过失。

第五，我国采归责条款模式体现了立法者在网络服务提供者责任问题上的封闭式处理方式。免责条款和归责条款的制度设计不仅与一国传统立法背景有关，也可能体现了一国在责任设计时的不同心态。前者体现了立法者的"不知"和谨慎，后者体现了立法者的"已知"（也可能是武断）和自信（也可能是自大）。对前者，立法者尚不知道网络服务提供者承担责任的条件是什么，但他们需要给予网络服务提供者一个最低限度的预期，使网络服务提供者知道在什么条件下自己肯定不承担责任。至于网络服务提供者未满足该条件是否必然要承担责任，则留为空白，以观时变。后者的立法者则画地为牢，在一定条件下要求网络服务提供者必然要承担责任。从逻辑严谨性角度而言，两种立法方式前者更优，因为在逻辑上，证否一个结论易，证成一个结论难。在新问题出现的初期，采否定式立法；在研究较充分后，采肯定式立法可能是更妥当的选择。

（三）中国网络侵权治理的未来发展

从我国和他国治理网络侵权的经验来看，我国对网络侵权的治理方式未来可从以下几个方面来作出调整和完善。

第一，尝试逐渐将网络用户纳入侵权责任的责任主体中。之所以要将网络用户纳入责任主体中，是因为对用户责任的追究才能从根本上抑制侵权的发生。仅仅追究网络服务提供者的责任而放任网络用户并不能从根本上阻止用户继续上传侵权内容。目前制约我国立法者将网络用户纳入侵权责任主体的主要因素有：一是技术制约，我国尚未有足够高效且低成本的技术来实现对网络用户真实身份的确认；二是价值选择的制约，对网络用户身份的确认会引发社会对个人隐私安全、言论自由等价值被破坏的担忧；三是民众观念的制约，我国民众对知识产权保护的意识尚不高，网络用户大规模侵权的现象时有发生，而对所有侵权用户都追究责任并非立法者所希望的。可见，将网络用户纳入侵权责任主体中尚有许多工作要做。事实上，我国一些规范性文件中已经开始尝试对用户采取措施，比如《江西省高级人民法院关于审理网络侵权纠纷案件适用法律若干问题的指导意见（试行）》第9条允许权利人在提起诉讼时以IP地址或网络名称为被告。北京市新闻出版局发布的《信息网络传播权保护指导意见（试行）》第5条则对网络服务提供者提出了类似三振出局规则的建议。我们需要积极总结这些措施的经验，并在理论上作出相应的回应。

第二，在当前我国仍以追究网络服务提供者责任为主的情况下，对其损害赔偿金的计算应随着我国社会、经济的发展，尤其是互联网产业的发展，而渐渐提高。只有在制度设计上使网络服务提供者放任侵权的损失大于因侵权获得的收益，才能有效促使网络服务提供者积极地去减少自己网站侵权的发生。其实从我国目前的司法实践来看，我国司法机关采取的态度是优先保护互联网产业的发展，并因此在一定程度上牺牲了内容制造者的利益。但这种倾向性的保护很可能是阶段性的，随着互联网产业的不断发展壮大，天平可能会慢慢趋于平衡，对网络服务提供者侵权的赔偿金也会渐渐增加。

第三，支持和鼓励技术保护措施的发展。我国目前网络服务提供者连带责任的制度设计不利于鼓励发展确定侵权用户身份的制度和技术，也不利于鼓励发展事先预防侵权的制度和技术。我国将网络服务提供者与网络用户认定为构成共同侵权承担连带责任，这一设计使得权利人不再关心侵权的网络用户本身，因为理论上网络服务提供者会承担全部赔偿责任。而被"课以重责"的网络服务提供者也并不关心找到直接侵权的网络用户，因为其在法院判决中实际承担的损害赔偿金并不高，基本与其过错和原因力相当，而并非与权利人的损失相当。因此，网络服务提供者连带责任制度设计和运作的结果是，权利人与网络服务提供者都没有足够的动力去发现和追究真正实施侵权行为的网络用户的责任。同理，网络服务提供者连带责任的制度设计也不利于鼓励发展事先预防侵权的制度和技术，[1]但恰恰是事先预防，而不是事后救济，可能是网络侵权问题更为重要的解决之道。

第四，应对网络服务提供者的责任问题保持开放的心态。从各国的立法

---

〔1〕 比如国外一些公司已在使用和完善的指纹过滤技术、数字水印技术等。

和司法实践来看，在网络用户利用网络服务实施侵权行为的场合，网络服务提供者因此需向权利人承担侵权责任并非如国内学界所表现的那样理所当然、理直气壮。事实上，不少国家并不认为网络服务提供者对权利人所遭受的侵害负有责任，也并没有课予网络服务提供者向权利人承担侵权责任。尽管从历史变迁来看，毫无疑问网络服务提供者在网络侵权治理中正在承担越来越积极主动的角色，有学者将此趋势概括为网络服务提供者从过去的消极-被通知后采取措施（passive-reactive）发展为积极-主动采取预防措施（active-preventative）。[1]然而，网络服务提供者如何扮演更加积极的角色才是问题的关键所在。要求网络服务提供者向权利人承担侵权责任并非唯一途径。

第五，扩大视野，多了解和借鉴各国的网络侵权治理经验。目前国内学界对网络侵权问题的讨论和解决可谓"言必称美国"。无疑，美国的制度设计是我国需重点关注的，但我们同样也需要关注其他一些国家的制度安排。尤其是一些采网络用户中心主义模式的国家，如英国、加拿大等，了解他们是如何设计制度来实现对网络用户责任的追究，这对已经习惯了网络服务提供者中心主义模式思维的我国可能会更有启发。

第六，网络环境中一些关键性网站将可能承担起更多的治理网络侵权的责任。在网络环境中，有一些网络服务提供者的重要性日益显现，比如搜索引擎服务提供者、域名解析服务提供者、网上支付服务提供者，等等。这些网站是网络用户进入其他网站、有效实现网上服务等的重要辅助者，失去了这些关键性网站，网络服务的质量将受到很大的影响。比如，在互联网中流传一句话：一个内容若无法被搜索引擎搜索到，那么这个内容在网络中便是不存在的。这表明了搜索引擎对于用户接触到网上内容的重要性。同样，一个无法被解析的域名，也难以被人们记忆和推广。正因为这些网站在网络用户接触网上内容方面的重要性，它们在治理网络侵权方面可能产生"事半功倍"的效果。美国2012年讨论的《阻止在线盗版法案》便采取了这一思路。我国有学者将此称为垄断看门人所应承担的责任。[2]

从目前发展来看，在美国由于互联网产业界强大的影响力，任何涉及网

---

〔1〕　See Jeremy de Beer, Christopher D. Clemmer, "Global Trends in Online Copyright Enforcement: a Non-Neutral Role For Network Intermediaries?", *Jurimetrics*, Vol. 49, No. 4., 2009, p. 375.

〔2〕　参见万柯：《网络等领域垄断看门人的替代责任》，载《环球法律评论》2011年第1期。

络侵权的新规则的通过似乎正变得越来越困难。2012 年的《阻止在线盗版法案》因互联网产业界强大的压力而被无限期搁置便是典型的例子。可以合理推测，在美国未来的趋势是，对网络侵权问题的解决将越来越依赖于呼吁行业自律、开发技术保护措施，同时辅之以在必要时司法判决发展出新规则（如 Grokster 案）。美国在立法层面对网络侵权作出调整的可能性变得越来越小，而这将倒逼内容产业界与互联网产业界间寻求相互合作。

而在我国，并不存在立法上困难这个问题。从我国以归责条款的方式将网络服务提供者与网络用户认定为连带责任的规定来看，就网络侵权问题，我国在立法层面算得上是较为"激进"者，但我国在司法判决中又做得比较保守，尤其是在赔偿金的计算方面。由于立法的稳定性，我国短期内修正立法的可能性较小。未来的重点在于如何从理论上解读该"激进"立法，使该制度的内涵变得缓和，并考虑如何将该立法内容融入传统侵权理论体系中。

本部分详细梳理和总结了至今为止一些国家在网络侵权治理中的各种方式。可以看到，课予网络服务提供者侵权责任只是各国治理网络侵权的方式之一，且并非各国共同的选择。需要说明的是，各国关于网络服务提供者责任问题规定的多样性并非表明本书就网络服务提供者侵权责任的证成并不成立。事实上，本书在论证网络服务提供者侵权责任的归责基础问题时已详细说明：网络服务提供者侵权责任的课予源于传统法律救济途径的失效，即权利人难以有效地向侵权的网络用户直接求偿。正是在这一现实制约下，立法者将治理网络侵权的重点由追究直接侵权的网络用户责任转向由网络服务提供者在合理的成本范围内对侵权内容加以控制和消减，即在难以有效追究网络用户责任的预设前提下，网络服务提供者的侵权责任才得以成立。而未对网络服务提供者课以侵权责任的国家，都尝试在制度和技术设计上实现对网络用户责任的追究。与之相应，网络服务提供者在这些国家的义务往往在于配合权利人向侵权用户主张权利。

其实，考察各国法律在网络侵权问题上的历史发展过程可发现一规律：各国在网络服务提供者不承担责任的情形上基本相同，但在网络服务提供者承担责任的问题上却大相径庭。且就网络服务提供者责任承担问题，各国都试图充分地运用本国已有的传统制度和理论来应对网络侵权新情况。无论是美国采直接责任、促成责任、替代责任和引诱侵权责任，还是英国采授权理论，抑或是德国、法国强调用传统立法（general laws）和一般侵权理论来处理网络服务提供者责任，概莫能外。我国在网络侵权问题产生之初选择的是以共同侵权来认定网络服务提供者责任，这一开端便一直延续了下来。传统做法的前见束缚了我们深入思考的可能，对实践困境的漠视取消了我们进一步思考的机会，为问题提供的"临时"解决方案抑制了寻找更为根本性方案的动力。唯有关注现实，尊重并在必要时突破前见，才能保持实践之树常青，理论之花更美！

通知规则中错误通知人的侵权责任

通知规则若欲实现其规范目的，前提之一是通知所涉内容确实为侵权内容。否则，通知规则将可能损害网络用户乃至网络服务提供者的权益。然而，就实践运作来看，错误通知在所难免。[1]故因错误通知而造成的损害是否应由通知人[2]承担责任，便成为不容回避的问题。但令人意外的是，尽管我国网络侵权法中的通知规则已存在二十余年，但在错误通知人责任问题上长期却处于混沌不明的状态。比如，关于错误通知人对网络用户承担过错责任还是无过错责任、通知人侵害了网络用户和网络服务提供者的何种权益、通知人的真实性承诺能否作为向其主张赔偿的依据等基本问题，我国相关立法至今未有定论，学界也鲜有专门的研究。或许是因为涉及错误通知的案件多发生于通知人恶意投诉的场合，故我国法在错误通知规则上的混沌似并未给司法裁判带来太多的困扰。但 2020 年的《中美经贸协议》第 1.13 条（打击网络侵权）却将这一问题摆上了台面，故我国法无法再如过去般对错误通知人的责任予以模糊处理。该条要求中国提供有效的通知及下架制度以应对侵权，包括"免除善意提交错误下架通知的责任"。该要求与我国国内法所遵循的错误通知人归责规则并不一致。鉴于此，《网络知识产权批复》第 5 条将《中美经贸协议》的这一要求内国法化，规定了权利人善意提交与客观事实不

---

〔1〕 阿里巴巴平台治理部在 2017 年公布的数据中称，恶意投诉总量已占到其知识产权投诉总量的 24%。参见浙江省高级人民法院联合课题组：《关于电商领域知识产权法律责任的调研报告》，载《人民司法（应用）》2020 年第 7 期。

〔2〕 本书会根据语境而使用"通知人""投诉人""权利人"来表达发出通知的主体。其中，"通知人"和"投诉人"的涵义相同。"通知人"和"投诉人"的差别在于，前者未必真的是权利人。

符的内容时可以免责。该条实则误解了《中美经贸协议》的要求，且人为制
造了更多的理论难题。

为此，本书将首先考察我国在错误通知归责问题上的分歧及其成因，之
后证成对错误通知人应采过错责任原则，进而探讨如何理解和适用《民法典》
第 1195 条第 3 款、《电子商务法》第 42 条第 3 款第 1 句，以及如何解读《中
美经贸协议》中的"善意免责"条款，并为目前正在征求修改意见的《电子
商务法》提供修法建议。

一、错误通知人归责原则的分歧及其成因

在讨论网络侵权中错误通知人归责原则前，先界定本书的研究范围。
（1）本书所谓错误通知，采广义，指通知人发出的通知内容与客观事实不符。
（2）发生错误通知时，向通知人主张赔偿的请求权基础何在？从司法裁判来
看，主要有二：一是基于不正当竞争，二是基于侵权。二者的差别在于：其
一，不正当竞争可适用于网络用户向通知人提出主张，但无法适用于网络服
务提供者对通知人提出主张，侵权则可适用于所有场景；其二，不正当竞争
主要适用于电商领域，在网络人身权益纠纷领域无从适用，而侵权可适用于
对各种权益的保护；其三，整体而言，不正当竞争的构成要件比侵权的要件
更为严苛，故对受害人而言，侵权是更可能成立的主张。据此，本书对错误
通知人责任的分析将聚焦于侵权责任。（3）向错误通知人主张赔偿的主体有
二，即网络用户和网络服务提供者。早期我国并不承认网络服务提供者有权
向通知人主张赔偿，《信息网络传播权保护条例》和《电子商务法》规定的权
利主体也仅提及了网络用户。[1]但后续司法裁判逐渐承认了网络服务提供者
有权向恶意通知人主张赔偿。[2]《民法典》第 1195 条第 3 款首次在规范层面
确立了网络服务提供者的权利。从实务来看，网络用户起诉通知人仍是最主

---

〔1〕《信息网络传播权保护条例》并未赋予网络服务提供者对错误通知人的请求权并非遗
漏，而是有意为之。在《信息网络传播权保护条例》制定过程中，曾讨论过是否赋予其请求权，
当时基于网络服务提供者是传播的中间环节，有责任维护权利人的利益，有义务删除或断开涉
嫌侵权内容链接等考量，否定了其请求权。详见张建华主编：《信息网络传播权保护条例释义》，
中国法制出版社 2006 年版，第 90 页。

〔2〕参见浙江淘宝网络有限公司与北京微海联合电子商务有限公司网络侵权责任纠纷案，
北京互联网法院（2019）京 0491 民初 1601 号民事判决书。该案法院援引《侵权责任法》第 6 条
等判决恶意投诉人向平台承担赔偿责任。

要的案型。鉴于此，本书下述分析以网络用户为典型展开，但多数结论对网络服务提供者也同样适用。

1. 若网络用户以侵权为由向错误通知人主张损害赔偿，需回答的基础性问题是该责任采何种归责原则？对此存在不同意见。

我国最早的《最高人民法院关于审理涉及计算机网络著作权纠纷案件适用法律若干问题的解释》第 8 条第 2 款规定："著作权人指控侵权不实，被控侵权人因网络服务提供者采取措施遭受损失而请求赔偿的，人民法院应当判令由提出警告的人承担赔偿责任。"[1]仅就文义解释而言，本条似应解释为无过错责任，因为所谓"指控侵权不实"，关注的是通知所投诉的内容客观上并不侵权，与通知人主观是否有过错无关。本条所采取的"无过错责任"的条文表述，被后续的一系列相关规定所延续。就立法而言，《民法典》第 1195 条第 3 款第 1 句规定："权利人因错误通知造成网络用户或者网络服务提供者损害的，应当承担侵权责任。"就司法解释而言，2014 年《最高人民法院关于审理利用信息网络侵害人身权益民事纠纷案件适用法律若干问题的规定》（法释〔2014〕11 号）第 8 条第 1 款也规定："因通知人的通知导致网络服务提供者错误采取删除、屏蔽、断开链接等措施，被采取措施的网络用户请求通知人承担侵权责任的，人民法院应予支持。"[2]就行政法规而言，2006 年的《信息网络传播权保护条例》第 24 条规定："因权利人的通知导致网络服务提供者错误删除作品、表演、录音录像制品，或者错误断开与作品、表演、录音录像制品的链接，给服务对象造成损失的，权利人应当承担赔偿责任。"可见，错误通知人承担"无过错责任"已被立法机关、司法机关和行政机关三方所"确认"。

然而，吊诡的是，尽管立法中"三令五申"采无过错责任原则，我国司法裁判却似乎从未对错误通知人适用无过错责任。相反，近乎所有判决都对通知人适用了过错责任。比如，在飞科案中，被告飞科公司向淘宝平台投诉

---

〔1〕 该解释在 2004 年和 2006 年两次被修正，但本款内容一直存在，直至 2012 年被最高人民法院发布的《最高人民法院关于审理侵害信息网络传播权民事纠纷案件适用法律若干问题的规定》（法释〔2012〕20 号）所取代。

〔2〕 该款在 2020 年修正时被删除。鉴于该款规则与《民法典》第 1195 条第 3 款第 1 句相符，故该款规定被删除有两种可能的解释：一是《民法典》已规定，故无需重复；二是或许是受《中美经贸协议》第 1.13 条"善意免责"条款的影响。

原告王金友所销售的剃须刀是假货，法院认定并无证据表明原告售假。就投诉人的责任，法院认为："判定飞科公司是否构成侵权的关键是判断飞科公司发起涉案投诉行为主观上是否存在过错。"最后，法院援引了《侵权责任法》第 6 条等判决飞科公司需承担赔偿责任。[1]无独有偶，在康贝厂案中，被告康贝厂以专利侵权为由向淘宝投诉原告曼波鱼公司，一审法院认定曼波鱼公司的产品并未侵害康贝厂享有的专利权，需就错误通知对原告承担赔偿责任。但二审法院认为："康贝厂在投诉中所主张的侵权事实最终是否属实，不排除投诉人基于其认识水平所囿所作出的错误判断。……就现有证据而言，不能当然认定康贝厂系明知涉案被控侵权产品不构成侵权，亦不能认定其涉案投诉行为具有毁损曼波鱼公司商誉和涉案产品声誉的主观故意。"据此，法院认为被告的投诉行为并无过错，无需向原告承担赔偿责任。[2]更有甚者，法院在举证责任上对通知人采取了较高的标准，导致其很难证明其投诉行为并无过错，即通知人事实上已接近于无过错责任，但法院仍基于过错责任原则作出判决。[3]

2. 在学界，就错误通知人应采何种归责原则存在过错责任、无过错责任和过错推定责任三种观点。

主张过错责任的理由主要有二。其一，若采严苛的无过错责任，将对权利人产生"寒蝉效应"，导致正常的投诉维权受抑制。康贝厂案中，二审法院便以此为主要理由。法院认为："如果认定康贝厂的涉案投诉行为构成不正当竞争，会对正常的投诉行为产生深远的不良影响。因为要求只有侵权投诉得到司法的最终侵权判定方可认定为合适投诉的话，显然对权利人责之过苛，会给投诉行为带来极大的不确定性，并使相关的投诉争议解决机制形同虚设，

---

〔1〕 参见王金友与上海飞科电器股份有限公司、浙江淘宝网络有限公司侵权责任纠纷案，浙江省杭州市中级人民法院（2018）浙 01 民终 4988 号民事判决书。

〔2〕 参见台州市康贝婴童用品厂与杭州曼波鱼贸易有限公司等不正当竞争纠纷案，浙江省高级人民法院（2010）浙知终字第 196 号民事判决书。尽管该案是依不正当竞争主张，而非依侵权主张，但由法院的说理可合理推测，本案若适用侵权规则判决，法院将采过错责任原则。

〔3〕 比如，在谢裕城案中，被告优利德公司以原告谢裕城销售的商品为假货为由向淘宝投诉。虽然被告提供了其投诉时的假货"鉴定报告"，但法院以被告鉴定报告中所涉鉴定对象是否来自原告网店"未有无利害关系的第三方对此进行认定"为由，否定了被告投诉行为的合理性，故认定被告有过错。参见优利德科技（中国）有限公司等诉谢裕城财产损害赔偿纠纷案，广东省广州市中级人民法院（2016）粤 01 民终 9457 号民事判决书。

既增加当事人的争议解决成本，也会降低争议的解决效率。"[1]其二，基于比较法，即美国法中错误通知人主观为善意时无需承担赔偿责任。[2]

有学者进一步提出，错误通知人仅在故意时才承担赔偿责任。"在对滥用通知行为的规制上，应严格限制在权利人故意的情形下。"其理由与上述主张过错责任的理由相似，即：其一，若权利人过失时也要承担责任，将阻碍权利人迅速发出通知以阻止网络侵权行为，从而对权利人造成更大的损害；其二，我国的《信息网络传播权保护条例》主要参考了美国《数字千年版权法》，而该法 512（f）规定权利人故意作出不实陈述时才承担赔偿责任。[3]

那么，主张过错责任的学者是如何回应我国立法上诸多"无过错责任"的条文呢？对此，有学者认为现行法应做修正，"有必要对我国《电子商务法》第 42 条中的权利人的滥用'通知-删除'责任进行完善，将权利人的责任由严格责任转向过错责任。"[4]也有学者似乎采取了与我国法院相似的"策略"，即对无过错责任的条文表述"视而不见"。比如，"根据《民法典》第 1165 条第 1 款'行为人因过错侵害他人民事权益造成损害的，应当承担侵权责任'之规定，错误通知满足'过错+侵害行为+损害结果'三个构成要件，……在错误通知损害赔偿的构成要件中，过错是必备的主观要件。"[5]

与过错责任的观点相左，也有不少学者主张错误通知人承担的是无过错责任。该主张的重要依据之一是我国相关条文的表述。根据文义解释，无论是《信息网络传播权保护条例》第 24 条，还是《电子商务法》第 42 条第 3

---

〔1〕 台州市康贝婴童用品厂与杭州曼波鱼贸易有限公司等不正当竞争纠纷案，浙江省高级人民法院（2010）浙知终字第 196 号民事判决书。学界采此观点的参见虞婷婷：《"通知—删除"程序中错误通知赔偿责任的主观要件》，载《大连海事大学学报（社会科学版）》2020 年第 6 期。

〔2〕 参见李伟、冯秋翔：《从价值到规范：论权利人滥用取下通知的规制路径选择》，载《电子知识产权》2019 年第 11 期。

〔3〕 参见崔越：《论滥用通知行为的法律规制及其完善》，载《电子知识产权》2016 年第 10 期。

〔4〕 李伟、冯秋翔：《从价值到规范：论权利人滥用取下通知的规制路径选择》，载《电子知识产权》2019 年第 11 期。

〔5〕 何炼红：《论算法时代网络著作权侵权中的通知规则》，载《法商研究》2021 年第 4 期。

款第 1 句，都似应解释为无过错责任。〔1〕此外，学界程啸先生对此主张给出了最详尽的论证，其给出的五点理由是：（1）通知人能预见错误通知将造成网络用户或网络服务提供者的财产利益受侵害，二者因果关系明确。（2）通知的条件比禁令、保全要宽松许多，但实现的法律效果与后者相同。基于权利与风险对等的原则，通知人应极为谨慎地行使通知的权利，并承担由此产生的法律风险。且无过错责任可强化权利人的责任心，使其谨慎发出通知，有利于保障用户和服务提供者的合法权益。（3）无过错责任有利于降低网络服务提供者的审查义务，将审查网络用户是否侵权的判断义务施加给发出通知的权利人。如此，可遏抑恶意通知，且网络服务提供者仅需对通知内容做形式审查，避免因恶意通知而提高审查标准。（4）《民法典》第 1195 条第 3款第 1 句并未使用"应当依法承担侵权责任"的表述，故是独立的请求权基础。同时，该表述与《民法典》第 222 条第 2 款第 1 句（不动产登记机构就错误登记需承担的责任）相同，基于体系解释，二者都应解释为无过错责任。（5）《中美经贸协议》第 1.13 条免除善意通知人责任的要求可通过《民法典》第 1195 条第 3 款第 2 句"法律另有规定的，依照其规定"解决。〔2〕

此外，在我国司法裁判对错误通知人基本一致采过错责任的背景下，浙江省高院课题组提出，错误通知应采无过错责任。其认为，《电子商务法》第 43 条第 3 款中的"错误"定性的是通知本身，而非通知人的主观状态，故该款"明确了错误通知的归责要件为无过错责任原则"，如此才"符合权责统一原则"。〔3〕对该主张的理由，课题组成员之一何琼法官曾撰文给出了更详细的说明："既然法律为权利人提供了民事强制措施这一特殊保障，权利人就应当为此承担相应的风险责任，这样才能实现各方权利义务的制衡；如果其权利人仅享有强制措施带来的权益，而无须为错误申请所导致的损失承担责任，

---

〔1〕　对《信息网络传播权保护条例》采此种解释的参见王烈琦、唐艳：《论著作权法上"通知—移除"规则的移植问题》，载《知识产权》2017 年第 7 期。对《电子商务法》采此种解释的参见李超光、林秀芹：《〈电子商务法〉下"恶意错误通知"认定标准研究》，载《大连理工大学学报（社会科学版）》2020 年第 3 期。

〔2〕　参见程啸：《论我国〈民法典〉网络侵权责任中的通知规则》，载《武汉大学学报（哲学社会科学版）》2020 年第 6 期。

〔3〕　浙江省高级人民法院联合课题组：《关于电商领域知识产权法律责任的调研报告》，载《人民司法（应用）》2020 年第 7 期。

就会产生其轻率提出申请甚至滥用保全措施的后果。"〔1〕这一意见也体现在浙江省高级人民法院民三庭发布的《涉电商平台知识产权案件审理指南》（浙高法民三〔2019〕33 号）第 25 条，该条规定"'错误通知'是指通知人发出的通知错误从而对被通知人造成损害的行为。司法机关或行政机关最终认定被通知人不构成侵权的，应当属于通知人通知错误。"

除过错责任和无过错责任外，也有学者主张对错误通知人应采过错推定责任。比如，有学者认为，"当权利人恶意投诉并导致卖家遭受了损失后，推定权利人具有主观过错并将自证无过错的举证责任负担给权利人"。其理由为：被投诉方难以证明投诉方的过错，因为其"事实不可能举证权利人在发起投诉时是否进行了必要的检索或其他基础性措施"。由投诉人举证"也督促权利人谨慎行权，防止权利滥用"。〔2〕也有学者认为，"对权利人的主观认定应适用应知标准，即在错误通知的赔偿责任中，推定投诉人在通知发出之前以及必要措施采取的期间未履行审查义务。应当知道通知错误，其应为侵害平台内经营者权益的行为承担赔偿责任。同时，只有在权利人证明自己为善意后，方可减免其赔偿责任。"其理由也是"让平台内经营者证明权利人的主观恶意是极具挑战性的。"〔3〕

二、错误通知人归责原则的应然选择

就应然层面而言，错误通知人的责任应采何种归责原则呢？基于侵权一般原理，除非有足够充分且正当的理由，应采过错责任原则。据此，就归责原则问题发生争议时，论证义务在主张无过错责任或过错推定责任的一方。故需检视的是，主张无过错责任或过错推定责任的理由是否足够充分且正当。

---

〔1〕 何琼、吕璐：《"通知—删除"规则在专利领域的适用困境——兼论〈侵权责任法〉第 36 条的弥补与完善》，载《电子知识产权》2016 年第 5 期。何琼法官是浙江省高级人民法院知识产权审判庭法官，参与了上述浙江省高院调研报告的撰写和《涉电商平台知识产权案件审理指南》的起草。

〔2〕 李伟、冯秋翔：《从价值到规范：论权利人滥用取下通知的规制路径选择》，载《电子知识产权》2019 年第 11 期。

〔3〕 沈一萍：《错误通知的认定及其赔偿责任研究——以〈电子商务法〉草案送审稿第 54条第 1 款为中心》，载《电子知识产权》2017 年第 3 期。

（一）无过错责任相关理由之否定

关于主张无过错责任的理由，此处以程啸先生给出的五个代表性理由为回应的重点，同时也探讨其他一些可能的理由。总体而言，主张无过错责任的相关理由说服力不足，详述如下。

第一，通知人能预见错误通知将造成用户和服务提供者财产损失，与通知人主观是否有过错无关，因为后者着眼于通知人对投诉内容错误是否知道或应当知道的认知状态，即是否知道或应当知道通知内容与客观事实间不一致。至于错误通知与损失间存在事实上的因果关系，则与过错与否更是无关。

第二，通知的条件确实比禁令、保全要宽松，但认为二者的法律后果相同则有失偏颇。在比较通知和禁令、保全时，不可仅截取其都可能导致相关内容被采取措施这一情一景，而是要从制度整体设计中加以观察。在通知规则中，合格通知虽能导致相关内容被采取措施，但网络用户也有权通过合格的反通知来恢复该内容，且网络服务提供者一般仅对反通知作形式审查，这一对用户的"优待"是禁令和保全中所不存在的。当然，禁令和保全中，被申请人也有权提出异议，且是在被采取强制措施前便可提出，这又优于通知规则中用户被采取措施往往在提交反通知前。可见，通知与禁令、保全有着不同的规范目的和制度设计。对通知规则而言，立法者采取的利益平衡方式是同时规定通知和反通知规则，不宜单纯截取内容被采取措施这一法律后果来比较二者。事实上，通知、禁令、保全、诉讼四项制度本就是立法者为权利人维权所提供的不同选择方案，这四种方案各有利弊。对权利人而言，通知规则的成本最低且效率最高，但有效性、稳定性不足，且错误率也最高，"快中出错"是该制度设计本就内含的特征之一。[1]保持方案的多样性，而非试图将通知与禁令、保全等"同质化"，或许是更可取的选择。

同时，程啸先生试图通过无过错责任来强化权利人的责任心，以此维护用户和网络服务提供者的权益。这在逻辑上固然成立，但却有悖于侵权法保

─────────────

〔1〕　四种方案的比较，可参见徐伟：《人格权侵害禁令制度与通知制度比较研究》，载《宁波大学学报（人文科学版）》2021年第4期。

护行为自由的一般原理。[1]具体到通知规则中，这将在一定程度上抑制该制度规范目的的实现，因为权利人可能会因此而"投鼠忌器"。事实上，在禁令、保全制度中，立法者已经通过一系列制度安排（尤其是法官的居中裁判）来尽可能确保判断的准确性。要求通知人承担无过错责任，是将通知中确保判断准确的责任交由通知人来负担，这相当于立法者对通知人提出了"不得犯错"的苛求，是通知人难以承受之重。

第三，无过错责任固然有助于降低网络服务提供者的审查负担和遏制恶意通知，但将这两项目的的实现交由无过错责任来完成，可能是开错了药方。网络服务提供者的审查负担，应主要通过妥当的合格通知标准和审查义务标准来实现。同时，过错责任或过错推定责任也能发挥遏制恶意通知的效果，是否有必要为了更有力地遏制恶意通知而将没有过错的通知人也纳入责任人范围，不无疑问，因为这毕竟与侵权法一般原理相悖，相当于要求没有过错的通知人一起为恶意通知人的不当行为"买单"。目前我国《电子商务法》第 42 条给出的方案，是要求恶意通知人加倍承担赔偿责任，这实现了"精准打击"，才是应对恶意通知的更佳方案。

第四，《民法典》第 1195 条第 3 款第 1 句是独立的请求权基础，可兹赞同。就文义解释而言，该句确实可解释为无过错责任。但仅据此而得出对错误通知人应采无过错责任，则略显仓促，因为我国立法中不乏将无过错责任的表述解释为过错责任的实例。比如，《民法典》第 1194 条第 1 句是网络用户、网络服务提供者侵权责任的一般条款。该句源于《侵权责任法》第 36 条第 1 款。尽管这一规定也采用了无过错责任的表述，但十余年来，无论是官方还是学界，鲜有基于文义而将此解释为无过错责任。[2]因此，不应仅依文义来得出错误通知人的归责原则，尤其是在司法裁判普遍"无视"无过错责任的文义而采过错责任的情况下。

此外，将《民法典》第 1195 条第 3 款第 1 句和第 222 条第 2 款第 1 句作

---

〔1〕 就一般意义而言，以无过错责任来强化行为人责任心的逻辑，在所有场合中都成立，但显然立法者并未因此而将无过错责任作为主要的归责原则。故以无过错责任来促使通知人谨言慎行，在一般原理上便难以成立。

〔2〕 程啸先生也未将该规定解释为无过错责任，而是认为该规定只是一种宣示性条款，而非规定网络侵权行为适用无过错责任。详见程啸：《侵权责任法》，法律出版社 2015 年版，第443 页；另见程啸：《侵权责任法》，法律出版社 2021 年版，第 491 页。

体系解释并不妥当。后者规范的是不动产登记错误时登记机构应当承担的责任。通知规则中与之相应的问题，应是通知错误时网络服务提供者应当承担的责任。故以不动产登记机构承担无过错责任为由，无法论证通知人应承担无过错责任。若要对照，应观察不动产登记中，导致登记错误的申请人应承担何种责任。根据《民法典》第 222 条第 1 款，当事人提供虚假材料时才需承担赔偿责任。本款将当事人责任限于过错（甚至故意）场合。[1]

若要作体系解释，更具参照价值的是禁令和保全中错误申请人的责任规则。但遗憾的是，二者都无法提供有益的参照。（1）禁令中的错误申请人责任规则不明，故无从提供参照。我国立法确立的禁令主要有二：人身安全保护令和人格权侵害禁令。前者因鲜有申请错误的纠纷进入诉讼，故理论和实务都不探讨此问题；后者因是《民法典》确立的新制度，故错误申请人的责任尚无先例可循。[2]鉴于这两类禁令无特别规定，故错误申请人更可能适用侵权责任一般条款，即过错责任。（2）保全中的错误申请人责任争议较大，故难以提供有效参照。尽管《民事诉讼法》第 108 条规定："申请有错误的，申请人应当赔偿被申请人因保全所遭受的损失。"但对何为"申请有错误"，理论上长期存在过错责任和无过错责任之争，[3]法院判决中两种裁判意见也都存在。[4]从发展趋势来看，法院对保全错误的规则似逐渐趋向于采无过错责任，但以颇具争议的保全错误规则来推论通知错误应采取何种归责原则，似并非明智之举。

第五，以《民法典》第 1195 条第 3 款第 2 句"法律另有规定的，依照其规定"解决《中美经贸协议》第 1.13 条对我国的要求，逻辑上固然可行，但

---

〔1〕 参见最高人民法院民法典贯彻实施工作领导小组主编：《中华人民共和国民法典物权编理解与适用（上）》，人民法院出版社 2020 年版，第 122~123 页。

〔2〕 就理论而言，人格权侵害禁令中错误申请人应承担过错责任，但在"过错"的判断上宜从宽把握，详见徐伟：《〈民法典〉人格权侵害禁令的法律适用》，载《法制与社会发展》2021 年第 6 期。

〔3〕 采无过错责任的观点参见宋鱼水等：《知识产权行为保全制度研究》，载《知识产权》2014 年第 11 期。采过错责任的观点参见肖建国、张宝成：《论民事保全错误损害赔偿责任的归责原则——兼论〈民事诉讼法〉第 105 条与〈侵权责任法〉第 5 条的关系》，载《法律适用》2016 年第 1 期。

〔4〕 有学者对保全错误的法院判决做了统计，结果显示，对"申请有错误"适用的归责原则不一。详见李喜莲：《财产保全"申请有错误"的司法考量因素》，载《法律科学（西北政法大学学报）》2018 年第 2 期。

在我国立法传统和价值选择上并不可行。就立法传统而言，我国习惯于在网络侵权领域建立可统一适用于所有权益的一般性规则。典型的例证是，我国将《信息网络传播权保护条例》中仅适用于信息网络传播权的通知规则通过《侵权责任法》扩展适用于所有权益类型中。因此，若我国因《中美经贸协议》的要求而在知识产权领域免除了善意通知人责任，则我国也存在较大可能将此规则适用于所有权益。[1]就价值选择而言，网络侵权主要涉及两类权益：知识产权和人身权益。若我国因《中美经贸协议》的要求而在知识产权领域免除善意通知人责任，却又在人身权益领域适用民法典要求通知人承担无过错责任，内在体系上有失偏颇。一般而言，人身权益的位阶要高于知识产权，故在权益保护中，立法应对人身权益的权利人给予更充分的保护，民法典新确立的人格权侵害禁令便彰显了这一理念。显然，上述解释结论将导致人身权益的权利人在采用通知规则维权时处于比知识产权人更不利的地位，故无法以"法律另有规定"而完全化解《中美经贸协议》对《民法典》的影响。

综上，程啸先生提出的错误通知人应承担无过错责任的理由说服力有限。至于浙江省高院课题组所提的"权责统一"考量，与上述程啸先生的第二点理由存在重叠，故不再回应。何琼法官所提出的避免权利人轻率甚至滥用通知的理由，也难以证成应采无过错责任，因为轻率和滥用都可纳入过错中，行为人并不会因采过错责任而逃避责任。因此，就理论而言，目前并无足够充分且正当的理由来证成应对通知人采无过错责任。

（二）错误通知条款采过错责任之证成

主张错误通知人应采过错责任最大的困难在于，如何解释我国实证法中诸多貌似采"无过错责任"表述的条文。其中，如何解释《电子商务法》和《民法典》的相关规定最为关键。

《电子商务法》第42条第3款第1句规定："因通知错误造成平台内经营者损害的，依法承担民事责任。"本句的直观印象是采无过错责任，但仔细分辨可发现，本句应解释为过错责任。解释的关键在于"依法"二字。"依法"

---

[1] 参见徐伟：《〈民法典〉中网络侵权制度的新发展》，载《法治研究》2020年第4期。

意味着本句并非独立的请求权基础规范，需搭配其他规范才能适用。[1]就民事责任而言，可能搭配的规范主要有二：一是《侵权责任法》（《民法典》实施后变更为《民法典》侵权责任编）中的规范；二是《中华人民共和国反不正当竞争法》（以下简称《反不正当竞争法》）中的规范。这从司法裁判中错误通知多以侵权责任纠纷和不正当竞争纠纷为案由可得到验证。若搭配的规范是侵权责任，那么应是《侵权责任法》中的第6条第1款（《民法典》第1165条第1款），而不应是该条第2款或第7条（《民法典》第1165条第2款或第1166条），因为后者本身无法单独作为请求权基础规范。若搭配的是不正当竞争，则多是《反不正当竞争法》第2条第2款（不正当竞争一般条款）。可见，无论搭配何种规范，通知人适用的都是过错责任。这一解释结论除了在法律推论上成立外，也可从官方释义书中得到印证。电子商务法释义书在解释该款时认为："因通知错误造成平台内经营者损害的，依法需要承担民事责任。这种责任在性质上是一种过失侵权行为。……如果恶意发出错误通知，造成平台内经营者损失，加倍承担赔偿责任。这是法律规定的特殊的例外的惩罚性赔偿责任。这一责任适用的前提是故意侵权。"[2]综上，解释的结论是，《电子商务法》第42条第3款第1句实际上规定的是过错责任。

真正的解释难题，是《民法典》第1195条第3款。不应否认的是，从文义来看该条采无过错责任的表述。但仅据此而得出我国立法者有意采取了对通知人适用无过错责任的归责原则，则过于武断，理由如下。

第一，最重要的理由是，我国司法裁判"始终如一"地对错误通知人适用过错责任。对于这些身在一线直面现实纠纷，远溯博索以权衡各方利益的居中裁判者最终作出的决定，我们应予重视和尊重，不应自负地坐而论道，以单薄的条文表述上的纸面逻辑而轻易予以否定。概言之，要"相信法院或

---

〔1〕 我国立法中的"依法"二字，有时可能是"无心之作"，有时则是有意为之。《侵权责任法》第2条第1款（侵权责任的宣示性规范）、《民法典》第1186条（公平责任条款）都是有意使用"依法"的典型规定。参见刘家安：《民法典巧用"依法"完善请求权规范基础》，载《人民法院报》2020年7月30日，第5版。具体到《电子商务法》中，该法第42条第3款第1句使用了"依法"二字，紧接着第2句（恶意通知人责任）并无"依法"二字（该句可独立作为请求权基础规范），故可合理推论，立法者在第1句使用"依法"二字是有意为之。

〔2〕 全国人大财经委员会电子商务法起草组编著：《中华人民共和国电子商务法条文释义》，法律出版社2018年版，第130页。

法官的法感"〔1〕。法院在具体案件中对通知人采过错责任的坚持，有两个指标性的时点：（1）浙江省高院民三庭于 2019 年 12 月 23 日发布的《涉电商平台知识产权案件审理指南》第 25 条采无过错责任，但浙江省内法院之后的判决却仍有采过错责任；〔2〕（2）在《民法典》实施后，法院仍采过错责任判决。比如，在美询案中，被告美伊娜多公司向淘宝投诉原告美询公司店铺销售的化妆品是假货。法院认定被告的投诉是错误但并非恶意通知。就被告的责任，一审法院在说理中采过错责任的逻辑，并依《侵权责任法》第 6 条第 1款等作出赔偿责任的判决。二审法院并未否定一审的这一说理逻辑，甚至更进一步，根据《民法典》第 1173 条与有过失条款，以原告在被投诉后未积极发送反通知申诉为由，减轻了被告的赔偿责任。最终，二审法院依照《民法典》第 1195 条等作出判决，将被告美伊娜多公司的赔偿金从损失总额的 60%降低到 50%，原告美询公司自担 20% 的责任。〔3〕可见，法院对通知人过错责任的坚持"根深蒂固"。实践中的法律应比纸面上的法律获得更多的尊重。

第二，就历史解释而言，无论是民法典制定过程中的讨论还是颁布后的官方释义，都未明确提及对错误通知人采无过错责任。若立法者不同意当前司法裁判采过错责任的做法，而试图通过《民法典》再次确立通知人的无过错责任，合理的推论是，官方会在立法过程中对此加以讨论，并在民法典相关释义书中对此加以强调。但就民法典立法历史文献来看，并未提及通知人的责任问题。〔4〕就释义书而言，全国人大常委会法制工作委员会民法室和最高人民法院的释义书中都未对通知人的归责原则加以强调。〔5〕若立法者真有

---

〔1〕 参见彭诚信：《损失补偿之债：一种新型的法定之债——〈侵权责任法〉第 87 条评析》，载《中国海洋大学学报（社会科学版）》2010 年第 6 期。

〔2〕 参见深圳科汇讯国际商贸有限公司与靳焕生、浙江天猫网络有限公司侵权责任纠纷案，浙江省杭州市余杭区（市）人民法院（2020）浙 0110 民初 4220 号民事判决书。该案法院在说理和判决依据中，都援引了《侵权责任法》第 6 条。当然，从举证角度而言，法院对投诉人过错的认定，又接近于无过错责任。

〔3〕 参见上海美询实业有限公司与苏州美伊娜多化妆品有限公司等网络侵权责任纠纷案，上海市第一中级人民法院（2020）沪 01 民终 4923 号民事判决书。

〔4〕 参见《民法典立法背景与观点全集》编写组编：《民法典立法背景与观点全集》，法律出版社 2020 年版，第 785~787 页。

〔5〕 参见黄薇主编：《中华人民共和国民法典侵权责任编解读》，中国法制出版社 2020 年版，第 127~128 页；最高人民法院民法典贯彻实施工作领导小组主编：《中华人民共和国民法典侵权责任编理解与适用》，人民法院出版社 2020 年版，第 271~272 页。

意在《民法典》第 1195 条第 3 款第 1 句中确立"无过错责任"这一特殊归责原则，释义书中对此全然不提难免不合常理。更合情合理的解释是，第 1 句采侵权一般归责原则，即过错责任，故无需专门强调。

第三，就体系解释而言，要求通知人承担无过错责任，会导致理论体系上的一些抵牾。这至少表现在：（1）与无过错责任的一般原理不符。依一般原理，无过错责任之所以正当，其理论基础主要有四：危险制造理论、控制力理论、报偿理论和损害分担（通过价格或保险）理论。[1]通知错误的情形，与上述理论并不相符。[2]若将其强行纳入，会冲击无过错责任的理论基础。（2）与权益保护的一般原理不符。网络用户和网络服务提供者因错误通知而导致的损失，是纯粹经济损失，其既不是网络用户的人格权或知识产权被侵害，也不是网络服务提供者的经营权或营业权受侵害。一般而言，对此类合法利益的保护，要弱于对权利的保护。[3]在我国的制度背景下，"从体系解释和目的解释的角度，原则上也不应认为无过错责任规则的保护范围包括纯粹经济利益。"[4]因此，要求通知人承担无过错责任，也与我国将权利和利益区分保护的通说相悖。

第四，就目的解释而言，归责原则的规范目的，在于合理平衡行为自由和权益保护，通知人责任问题亦不例外。主张无过错责任者的主要目标，在于通过严格的责任来促使通知人谨慎行事，从而减少实践中错误（尤其是恶意）通知的发生，保护用户和服务提供者的权益。但这一目标是以牺牲行为自由（投诉人因责任严格而放弃投诉或投诉效率下降）为代价，牺牲了部分投诉人的权益。相较而言，其实存在更好的方案：对错误通知人采过错责任，同时通过合理确定"过失"认定标准的宽严程度，来遏制现实中轻率乃至恶意的投诉人。因此，过错责任更有利于实现行为自由与权益保护的平衡。

第五，就比较法而言，美国法对错误通知人责任也采过错责任。美国法中涉及错误通知人责任的条款是美国《数字千年版权法》512（f）"不实陈

---

〔1〕　详见王泽鉴：《侵权行为》，北京大学出版社 2009 年版，第 15 页；另见程啸：《侵权责任法》，法律出版社 2021 年版，第 123~124 页。

〔2〕　尽管通知人可能因错误通知而获利，一定程度上符合报偿理论，但单纯的报偿关系一般无法正当化无过错责任。若将通知人的投诉行为理解为"危险制造"，则与通常所理解的"虽具危险性，但为现代社会所必要"的危险制造理论不符。

〔3〕　参见程啸：《侵权责任法》，法律出版社 2021 年版，第 196~197 页。

〔4〕　葛云松：《〈侵权责任法〉保护的民事权益》，载《中国法学》2010 年第 3 期。

述"（misrepresentations）。该条规定，知道而实质性做出不实陈述的人需对被投诉人、网络服务提供者等承担赔偿责任。[1]对该规定作两点说明。（1）本条能否作反面解释，即"不知道"而做不实陈述的人是否必然没有责任？从美国相关立法说明和已有判决来看，可作此反面解释。比如，在 Rossi 诉美国电影协会案中，法院认为："在512（f）中，国会对不正确的通知给出了一个明确的诉因限制。只有在版权人的通知是知道而不实陈述时才课以责任。"[2]当然，这只是在联邦法（federal law）且版权法层面的规则。在州法（state law）层面，权利人仍面临被课责的可能，常见的诉因包括侵害债权（tortious interference with contractual relations）、侵害预期经济利益（tortious interference with prospective economic advantage）以及精神损害（intentional infliction of emotional distress），但从美国相关判决来看，法院并未支持这些基于州法的主张。[3]（2）512（f）中"知道"如何认定？对此，美国法院多将此问题转换为512（c）（3）（A）（v）项下投诉人的声明是否"善意"问题。[4]而美国法院对该"善意"多采主观标准，即只要权利人主观上相信投诉所涉内容侵权即可，即便最终认定权利人的判断是错误的。[5]美国的这一规则，以我国法的概念来表达即过错责任。

第六，就"先例"而言，鉴于我国立法表述上的不严谨，立法者将过错责任表述为无过错责任的条文确实存在。典型例子便是《民法典》第1194条第1句（《侵权责任法》第36条第1款）。

---

〔1〕 See 17 U. S. C. 512（f），该条全文是："在本条规定的情境下，任何知道而实质性做出下述不实陈述的人（knowingly materially misrepresents）：（1）声称被投诉的材料或行为系侵权或（2）声称材料或行为系因错误而被移除或断开链接。不实陈述者需对被投诉侵权的主体、版权人或其授权主体以及服务提供者，因服务提供者根据该不实陈述而移除或断开链接被投诉侵权的相关材料或行为，或者是恢复被移除的材料或不再断开链接，所遭受的所有损失，包括花费和代理人费用，承担责任。"

〔2〕 Rossi v. Motion Picture Association of America, Inc., 391 F. 3d 1000, 1004-1005（9th Cir. 2016）. 美国国会对本条立法目的的说明 See Senate Report NO. 105-190（1998 DMCA），p. 50.

〔3〕 See Online Policy Group v. Diebold, Inc., 337 F. Supp. 2d 1195, 1205-1206（N. D. Cal. 2004）. Also see Rossi v. Motion Picture Association of America, Inc., 391 F. 3d 1000, 1006-1007（9th Cir. 2016）.

〔4〕 美国 17 U. S. C. 512（c）（3）是对合格通知要件的规定，其中512（c）（3）（A）（v）规定："投诉人声明，其善意地相信，以投诉所涉的方式使用受版权保护的内容，并未经版权人、其代理人或经法律授权。"

〔5〕 See Lenz v. Universal Music Corp., 815 F. 3d 1145, 1153-1154（9th Cir. 2015）.

综上，根据法律解释原理，当不同解释方法得出不同的结论时，需综合考量。鉴于除了文义解释外，其他主要法律解释方法都指向了通知人应采过错责任的结论，故《民法典》第 1195 条第 3 款第 1 句应解释为采过错责任。

至于对通知人应采过错推定责任的主张，此处做简要回应。（1）该主张的主要目的是缓解被通知人举证上的困难，但其实这一困难可通过对过失认定标准的宽严和证明标准的高低来解决。从法院判决来看，被通知人举证困难的问题似并未那么突出，故没有必要采取举证上的倒置。（2）我国似并无任何法律规范和司法裁判支持该主张，故本书不对此观点展开详细探讨。

三、《民法典》第 1195 条第 3 款的解释选择

若认可通知人承担过错责任，则《民法典》第 1195 条第 3 款要如何解释？对条文表述视而不见，直接将其解释为过错责任，是一种选择（类似于对《民法典》第 1194 条第 1 句的解释），但并非明智的选择。

运用法律解释方法的一种方案是：对"错误通知"采限制解释，通过"错误"二字将过错纳入本条中，即对"错误通知"的认定采主观标准，而非客观标准。详言之，错误通知仅限于通知人对通知内容和客观事实间不一致存在过错的场合。若通知人对内容与事实间的不一致不存在过错，则不构成错误通知，而是属于意外事件，不适用本款。2020 年 6 月《最高人民法院关于涉网络知识产权侵权纠纷有关法律适用问题的批复（征求意见稿）》第 3 条便采此方案。该条规定："知识产权权利人要求下架的通知内容与客观事实不一致，但其举证证明无主观过错的，人民法院应当认定不构成错误通知，其不承担因通知产生的民事责任。"

但 3 个月后最高人民法院正式发布的《网络知识产权批复》中则删除了本条，代之以第 5 条，该条规定："知识产权权利人发出的通知内容与客观事实不符，但其在诉讼中主张该通知系善意提交并请求免责，且能够举证证明的，人民法院依法审查属实后应当予以支持。"可见，最高人民法院最终选择了目的性限缩的解释方法，[1]即通过增加免责条款的方式来限制通知人的

---

〔1〕　另一种可能的理解是，《网络知识产权批复》第 5 条是对《民法典》第 1195 条第 3 款第 2 句"法律另有规定"的具体落实。但基于最高人民法院主要是"解释"而非"创设"法律的职权定位，这一理解不妥。

责任。

最高人民法院前后采取的这两种解释方案，就外在体系而言，征求意见稿中的方案更为妥当，因为该方案既与过错责任的理论逻辑相契合，也与我国长期以来从通知人"过错"角度来考虑其责任的司法裁判习惯相贴近。其主要的代价，是改变了对错误通知采客观标准的通常理解方式。

相较而言，《网络知识产权批复》中的方案貌似方便地起到了限制通知人责任的效果，但这个方案会留下一些"后遗症"，制造出更多的理论问题。（1）若认可通知人采过错责任，则免责条款会与过错责任的逻辑相悖，因为善意者往往同时也是无过错者（尽管也存在少数例外），故善意者多数情况下根本不构成侵权，无需再谈免责问题。（2）若认为对通知人采无过错责任，则将善意者排除出责任主体的范围，本身便与无过错责任的规范目的相悖。善意者既然免责，又何必将通知人的责任作为无过错责任对待。（3）该方案与免责事由的一般原理不符。侵权法上的免责事由之所以正当，在于其多源于外力（如不可抗力）或受害人的原因（如受害人故意），一般不会将行为人的主观状态作为免责事由。事实上，除《网络知识产权批复》第 5 条外，我国实证法上从未出现过将善意作为侵权免责事由的先例，理论上亦鲜有此种学说。相反，理论上一般认为，无过错责任的免责事由应予严格限制，当事人的主观状态一般不可作为无过错责任的免责事由。[1]可见，将善意作为免责事由，既存在逻辑上的悖反，也与传统理论格格不入。

那么，最高人民法院为何最终选择了方案二呢？对此，似未有相关文献提及。一种合理的推测是，这是为了履行《中美经贸协议》第 1.13 条的要求，即"免除善意提交错误下架通知的责任"。若理由确是如此，则最高人民法院对《中美经贸协议》的解读和落实方式有待商榷。我国固然要履行《中美经贸协议》中的要求，但并非只有"照搬式"地将协议内容内国法化，才算履行了协议。为此，下文将首先分析《中美经贸协议》相关条款的准确涵义，再说明如何履行该条款。

《中美经贸协议》是中美两国间的条约，故对《中美经贸协议》的解释，

---

〔1〕 比如，《欧洲侵权法原则》中，一般抗辩分为合理抗辩和严格责任中的抗辩。合理抗辩包括正当防卫、紧急避险、自助行为、受害人同意、自甘冒险以及合法授权。严格责任中的抗辩只包括不可抗力和第三人行为。参见欧洲侵权法小组编著：《欧洲侵权法原则：文本与评注》，于敏、谢鸿飞译，法律出版社 2009 年版，第 173～183 页。

需遵循条约的解释规则。对此，主要规定于《维也纳条约法公约》（以下简称《公约》）第 31 至 33 条。我国是该公约的缔约国。[1]美国虽未签署该《公约》，但对《公约》中的第 31 条和第 32 条，美国一般将其作为国际习惯而予以接受；对第 33 条，美国虽并不将其称为国际习惯，但在很大程度上也作为一种实践做法而予以接受。[2]故本书将依据《公约》的解释规则展开对《中美经贸协议》的解释。

根据《公约》第 31 条第 1 款，"条约应依其用语按其上下文并参照条约之目的及宗旨所具有之通常意义，善意解释之。"故对《中美经贸协议》的解释，首先应考察条款用语的通常涵义。协议第 1.13 条之二中文文本的表述是"免除善意提交错误下架通知的责任"，英文文本表述是"eliminate liability for erroneous takedown notices submitted in good faith"。就用语的通常涵义而言，中英文文本并不一致，因为"eliminate"的意思并非"免责"。根据美国最有影响力的《韦氏第三版新国际英语大词典》，"eliminate"指"结束或去除"（to put an end to or get rid of）等，其并无"免责"的涵义。同时，在法律语境中，根据美国法的用语习惯，侵权法意义上的"免责"使用的是"immunity"一词，而非"eliminate"，后者并不是一个专业的法律术语。[3]故当在法律语境中使用"eliminate liability"一词时，其表达的只是去除行为人的责任，至于是通过限制注意义务（limited duty of care，在中国法律体系中，相当于不构成侵权），还是通过免责事由（immunities，在中国法律体系中，相当于免责），则并无特定的要求。可见，此处中英文文本的涵义，并不完全一致。

《中美经贸协议》第 8.6 条（作准文本）中约定，"本协议以中文和英文写成，两种文本同等作准。"故问题在于，要如何处理中英文本中的不一致？根据《公约》第 33 条第 4 款："除依第一项应以某种约文为根据之情形外，倘比较作准约文后发现意义有差别而非适用第三十一条及第三十二条所能消

---

〔1〕 我国司法裁判一直遵守该公约，比如，《最高人民法院关于人民法院为"一带一路"建设提供司法服务和保障的若干意见》（法发〔2015〕9 号）第 7 条要求严格依照《维也纳条约法公约》的规定解释我国缔结的贸易、投资、金融、海运等国际条约。

〔2〕 See Restatement (Fourth) of The Foreign Relations Law of the United States § 306 (2018).

〔3〕 根据美国《布莱克法律词典》（Black's Law Dictionary），"immunity"是法律术语，该词项下有丰富的解释。而"eliminate/elimination"并不是法律术语，项下并无相关解释。同样，在美国的成文法中，较少使用（并非没有）"eliminate liability"这样的表述，而是大量使用"immunity from liability"这样的表述。

除时，应采用顾及条约目的及宗旨之最能调和各约文之意义。"《公约》第31条和第32条系根据用语、上下文、目的和宗旨等对条约善意地予以解释。鉴于用语和上下文在此处难以给出明确的结论，故关键在于如何确定《中美经贸协议》的目的和宗旨。

"有多种方式来确定条约的目的和宗旨。有些条约的一般条款明确表明了其宗旨，……根据条约的标题也可能有助于了解其宗旨。……一般而言，直觉和常识也可为确定目的和宗旨提供有益的指示。"〔1〕鉴于本条是美国对中国打击网络侵权提出的要求，故对本条目的和宗旨的探究，应主要探究美国的意图。尽管两国并未公布《中美经贸协议》订立过程中的准备资料等，但美国每年发布的《特别301报告》（Special 301 Report），应能较好地反映美国的意图。在2018、2019和2020年的调查报告中，涉及中国部分都专门提及了"电子商务中的盗版、假冒及其他问题"（E-Commerce Piracy, Counterfeiting and Other Issues）。在该部分，主要讨论的，是中国缺乏行之有效的通知下架制度。因此，可合理推测，《中美经贸协议》中的电商条款，可能主要来自《特别301报告》中美国对中国的那些看法和要求，〔2〕即调查报告是探究协议目的和宗旨的重要材料。

关于错误通知人的责任问题，2020年的调查报告中提及，中国《电子商务法》对"善意错误通知适用严格责任"是美国的主要关切之一。故可合理推测，《中美经贸协议》中的"免责"条款，其目的和宗旨正是为了扭转"严格责任"对权利人的过重负担，进而更有效地"打击网络侵权"。

综上，在错误通知人的责任问题上，我国目前面临的局面是：美国误认为我国《电子商务法》对错误通知人适用严格责任，故而在《中美经贸协议》中要求我国去除（eliminate）善意错误通知人的责任。我国却将美国的这一要求译为了"免除责任"。《中美经贸协议》中文文本的这一"翻译"，使我国陷入潜在的概念体系混乱的局面。为了履行《中美经贸协议》，我国有

---

〔1〕 See Oliver Dörr, Kirsten Schmalenbach, *Vienna Convention on the Law of Treaties-A Commentary*, Springer, 2018, pp. 585-586.

〔2〕《中美经贸协议》第一章知识产权中规定的内容，与《特别301报告》中美国对中国的要求，存在诸多重合。比如，《中美经贸协议》中涉及的商业秘密、电商平台上的盗版与假冒、盗版和假冒产品的生产和出口、技术转让等，都是美国最近5年《特别301报告》中总是会涉及的内容。

两种选择：一是，将错就错地将我国的错误通知人责任从传统的过错责任改为无过错责任，同时增加免责条款；二是，澄清并延续错误通知人采过错责任的传统，善意通知人本就不会构成侵权，国内法无需作出明显的调整，就能满足和履行《中美经贸协议》的这一要求。[1]本书认为，我国应选择后者，理由如下。

第一，最主要的理由是，条约之解释与履行应遵循善意原则。《公约》第26条第2款规定："凡有效之条约对其各当事国有拘束力，必须由各该国善意履行。"同样，《公约》第31条第1款也将善意解释作为条约解释的首要原则。"善意出现在条约解释一般性规则的开头，这确立了条约解释的基调，并对整个解释发挥指导作用。"[2]据此，当条约的某一条款是基于双方间的误解而订立时，应在澄清误解的基础上，对该条款作出妥当的解释。《中美经贸协议》中的"免责条款"，是多个误解叠加后的后果：其一，美国误以为中国《电子商务法》对错误通知人采严格责任，但实际情况却是，我国鲜有判决采无过错责任，相反，是采过错责任；其二，《中美经贸协议》中文文本误将"eliminate"翻译为了"免责"，而实际上该词妥当的中文表达应是"去除"，即要对通知人的责任加以限制，至于采何种方式来限制，则并无明确要求。因此，可合理推测，若美国了解到中国对错误通知实际上采过错责任，则该条款在《中美经贸协议》中很可能不会存在。据此，若我国延续现行的过错责任，应是"善意"地履行了条约。

第二，延续现行的过错责任，与《中美经贸协议》该条款的"目的与宗旨"相符。《中美经贸协议》第1.13条的标题是"打击网络侵权"，这指明了该条的目的与宗旨。限制错误通知人的责任，是为了促进权利人更积极地行使权利，从而更有效地打击网络侵权。为实现该目标，我们面临两个方案：一是采过错责任，二是采无过错责任+善意免责。从激发权利人积极行使权利的角度而言，这两个方案难分轩轾，甚至第一个方案对权利人更"友好"，因

---

〔1〕　可能的第三种方案是：将《中美经贸协议》中文文本中的"善意免责"，解释为"去除责任"，因为这一解释方案与条约解释的"善意"原则相符，而"所谓以善意解释，无非是从诚实信用的立场进行解释。"李浩培：《条约法概论》，法律出版社2003年版，第355页。只是该方案与条约解释中的"根据用语解释"规则抵触过于明显。

〔2〕　See Oliver Dörr, Kirsten Schmalenbach, *Vienna Convention on the Law of Treaties-A Commentary*, Springer, 2018, p. 587.

为善意者根本就不构成侵权，比构成侵权但给予免责，在理念上更具正当性。因此，采过错责任方案，也完全能实现《中美经贸协议》该条款的目的与宗旨。

第三，美国法并没有采对善意通知人免责的立法，相反，美国法采取的是对通知人归责的立法。关于通知人的责任，美国《数字千年版权法》512（f）规定"知道而实质性做出下述不实陈述的人"需对被投诉侵权的主体、版权人或其授权主体以及服务提供者所遭受的所有损失承担赔偿责任。显然，这是归责条款。美国法院在分析512（f）能否适用时，常讨论通知人是否"善意"问题，这是因为：诉讼中被投诉人需指出投诉人的哪方面陈述不实，而被投诉人所指出的，往往是投诉人根据512（c）（3）（A）（v）提交的声明，即"投诉人声明，其善意地相信，以投诉所涉的方式使用受版权保护的内容，并未经版权人、其代理人或经法律授权"构成不实陈述。故法院常因此而将争议的焦点转换为投诉人是否"善意相信"问题。若其"善意相信"，则不构成知道而不实陈述。可见，美国判决中对"善意"问题的争议，并不是因为存在"善意免责"条款，而是为了解决能否适用归责上的"知道而不实陈述"问题。我国与之对应的争议，其实是错误通知纠纷中通知人是否存在过失的争议。既然如此，若我国也从归责而非免责角度来规范通知人的责任，也应可认定为"善意"地履行了《中美经贸协议》。

第四，从美国角度而言，协议中之所以采"免责条款"的表述，或许有两方面的考虑。（1）美国误解了我国《电子商务法》的规定，或者美国即便了解到我国司法裁判实际上采过错责任原则，但仍希望在协议中对此予以明确。毕竟，若无协议中加以明确，我国可随时对责任规则作出调整，且国内对通知人责任条款的争论也可能导致实践做法的不一致。有了协议约定后，对美国而言，便有了国内法和国际条约上的"双重保障"。（2）就提出要求的美方而言，这可能是最可取的表述方式。从协议第1.13条的内容来看，其价值选择显然是侧重于强化对权利人的保护，对平台和平台内经营者的利益并未给予足够的关注。这可能是因为该条款的制定主要由美国知名品牌权利人所推动。对品牌权利人而言，为了在协议中限制其责任，有两种可能的表达方式：一种是要求我国法仅对知道投诉内容错误的权利人课以责任，类似美国《数字千年版权法》512（f）的表达；另一种是要求对善意通知人不得课以责任。显然，后者是权利人更愿意采取的表述。可见，从美方而言，免责条款是更可取的表达策略。但就我国而言，这不应完全左右国内法的立法选择，因为基于各国历史传统与制度体系上的差异，对条约的履行，既没有必要，也不可能通过完全照搬条约中的条款来实现。只要善意地实现了条约的目的与宗旨，就应认定为履行了条约。

综上，最高人民法院在《网络知识产权批复》中最终选择的与《中美经贸协议》保持一致的做法，虽在形式上满足了《中美经贸协议》的要求，但在实质上却冲击了我国传统的制度体系，并非我国履行协议的最佳方式。其实，最高人民法院真正该做的，是澄清我国在错误通知人责任问题上采过错责任原则。就此而言，《最高人民法院关于涉网络知识产权侵权纠纷有关法律适用问题的批复（征求意见稿）》中所采的对"错误通知"作限制解释是更可取的方案。因此，《民法典》第1195条的"错误通知"应作限制解释，将其限于通知人有过错的情形。

四、结论与建议

长期以来，我国在错误通知人责任问题上处于立法规定与司法裁判相脱离的状态。在《民法典》和《中美经贸协议》之前，这一脱离甚至形成了一种"相对均衡"的状态，即法院在判决时避而不谈《信息网络传播权保护条例》第24条等相关规定，而是适用《侵权责任法》第6条第1款或《反不正当竞争法》第2条第2款等来判决。《中美经贸协议》的签署和《民法典》的颁布，无疑冲击了这一"均衡状态"。《民法典》"重申"了错误通知人的"无过错责任"，且较之《电子商务法》去掉了"依法"二字，使得解释的空间更为限缩，对权利人更为苛刻。《中美经贸协议》则要求我国增加对善意通知人的"免责条款"以善待权利人。《民法典》与《中美经贸协议》对权利人在相反方向的拉扯，一定程度上导致了我国目前面临的解释难题。需特别指出的是，该难题并不是将二者简单地并列，以"无过错责任+善意免责"便能轻易化解的。

为了实现既尊重我国制度体系又履行《中美经贸协议》的目标，在我国现行法的框架下，可对《民法典》第1195条的"错误通知"作限制解释，将其限于通知人有过错的情形。同时，通过对过错（尤其是过失）认定标准的合理把握，将"善意"排除出"过错"的范围。

同理，对于《电子商务法》第42条第3款第1句，也应明确澄清其对错误通知人规定的是过错责任原则，以消除美国的误解。2021 年 8 月 31 日国家市场监督管理总局发布的《关于修改〈中华人民共和国电子商务法〉的决定（征求意见稿）》拟对现行《电子商务法》第 43 条和第 84 条作修改。"征求意见稿"并没有如最高人民法院的《网络知识产权批复》般照搬《中美经贸协议》中的"善意免责"条款，值得肯定。但希望能更进一步，借此修法机会明确澄清我国对错误通知人采过错归责原则。鉴于我国司法裁判中鲜有对错误通知人适用"无过错责任"的判决，故美国对我国的"误解"，不可能来自美国"知识产权权利人"的切身经历，只可能来自美国对我国《电子商务法》等条文规定的错误解读。

为此，本书建议将现行《电子商务法》第 42 条第 3 款第 1 句"因通知错误造成平台内经营者损害的，依法承担民事责任"修改为"因过错而发送不实通知造成平台内经营者损害的，依法承担民事责任"。这一修改的主要考量是：其一，在本款中明确加入"过错"一词，以避免现行条款表述不明所引发的误解；其二，为了避免"通知错误"这一表述在认定标准上采主观标准还是客观标准的争议，在本款已加入"过错"一词的前提下，将现行规定中的"通知错误"改为"不实通知"，以表明其指客观上的通知错误，并与"过错"这一主观要件相匹配。

后 记

　　本书是我多年研究网络侵权问题的一个小结。如果从 2007 年硕士入学算起，我关注网络侵权问题已超过十七年。十七年的主要研究成果之一，凝聚为这一本小小的书。自己在学术上的一点点成果，渺小到完全可以忽略不计，不免唏嘘。

　　从事学术研究是一件非常奢侈的事，若无贵人相助，我寸步难行。感谢恩师刘满达教授和彭诚信教授。两位恩师不仅传授了我治学的方法，更是形塑了我治学的精神。"好文章从来不愁发表"便是求学期间恩师对我的叮嘱。这既让我有勇气给法学核心期刊投稿，也让我在投稿受挫时反思和改进自己的论文。恩师对我的关怀极少口头提及，但日常一言一行饱含栽培之情，常令我备受感动和鼓舞。

　　家人的支持和陪伴无疑是我前进的动力。父母始终用他们的辛劳默默支持着我。太太在辛勤工作之余，还承担了照顾孩子生活起居的家庭事务。每次当我提出最近在"赶论文"时，她总是会将家庭中的各种事务承担下来，以便我静心写作。两个孩子虽然并不"省心"，但陪伴他们成长是件开心的事。幽默的儿子、热情的女儿，总是那么地"治愈"。

　　对我而言，学术是生活的重要组成部分，虽然并非生活的全部。自己的学术研究得到刊物编辑的认可，既是对我精神上莫大的鼓励，也帮助我解决了工作和生计问题。本书的内容，曾先后在刊物《法学》《现代法学》《社会科学战线》《法治研究》《交大法学》《法治社会》上发表，衷心感谢这些刊物编辑的认可。

学术研究是件有意思也有意义的事，我会继续在这条路上一直走下去，希望自己能走得更远一点、更久一点。